KB237172

우리문학깊이읽기

문학과지성사

김주영 깊이 읽기

황종연 엮음

1999
문학과지성사

▲ 흑룡강성 하얼빈 근교, 731부대가 생체 실험을 했던 현장 건물 앞에서(1991년)

▲ 대하소설 『객주』의 취재 여행에 동행하여, 김천 우시장에서(1982년)

▲ 페루의 시장을 둘러보며(1996년)

▲ 페루 여행중 아마존 강가의 원주민촌에서(1997년)

▲ 러시아의 바이칼 호에서 어부들과 함께(1997년)

▲ 모스크바 붉은 광장에서 크렘린 궁을 뒤로 하고(1997년)

금강산 구룡폭포 아래서 ▶
답사 일행과 함께(1998년)

▲ 김일성 생가에서 시인 고은과 함께(1998년)

▲ 용인 민속촌에서 가족과 함께(1987년)

김 주 영

깊이 읽기

김 주 영

깊이 읽기

책을 내면서

　김주영이 그의 소설에 세운 상상의 제국은 광활하다. 그의 제국은 역사적으로는 멀리 고려의 아득한 시간 속으로 뻗어 있고, 지리적으로는 민족의 자취가 남아 있는 모든 산하를 품고 있다. 달빛 아래 벌판을 떠도는 봇짐장수에서 도시 변두리의 애비 없는 아이에 이르기까지, 북간도의 바람과 싸우는 조국 잃은 백성에서 전란의 소용돌이에 휘말린 시골 아낙네에 이르기까지, 우리의 기억 속에 어렴풋이 남아 있는 이름 모를 생명들은 그의 제국에 들어와 자신들의 애환 많은 이야기를 완성한다.

　김주영 소설은 상상의 제국이면서 동시에 자유의 제국이다. 그곳의 주인은 정착한 사람이 아니라 편력하는 사람, 거주하는 사람이 아니라 여행하는 사람이다. 그들은 문화의 온갖 규범에 매이지 않고, 생명의 부름에 따라 언제든 길 위에 나선다. 집 있는 사람은 평안하나 어리석고, 집 없는 사람은 괴로우나 지혜롭다. 문화의 집을 나와 자연의 들을 유랑하는 떠돌이는, 생명이란 본래 역동적이고 자발적인 활력임을 육화하여 보여준다. 그 떠돌이의 지혜는 환란의 역사를 관통하는, 민중적 삶의 기층에 뿌리박은 인간 실존의 방식을 일깨운다.

　김주영은 1971년 「휴면기」를 발표하면서 문단에 데뷔한 이래 현대 한국의 걸출한 대하장편소설 가운데 하나인 『객주』를 비롯하여 수많은 작품을 발표했다. 지금까지 30년 가까운 세월에 걸친 그의 창작은 한국인의 삶을 그 구체적인 역사와 문화 속에서 이해하고자 하는 노력을 대표한다. 그가 70년대 소설에서 보여준 도시 산업 사회의 풍속에 대한 관찰과 풍자, 자전적 체험에 기초하여 만들어낸 그의 세대 성장소설의 전범들, 역사소설 장르에서 이룩한 민중 언어와 경험의 복원은 이미 많은 독자들로부터 관심과 호응을 받아왔다. 이 책은 김주영 소설에 좀더 가까이 가고자 하는 독자들의 요구에 부응하고 나아가 더욱 심화된 감상과 비평을 기대한다는 취지에서 마련되었다.

이 책은 종래에 각종 지면에 실린 원고들과 새로 청탁하여 받은 원고들로 이루어졌다. 이미 발표된 평론의 경우, 의의가 있다고 판단되는 작품론·작가론 형태의 글을 취했지만, 참조할 가치가 있는 글이 여기에 망라된 것은 아니다. 동일한 작품을 두고 씌어진 여러 편의 글 가운데 하나이기에 혹은 다른 작가나 작품을 함께 다루었기에 부득이 제외한 글 가운데에도 시사적인 것이 더러 있다. 예컨대, 권말 참고 문헌 목록에 제목만 나와 있는 김병익·김현의 글이 그렇다. 끝으로 이 책을 위해 특별히 원고를 써주신 분들, 재수록의 호의를 베풀어주신 분들께 감사드린다. 번거로운 문의와 부탁에 친절히 응해주신 김주영 선생님, 편집 실무를 맡아 노고가 많았던 염현숙씨에게도 감사드린다.

1999년 1월

황 종 연

차 례

제3부 김주영의 이모저모

내가 본 김주영

나를 찾아서

제 1 부

어느 야성의 인간과 문학

원초적 유목민의 발견

김주영/황종연

황　단편 「휴면기」로 『월간문학』 신인상을 받고 문단에 데뷔하신 것이 1971년이니까 작가 생활 삼십 년이 머지않으셨군요. 그간 발표 하신 작품 중에는 우선 방대한 대하역사소설들, 『객주』『활빈도』『화 척』『야정』이 있고, 『고기잡이는 갈대를 꺾지 않는다』『천둥 소리』 『홍어』 등 열 종이 넘는 장편, 그리고 「외촌장 기행」을 비롯한 수많은 중단편들이 있지요. 참으로 정력적으로 창작을 해오셨다는 느낌이 듭니다. 선생님을 가리켜서 화술과 필력을 타고난 작가라는 말들을 합니다만 그만한 분량, 그만한 수준의 소설들을 지속적으로 써오시 기까지는 노고 또한 남달랐을 줄로 압니다. 『객주』 집필을 위해서 장 이 서는 곳이면 전국 어디나 샅샅이 찾아다니시고 엄청난 양의 역사 자료와 씨름하신 일은 항간에 널리 알려진 것이지요. 『객주』를 비롯 한 선생님의 노작에 대해서는 이미 높은 평가가 내려진 바 있습니다 만, 그간의 문학적 이력과 업적을 선생님 스스로는 어떻게 평가하시 는지요. 올해는 마침 갑년이 되는 해이기도 하니 감회가 각별하시지 않을까 합니다만.

김 말씀하신 대로 저의 문단 데뷔가 벌써 삼십 년이 가까워왔네요. 그 삼십 년 가까운 소설쓰기를 두고 황선생님 말씀처럼 업적이라고 표현되는 것에는 겸손이 아니라 선뜻 동의하기가 낯간지러운 데가 없지 않습니다. 그러나 지금까지 제가 써온 것들을 물리적 부피만 두고 얘길 한다면 소설쓰기인 이상 다른 분들도 그랬던 것처럼 게으름을 피우지는 않았다는 조그만 위로를 가집니다. 물론 질적인 평판을 무시한다면 말입니다. 제가 돌아다니고 있는 것은 현재의 이 시각도 마찬가지입니다만, 말씀하신 『객주』『화척』『야정』『활빈도』 같은 소설들은 모두 다섯 권 이상의 부피를 가진 소설들이고, 그 소설들을 쓰기 위해 저는 무척 돌아 다녔습니다. 우리나라 전국 국토는 물론이고, 중국의 동북부 지방 전역과 북한 땅인 개성과 백두산까지 다행스러운 기회를 얻어 돌아다녔으니까요. 그래서 갑년에 이르러 감회라는 게 있다면, 돌아다니며 소진하고 탕진한 시간과 경비 같은 것을 예로 들 수 있겠는데, 그런 것들이 산술적인 수지 계산으로 따져봐도 전혀 아깝지 않았다는 변명을 하고 싶습니다.

황 오늘 대담은 아시는 것처럼 선생님 소설을 좀더 깊이 있고 새롭게 읽고자 하는 독자들을 염두에 두고 마련되었습니다. 제 자신이 선생님 소설을 소상하게 이해하고 있는지 자신이 없긴 합니다만 선생님의 초기 단편들에서부터 이야기를 시작해볼까 합니다. 70년대에 발표하신 단편들, 특히 「마군 우화」「이 장 동화」「과외 수업」 같은 단편들을 보면 이른바 '70년대 작가'로서 선생님의 풍모를 떠올리게 됩니다. '70년대 작가'라는 말은 기본적으로 근대화라는 사회적·지리적 이동에 휘말린 삶의 풍속을 날카롭게 의식하고 있었던 일군의 작가들을 가리킨 것으로 기억됩니다. 「마군 우화」 같은 작품들에서 선생님께서 주목하신 것도 서울에 상경한 '촌놈'들의 출세주의와 그 아이러니컬한 전도였지요. 지금의 관점에서 보더라도 마규석 같은 상경민들은 눈길을 끕니다. 그들은 결국, 스탕달의 쥘리엥 소렐이나 발자크의 라스티냐크와 유사한 인물 유형이 아니겠어요. 도시에서의 성공을 꿈꾸는, 그래서 근대적인 삶의 명암을 전형적으로 예시할 가능성이 있는 인물 유형 말입니다. 그런데 그러한 인물들의 이야기가 선생님 소설에서는 사실적으로 탐구되었더기보다는 콩트풍으로 희화화되었습니다. 선생님 자신이 경북 청송 출신의 상경민이셨지만 상경민적 삶의 허황함이라든가 기만성이라든가 하는 측면에 특히 관심을 기울이신 듯합니다.

김 아이고, 얘기가 또 어렵게 진행되는 건 아닐까 두렵네요. 사실 저는 선천적으로 어려운 것과 그다지 친숙하지가 못해요. 어려운 것과 마주치기를 두려워하거나 달갑게 여기지 않는 사람들의 글은 우아함이 손상되고 직설적이게 마련입니다. 이른바 70년대에 씌어졌던 제 작품들의 면모는 바로 그런 직설적인 행위들과 거리를 멀리 두고 있지 않습니다. 저는 될수록 쉽게 말하려고 애쓴 쪽이라고 말씀드리고 싶어요. 황선생께선 근대적 삶의 명암이란 단출하고 명쾌한 표현을 쓰셨습니다만 그 표현의 근거가 농경 사회의 틀에서 어느 날 갑자기 전혀 낯설었던 산업화 혹은 기계화 사회로 급속도로 이전되고 있던 70년대를 지칭하고 있다면, 그때처럼 전체적인 갈등이 많았던 사회도 드물 것입니다. 그 갈등의 강도는 전쟁이 낳은 모든 후유증과도 거의 맞먹는 수준 아니었겠습니까. 그런 와중에 생겨나는 우리들의 일탈과 우스꽝스런 자화상들을 효과 있게 그려낼 수 있고 그런 일그러진 자화상이란 거울을 통해 내 자신의 삶을 냉철하게 점검할 수 있기를 바라는 속내가 있었지요. 자화상이란 말을 사용했습니다만, 바로 제 자신과 가족들이 그 이전의 사회를 관통하는 와중에 있었습니다. 그래서 그 소설들이 바로 제 자신의 직접 체험은 아니었다 할지라도 충분한 공감대를 획득하지 않았나 짐작하고 있습니다. 어떤 분이 말했던 것처럼 소설쓰기란, 선생님 면전에서 떨며 쓰는 반성문과 같다고 하지 않습니까. 그처럼 대단한 게 들어 있지 않았다는 것을 고백합니다.

황 70년대 사회에서 경험하신 갈등이 전쟁의 모든 후유증과 맞먹는 수준이었다는 말씀, 아주 흥미롭게 들립니다. 70년대 소설을 제대로 읽으려면 이미 알려진 개념이나 공식에 따르기보다는 그 격동과 갈등의 체험을 재구성하는 어떤 상상력이 필요하지 않을까 하는 생각도 문득 드는군요. 70년대에 발표하신 단편들 중에는 도시 풍속을 다룬 일군의 작품들 외에 악동을 등장시킨 몇몇 인상적인 단편들이 있습니다. 「악령」 「도둑 견습」 「모범 사육」 등이 그것입니다. 악의 유혹은 데뷔작 「휴면기」에서 이미 중요한 유년기적 체험의 일부를 이루고 있습니다만, 이 악동소설들은 악행이 사람이 갖고 있는 어떤 절실한 욕구의 솔직한 표현임을 인정하도록 요구합니다. 사회로부터 소외된 가난한 사람들의 위반과 일탈에서 선생님은 도덕에 선행하는 삶의 어떤 건강한 충동을 보고 계셨던 것이 아닌가 합니다. 이 악동소설은 불우한 어린아이의 일탈이라는 표면적인 이야기 속에서 실은 도회적 · 공식적 질서에 순치되지 않은 야생적 삶을 변호하고 있는 듯합니다. 사실, 야성주의란 선생님 소설만이 아니라 이문구 · 황석영 · 윤흥길 선생님과 같은 세대 작가들의 소설에서 널리 나타나는 것이지요. 그리고 그것은 70년대 소설에 성립된 민중 관념의 중요한 속성이기도 합니다. 야생적 삶의 발견은 문학사적으로 확실히 중요한 사건입니다. 그 발견은 사람들을 문화적으로 동질화하는 서울 또는 근대의 권위에 맞서서 자신들의 고유한 방언과 야사를 회복하려는 노력이 시작되었음을 알려준다고 생각됩니다.

김 논리적인 해석이나 혹은 탐구를 떠나서 나는 외람되게도 이제까지의 제 삶의 외형적 구도가 말씀하신 야성적 삶의 행태를 살아왔다고 생각하고 있습니다. 그래서 여기엔 논리적인 의미를 부여한다는 자체가 무의미하지 않을까 싶습니다. 유년 시절부터 갑년에 이른 지금까지 제 삶의 외형들을 총체적으로 부감한다면 저는 비길 데 없는 떠돌이였습니다. 그것이 바람직한 현상이든 아니든 떠돌이에겐 떠돌이만이 가지는 근성이 있지 않겠습니까. 모름지기 한곳에 머물러 있기를 체질적으로 거부하는 부평초 같은 기질을 지칭하는 것이지요. 그런 체질의 사람에겐 응당 악동의 기질과 가공스럽거나 혹은 세련되지는 못하더라도 야성의 기질이 있게 마련이겠지요. 그렇기 때문에 제 작품에서 이른바 야성적 삶의 행태들이 난편적으로나마 발견되었다면, 또한 그것에 대한 천착의 흔적이라도 보여졌다면, 필경 저 자신을 말하려는 과정 중에서 부득이하게 불거진 모습들이 아닐까 짐작합니다. 이른바 70년대의 소설에서 보여지는 '야생적 삶의 발견'은 문학사적으로 중요한 사건이라고 말씀하셨는데, 말씀을 듣고 보니 그렇다는 생각이 듭니다. 굳이 분류를 하자면 우리의 소설이 70년대란 문학사적인 과도기를 거치면서 나타난 현상 중에 특기할 만한 것이 바로 황선생이 말씀하신 그 야성적인 삶의 발견이라 할 수 있겠지요. 지금 와서 생각해보면 그것은 또 70년대식 실험이나 모험이었다고 바꿔 말할 수도 있겠네요. 그 이전까지 부지불식간에 우리들의 의식에 자리잡았던 문학적 의식 속에는 우아하고 수려한 것이어야 한다는 강박감 같은 것이 작용하고 있었지 않았나 생각됩니다. 그러므로 그것의 물리적인 파괴나 일탈 자체가 벌써 악동적인 발상이라 할 수 있겠지요. 작가가 틈입할 수 있는 영역을 넓혀놓았다는 점에서도 음미해볼 만한 대목이네요.

황 여러 평자들이 이미 지적한 바와 같이, 1978년은 선생님 소설에서 중요한 분기점이 아닌가 합니다. 그해에 발표하신 「아들의 겨울」, 그리고 「붉은 노을」「천궁의 칼」「익는 산머루」「겨울새」 등과 같은 작품들은 도시의 세태로부터 유년의 기억으로 관심을 돌리고 사람의 삶에 보다 본질적이라고 생각되는 어떤 것에 집중하고 있기 때문입니다. 그 1978년의 작품들에서는 전통적인 삶의 덕목에 대한 재인식이 무엇보다도 두드러지게 나타납니다. 백정 가문의 인습 아래 살면서도 인간적 위엄을 갖고 있는 「천궁의 칼」의 어머니, 곤궁하고 굴욕적인 현실에서도 싱싱한 생기를 잃지 않는 「익는 산머루」의 거렁뱅이 처녀, 한스러운 운명을 너그럽게 수락하는 「겨울새」의 아낙네 등은 모두 따뜻한 긍정 속에 그려져 있습니다. 그 작중인물들이 살고 있는 도덕적 세계는 종전의 단편에서 먹이사슬로 이해된 도시 사회와는 확실히 대조적인 것입니다. 여기에서는 「익는 산머루」의 떠돌이 처녀가 예시하는 바와 같은 야성주의도 심오한 자유의 표현처럼 느껴집니다. 1978년 무렵 선생님 소설에 나타난 그러한 변모는 어디에서 비롯되었을까요?

김 이건 여담일지는 모르겠습니다만, 평론하시는 분들에게 때때로 놀라운 모습을 발견하고 아연 긴장했을 때가 여러 번이었습니다. 바로 지금 황선생께서 지적하신 그런 대목과 만났을 때입니다. 솔직히 말해서 저 자신은 많은 작품들을 써오면서도 무릇 안개 속을 헤매고 있다는 당혹감 내지는 조바심 같은 것은 떨칠 수 없을 때가 많습니다. 그런 와중에 "지금 네가 쓰고 있는 것이 바로 이거 아냐?" 하고 들이대는 평론가들의 글을 읽고 "맞어" 하고 무릎을 친 적이 여러 번 있었습니다. 그분은 잊어버렸겠지만, 내게 그런 충고를 처음 해준 사람이 바로 김병익 선생으로 기억하고 있습니다. 조금 전에 지적하신 「마군 우화」「과외 수업」「이 장 동화」 같은 소설들은 구태여 분류한다면, 한마디로 우리 사회가 산업화 과정으로 이전되는 과정에서 나타남직한 인간상들을 희화화한 풍자소설들이라 할 수 있겠지요. 어느 날인지는 확실하지 않습니다만, 그즈음에 내 소설들을 읽고 있었던 게 확실한 김병익 선생이 지나가는 말로 "풍자소설이 당장은 신선감이 있겠지만 소재의 궁핍을 느낄 때가 있을 것입니다," 그렇게 말하더군요. 동감이었습니다. 나 자신 그것을 어렴풋이 느끼고 있었고, 그래서 진지성이 떨어지는 소설을 쓰고 있다는 회의를 가지고 있었던 찰나였기 때문에 김선생의 그 한마디는 뇌리 속에 각인되었습니다. 그래서 생각했지요. 어렵더라도 좀더 근원적인 문제들에 접근해야 한다는 작가적인 자각이 들었습니다.

황 1978년의 작품 가운데 가장 특별한 것은 아무래도 「아들의 겨울」이겠지요. 선생님 유년과 본격적으로 대면한 작품이면서 나중에 『고기잡이는 갈대를 꺾지 않는다』로 발전되는 성장소설의 원형을 제시한 작품이기도 합니다. 「아들의 겨울」은 외디푸스적 욕망의 구조를 갖고 있는 사춘기적 체험을 다루고 있다는 점에서나, 어른들의 성과 폭력이 소년에게 가한 충격의 생생한 기록이라는 점에서나 상당히 이채롭습니다. 성장소설로서 얼마나 풍부한 함축과 정돈된 형식을 갖고 있는가를 따지면 『아들의 겨울』보다는 『고기잡이는 갈대를 꺾지 않는다』쪽이 우수합니다만. 저는 선생님의 성장소설이 한국 성장소설의 특수성을 대표하지 않나 하는 생각을 했었습니다. 아버지의 부재라는 환경 속에서 자라며 자신을 '폐허'에 던져진 존재로 인식하게 되는 체험은 개인과 사회의 조화로운 일치를 가능케 하는 보편적 문화가 없는 전후 한국의 현실에서 개인이 겪게 마련인 왜곡된 성장 또는 반(反)성장을 압축적으로 보여주는 것 같습니다. 선생님께서는 어떤 동기에서 그러한 성장소설을 쓰시게 되었는지요?

김　말씀하신 「아들의 겨울」을 언급하자면 『고기잡이는 갈대를 꺾지 않는다』 혹은 근래에 발표한 『홍어』까지 묶어서 얘기하는 것이 합당하다는 생각입니다. 이 세 편의 소설들은 뭐랄까요. 모티프가 거의 일치하고 있다는 점을 발견할 수 있겠지요. 가장 공통된 점은 지적하셨듯이 바로 아버지의 부재입니다. 현실적으로 저에게 어릴 때부터 아버지가 계시지 않았던 것은 아닙니다. 오히려 아버지의 존재는 엄숙하고 삼엄했다는 것을 차제에 고백합니다. 그런데 실제 경험을 토대로 하는 이른바 성장소설을 쓰면서 나는 항용 아버지란 존재를 설득력 있게 등장시키지 못했습니다. 의도적인 측면부터 살펴보자면, 제가 쓴 성장소설에 있어 아버지의 부재 설정은 나름대로의 계산이 깔려 있었습니다. 작품 어디를 찾아봐도 가뭇없이 숨어버린 아버지의 부재가 던져주는 명암의 교차 혹은 모호성, 그리고 그 역할의 미미함에서 당연히 발생되는 갈등 구조를 천착하고 음미하는 과정에서 빚어지는 소설적 긴장감을 노렸기 때문입니다. 그 대신 어머니의 존재는 분수 이상으로 과장되고 확대되어 있기도 합니다. 그렇기 때문에 저로부터 씌어진 성장소설의 핵심은 바로 어머니에 대한 연구였다 할 수 있겠지요. 어머니들이 겪었던 질곡과 고통을 파고들어 그 고통을 함께 느끼는 보편성을 획득하고 유지하려면 세상사에 때묻지 않은 순수한 어린이의 시선으로 관찰하는 것이 옳지 않겠느냐는 것이 저의 생각이기도 했습니다. 그러나 지난해에 있었던 어떤 문학상 시상식에서 저는 이제 어머니를 더 이상 팔아먹는 작가가 되지 않겠다고 분연히 말했던 것을 기억합니다. 모르지요. 지금부턴 아버지를 팔아먹게 되는지……

황　어머니에 대한 연구였다고 하시니까 선생님의 성장소설을 새롭게 읽을 여지가 아직 많다는 느낌이 듭니다. 아버지와의 관계보다 어머니와의 관계가 훨씬 우세하게 나타나는 것은 한국 성장소설의 일반적인 특징이기도 하지요. 선생님의 성장소설을 읽고 있으면 가난을 비롯해서 인간 성장을 힘겨운 시련으로 만드는 많은 조건들을 만나게 됩니다. 선생님 소설은 결국 개인과 사회의 성숙한 조화가 불가능한 전후 한국 사회의 어떤 원형적인 정황을 일깨워줍니다. 그런데 다른 각도에서 읽으면 선생님 소설은 모든 사회적 속박에서 자유로운 개인을 정당화하고 있는 것 같기도 합니다. 사실, 성장소설만이 아니라 선생님 소설 전체에 걸쳐서 작중인물들은 일반적으로 떠돌이의 풍모를 갖고 있지요. 기질 때문이든, 직업 때문이든, 불운 때문이든간에 세상에 정착하지 못하고 이곳저곳을 떠도는 사람들이 작중인물의 대다수를 차지합니다. 외장꾼, 쇠장수, 행상꾼, 거렁뱅이, 고아, 뜨내기 여자, 여행자…… 그러고 보면 야심적인 역사소설을 구상하시면서 조선 말기 보부상들의 세계를 선택하신 것도 자연스럽습니다. 보부상이란 떠도는 것이 바로 생활인 사람들이었으니까요. 유랑벽을 가진 인물들에게 선생님 소설이 보여주고 있는 친화감을 생각하면, 유랑이야말로 '폐허'로 인식된 세계 속에서 선생님께서 발견하신 가장 자유롭고 충만한 삶의 형식이 아니었을까 하는 생각이 듭니다. 아까 선생님의 초기작에 대해 언급하면서 야생적 삶에 대한 공감을 이야기했습니다만, 그 야생적 삶의 한 극치 또한 떠돎이라는 형식에 있지 않을까 합니다.

김 땅에서 살고 있는 모든 사람들은 원천적으로 떠돌이가 아니겠습니까. 우리들이 말하고 있는 환생이나 윤회라는 것도 인간이 떠돌이 동물이라는 것을 전제로 한다고 생각합니다. 우리들의 의복을 보세요. 웬 주머니가 그렇게 많이 부착되어 있습니까. 심지어 내복에까지 주머니가 달려 있습니다. 우리가 원초적인 유목민이라는 것을 잊지 말자고 붙이고 다니는 주머니라고 생각할 때가 많습니다.

황 이제『객주』에 대해 조금 얘기해보죠.『객주』의 문학적 성과에 대해서는 이미 많은 논의가 있었습니다. 그것의 특출한 장점들, 예컨대, 조선 말기 민중 생활의 사실적인 재현, 풍부한 토속 언어와 사설의 복원, 대하소설이란 이름에 걸맞는 유장한 서사 전개 등은 충분히 강조되었다고 생각됩니다. 민중 중심의 역사는 70년대, 80년대 우리나라 문화계의 일반적인 요구였습니다만, 역사소설의 형식적 조건을 충족시키면서 그러한 요구에 부응한 성과로는『객주』가 단연 돋보입니다. 선생님께서도『객주』후기에서 "백성들 쪽에서 바라보는 역사 인식"의 의의를 스스로 강조하신 바 있었지요.『객주』의 이야기를 이끌어간 힘은 역시 구체적인 민중사에 대한 열정, 다시 말해서 19세기 상인 집단을 중심으로 하는 한국 사회의 역사적 동향에 대한 이해 속에서뿐만 아니라 정념과 이해(利害), 풍속과 제도의 사실 속에서 민중의 삶을 서사화하려는 열정이라고 생각됩니다. 그렇다고 해서『객주』가 민중 주체의 이념을 소설적으로 인준하고 있다고는 생각되지 않습니다. 이를테면 일본 상인 세력과 대결하던 천봉삼과 그 집단의 향방에 대해서 낙관적 전망을 삼가한 결말 같은 곳은 민중 주체의 역사 발전에 대한 80년대적 관념에 아랑곳하지 않고 매우 냉엄한 역사 해석을 하고 있다는 인상을 줍니다. 그러한 냉엄성이야말로『객주』를『장길산』같은 낭만적 민중주의 역사소설과 구별되게 하는 특징이 아닌가 하는 생각도 드는데요.

김 여기서 시시콜콜하게 모두를 말씀드릴 수는 없습니다만 저는 무척 가난한 어린 시절을 살아왔습니다. 그처럼 불우했던 어린 시절을 보냈던 사람들이 흔히 빠지기 쉬운 함정이 있습니다. 바로 편협되거나 편향된 시각으로 세상을 바라보기 쉽다는 것이지요. 그래서 이미 체질적으로 굴절되어버린 시각으로 세상을 바라보며 씌어진 소설도 저에게는 없지 않습니다. 그러나 제가 생각하고 있는 이른바 민중관이랄까요. 그것은 편향된 시각의 산물이라고는 생각하지 않습니다. 아시다시피 삼국 시대 이후부터 우리는 수많은 외침에 시달려왔지요. 주로 방어적일 수밖에 없었던 그 전쟁의 와중에서 우리의 문화적 정체성은 훼손되었고, 정치적 주체성에도 많은 손실을 입었습니다. 나라의 운명과 국기가 문자 그대로 풍전등화와 같은 위기를 맞았던 때도 여러 번이었습니다. 그런데도 우리는 지금까지 우리의 국토와 문화를 올곧게 지켜오려고 뼈에 사무치는 노력을 하고 있습니다. 나는 그 노력의 주체가 역사의 전면에 나타나 있는 사람들이 아니라, 역사의 행간에서 배설되어버린 이름없는 백성들이라고 생각하고 있습니다. 나라나 민족을 바로 서 있게 지탱해주는 힘 중에서 가장 먼저 고려에 넣어야 할 것이 있다면 그것은 분명 문화적이라고 말할 수 있는 모두 것들일 것입니다. 모호성까지도 포함하고 있는 이 문화적인 지주를 바로 서 있게 할 수 있는 근력을 가진 계층은 우리들이 말하고 있는 민중들이라고 생각합니다. 제가 쓴 『객주』도 중심 기틀은 바로 말씀하신 민중주의에 있겠지요. 그러나 민중주의라 해서 곧바로 민중 우월주의까지 포함해서는 안 되겠지요. 그것은 다시 또 다른 편향과 편견을 낳을 위험성이 있기 때문입니다. 역사만치 모호하고 예측할 수 없는 것이 또 어디 있겠습니까.

　황 『객주』를 읽으면 누구나 거기에 재현된 민중 생활의 풍부한 세목에 탄복하게 됩니다. 그렇지만,『객주』를 단지 리얼리즘의 관점에서 생각하는 것은 잘못일지 모릅니다. 장르적 특성을 들여다보면,『객주』는 역사적 과거의 재현을 목표로 하는 역사소설로서의 성격이 우세한 가운데 다종다양한 장르들의 속성을 아울러 가지고 있는 서

사물이 아닌가 합니다. 신분과 지역의 경계를 넘나드는 그 상인들의 모험은 피카레스크 소설의 코드, 숱하게 많은 모략과 술수의 이야기들은 의협(義俠) 로맨스의 코드, 저잣거리를 비롯한 사회적 장소에 대한 치밀한 묘사는 풍속소설의 코드, 작중인물의 대화, 육담·사설·타령 등은 구술 연희(演戱)의 코드와 연결되어 있습니다.『객주』는 말하자면 구술적·문어적 서사의 다양한 장르 코드들이 교차하고 뒤섞인 텍스트인 셈입니다.『객주』를 높이 평가하는 사람들이 너나없이 '이야기꾼'의 기량을 칭송하곤 합니다만 그 이야기꾼의 기량이란 그처럼 다양한 장르 코드를 뒤섞어 적절히 부릴 줄 아는 탁월한 솜씨를 말하는 것이 아닐까요. 제가 보기에는『객주』의 대중적인 인기도 그러한 장르 혼합의 특성과 무관하지 않은 것 같습니다.

김 『객주』를 집필하는 동안 저는 우리 민족이 전통적으로 가지고 있는, 그래서 우리의 생활 체질에 익숙하게 녹아 흐르는 정한과 음율의 정체는 과연 무엇이며 있다면 어디에 있는가를 끊임없이 생각하였습니다. 그것이 자리하고 있다면 분명 회한과 질곡이 누구보다 많았던 보부상들과 그 주변에 인물들이 아닐까 생각한 것 같습니다. 그래서 저는 조선 시대 후기를 살았던 그분들이 사용했음직한 언어와 풍속을 발굴하는 데 나름대로의 노력을 기울였지요. 그러나 당시만 해도 천민 계급이었던 그들의 생활사에 대한 자료들이 충분하게 남아 있지 않았습니다. 그러므로 자료에 의지하려 했던 당초의 계획을 바꾸어 발로 뛸 수밖에 없었지요. 그런데 무턱대고 발로 뛴다는 것이 무모하다는 것도 절감했습니다. 그러나 마땅한 방법이란 역시 발로 뛰는 것이 최선임을 깨닫게 했습니다. 그러다 보니 저 자신이 흡사 조선 시대의 보부상들과 같은 체질과 의식을 갖게 되었고, 그들처럼 생활하게 되기도 하였습니다. 줄잡아 한 달에 20일 정도는 시골 장터를 찾아다녔고, 시골 여인숙에서 원고를 쓰곤 하였습니다. 그즈음에는 저 자신의 얘기를 쓰고 있다는 착각에 빠지기도 했구요. 때로는 대처와 오랫동안 격리된 채 생활해온 오지로 들어가 그곳 사람들과 담소를 나누는 기회도 가졌습니다. 전혀 접촉의 기회가 없었던 언어들이 발견되면 그것을 메모했다가 어원을 찾아보기도 했었고, 전문가들을 찾아가 조언을 받기도 여러 번이었습니다. 소설의 사실성을 유지하려 하였던 그런 노력들이 아마도 대중적 인기를 지속적으로 유지하게 만든 원인일 수도 있고, 마치 박물지를 보는 것 같다는 평판도 나게 했지요.

황 『객주』 이후에도 선생님께서는 『활빈도』『야정』『화척』 등의 역사소설을 발표하셨습니다. 『활빈도』에서는 고종 재위 시대를 배경으로 의적패의 활동을 다루셨고, 『야정』에서는 양반의 횡포와 수탈에 시달린 나머지 만주로 이주한 한말 유민들의 험난한 삶을 그리셨고, 『화척』에서는 고려 무신 정권기 노비들의 반란을 서술하셨습니다. 의적·유민·노비 집단들의 이야기를 소설화하신 것은 그것이 한말 보부상들의 세계와 마찬가지로 하층 민중의 삶에 대한 흥미로운 예시라고 생각하신 까닭이겠지요. 그런데 『야정』의 독후감을 근거로 다소의 무리를 무릅쓰고 말씀드리자면, 선생님께서는 민중의 역사적 삶에 무궁한 흥미를 느끼고 계시긴 하지만 역사의 인간화에 대한, 다시 말해서 인간이 스스로를 실현하는 과정으로서의 역사에 대한 신뢰는 별로 갖고 계시지 않은 듯합니다. 『야정』에서 최성률을 비롯한 여러 인물들은 가족 형성을 기초로 하는 삶의 정착을 위해 노력하지만, 그러한 노력은 하나같이 실패하고 맙니다. 그 가족의 형성과 몰락의 중첩되는 이야기 속에서 역사는 인간사의 궁극적 무상함에 대한 증언처럼 보입니다. 역사가 그러한 느낌을 주는 것은 작품에 다루어진 삶의 정착과 지속에의 노력이 국가의 부재라는 거대한 결여 속에 진행된다는 사정과 무관하지 않다고 생각되기도 합니다만.

김 인간이 스스로를 실현하는 과정으로서의 역사에 대한 신뢰를 갖고 있지 않다는 선생님의 지적은 정곡을 찔러 소스라치게 만드네요. 옳은 말씀입니다. 그러한 인식은 인간 스스로를 실현하는 과정으로서뿐만 아니라, 소설 자체가 가져야 할 물리적인 구도나 진행 혹은 완성도에 있어서도 치명적인 결과를 초래할 수 있다는 것을 인정합니다. 어렴풋하게나마 저도 제 소설의 그런 점에 실패의 그림자가 드리워져 있다고 생각하기도 했습니다. 그것은 『야정』뿐만 아니라, 엄밀히 따지면 『객주』『활빈도』 혹은 『천둥 소리』에서도 찾아볼 수 있는 점입니다. 문제의 핵심을 벗어난 발언일지는 모르겠습니다만 그러나 저에게도 변명은 있습니다. 첫째 저는 꿰맞췄다는 아쉬움이 남는 소설을 될수록 경계해온 편입니다. 두번째는 우리의 역사 체질이랄까요. 그 흐름을 보면, 민중 혹은 하층민에게는 유독 강요된 삶이나 혹은 과중한 고통 분담이나 몰락과 좌절을 안겨준 일이 많았던 역사라고 해석할 수 있을 것입니다. 이것 역시 사실성을 유지하려는 노력을 게을리하지 않으려 했던 저에게는 하나의 난해한 장애였다는 것을 이해해주십시오. 그래서 제 소설의 주인공들 중에는 이른바 성공적인 결말을 가지고 퇴장하는 인물이 거의 없게 된 것입니다. 역사의 사실성과 소설의 사실성에서 일탈하는 것은 자칫 꿰맞추는 식의 결말이 올 수도 있다는 소박한 걱정거리에서 과감하게 탈출할 수 없었기 때문이었다 할까요. 그리고 실패한 역사만큼 눈물겹고 애정 어린 것이 또 어디 있겠습니까.

황　역사 속의 인간에 대한 이야기가 나왔으니 『천둥 소리』에 대해서도 언급하고 싶습니다. 『천둥 소리』는 8·15에서 6·25에 이르는 5년 동안에 신길녀라는 시골 산협의 한 과부가 겪게 되는 고난을 서술하고 있지요. 민족 분단에 대한 역사적 · 이념적 해석이 유행하던 시기에 나왔지만, 해방기 5년 간의 격동의 여파로 인생을 훼손당하는 한 이름없는 촌부의 인생 유전을 그렸다는 점에서 특색이 있습니다. 길녀는 시대와 함께 부침하는 남자들 사이에서 온갖 굴욕과 아픔을 겪으면서도 자신의 처지를 운명으로 수락하고 살아가지요. 그녀에게 뭔가 특별한 것이 있다면 그것은 바로 순응입니다. 그녀의 순응은 인간 본연의 순진성의 발로이면서 또한 지혜로운 생존의 방식으로 나타나고 있습니다. 길녀는 「익는 산머루」의 거렁뱅이 처녀와 마찬가지로 온갖 고난을 이겨내는 활기찬 생명력을 보여줍니다. 길녀라는 순진한 촌부가 삶을 위한 관용과 인고의 화신처럼 그려진 것을 보면 선생님께서는 역시 어떤 정치적·이념적 기획보다는 인간의 자발적인 선의에서 사람다운 삶의 가능성을 찾고 계시지 않나 하는 생각이 듭니다.

김 지난해에 있었던 북한 여행에서도 발견하고 확인한 것이었습니다만, 우리들이 감당해온 질곡의 세월과 정한은 공교롭게도 우리나라 여성들을 가없이 지혜롭게 만들었고, 낭떠러지 끝자락에 서서도 결코 좌절하거나 절망을 말하지 않는 강인하고 너그러운 성품을 가지게 만들어주었습니다. 나는 그분들을 뭉뚱그려 어머니라고 말하고 싶습니다만, 특히 평생을 자신의 이름자 한번 반듯하게 적어보지 못하고 살다 간 어머니들에게 저는 무한한 애정과 존경심을 가지고 있습니다. 우리나라 어머니들 중에 소설적인 인물로 등장시켜 손색이 있는 분들은 없을 것입니다. 농담입니다만 그분들이 존재하고 있기에 제가 먹고 사는 것 같습니다.

황 최근에 내신 『홍어』로 많은 독자들에게서 좋은 반응을 얻으셨고, 문학상까지 받으셨지요. 『홍어』는 원숙한 정통 소설의 기량이 유감없이 발휘된 근래에 보기 드문 장편이라고 생각합니다. 작중화자인 소년이 어머니와 단둘이서 집을 지키며 살고 있는 어느 새벽, 폭설로 뒤덮인 산기슭 마을이라는 극히 설화적인 세계를 펼쳐보이며 시작되는 이 작품은 감성적인 이야기의 묘미를 만끽하게 해주면서도 인간의 보편적 운명에 대한 성찰을 자극합니다. 선생님 소설 독자라면 누구나 알겠지만 이 소설은 「익는 산머루」에 뿌리를 두고 있고, 『고기잡이는 갈대를 꺾지 않는다』 등에서 다룬 성장의 주제를 새롭게 변주하신 것입니다. 선생님 소설의 특정 주제인 떠도는 삶의 황홀한 유혹은 여기서도 다시 확인됩니다. 『홍어』는 선생님의 종전 작품과의 연관을 뚜렷이 드러내고 있어서 소년의 성장에 관해 이야기한다기보다는 선생님 소설을 스스로 반성하고 정리하고 있다는 느낌마저 듭니다. 그러고 보면 선생님께서는 소설을 일신하는 중요한 고비마다 유년의 세계로 회귀하는 작품을 쓰시곤 하셨지요. 끝으로 『흥어』를 쓰신 저간의 사정과 함께 앞으로의 글쓰기 계획을 듣고 싶습니다.

　김　아이고, 이제 그만 했으면 싶은데…… 다만 지적하신 대로 『흥어』는 제 소설의 반성이라는 조심스런 진단에는 전폭적으로 동의합니다. 중요한 고비라는 말씀도 뇌리에 찡하게 박혀옵니다. 그 반성과 고비를 긴장된 마음으로 항상 음미하면서 소설쓰기의 자세를 가다듬으려 합니다.

　황　계획하신 작업이 아무쪼록 순조롭게 진행되길 빌겠습니다. 그럼 이만 마치기로 하지요. 오랜 시간 수고하셨습니다.

과거로의 시간 여행

김 주 영

회상 혹은 추억이라는 과거로의 시간 여행은 나에게 있어 그다지 유쾌한 일이 못 된다. 유쾌하지 못하다거나 거북하다는 기분을 마련 해주는 가장 큰 이유는 지난날을 얘기할 때는 어찌 된 셈인지 진실을 말해야 한다는 전통적인 부담이 있기 때문이다. 우리가 진실이라고 말하고 있는 대개의 상념들은, 내 살아온 인생이 뻥땅으로 일관한 것 도 아닌데, 또 어찌 된 셈인지 모두 회상 혹은 추억으로 지칭되는 지 난날의 먼 시간 속에서만 유추가 가능하다고 생각되곤 한다. 흡사 지 금 이 시각을 살고 있는 내 모습은 세상에서 회자되고 있는 진실과는 상당한 거리에 밀려나 있는 것처럼. 그런 인식에는 모순이나 혼란이 있는 것 같기도 하고 그렇지 않은 것 같기도 하다. 어쩌면 그 혼란과 모순이 바로 내가 들먹이고 있는 진실의 온전한 모습인지도 모르겠 다. 이제 환갑이란 나이에 이른 지금, 나는 걸핏하면 이처럼 모르겠 다는 말을 자주 사용하게 되었다. 바로 이 모르겠다는 말 속에 내 진 실이 또한 담겨 있는 것은 아닐까. 나이를 먹으면 진실로 모르는 것 이 많아지는 것처럼. 그러나 솔직히 말해서, 그 유쾌하지 못함의 단도직입적인 까닭은 대수롭지 않은 것에 있음을 발견한다. 과거를 말하려는 나를 가장 거북하게 만드는 골자는 내가 겪었던 어린 날의 뼈아픈 가난이었다. 내 예순 살의 회상에는 우물 정(井)자에 갇힌 네모의 공간처럼 언제나 이 가난이 응고되어 있다.

자기 변호나 위장술에 탁월한 수완을 가진 사람이라 할지라도 숨길 수 없는 세 가지가 있다고 했다. 그것은 바로 사랑과 재채기, 그리고 가난이다. 내게 있어선 이 가난이야말로 가장 절실하게 숨길 수 없는 한 가지라는 것을 굳게 믿고 있다. 가난의 물리적 현상에서 완전히 벗어났다고 생각하는 사람들도 가난의 후유증에서 벗어나기란 수월한 일이 아니다. 완치되지 못한 병에 후더침을 앓는 것과 마찬가지다. 가정에 손님을 초대했을 때, 상다리가 부러지도록 음식을 차려 손님들로 하여금 먹기도 전에 질리게 만드는 사람은 십중팔구 어릴 때 심각한 가난을 겪은 사람이다. 그런 보상 심리는 좀처럼 가시지 않는다는 것을 나는 스스로의 경험으로 터득하고 있다.

중학교 시절까지, 나는 내 소유의 우산이 없었다. 비 오는 날의 우산보다 더 절실한 것은 없다. 비 오는 날 우산 빌리러 간다는 속담도 있듯이 비 오는 날의 우산은 빌릴 엄두조차 할 수 없는 물건이다. 그래서 나는 비가 내리는 날이면 돌각담을 오르는 호박잎이나 마을의 양조장 곁에 있는 작은 연못에서 연잎을 꺾어 우산 대신 머리 위에 얹고 다녔다. 그나마 대용품을 찾지 못하면 책보자기로 이마를 가리고 뛰어야 하는 슬픔을 겪곤 하였다. 그대로 맞고 다녀도 흉허물이 되지 않았던 눈 내리는 겨울날의 정서를 좋아했던 까닭도 거기에 있었다. 언제 내 소유의 우산을 가지게 될까. 찢어진 것이라 할지라도 우산의 형용만 갖추고 있는 것이라면 좋았다. 그러나 그 뼈아픈 소원은 고등학교에 입학해서야 가까스로 성취할 수 있었다. 나이 육십인 지금 나에게는 무려 다섯 개의 우산이 있다. 그 중에서 네 개는 한번도 사용하지 않은 새것으로 보관된 지 오래다. 그런데도 다른 사람들이 제법 번듯하고 보기 좋은 우산을 쓰고 다니는 걸 발견하면, 그 우산 어디서 산 거냐고 묻곤 한다. 얼마 전 갓 결혼한 며느리가 내 집필실을 방문한 적이 있었다. 나는 그에게 그럴듯한 선물을 주고 싶었는데, 그때 한번도 사용한 적이 없는 네 개의 우산이 옷장 속에 보관되어 있다는 것을 깨달았다. 다른 사람에겐 좀처럼 생색을 낼 수도 없는 물건이지만 며느리에게 나는 너무나 엉뚱하게 우산을 가져가지 않겠느냐고 물었다. 나는 며느리의 시아버지로서 가보라도 물려주는 듯이 그렇게 의향을 물어봤던 것이다. 그런데 며느리의 반응은 매우 간단했다. 이삿짐에 넣기 거북하다며 거절한 것이다. 예의바른 거절에 섭섭은 했지만 별다른 감정이야 있을 수 없었다.

초등학교 시절에도 내게 없었던 것은 많았다. 그것은 바로 도시락이었다. 일 년에 두 번, 기다리고 기다렸던 소풍날, 점심 끼니를 싸들고 갈 도시락이 없었기 때문에 어머니와 나는 소풍날만 닥치면 문자 그대로 전전긍긍이었다. 그렇다고 일 년에 두 번밖에 사용하지 않는 도시락을 살 수 있는 넉넉한 가계는 물론 아니었다. 또한 앞산 능선에 장대를 걸치면 그 한쪽 끝이 뒷산 능선에 걸릴 만치 깊디깊은 산골 마을 아이들이 모조리 소풍에 가담하는 그날 역시 도시락은 빌릴 수 있는 물건도 아니었다. 할 수 없이 주발에다 점심밥을 싸갖고 소풍에 가담할 수밖에 없었다. 그러나 고통과 모멸은 언제나 소풍 현지에 도착하면서부터 겪어야 했다. 나보다 힘센 고학년 선배들이 내 점심 주발을 축구공 삼아 경기를 벌였기 때문이었다. 축구공이 있을 수 없었던 그 시절, 돼지 오줌통이 없으면, 그릇 가녁이 오묘하게 안우림된 주발이 가장 합당한 공차기의 도구로 등장할 수밖에 없었다. 물론 나는 모래투성이가 된 점심을 먹을 수 없어 정작 양껏 먹도록 싸준 소풍날의 점심을 여지없이 굶어야 했다.

듣기에 따라서는 고답적이고 식상한 이런 회상을 장황하게 늘어놓는 까닭이 없지는 않다. 어린 시절에 겪었던 공격적인 가난의 고통들과 모멸과 좌절감들이 부지불식간에 나에게 문학적인 자산이나 토양으로 작용했었다는 천만다행의 반대 급부라는 데 내 심정이 기울고 있다는 짐작 때문이다. 내 반평생을 소설쓰기에 투자하게 만든 근원적인 근력과 소양을 제공한 것이 바로 내가 몽매에도 비켜가기를 소망했었던 바로 그 가난의 무늬들 때문이었다는 것을 깨닫고 있기 때문이다. 나에게 그것이 없었다면, 끈질긴 공격성으로 나를 단련시켰던 가난이 없었다면, 나에겐 아마 소설쓰기란 없었을 것이 분명하다. 우선 아버지께서 나에게 바라는 것이 그것에 있지 않았기 때문이다.

고등학교로 진학할 무렵부터 시작된 나의 꿈은 장차 시인이 되는 것이었다. 그러한 희망은 고등학교 과정을 거치고 졸업할 때까지 변하지 않고 줄곧 가슴속에 간직했던 열병으로 남아 있었다. 물론 대학에 입학해서도 줄곧 희망하는 시인이 되기 위해 시를 끍적거렸고, 고등학교 시절엔 대구에서 발행되는 일간 신문의 학생 문예란에 투고 시를 발표하곤 하였다. 그러나 대학에 진학했던 여름 방학 이후 시를 쓰는 시인이 되고자 하였던 내 꿈은 무참히 좌절되고 말았다.

그때 나는 가족들의 압력에 떠밀리고 있었다. 특히 아버지는 나의 문예창작과 진학을 매우 못마땅하게 생각하고 있었다. 대구에 있는 농대에 진학하라는 아버지의 삼엄한 강권을 뿌리치고 나는 몰래 서울로 줄행랑을 놓아서 서라벌예대에 시험을 치렀다. 대구에 있던 농대에 시험을 치를 수 있는 기회를 놓친 것은 물론이었다. 당시로선 오직 무서운 존재로만 여겨졌던 아버지의 지시를 어길 수 있었던 용기가 어디서 비롯되었는지 지금까지도 알 수 없다. 그래서 시험을 치르고 난 뒤 나는 아버지가 계시는 집으로 돌아갈 수 없었기 때문에 서울에 있는 고향 친구들의 자취방이나 하숙집을 찾아다니며 무전취식으로 동가숙서가식하며 전전하는 떠돌이 신세가 되고 말았다. 그럼에도 불구하고 타관에서 겪는 괄시와 질곡을 기쁜 마음으로 감내하고 있었던 것은 오직 시인의 꿈을 버릴 수 없다는 한 가지 이유 때문이었다.

다행히 합격은 되었고, 나는 나 혼자서만 바라던 대로 문예창작과에 입학하였다. 물론 그 입학도 어렸을 때부터 나를 아껴주었던 외삼촌의 원조가 없었더라면 이룰 수 없는 것들이었다. 미아리고개에서 자취 생활이 시작되었고, 원하던 학교에 입학할 수 있었다는 한 가지 이유만으로 나는 열심히 시를 썼다. 그러나 한 학기를 보내면서 나는 자취 생활이나마 서울 유학이란 것이 애당초 무리였다는 것을 깨달 았다. 학교를 포기해야 할 것 같았다. 그러나 지금 내가 쓰고 있는 시 라는 것이 어떤 가능성을 갖고 있다면, 다리 밑에서 움막을 짓고 산 다 하더라도 그 고통을 감당해갈 자신이 있다고 믿기로 하였다. 당시 미아리고개 개천 아래로는 청계천의 흙탕물 이상의 더러운 생활 하 수가 흘러가고 있었는데, 많은 변두리 시민들이 그 위에 다락집을 짓 고 애옥살이를 견뎌내고 있었다. 현실이 그러했으므로 나라고 해서 거적을 뒤집어쓰고 사는 생활을 감당하지 못할 리가 없다는 생각을 한 것이었다.

나는 매우 비장한 각오를 하고 그때까지 썼던 시 몇 편을 정서하여 박목월 선생께 가져갔다. 박목월 선생께 이름하여 자작시를 보여드 린다는 것은 촌뜨기였던 나로선 대단한 결심과 용기가 필요했었다. 장차 시인이 되기를 희망하며 아버지의 강권을 뿌리치고 감히 서울 에 있는 학교로 진학한 시골 학생이 시를 써봐야 무엇이 그리 대단할 까 하는 생각은 내 스스로도 갖고 있었기 때문이었다. 그러나 내용이 설익었든 치졸하든 희미한 가능성만은 담겨 있다고 스스로 믿고 있 었고, 그래서 마치 유명 화가의 그림 한켠에 찍혀 있는 낙관처럼 그 가능성에 대한 희미한 담보 같은 것이라도 있어야 용기를 얻고 시인 을 향하여 달음질칠 수 있다는 강렬한 유혹을 떨쳐버릴 수 없었다. 선생께서는 매우 순순히 작품을 받아주시며 읽어주겠다는 말씀까지 해주셨다. 그리고 나는 기다렸다. 아주 기쁜 마음으로 박목월 선생과 의 재회를 기다리고 있었다. 그러나 그 기회는 곧장 찾아오지 않았 다. 잊어버렸는지도 모른다는 생각이 들 만치 오랜 시일이 지난 뒤 나는 두번째로 용기를 내어 박목월 선생을 찾아갔다. 선생께서는 마 침 강의실에서 금방 돌아와 교수실 방 한켠에 설치되어 있는 세면대에서 손을 씻고 있는 중이었다. 나는 손을 씻고 있는 선생께 다가가 지난번에 시를 써서 보여드리고자 하였던 학생이라고 말했다. 벽에 걸린 수건을 끌어당기고 있던 박목월 선생의 표정 위로 곤혹스러움이 스쳐간 것은 그때였다. "자넨 산문을 써보는 게 어떤가. 시는 안 되겠더구먼." 그 단 한마디였다. 순간 나는 얼굴에 불을 끼얹는 것 같았다. 단 일 분 간이라도 선생님 앞에 서 있기가 민망스럽기 짝이 없었던 나는 인사를 드리는 둥 마는 둥 쫓기듯 교수실을 나왔다.

내가 군대에 자원 입대하기로 결심을 굳힌 것은 그해 겨울이었다. 물론 서울의 자취 생활을 더 이상 끌고 갈 용기를 잃어버렸기 때문이었다. 나에게는 아무런 희망도 포부도 있을 수 없었다. 나는 버림받은 아이처럼 외톨이가 되어서 여기저기를 마냥 굴러다녔다. 친구들의 술자리에 빌붙어 소주를 얻어마시고 그들에게 빌붙어서 잠자리를 해결했기 때문에 나는 그들의 애물단지로 전락해버렸다. 박목월 선생님의 말 한마디가 나를 그렇게 만든 것은 확실했다. 그러나 자포자기한 청년이라도 마지막으로 선택할 수 있는 탈출구가 있다는 것은 얼마나 다행한 일인가. 차제에 고민거리로 다가올 병역 의무를 앞질러 마치는 것도 실패한 자의 시간을 메울 수 있다는 생각 끝에 입대하기로 결정한 것이었다. 서라벌예대 입학을 계기로 나는 이미 아버지의 영향권에서 벗어나 있었기 때문에 입대 역시 나 혼자의 결심으로 이루어진 것이었다. 시인의 꿈은 그러한 경로를 통해서 나에게로부터 사라지고 말았다. 그러나 어릴 때 가슴에 품고 있던 꿈의 자국이란 쉽사리 지워지는 법이 아니다. 뿐만 아니라 이룰 수 없었던 꿈은 지워지기는커녕 무덤에 갈 때까지 가슴에 품게 된다. 내 주위에 있는 시인들을 선망의 시선으로 바라보게 되는 것은 바로 그 때문이다. 소설을 쓰기 시작한 것은 군대에서 제대한 이후 직장을 얻고 난 뒤에도 한동안 세월이 지나간 뒤부터였다. 이른바 문학 청년 시절, 내가 가졌던 독서 편력이란 한마디로 부끄러울 뿐이다. 무엇 한 가지 제대로 읽은 것이 없다는 것이 솔직한 고백이다. 일관성을 가지고 작가를 연구했다거나 모범적이고 논리적인 사고를 할 수 있는 바탕을 만드는 데 기여할 아무것도 나는 시도해본 적이 없다. 특별히 사사했던 스승도 그럼으로써 나에겐 없었으며, 이름난 고전들을 탐독한 기억도 신통치 않다. 오직 부끄러울 뿐이다. 그러나 그러한 부끄러움의 밑바닥에는 나름대로 변명의 여지도 없지는 않다. 나는 산골에서 태어났고 그곳에서 호기심 많았던 유년 시절을 보냈으며 지적 흡인력이 가장 강렬하게 작용했을 청소년 시절 역시 산골에서 보냈다. 문학 월간지 한 권을 사보려 해도 백리 이수가 넘는 도회지를 왕복해야 하는 내왕 여비 감당이 더 어려운 그런 시골이었다. 허리가 휘어지도록 생활고에 시달림을 받는 부모님들에게 교과서도 아닌 문학 서적을 사달라고 앙탈을 부릴 수도 없었다. 그래서 내가 가장 열독했던 것은 바로 윗학년 학생이 헌 것으로 물려주었던 교과서였다. 그리고 나는 종이에 인쇄 잉크가 묻어 있는 모든 것을 읽었다. 막일꾼들 방에 굴러다니는 만화와 민담집, 『장화홍련젼』과『콩쥐팥쥐젼』『이수일과 심순애』와 낡은 춘화까지 빌리고 훔쳐서 읽었다. 그리고 그것들을 대체로 암기해버렸다. 교과서에 나오는 김동인(金東仁)의 「붉은 산」이란 짧은 소설도 나는 암기해서 또래들에게 흡사 다른 이야기처럼 들려주곤 하였다. 대개는 같은 학년이었으니까 저들도 교과서에서 분명 읽은 소설이었는데도 불구하고 전혀 처음 듣는 이야기처럼 시치미를 떼고 귀를 모아 들어주었던 내 또래들이 없었던들 내 소설쓰기 역시 출발할 수 없었을 것이 분명하다.

지금 20년이 넘도록 소설을 써오면서 나는 많은 것을 경험하고 있다. 그 첫번째의 교훈적인 경험은, 문학 행위로 이름지어진 모든 것에 절대적인 신뢰와 존경심을 갖지 않으면, 소설쓰기에 대한 명경한 열정을 지속적으로 유지할 수 없다는 것이다. 그래서 나는 남을 위해서가 아니라 내 자신을 위해서, 문학이란 이름을 빌려 씌어진 모든 문자와 문학하는 사람들을 마음속으로부터 존경하고 애정을 보내려고 노력하고 있다. 두번째는 인간사 혹은 그것이 사소한 것이라 할지라도 사물을 관찰하고 해석하고 의미를 부여하는 행위의 바탕에 편견이나 독선이 작용하지 않도록 내 자신을 끊임없이 가다듬어야 한다는 것이다. 오만과 편견에 물들지 않도록 하며 닦달하고 꼭 닫혀 있는 장독의 뚜껑처럼 조용히 자기 안에 침잠할 수 있는 기회를 스스로의 근력으로 찾아낼 수 있기를 바라고 있다.

〔『시와 함께』, 1998년 겨울〕

작가, 혹은 편력하는 인간

김 경 수

1939(1세)

1월 26일 경북 청송군 진보면 월전리에서 경주 김씨 김해윤(金海允)의 아들로 태어난다. 월전리는 바로 그의 외갓집이 있던 곳으로 어머니가 자신을 낳은 곳이며 그가 어린 시절을 보낸 곳은 월전리에서 십여 리 떨어져 있는 진보다. 그의 고향 진보는 "안동이 서쪽으로 80리, 영덕이 동쪽으로 80여 리, 그리고 월전리에서 길이 갈라지는 영양 읍내가 50여 리 상간을 한" 산협의 소읍으로 장시(場市)가 성한 교통 요지였다. 따라서 저자가 시끌벅적했던 탓에 일찍부터 각성받이들이 들어와 섞여 살았던 곳이었다. 그의 아버지는 일제 치하였던 이 시기 군청에 근무하면서 어머니와 떨어져 살았다. 형제로는 위로 명자(明子) 누이와 아래로 두 살 터울진 남동생 주수(周洙)가 있었는데, 누이는 이미 아버지와 함께 있었으므로 이후로 전개되는 그의 유년 시절은 주로 그의 동생과 함께 이루어지게 된다.

1946(8세)

해방 이듬해 그는 진보초등학교에 입학한다. 지금은 개축되어서 옛날의 목조 건물은 찾아볼 수 없게 변해버렸지만, 나무 잘 타는 아이들이 가지를 타고 높게 오르곤 하던 학교 서편의 아카시아나무는 여전히 남아 있다.

당시 그의 집이 위치했던 곳은 5일마다 장이 열리는 저잣거리와 멀지 않은 곳이었는데, 아버지는 타관에 있었고 또 월전리에 있는 외갓집 또한 넉넉한 편은 아니어서, 그의 어머니는 두 아들을 건사하기 위해 바로 그 저잣거리 마을에서 품을 팔아 생활을 영위했으며, 그는 동생과 함께 그 "시장바닥에서 악명 높은 문제아"로 자란다. 많은 다른 사람들이 그랬듯 그의 유년도 가난과 더불어 열린 셈인데, 일제 말기에서 해방기, 그리고 연이은 남북 전쟁으로 이어지는 이 시기 그와 그의 동생, 그리고 어머니가 겪었던 가난했던 생활을 그는 자전적 성장소설인 『고기잡이는 갈대를 꺾지 않는다』(이하 『고기잡이……』)에서 다음과 같이 말하고 있다.

나는 그곳에서 유년 시절과 50년대에 이르는 그 암울하고 스산했던 소년 시절 모두를 보냈다. 물론 유아기 때는 그것을 깨닫지 못한 터였지만, 뒤를 가릴 줄 알게 되고 말문이 트이기 시작하게 되면서 나는 매우 혹독한 굶주림에 시달렸다. 어른들은 그때 벌써, 허기를 잠으로 때울 만치 일제 말기의 궁핍을 참아가는 데 이골이 나 있었다. 그러나 바깥세상에 굶주림이 기다리고 있다 해서 태어나는 아이들의 뱃구레가 삼가해서 작아지는 것은 아니었다. 오히려 조악한 음식의 섭생으로 배꼽이 밖으로 불거져나올 정도로 커져 있게 마련이었다. 내가 그러했듯이, 우리들은 닥치는 대로 아무것이나 주워먹었다. 소낙비 뒤에 여울가로 떠내려오는 과일의 껍질에서부터 개구리와 메뚜기에 이르기까지 우리들이 먹지 않을 수 없는 것이 없었다. 먹성 좋은 어린 두 자식밖에는 의지할 곳이 없이 가난한 가계를 꾸려가야 했던 어머니는, 끼닛거리를 구처하러 다니느라고 슬하의 피붙이들을 아금받게 보살펴줄 겨를이 없었다. 어머니 뱃속에 있을 때부터 주린 배를 뒤틀어쥐고 태어난 나와 아우에겐 몇 됫박의 곡식으로 끼니를 끓여댄다 한들 한에 찰 수가 없었다. 어머니는 이틀도리로 빈 시겟자루를 치마폭 속에 감추고 이웃으로 품앗이를 나가곤 하였다. 해질녘이 되면 우리 형제는 노을이 비끼는 동구 밖 길샅을 지켜보면서 어머니가 나타나기를 기다렸다. 그러나 대개는 노을빛이 저물면서 어둑발이 내릴 때까지 어머니는 나타나지 않았다. 기다리다 지친 우리들이 칭얼대거나 울음을 터뜨리게 되면, 이웃의 아낙네들이 찾아와서 달래주기도 하였다. 대개 아우가 먼저 울음을 터뜨렸고 나는 아우를 달래다 말고 덩달아 설움에 겨워 곡지통을 내쏟곤 하였다. 양볼따구니로 흘러내린 눈물 자국이 선명한 우리들에게 어머니는 때때로 시렁 위에 얹어둔 회초리를 내려들기도 하였다. 끼닛거리를 구하려고 이틀도리로 품앗이를 다녀야 할 어머니에겐 심약한 아이들만 남아 있는 집이 항상 걱정되고 부담스러웠을 것이다. 그러나 도무지 행처를 알 수 없는 어머니가 저녁거미가 내릴 무렵까지도 나타나지 않는다는 절망감에 우리들이 대처할 수 있는 가장 적절한 방법은 울음뿐이었다. 우리는 어머니의 질곡을 십분 짐작하지 못했었고, 그런 살얼음살이에 일가붙이도 탐탁지 못했던 어머니 또한 어린것들의 가슴을 써늘하게 적시는 외로움을 다독거려줄 만한 겨를이 없었던 것이다. (pp. 13~14)

대부분의 다른 작가들도 그렇지만 유년의 공간은 한 작가의 작품 세계에 있어서 일종의 광원(光源)으로 기능한다. 기억으로밖에 찾아갈 수 없는 공간이면서도 그 어느 것보다 생생한 리얼리티로서 다가오는 것이 바로 유년이다. 그 이유는 무력하고 왜소한 한 개체가 이질적이고도 거대한 세계와 만나게 되면서 받는 일종의 사회적 원상(原傷)이 각인된 공간이 바로 유년의 공간이기 때문이다. 위에서 설명된 것과 같은 가난에 대한 기억말고도 이 시기 그의 뇌리에 각인된

두 개의 중요한 경험이 존재하는데, 그것은 그가 초등학교에 진학한 그해에 외갓집에 있다가 직접 목도했던 집단 사형(死刑) 광경과 6·25 이후 작가의 집 옆에 세워진 조그만 소금 창고에서 부역자들에 대한 고문이 행해질 때마다 들려왔던 비명 소리다. 그의 어머니는 그럴 때마다 두려움에 잠들지 못하는 그를 속치마로 감싸안고 팔로 귀를 막아주곤 하였는데, 이념의 문제 때문에 벌어졌던 이 두 사건은 그의 유년의 의식에 깊이 각인되었고, 이후 그의 소설 속의 주된 이야기 공간으로 등장하게 된다. 즉, 감수성이 예민했던 이 시기의 저잣거리의 풍경 및 그 풍경을 이루었던 뭇 외장꾼들의 밑바닥 생활과 그들이 빚어내는 삶의 몸부림은 몇몇 단편을 거쳐 이후 특이한 역사소설인 『객주』를 낳게 했으며, 후자의 경험들은 전쟁의 이야기를 다룬 소설인 『천둥 소리』에서 개인적 차원의 공간을 넘어서서 역사의 공간으로 확장되는 것이다.

1954(16세)

진안에서 진보중학교까지 마친 그는 16세가 되던 해에 고등학교 진학을 위해 고향을 떠나 대구로 올라온다. 그가 진학한 학교는 대구 농림고등학교였고 과는 축산과였다. 그가 농고로 진학하게 된 것은 자식이 농고를 졸업하고 부근에서 농장이나 경영하기를 기대했던 아버지의 희망 때문이었다. 따라서 이 시기는 그가 아버지의 부재로 이야기되는 유년 시절을 마감하고 아버지와의 관계를 새롭게 정립하는 시기가 되는데, 그러나 아버지에 대한 감정 등이 완전히 청산된 것은 아니었고 오히려 사춘기에 있을 법한 고민을 스스로 감당하기 시작한 시기로 그 자신은 이 시기의 생활을 "어둡고 침울했던" 생활이라고 회고하고 있다. 1974년 작가 이문구가 그를 탐방하고 쓴 기사문에 의하면 그는 넉넉하지 못했던 이 시기, 뜨내기로 품을 팔면서 생계를 꾸려갔으며, 그것도 여의치 않게 되자 미군 부대 근처에서 생계를 꾸린 적도 있었다. 이것만 보더라도 이 시기 그가 겪었을 생활고를 능히 짐작할 수 있다(이문구, 「김주영, 그는 어떤 사람인가」, 『한국문학』). 그러나 이 시기는 그의 삶의 방향을 결정하는 데 있어서 한 획을 긋는 시기인데, 그 이유는 그 자신이 문학에 뜻을 두기 시작한 시기가 바로 이 농림고등학교 시절이기 때문이다. 이때 그는 김필헌 선생의 사랑을 받으면서 문학에 최초로 눈을 뜨게 되는데, 당시는 주로 동시를 썼었고 그곳의 지방 신문에 자주 투고를 하기도 한다.

졸업이 가까워옴에 따라 그의 아버지는 애초의 희망대로 그를 경북대학교 농과대학에 진학시키려 했으나 이미 시를 쓰고 싶다는 강렬한 열망을 간직한 그는 자신의 열망을 안으로 간직한 채 아버지 몰래 서울로 올라가 친구 집에 기식하면서 서라벌예대에 응시하게 된다. 대구농고로의 진학이 성년으로의 진입 과정에서 아버지와의 관계를 재확립한 것이라면, 아버지가 희망했던 길을 버리고 예대로 진학하게 된 것은 그에 대한 최초의 항거가 되는 셈이다.

1960(22세)

1959년에 그는 대구에서의 청소년 시절을 마감하고 자신의 열망대로 서라벌예대에 진학한다. 그가 진학했을 당시 서라벌예대에는 소설가 안수길·김동리, 시인 서정주·박목월 등이 교수진으로 포진해 있었으며, 그의 동기로는 이미 고인이 된 시인 김민부를 비롯해서 소설가 송상옥·천승세·유현종·홍기삼·김문수·오찬식·이근배 등이 있었다. 이들 동기들 중 상당 부분은 이미 고교 시절에 등단한 사람들도 있었는데, 이런 분위기 속에서도 그는 문학에 별다른 정진을 하지 않는다. 따라서 이 시기에 그가 해본 습작의 양은 과목 이수에 필요한 숙제 등 제출물이 거의 전부인 셈인데, 작가 자신의 고백에 의하면 당시 여전히 시에 뜻을 두고 있었던 그가 몇 편의 시를 박목월 선생께 보여드리고 나서 자신의 문학적 자질이 시에 맞지 않는다는 주석을 받았다고 하며, 그로 인해서 상당한 심정적 혼란을 겪었다고 한다.

　이러한 연유로 그는 2학년초 학교를 휴학하고 자진 입대하여, 강원도 화천 지방에 주둔한 일선 부대의 소총수로 근무하게 되는데, 그곳에서 권영근을 만나게 된다. 작가 자신이 감격스러웠던 만남이라고 회고하고 있는 권영근과는 서라벌예대 입학 동기였다. 권영근은 이미 서라벌예대 입학 전인 고등학교 때 서울신문에 단편소설이 가작으로 당선되었던 경력을 가지고 있었다. 시를 쓰고자 했다가 자신의 문학적 자질이 시에 맞지 않는다는 지적에 혼란을 겪었고, 또 그로 인해서 문학에의 열정을 의식적으로 외면해왔던 이 시기의 그에게 그와의 만남이 잊고 지냈던 문학에의 관심을 새롭게 환기해주었으리라는 것은 자연스럽게 예견할 수 있다.

1963(25세)

　그가 25세가 되던 1963년과 그 이듬해인 1964년 간의 시기는 그의 삶에 있어 몇 가지 점에서 중요한 시기이다. 그것은 이 시기가 결혼과 함께 그가 비로소 성인으로서의 삶을 영위하기 시작한 시기이며, 동시에 아버지와, 유년 시절을 함께했던 동생이 군대에서 수영을 하다가 죽은 해이기도 하며, 또한 이후 10여 년에 걸쳐 계속되는, 문학과는 전혀 관계없는 직장의 월급쟁이로서의 삶을 시작한 시기이기도 하기 때문이다.

　그가 결혼을 한 것은 그의 나이 25세 때로 그의 군생활이 끝나갈 무렵이다. 그의 아내가 된 김진득(金震得)은 안동 김씨로 그와는 같은 고향 출신으로 유년기를 함께 보낸 동갑내기이기도 하며, 또한 그가 고등학교 때와 대학 무렵 방학 때마다 내려가 한문을 배웠던(이때 그가 배웠던 한문의 소양은 이후 역사소설 집필에 있어서 사료를 읽어내는 데 많은 도움을 주게 된다) 서당의 훈장이었던 김중한(金中漢) 선생의 딸이었다.

　이듬해 그는 바야흐로 가족의 가장으로서의 역할이라는 현실적인 문제와 직면하게 되는데, 이때 들어간 직장이 안동에 있는 엽연초생산조합이다. 그가 소설가라는 현재의 위치와는 손쉽게 연결되지 않는 엽연초생산조합의 주사로 근무하게 된 이유는, 당시로서는 초급대학인 예술대학을 나온 탓에 직장을 잡기도 여의치 않아서 농고를 나온 경력을 바탕으로 전매청의 직원 공채 시험에 응시, 합격하여 안동으로 발령을 받았기 때문이었다.

그해에 그의 아버지가 63세를 일기로 돌아가시고 연이어 동생마저 군생활 도중 사망하게 되는데, 이런 저간의 사정과 문학에 대한 모종의 갈증 등으로 해서 그는 이후 10여 년 간을 문학 수업 따위는 일체 하지 않고 과음을 일삼게 된다. 따라서 생활은 자연히 무질서하게 이루어질 수밖에 없었는데, 1987년 도서출판 나남에서 출간된 작가 선집 『새를 찾아서』의 서문에서 그는 이 시기 자신의 생활이 방종과 방황으로 일관될 수밖에 없었던 정황과 그 정도를 다음과 같이 토로하고 있다.

그렇게 된 것에 여러 가지 이유가 있었다. 첫째는 내 주변에 있는 사람들이나 혹은 직장의 동료들이 모두 그렇게 살고 있었다는 것이다. 일단 조직이란 사회에 내 자신을 던지게 되면 그들과 비슷한 모습으로 살아야 한다는 것이 내 생각이었다. 중뿔나게 체하지 않고 그들과 동화되지 않고는 온전한 직장 생활을 다스려나가기 힘들었다. 술자리에선 술을 마시고 아는 척 말고 고독한 척하지 말아야 그 시골 직장에선 무사하게 살아남을 수 있었다. 그러나 겉으로는 그러한 지역 사회의 대세에 따라가는 척하였지만 가슴속에는 날이 갈수록 뭔가 응어리 같은 것이 쌓여가기 시작했고 그 응어리는 나를 자꾸만 술자리로 데리고 다녔다. 갈등과 정면으로 대결해서 해결의 실마리를 찾으려는 것이 아니라 술로 그것을 잊어버리자는 심산이었다. 〔……〕 조그만 시골 읍내에선 모주가로 소문나게 되자 인근의 소도시로 나가서 술을 마시고 집으로 돌아오는 방법까지도 동원하게 되었다. 나의 음주 행각에는 동행이 있었다. 같은 직장의 동년배였는데 그는 이미 술을 마시지 않을 땐

손가지 떠는 사람이었다. 손은 떨지 않았지만 또 한 사람의 동료가 있었다. 우리 세 사람은 거의 매일을 몰려다니면서 마셔댔다.

위와 같은 고백은 그가 이 시기 겪었던 정신적 고통이 어느 정도였는가를 여실하게 보여주고 있거니와, 이 때문에 그는 과음의 탓으로 육체적으로도 폐결핵과 장파열 등의 질병을 앓는 등 개인적인 한계 상황에 부딪히게 된다. 이렇게 그가 자신을 학대할 수밖에 없었던 데에는 문학에 대한 끊이지 않는 욕구도 한몫을 차지했다. 그러나 결혼 이듬해에 난 큰딸을 비롯해 이미 아들 하나와 둘째딸까지 둔 상황에서 문학에 대한 열정을 실천으로 옮긴다는 것은 거의 불가능했다. 결국 그는 더 이상은 방황할 수 없다는 결심을 세우고 무작정 사표를 던지고 소설 습작을 하게 된다.

대학 시절까지 시인을 꿈꾸어왔던 그가 소설로 방향을 바꾸게 된 데는 물론 대학 시절 자신의 문학적 자질이 시에 맞지 않는다는 지적을 몸소 인정한 때문이기도 하지만, 그가 경리과 주사로 몸담았던 안동에서의 직장 생활이 그로 하여금 소설적으로 천착해 들어가야만 그 진실을 포착할 수 있는 세계의 모습에 눈뜨게 해주었던 것으로도 보인다. 그것은 그가 데뷔 이후 이 시기의 경험을 소재 삼아 쓴 몇 편의 소설에서 유추될 수 있다. 안동과 봉화 · 예천 · 청송, 그리고 영양과 영덕 등지의 잎담배를 건조하는 데 필요한 무연탄 하역장을 무대로 하역장의 부정과 관련된 사실을 조사하기 위해 파견된 검수원의 이야기를 다루고 있는 「달밤」이라는 소설에서, 그는 다른 곳보다 노동 조건이 좋지 않은데도 불구하고 감시의 눈길을 피해 무연탄을 빼돌릴 수 있다는 점 때문에 굳이 그곳을 고집하는 밑바닥 사람들의 삶의 행위에 대한 놀라움의 시선을 드러내 보여주고 있기 때문이다.

1971(33세)

회사를 그만두고 습작을 하던 그는 1970년 「여름 사냥」이라는 소설이 『월간문학』에 가작으로 뽑히고 그 이듬해인 1971년 10월 「휴면기」라는 작품으로 「오급 공무원」이라는 소설을 쓴 윤남경과 함께 8회 『월간문학』 신인상을 받고 문단에 데뷔한다. 당시의 심사위원은 박영빈·손소희·오영수 등이었는데, 이들은 심사평에서 그의 소설의 "숨결이 야무지게 차 있는 언어"와 "호흡을 흘트리지 않고 일정한 밀도를 유지하는 문장"력을 높이 평가하고 있다.

김주영의 소설의 출발이 되는 이 소설은 이후에 전개되는 그의 소설 세계의 중요한 싹을 담고 있는 소설인데, 그것은 이 소설이 일종의 입사식담으로 한 아이가 자기를 둘러싼 세계의 악과 대면하게 되는 의식의 충격을 다루고 있기 때문이다. 6·25 전쟁중, 뜻하지 않았던 괴뢰군과의 조우와 노루를 사이에 두고 벌어지는 갈등 및 그 과정에서 목도하게 되는 뚝이의 죽음은 당시의 유년기 아이에게 있을 수 있는 세계 경험의 극대치를 이야기하고 있다. 아이와 그를 둘러싼 세계의 악과의 만남이라는 모티프는 이후의 그의 소설에서 일련의 악동소설 및 『고기잡이……』로 대표되는 입사식담 혹은 성장소설로 이어지게 된다.

한편 『월간문학』 데뷔 당시 그의 주소가 안동으로 되어 있던 탓에 안동 지역의 문학인들이 그에게로 찾아들기 시작하고, 이에 작품을 가지고도 발표지를 갖지 못하고 있었던 그들을 위해 그는 『안동문학』이라는 동인지를 만들게 된다. 그리하여 자신의 작품 「김치 빌리지」라는 작품을 1집에 발표하기도 한다. 이후 그는 정력적인 작품 활동을 하는데, 이 시기 그가 발표한 소설 목록은 다음과 같다.

1972년: 「깊은 강」(『월간문학』, 4), 「붉은 산」(『월간문학』, 10)

1973년: 「열기」(『현대문학』, 6), 「마군 우화」(『신동아』, 10), 「체류일기」(『월간문학』, 12).

1974년: 「무동타기」(『한국문학』, 1), 「비행기타기」(『현대문학』, 2), 「이 장 동화」(『한국문학』, 5), 「묻힌 이야기」(『문학사상』,

9), 「과외 수업」(『월간중앙』, 9), 「즉심 대기소」(『세대』,
11)

1975년: 「악령」(『신동아』, 4), 「도깨비들의 잔칫날」(『월간중앙』,
4), 「도둑 견습」(『한국문학』, 4), 「모범 사육」(『문학사상』,
7), 「외출」(『소설문학』), 「아내를 빌려줍니다」(『창작과비
평』, 가을), 「금의환향」(『세대』, 11), 「달밤」(『문학과지성』,
겨울), 「머저리에게 축배를」(『한국문학』, 11), 소설집 『여
자를 찾습니다』(한진출판사) 출간.

1976년: 「어디가 아프십니까」(『문학사상』, 10), 「달밤 2」(『대화』,
11), 「옛날이야기」(『한국문학』, 5)

1976년(38세)

이해 7월 그는 가족 모두와 함께 서울로 올라와 면목동에 자리잡는
다. 일정한 업이 없이 발표되는 작품만으로 생계를 꾸려가던 그가 서
울로 올라올 결심을 할 수 있었던 것은 안동에 있을 때 경향신문 측
으로부터 연재소설 의뢰를 받았고 거기에서 나오는 고정 수입으로
생활할 수 있었기 때문이었다. 이때 그가 집필한 연재소설이 그의 첫
장편이 되는 『목마 위의 여자』다. 이 소설을 쓰면서 그는 신문 연재
소설의 속성상 다분히 상업주의적 요소를 갖출 수밖에 없었는데, 이
는 나중에 그로 하여금 문학에 대한 새로운 각오를 다지게 만드는 계
기가 된다.

이즈음 그는 주로 이문구 · 김원일 · 정규웅 · 이근배씨 등과 자주
교류한다. 또한 그는 시골 출신의 젊은이가 신촌의 여학교 부근으로
하숙을 정해 주인집 딸에게 접근하다가 아버지가 고향에서 데리고
온 칠례와 어쩔 수 없이 결혼하게 되는 과정을 희화적으로 그린 중편
「여자를 찾습니다」가 영화화되는 것을 계기로 영화감독 하길종 등과
교류하기도 한다. 이 시기 그는 틈틈이 이문구 · 이청준 · 박태순 · 김
원일, 송영 등의 글을 즐겨 읽는다. 『목마 위의 여자』(한진출판사),

『여름 사냥』(영풍문화사), 『머저리에게 축배를』(한진출판사)을 출간한다.

1977(39세)

「서울 구경」(『월간중앙』, 2), 「우리들의 만남」(『세계의 문학』, 봄), 「백색 레그혼」(『세대』, 6), 「틀니」(『문학사상』, 8), 「묘적」(『창작과비평』, 가을), 「부끄러운 아이」(『한국문학, 10), 중편 「칼과 뿌리」를 발표하고 단행본으로 소설집 『도둑 견습』(범우사), 『칼과 뿌리』(열화당), 『나를 아십니까』(태창문화사)를 출간한다.

대략 데뷔 이후부터 이때까지 발표된 소설들을 그의 소설의 초기작으로 볼 수 있는데, 이 시기 그의 소설들은 대략 두 부류로 나누어진다. 그 하나는 이미 앞에서 말한 것처럼 악동의 세계를 천착해 들어간 「악령」과 「도둑 견습」「모범 사육」 등의 세계이며, 다른 하나는 「차력사」「도깨비들의 잔칫날」「즉심 대기소」「마군 우화」「묘적」 등 건강한 하층민들의 삶과 도시적 속물들의 삶을 대비시키거나 시골 출신 인물이 서울에서 살아남기 위해 교활하게 변모해가는 과정 등을 그리고 있는 작품군이다. 하지만 전체적으로 보면 이러한 초기 소설들에서 작가가 견지하고 있는 태도는 「악령」 및 「도둑 견습」에서 보이는 것처럼, 결손 가정의 악동과 도시적 생활에 유약해져버린 아이들을 대비시킴으로써 도시적 성장 환경의 불건강함을 드러내고 그와 동시에 생존을 위한 고아 의식(가정적으로나 정신적으로)의 절박함과 그 속에 내재되어 있는 자기 모색의 가능성 등에 대한 천착으로 이야기될 수 있다. 작가 자신은 이러한 초기작의 세계를 다음과 같이 말한다.

76년까지 왕성하게 씌어진 이들 중·단편 소설들이 가지고 있는 주제는 대개 산업화와 고도 성장의 와중에서 빚어지는, 인간들이 맞이하는 비애와 갈등을 희화적 수법으로 이야기한 것들이었다. 나름대로는 사람의 심성을 헤아려볼 줄 아는 안목이 트이기 시작하는 나이 무렵까지 농촌과 도회를 쉼없이 들락거리면서 살았기 때문에, 멀쩡하던 사람들이 타관의 물을 조금 먹고 나면 진솔하고 소박한 심성들이 훼손당하고 희화적인 모습으로 변모하던 것을 많이 보아왔었다. 소재로 등장하는 주인공들은 대개 그런 사람들이었다.

이들 작품들은 앞서 발표되었던 단편들과는 주제를 달리하고 있다. 딱 부러지게 말할 수는 없지만 인간의 심성에 보다 심도 있게 접근하려는 것과 그러한 문제를 좀더 포괄적이고 보편성 있게 수용해보려는 내 나름대로의 변모가 이들 작품들에서 발견되었으면 하고 바랐다. 그러나 소설 속에 등장하는 인물들의 외형적인 모습들은 「악령」이나 「모범 사육」 「도둑 견습」에서처럼 도회의 빈민층이거나 괄시받고 억압받는 사람들이라 할 수 있다.

삶에 대한 의욕은 누구보다 강렬하지만 왜 이렇게도 지지리도 못살아지는 걸까 하는 하소연을 하루에도 몇 번씩 토해내고 싶은 그런 사람들의 이야기를 구태여 골라 쓴 것이 아닌데도 써놓고 보면 그런 사람들의 이야기가 되어 있었다. 그런 것은 내 자신이 살아온 체질이나 인간의 문제에 접근하려는 작가적 방식 때문이 아니었나 싶다. 또한 그러한 사람들의 말과 행동에서 뿜어나오는 진솔한 인생의 문제를 쉽게 간과해버릴 수도 없었다. (『어린 날의 초상』 연보에서)

위와 같은 진술도 한 증거가 되지만, 이 시기 그의 소설은 또한 다분히 사회적인 시선을 강하게 드러내고 있다. 고물 하치장을 중심으로 삶을 영위하는 한 가족의 이야기를 아이의 시점으로 이야기하고 있는 「즐거운 우리집」에서 주인공의 아버지가 버스로 돌진한다거나 하는 극적인 반전은 담화론 차원에서 작가적 의도가 그만큼 강하다는 것을 드러내는 점이거니와, 또 다른 한 증거는 중편 「칼과 뿌리」에서도 명백하게 드러난다. 그가 안동 엽연초생산조합에 근무할 당시의 경험을 변용한 것으로 보이는 이 소설은 앞서 변용되어 나타난

「달밤」 등과는 달리 담배 농사로 먹고 사는 추현리라는 마을을 배경으로 수납기에 일어나는 검사원과 총대, 지방 신문 기자 및 경찰서장, 그리고 심지어 작부와 노름꾼까지 가세해서 이루어내는 촌마을 경제의 먹이사슬과 같은 삶의 형태를 숨가쁘게 그리고 있기 때문이다. 이러한 저간의 사정은 얼마 후부터 전개되는 그의 소설의 두번째 시기를 예시해주는 단서가 된다.

1978(40세)

「붉은 노을」(『문학과지성』, 여름), 「천궁의 칼」, 「익는 산머루」(『세계의 문학』, 여름), 「방문객」(『문학사상』, 9), 「겨울새」(『문예중앙』, 봄), 「즐거운 우리집」(『월간중앙』, 6), 그리고 「아들의 겨울」을 발표한다. 단행본으로 『위대한 악령』(한진출판사), 『즐거운 우리집』(수상출판사)을 출간한다.

이전까지 그가 발표한 소설들이 어떤 의미에서 70년대 작가들이 일반적으로 취했던 도시 세태에 대한 의도적인 풍자의 맥락에 놓이는 것이라면, 이 시기에 그가 발표한 「붉은 노을」「천궁의 칼」「익는 산머루」 등의 작품은 그의 시선이 다시금 자신이 어린 시절을 보낸 유년의 공간으로 향해졌다는 의미에서 중요성을 띠고 있다. 그는 이 작품들을 "인간 관계에 대한 보다 깊은 성찰과 사려 깊은 소화 작업 끝에 내놓는 작품들을 써야겠다는 그런 결심을 하면서 우선 접근을 시작한" 작품들이라고 말한다. 작가 자신도 이 시기의 자신의 소설의 변모를 직접적으로 말하고 있거니와, 여기서 우리는 그의 소설적 변모의 절실함 및 모종의 필연성까지를 이해할 수 있게 된다. 같은 해에 간행되어 나온 소설집 『즐거운 우리집』의 후기에서 그는 다음과 같이 말하고 있다.

어떤 작품은 두 달이 걸린 것도 있고 또 어떤 작품은 하룻밤에 써버린 것도 있다. 그러한 무질서한 작품 활동을 해오면서 무언가 자꾸 내

뒤통수를 질근질근 찔러대는 것이 있었다.

이렇게 자꾸만 써도 되는 것인가. 가치 있는 소설가라면 뭔가 좀더 깊이 생각하고 씹고 걸러내어서 알차고 무거운 것들을 내놓아야 하지 않겠는가. 운명이란 것도, 생명의 뜻 같은 것도, 종교 같은 것도 생각해보아야 하지 않겠는가 하는 그런 회초리가 무절제한 작품 활동을 엮어가는 나를 몇 번인가 후려쳤었다.

그리고 또 한 가지 생각나는 것은 요사이 소설들이 너무나 물기가 없지 않은가 싶다. 빠드득거리고 넘어가는 씨아처럼 너무나 건조하고 높은 목소리로 말하지 않는가, 낮고 부드러운 목소리로 말하면서 높은 메아리로 되돌아오는 그런 작품을 써야 되지 않겠는가 하는 그런 반성이 이즈음의 나를 괴롭히고 있는 것이 사실이다.

"낮고 부드러운 목소리"지만 "높은 메아리로 되돌아오는" 목소리를 담은 작품, 그것은 앞에서 말한 것처럼 유년의 이야기를 담은 작품으로 귀결된다. 그것은 유년의 이야기야말로 가장 개별적인 경험이면서 동시에 가장 보편적으로 이야기될 수 있는 모든 이야기의 원천이기 때문이다. 그가 1978년에 발표한 「아들의 겨울」은 바로 이 유년의 공간을 그리고 있는 소설이다. 박무도라는 한 아이의 시점으로 이야기되는 이 소설에서 작가는 마을의 술도가, 도살장, 일제 때 학교 교장의 사택, 이발소, 면사무소, 지서 등 유년의 공간과 그 속에서 함께 성장했던 또래 친구들 및 어른들의 삶에 처음으로 적극적인 관심을 드러내고 있다(이 소설은 후에 발표되는 『고기잡이……』의 원형이다).

하지만 그 유년의 공간은 여전히 수수께끼일 수밖에 없다. 왜냐하면 거기에는 자신과 함께했던 성인들의 삶이 여전히 해석되어야 할 수수께끼로 존재하고 있기 때문이다. 그런 인물들이 바로 업을 바꾸면 자식의 대가 끊어지거나 병신이 된다고 믿었던 백정(「천궁의 칼」)이거나, 징용으로 끌려갔다가 돌아와 사랑하던 일본 여인을 그리며 무력한 삶을 살아가는 외삼촌(「마지막 여름」), 또는 무당의 딸로 태어나 숱한 남정네들에게 배신을 당하면서도 그것을 묵묵히 감내해내는 여인(「겨울새」)들이고 그들의 삶이다. 특히 「겨울새」의 마지막 부분에서 자신이 일러준 재산 이야기를 듣고 그것을 취해 집을 나간 아들을 기다리면서 주인공 여인이 "야야, 기다리자. 지놈이 워딜 가겠냐?"라고 말하는 대목은 그의 인간 이해의 깊이를 보여주는 단적인 예가 된다. 어머니로 대표되는 이러한 인간 삶에 대한 그의 이해는 이후 『천둥 소리』의 신길녀라는 여인에게 이어져 역사 속에서의 체관(諦觀)의 삶에 대한 탐색으로 이어진다.

1979(41세)

「집으로 오세요」(『문예중앙』, 여름)와 「달맞이꽃」(『창작과비평』, 가을)을 발표한다. 『바다와 우산』(삼조사), 『사랑을 잃는 사람들』(신원문화사) 출간.

1977년경까지 활발하게 이루어졌던 작품 활동에 비하면 이 시기에 그의 작품 활동은 거의 없는 것이라고 해도 과언이 아니다. 그리고 이러한 현상은 위에서 살펴본 것처럼 그가 지녔던 소설에 대한 나름대로의 갈증에 원인이 있었던 것으로 보이는데, 그것은 1977년 12월 『문학사상』에 쓴 「이 참담한 키 큰 남자는 누구인가」라는 수필에서도 확인되며, 1979년의 절반 이상을 여행으로 보냈다는 이후의 고백에서도 확인된다. 하지만 그의 여행은 문학의 현장으로부터의 떠남이 아니라 오히려 문학의 현장 깊숙한 곳으로의 여행이었다. 그럴 것이 그의 여행은 나름대로의 대하소설을 쓰기 위한 자료를 수집하고 구상하는 여행이었기 때문이며, 그 결과가 바로 현대 소설사에 있어서 특이한 역사소설로 분류되는, 보부상들의 이야기를 다룬 『객주』였다.
　기존의 역사소설들과는 달리 실록을 비롯한 기록에 대한 의존보다 입으로 전해지거나 현존하고 있는 장터의 현장감, 또 보부상들이 걸었던 행로에 대한 고증이 필요했던 까닭에 『객주』를 쓰기 위한 그의 준비 과정은 전저으로 실제 답사에 의존할 수밖에 없었다. 해서 이 시기 그는 기회 있을 때마다 이 땅의 장터와 도로와 풍속을 찾아 길을 떠난다. 물론 여기에는 사라져가는 우리말에 대한 탐색도 포함되어 있다. 이해 가을에 발표된 「달맞이꽃」은 이 시기의 그의 자료 수집 여행의 한 단면을 보여주는 소설인데, 이 소설에서 도부꾼을 찾아 김천으로 내려가는 주인공 화자는 "여행을 떠날 적마다 나는 목적지가 뚜렷한 유적지 발굴단의 일원처럼 확신에 찬 기대를 가지고 신끈을 조이곤 했다"고 자신의 여행을 이야기하고 있거니와 이는 전적으로 작가 자신에게 해당되는 이야기가 된다.

1980(42세)

위와 같은 취재 여행을 마치고 그는 드디어 서울신문에 지면을 얻어 역사소설 『객주』를 연재하기 시작한다. 약 1만 4천 매에 달하는 『객주』 1부를 마치고 그것이 창작과비평사에서 단행본 아홉 권으로 간행되어 나왔을 때, 그는 그 단행본의 후기에서 자신이 객주를 쓰게 된 동기를 자세하게 이야기하고 있는데, 그것은 대체로 다음과 같은 세 가지 점으로 요약될 수 있다. 첫째, 자신의 어린 시절 집 밖의 유일한 큰 세계를 이루었던 저잣거리 사람들의 삶을 그려야 한다는 작가적 부채 의식, 둘째, 그전까지 씌어졌던 역사소설들이 정치사 중심이거나 궁중 주변의 이야기거나 실록 중심 일변도였다는 사실에 대한 나름대로의 불만, 그리고 셋째, 우리말의 화석화 현상에 대한 염려이다.

작가가 밝히고 있는 『객주』 창작의 이러한 동기는 사실상 모두 연관성을 띠고 있다. 즉, 그가 첫번째로 들고 있는 저잣거리를 중심으로 이루어졌던 삶에 대한 부채 의식은 유년의 공간을 채우고 있는 다양한 삶에 대한 그의 이해의 노력과 직결되는 것인 동시에 또한 작가로 하여금 이른바 청사(青史) 뒤에 가려진 뭇 인간들의 삶 속에 파급

된 역사의 지층을 캐는 작업을 하도록 이끌었던 것이기 때문이고, 뿐
만 아니라 여전히 구술 문화의 전통에 속해 있었던 그들의 삶을 건져
내기 위해선 지적이거나 논리적이라기보다는 감정적이고 즉흥적이고
충동적인 어휘를 찾을 수밖에 없었던 것이다.
　　그러나 『객주』의 중요성은 무엇보다 그것이 딛고 있는 새로운 역사
인식의 틀에 있다. 『객주』의 후기에서 그는 다음과 같이 말하고 있는
데, 이는 새삼 음미해볼 가치가 있다.

　　　왕권의 계승이나 쟁탈, 혹은 그것에 따른 궁중 비화나 권문세가들의
　권력 다툼이나 혹은 그들에 대한 인간사가 주류를 이루고 있었던 반면
　백성들의 이야기는 뒤꼍에 비치는 햇살처럼 잠깐 비치고 말거나 야담
　으로 봉놋방 구석으로 밀려나 있었다. 백성들 쪽에서 바라보는 역사
　인식에 대한 배타성이 우리 역사 기술에는 너무 강하게 작용하고 있지
　않은가 생각되었다.

　　이러한 맥락에서 보부상에 대한 자료를 모으는 한편 틈틈이 객지
의 여관방에서 글을 써나가는 동안 그는 비로소 "소설을 쓴다는 일은
일생을 그 일에다 쏟아붓지 않으면 치러낼 수 없는 너무나 엄청난 일
이란 것을 깨닫게 되었고, 더불어 일생을 던져서 도전해볼 만한 가치
가 충분한 일인 것도 깨닫게 되었다"고 고백한다. 김열규는 이러한
노력 끝에 태어난 그의 작품 『객주』를 다음과 같이 평가하고 있다.

　　　작품 『객주』에서 작가 김주영은 쥐구멍에 견주어도 좋을 인생의 막
　장에 아주 깊이 내려서서 어쩌면 화석의 작은 흔적을 캐낸 광부 같은
　구실을 하고 있다. 그리하여 그 토막지고 조각진 흔적들을 꿰맞추고
　엮고 하여 온전한 모습을 되살려낸 것이다. 그러기에 이 작품은 씌어
　졌다기보다 캐내진 것이다. 〔……〕 그래서 이 작품은 두 겹으로 리얼
　리즘의 영광을 지니게 된다. 첫째는 숨겨진 사실의 발굴이라는 데에

있고, 둘째는 그 발굴된 사실들로 당대 사회를 이룩하고 움직여나가는
데 힘을 끼친 아주 색다른 이치 하나를 발굴해서 보여주었다는 데에
있는 것이다. (『우리의 전통과 오늘의 문학』, 문예출판사, 1987, p.
437)

5월에 재창간한 『소설문학』지에 『달무리 목에 걸고』를 연재 발표
하고, 『독서』지에 「실개천」을 발표한다. 그리고 단행본으로 『위험한
남자』(문학세계사)와 『가까스로 태어난 남자』(신원문화사)를 출간한
다.

1982(44세)

『객주』를 연재하는 중간 중간 단편들을 발표하던 그는 이해에 「외
촌장 기행」(『문예중앙』, 봄)을 발표한다. 그리고 같은 해 12월 이 작
품으로 소설문학사 제정 '소설문학상'을 탄다.

1983(45세)

9월부터 중앙일보에 『활빈도』를 연재하기 시작한다. 이 소설은 한
말에 충청도 내포 지방에서 창궐하였던 활빈당이란 의적들의 활동을
소재로 한 역사소설인데, 이들에 대한 역사적 고찰은 아직까지 학계
에서 통일되어 있지 않다. 오세창 같은 이는 이들을 1900년에서 1904
년경까지 활동한 무장 집단으로서 탐관오리와 부정 축재한 부호들의
돈과 곡식을 탈취하여 빈한한 양민에게 나누어준 무리라고 보기도
하고, 강재언 교수는 이들을 다양한 농민군 집단의 일부로 보기도 하
며, 또 한편으로 정창렬 교수처럼 이들을 농촌 사회의 계층 분화로
말미암아 토지 그 자체에서 축출된 완전 실업자층의 폐쇄적인 비밀
결사로 보는 견해도 있다. 따라서 그로서도 자료의 제한 때문에 고충
을 겪을 수밖에 없었는데, 작가의 말을 빌리자면 연재 예고를 신문에
서 본 어떤 젊은 사학자가 자신이 소장했던 자료를 건네주어서 많은

도움이 되었다고 한다. 소설집 『겨울새』(민음사)와 『스무 해 첫째날』(소설문학사)을 출간한다.

1984(46세)
『객주』로 제1회 '유주현문학상'을 수상한다. 「천둥 소리」(9월, 창비신작소설집 『지알고 내알고 하늘이 알건만』), 「천둥 소리 2」(『문예중앙』, 가을), 「천둥 소리 3」(『세계의 문학』, 겨울)을 발표한다.

1985(47세)
「천둥 소리 4」(『세계의 문학』, 봄), 「천둥 소리 5」(『세계의 문학』, 여름), 「천둥 소리 6」(『세계의 문학』, 가을), 「천둥 소리 7」(『세계의 문학』, 겨울)을 발표, 중앙일보사에서 『아들의 겨울』(전예원)을 출간한다.

1986(48세)
『활빈도』를 연재하면서 틈틈이 계간지에 발표했던 『천둥 소리』를 7월에 민음사에서 출간한다. 이 작품은 신길녀라는 종갓집 며느리의 삶을 통해 전쟁과 이데올로기로 얼룩진 역사의 아픔을 형상화한 소설로, 그의 이전의 역사소설들과 마찬가지로 역사의 전면에 부상한 사람들이 아니라 삶의 공간에서 묵묵히 역사의 바람을 견디어낸 사람들의 삶의 흔적을 통해서 역사를 이야기하고자 하는 의식이 강하게 나타나 있는 소설이다.

1987(49세)
7월에 중앙일보에 연재했던 『활빈도』를 세 권의 단행본으로 출간하고, 나남에서 소설 선집 『새를 찾아서』를 출간한다. 연작 장편 『고기잡이……』의 첫 부분이 되는 중편 「거울 위의 여행」(『세계의 문학』, 겨울)을 발표한다.

1988(50세)

한국일보에 7년 기간으로 대하소설 『화척』을 계약하고 연재하기 시작한다. 이 소설은 고려 시대 압록강변에서 고리를 매거나 수렵을 하면서 생활을 영위한, 이른바 '무자리'로 불리는 유랑민들을 소재로 한 역사소설이다. 이들이 이른바 백정의 전신으로 기록되기도 한다. 그러나 다음해의 절필 선언으로 이 소설은 완결을 보지 못하고 1988년 12월까지만 연재되고 중단된다.

「땟국」(『세계의 문학』, 봄), 「괘종시계」(『세계의 문학』, 여름), 「고기잡이는 갈대를 꺾지 않는다」(『세계의 문학』, 가을)를 발표하고 이해 11월, 1987년에 발표한 「거울 위의 여행」까지를 함께 묶어 장편소설 『고기잡이……』를 민음사에서 출간한다. 『아들의 겨울』이 아이의 시점으로 씌어진 유년의 기억이라면 『고기잡이……』는 현재 성인의 위치에 있는 화자가 유년 시절에서 젊은 시절에 이르는 시기의 경험적 자아의 모습을 어느 정도 거리를 두고 비평적 주석을 가하면서 재추적하고 있는 형식을 취하고 있다. 서술 형식상의 이러한 변모는 어린 시절의 자신의 경험의 내용을 현재적으로 이해하기 위한 자연스런 변화의 모습으로 보인다. 예컨대 그가 "응석이 통하는 세계에서 현실의 세계로 진입하는 과정에서 내가 첫번째로 겪었던 어떤 만남은 너무나 냉담하고 가혹한 것이었다"라고 말할 때 이 점은 분명히 드러난다.

1989(51세)

10월 24일 한국일보에 그의 절필 선언이 발표된다. 신문 기사에 의하면 그는 10월 21일 자신의 집필실에서 기자에게 절필 선언을 한 것으로 보도되었는데, 신문지상에 다소 과장되게 보도된 이 사건은 실은 그간의 자신의 글쓰기에 대한 반성과, 같은 신문에 연재중이었던 『화척』 집필상의 애로가 복합적으로 작용했던 것이었다. 그는 1991년 2월 『문학정신』의 「말, 삶, 글」 대담에서 절필 선언을 둘러싼 저간의 심정을 다음과 같이 말한다.

　첫째, 그때까지의 내 소설을 되돌아볼 때 너무 동어 반복이 심하다
는 반성적 성찰이 있었습니다. 비슷한 주제와 스토리들이 골격이 되어
모양과 색깔이 다른 옷만 바꿔 입히는 안일한 매너리즘에 빠질지도 모
른다는 위기 의식이 커다란 중압감으로 작용했습니다.

　둘째, 근 10년 간 계속해서 신문 연재소설을 쓰다 보니 내 자신도
모르는 사이에 상업적 측면에 침식되어가고 있다는 경각심이 아프게
내 의식을 두드렸습니다. 신문소설이 요구하는 반문학적 요소들이 작
가가 은밀하게 붙들고 있는 문학성의 성채를 집요하게 공격해온다는
인식이 절박하게 느껴졌고, 그에 대한 방어벽은 곧 쓰기를 중단하는
일이라는 생각이었지요.

　셋째, 그 무렵 50대 초반의 힘있는 열정으로 『화척』을 연재하고 있
었는데, 일 년 반 정도 써온 시점에서 확인되기로는 확보하고 있는 자
료에 여러 가지 문제가 많다는 점이었습니다. 특히 북한에 관한 자료
들이 그러했는데, 예를 들자면 개성을 중심으로 한 지도라든지 관련
논문들이 너무 불충분하다는 사실을 북한 사료의 개방과 더불어 바로
알게 된 것이지요. 그래서 더 공부하고 자료를 보완해서 다시 쓰겠다,
라는 결심에 앞서, 일단 중단을 결행하는 일이 내 양심에 부합된다는
판단을 내렸습니다.

　같은 해 12월 5일자 한국일보에는 그가 다시 문단에 복귀했다는 기
사가 실리고 자신의 「복귀의 변」이 실린다. 이 글에서 작가는 자신이
근 1년 동안을 여행과 술로 보냈으며, 소설 쓰는 일을 떠나서 자신이
할 수 있는 일이 무엇이며, 또 그랬을 때의 자신은 누구인가의 문제
를 깊이 생각했음을 밝히고 그러한 세상읽기의 결과를 다음과 같이
말하고 있다.

생활인들의 그러한 삶을 확인해가는 여정을 통해서 내가 있어야 할 자리가 어디며 해야 할 일이 무엇인가를 명료하게 느끼기 시작했다면 그것은 바로 글쓰는 일로 되돌아서는 것이었다. 물론 지금 이 시간에도 함부로 덤벼서는 안 된다는 문학에 대한 외경심은 마찬가지다. 다만 조금은 자유인으로서 일 년이란 짧은 과정을 보내는 동안, 공교롭게도 돌아서야 한다는 확인만을 치러냈을 뿐이었다. 〔……〕 그래서 내 스스로를 애써 부인한들 내 스스로는 예나 지금이나 작가로서 존재한다는 것도 어쩔 수 없는 사실의 확인이기도 하였다.

1990(52세)

여름에 평론가 김화영, 소설가 김원일 등과 함께 인도와 아프리카를 여행한다. 그리고 여름과 가을 두 차례에 걸쳐 서간도로 여행을 떠나는데, 1988년에 있었던 서간도 여행까지 합쳐 이때까지 도합 세 차례가 되는 그의 서간도 여행의 목적은 서간도를 중심으로 한 새로운 역사소설을 쓰기 위한 취재 여행이었다. 그것이 바로 다음해부터 동아일보에 연재하기 시작한 『야정』이다.

1991(53세)

3월부터 동아일보에 역사소설 『야정』을 연재하기 시작한다. 『야정』은 조선 시대말 압록강 이북, 서간도 지방으로 월경했던 조선족 이주민들의 이야기를 그리고 있는 역사소설인데, 연재에 앞선 2월 27일 동아일보 기자와 가진 인터뷰에서 그는, "이민사에 있어서도 북간도에 앞서고 특히 마적들의 행패가 심했던 서간도로 이주한 조선인들이 그러한 난관을 극복하고 이역 땅에서 자리잡고 마침내 독립 운동과 연관되는 과정을 담을 계획"이라고 이 작품에 대한 자신의 포부를 밝히고 있다. 우리 문학에 있어서 북간도 지방으로 이민간 조선인들의 수난사를 다룬 대하소설로는 안수길의 『북간도』가 있지만, 서간도를 중심으로 한 조선인들의 삶의 궤적은 아직 온전하게 복원되어 있지 못한 형편이었다. 이 소설을 위해서 그는 9월에 다시 서간도로 들어가 자료를 수집한다.

『창작과비평』여름호에 한 회사 부사장의 일상에서의 탈출 욕구와 죽음을 그린「십오일의 타살」을 발표하고 10월 한국일보에 연재했던 『화척』제1부를 세 권으로 출간한다(문이당).

1993(55세)

10월에 제25회 대한민국 문화예술상을 수상한다.

1995(57세)

1988년 1월에 집필을 시작하여 1989년 10월 절필로 인해 중단되었던 장편소설『화척』을 집필한 지 7년여 만에 전 5권으로 완간한다(문이당). 위의 절필 선언에서도 나온 바 있듯이, 그는 주된 배경이 개성으로 설정된 이 작품의 완성을 위해 손수 국내외의 자료들을 모아 개성 시가지 지도를 작성하기도 했다. 또 연재 중단 후 개성을 방문하기 위해 통일원으로부터 방북 허가를 받아냈으나 북한측의 일방적인 약속 피기로 무산된 적도 있디. 정중부에서 최충헌으로 이어지는 무인 정권의 이야기와 노비 만적의 삶을 중심으로 전개되는 이 소설에 대해, 작가는 한 신문과의 인터뷰에서 "당시 고려의 조정이 무인들의 천하가 됨으로써 인간의 존엄성과 고귀한 인간 관계가 더럽혀지고 훼손되는 과정, 그리고 삶과 죽음에 대한 역사적 해석과 함께 오늘의 우리는 과연 무자비하고 참혹하였던 죽음의 의미를 어떻게 받아들여야 할 것인가를 생각하려 했다"고 말한 바 있다.

1996(58세)

6월에 그의 대표 작품인『고기잡이는 갈대를 꺾지 않는다』의 스페인어판이 출간되고, 이를 기념하여 페루 폰티피시아 가톨릭대학에서 열린 한국 문학 세미나에 참석해 작품을 낭독하고 강연도 갖는다. 한편 7월에는 『화척』으로, 문학과지성사가 주관하는 제8회 이산문학상 수상자로 선정되며, 8월에는 서간도 이민사를 다룬 역사소설 『야정』을 전 5권으로 펴낸다(문학과지성사). 『화척』과 마찬가지로, 그는 평북 강계 지방과 서간도 지역을 배경으로 펼쳐지는 이 작품을 위해서 도합 여덟 차례의 현지 답사를 다녀왔는데, 이것만으로도 역사적 사실성을 확보하려는 그의 투철한 작가 정신을 엿볼 수 있다.

1997(59세)

『작가세계』 여름호에 400매 분량의 중편 「홍어」를 발표한다. 『화척』과 『야정』 등 대하역사소설에만 전념하던 그로서는 아주 오랜만의 중편소설이었다. 태백산 골짜기에 살고 있는 한 모자를 주인공으로 하고 있는 이 작품은 『고기잡이는 갈대를 꺾지 않는다』와 마찬가지로 천진난만한 소년의 눈을 통해 오래 전 우리들의 삶의 풍경을 서정적으로 묘사하고 있으며, 환멸로 귀결되는 그의 성장 과정을 다루고 있다. 홍어와 가오리연, 수탉과 같은 소품들이 강렬한 상징으로 드러나 있는 이 작품은, 소년의 시선을 통해 세상을 읽어낼 때 힘을 발휘하던 그의 중단편의 특성이 고스란히 담겨져 있다.

9월에는 한국 유민들의 삶의 궤적을 취재하러 카자흐스탄 지역을 답사한다.

1998(60세)

김영삼 정권의 실정(失政)으로 나라가 IMF 체제의 나락으로 떨어진 다음의 새해, 김주영은 중앙일보에 『아라리 난장』을 연재하기 시작한다. 하루아침에 명예 퇴직을 당한 한 40대 광고회사 간부의 개인사를 중심으로 전개되는 이 작품은 IMF 체제를 맞아 급전직하의 삶의 위기를 겪어야 했던 수많은 회사원들의 애환을 대변하고 있다. 그러나 '난장'이라는 말의 혼돈과 축제성이 드러내듯이, 작가는 이 과정에서 서로 다른 삶을 살아온 세 남자의 만남과 그들이 팔도를 무대로 경제적 자립을 찾고 잃어버린 자아를 찾아가는 과정을 그만의 특장인 유랑민적 상상력으로 그려나가고 있다.

최근까지 이어진 그의 연재물이 줄곧 역사소설이었음을 감안하면 동시대의 현실을 소설의 맥락 속으로 끌여들여 이야기를 풀어나가는 이 소설은 그로서는 아주 예외적인 연재소설에 속한다. 연재에 앞서 밝힌 「작가의 말」에서 그는 아래와 같이 말하고 있는데, 그의 말은 그의 대(對)사회적 시선이 이제 역사에서 현실로 바뀌었음을 알려주면서 동시에 우리 시대의 삶을 꿰뚫어보는 그의 시각을 단적으로 전달하고 있다.

유랑이란 말의 배면에 깔린 대체적인 정서는 퇴폐적이다. 그리고 불투명한 전망과 야만성이 도사린 시간의 기다림이다. 그러나 그 말의 또 다른 측면에는 민중이 겪어온 전통적인 서정이 배어 있고, 몽환적인 목메임, 그리고 기다림과 떠나감의 애환이 피처럼 뚝뚝 묻어 흐르는 유장한 순환의 비명 소리가 내재되어 있음도 발견한다. 나는 그를 위해서 부지중 우리들에게서 떠나가버린 것들과 겁없이 잊혀진 것들을 다시 꼼꼼하게 탐지해서 끌어인으려 힌다. 아름다운 것과 추한 깃, 그리고 밝은 것과 어두운 것을 모두 사랑하여 포용하려 한다. 지난날 푸른 논두렁 뒤로 펼쳐진 수수밭 뒤로 사라지고 버려진 것들에 대한 애정을 다시 일깨워 유랑의 역동적인 순환의 고리와 맞물리게 할 수 있다면, 지금 우리가 겪고 있는 상실의 시대를 구태여 증오하지 않아도 되리라는 생각에서이다. 그리고 실의에 빠진 한 남자의, 지난 뿌옇게 흐려진 삶이 투명하게 비춰질 수 있는 것은 무엇일까를 같이 찾아보려 한다.

2월에는 전년도에 발표했던 중편 『홍어』를 확장해서 장편으로 출간하여(문이당), 이 작품으로 제6회 대산문학상을 수상한다. 7월 7일 그는 시인 고은과 미술평론가 유홍준과 함께 북한 아태평화위원회

(위원장 김용순) 초청으로 북한을 방문하여 금강산과 백두산, 평양 일대의 문화 유적을 답사한다. 한편 가을 학기부터는 연세대학교에서 소설 창작론을 강의하며 10월에는 제2건국 범국민추진위원회 위원에 피선되어 사회적 활동의 폭을 넓힌다.

1999년(61세)

현재 그는 우경문화재단의 집필실에서 『아리랑 난장』의 집필에만 전념하고 있다.

제 2 부

소설 30년: 「휴면기」에서 『홍어』까지

사회 변동과 풍자
──김주영 소설의 문제 제기

김 주 연

I

산업의 발달, 과학 문명의 충격, 혹은 정치 계급의 변화와 종교관의 변질 등 사회 변동의 급격한 파급은 그것을 주도하는 소수 세력을 제외하고는 자칫 인간을 꼭두각시화한다. 그도 그럴 것이 그러한 사회적 변동은 의식 면에 앞서 일상 생활 면에서 새로운 기계·도구의 발명으로 재래의 그것들을 무력하게 하는 보다 편리하고, 보다 기능적인 수단을 느닷없이 제시함으로써 그에 적응하지 못하는 대다수의 인습적인 대중을 조롱시키기 때문이다. 산업 사회 이전에도 이러한 사회 변동은 종종 발견되는바, 그 가장 전형적인 예를 우리는 저 세르반테스의 『돈 키호테』에서 어렵지 않게 찾아볼 수 있다. 17세기초에 스페인에서 씌어진 이 작품은 갑자기 도래하기 시작한 냉엄한 이성주의에의 전이가 만든 한 사회 변동의 산물이라고 할 수 있다. 그것은 16세기 이전까지만 하여도 이른바 '길의 문학' 혹은 '기사 문학'이라고 하여서 영웅을 노래하고 그 호쾌하고 분방한 생활을 자유롭게 찬미하는 문학적 분위기, 혹은 『데카메론』이나 『캔터베리 이야기』에서 보여지듯 인간의 적나라한 본성 토로가 활발하게 개진되던 이성주의 문학의 분위기에서 급격하게 벗어나지 못하는 한 반발의 소산이라고도 할 수 있다. 요컨대 한 시대가 그와는 전혀 풍속이 다른 다음 시대로 옮겨가는 과정에 있어서 그것이 다만 풍속의 변화를 의미하는 이상의 어떤 것, 이른바 가치의 재평가와 관련될 때 과도기의 인간은 인간의 주도적인 환경 지배력을 상실하고 자칫 피에로처럼 간주되기 쉽다고 할 수 있다. 가령 『돈 키호테』의 경우 들판에 서 있는 삼사십 채의 풍차를 거인으로 보고 이에 달려드는 주인공 돈 키호테의 우거(愚擧)는 어떤 의미를 갖는 것인가. 여관을 궁성이라고 우겨대면서 사악과 불의를 바로잡기 위해 세상 원정에 나서는 돈 키호테의 행상(行狀), 이를테면 낡은 방패와 여윈 말과 사냥개를 끌고 스스로 기사임을 자처하는 돈 키호테의 행각은 대체 어떤 의미를 띨 수 있는가. 그것은 일견 우스꽝스러운 회화에 지나지 않는 것이 분명하다. 그러나 피에로, 돈 키호테의 문제점은 그가 보여주는 갖가지 우행(愚行)에도 불구하고 그는 언제나 선의의 인간이며 적어도 착하고 훌륭한 일을 하기 위해 세상에 나선다는 선의의 마음가짐을 갖고 있다는 사실에 있다. 실제로 어느 날 저녁 돈 키호테와 그의 시종 산초 판사는 노예선으로 강제 사역을 당해 가는 노예들을 풀어준다. 돈 키호테는 이렇게 말한다. "그래서 제가 가끔 생각할 때, 지금 우리가 처한 이런 역겨운 시대에 편력 기사도를 택했다는 것이 몹시 서글프기도 합니다. 사실 어떤 위험이 겁나서가 아니라, 저의 팔과 칼날의 힘으로 온 세상에서 불후의 명성을 획득할 기회를 화약과 납덩이 따위가 빼앗아갈지도 모른다고 생각하면 기분이 언짢습니다. 제가 목적을 달성하면 과거의 편력 기사들보다 더 큰 위험에 당면했으니만큼 더욱 높은 칭찬을 받을 겁니다." 16세기말부터 팽배하기 시작한 인간의 이성적 각성이 사회 풍속상으로는 과거의 분방한 자유 감성, 정의·정직에 대한 자유로운 언동 구사에 대한 제약의 형태로 나타나게 되며, 정의·정직의 현신 같았던 기사는 점잖게 귀족화한다. 따라서 돈 키호테의 진술은 그 내용에 있어 흡사 정신이 좀 돈 듯한 그의 행각과는 반대로 정상인의 그것을 유지한다. 나아가서는 가장 타당한 직언(直言)으로 반영된다. 행상과 사상의 이러한 균열은 소설적인 구성 속에서 모순의 형태로 나타나지만 우리는 그것이 한 줄에 달린 두 개의 다른 추라는 것을 알아야 할 필요가 있다. 그것은 문학이 객관적인 현실을 현재적인 시제로 그대로 서술함으로써 만나게 되는 평판적인 감동을 회피하기 위한 하나의 기법으로서 풍자라는 이름을 획득하는 그 어떤 우회 정신이다.『돈 키호테』에서 볼 수 있듯이 이 풍자의 수법은 극심한 사회 변동으로 인한 가치의 혼란이 야기되었을 때, 새로운 가치가 형성되지 않은 채 새로운 현실에 몰주체적으로 함몰되는 가치 파괴 현상에 대한 가장 강력한 비판의 역할을 수행한다. 그런 의미에서 풍자는 아이러니나 알레고리 혹은 단순한 상징의 기술보다 그 사회적인 기능이 보다 강조되어 있는 문학적 장치라 할 수 있다. 물론 풍자 정신의 한 근간을 이루고 있는 유머는 기본적으로 인간에 대한 연민·사랑을 주조로 삼고 있기 때문에 사회 현실 그 자체에 대한 직접적인 분노의 기술보다 그것을 넘어서는 초월을 모색한다. 그러나 16·17세기에 성했던 풍자의 희극적 적용이 18세기 후반 이후 소설의 한 정통적 수법으로서 애용되면서부터 풍자는 사회의 제양상에 대한 신랄한 묘사로 그 주된 내포가 자리잡혀가고 있는 느낌이 있다. 스위프트, 트웨인 등으로 연결되는 영·미 근대 소설은 그 좋은 예일 수 있을 것이다.

　20세기 우리 문학에 있어서 풍자의 수법을 정통적으로 발휘, 현실의 모순을 날카롭게 묘파한 작가로서는 채만식(蔡萬植)이 자주 거론된다. 그의 대표작이라고 할 수 있는『탁류(濁流)』는 일제의 식민 정치가 고착화할 기미를 보이면서 민족에 대한 수탈 정책이 노골화될 때인 30년대의 현실에 대한 예리한 풍자가 담긴 작품이라고 할 수 있다. 군고원 정주사의 딸 초봉이를 둘러싸고 벌어지는 뭇 남성들의 추파와 그 각축은 삶에 대한 보람된 전망이 단절된 현실을 야유적으로 묘사하는 놀라운 효과를 내고 있다. 대작 『탁류』는 소설을 현실 그대로 모사한다는 이른바 리얼리즘의 형식에 구애되지 않으면서 풍자적인 수법을 보여주는데, 그것이 리얼리즘보다 오히려 리얼하게 독자를 사로잡는 까닭은 거기엔 현실에 대한 객관적인 묘사와 함께 그에 순응하지 못하는 인간의 완강한 주관이 충돌된 상태로 투영되고 있기 때문이다. 그렇기 때문에 풍자는 근본적으로 현실에 순응을 거부하는 인간의 힘이 변주된 것이라 볼 수 있다. 채만식의 다른 소설들, 「치숙(痴淑)」 「레디 메이드 인생」 「이런 남매」 「돼지」 등도 한결같이 그러한 방법론 위에 서 있는 작품들이다. 무턱대고 국회의원에만 나서는 몰이념적인 정상배, 실업자 인텔리, 신앙 없는 교회 신도들은 모두 사회 제도만 새것으로 근대화되고 그에 본질적인 적응이 차단된 인간 피에로에 대한 한없는 연민이다. 풍자는 이렇듯 인간에 대한 사랑과 현실에 대한 고발을 동시에 역할하는 귀중한 문학의 기능이라 할 수 있다.

풍자의 전개는 그러나 『돈 키호테』와 채만식의 여러 작품의 차이에서 볼 수 있듯이 다양하다. 우직한 인간의 우행에 의해 현실의 제도적·구조저 모순을 충돌적으로 그리는 수도 있는가 하면 현실에 찌들려 박제가 되다시피 한 인간 곤충의 명인(鳴咽)을 시니컬하게 제시해놓는 수도 있다. 그러나 그 다양성 사이의 거리는 모두 풍자라는 이름에 상응하는 포괄성으로 설명될 수 있다. 여기서 살펴지게 될 신진 소설가 김주영의 그것도 물론 그 거리의 어떤 지점에 제자리를 갖고 있을 것이다. 김주영 역시 세르반테스가 분노를 느끼고 당황했던 시절처럼, 채만식이 그 음울한 노기를 확산시킬 수밖에 없었던 시절처럼 이 시대의 분위기를 몰가치의 격동기라고 관찰하고 있는가. 그의 작업은 과연 성공하고 있는가. 미상불 필자로서는 궁금한 일이다.

「마군 우화」에서 날카로운 풍자의 솜씨를 보여주기 시작한 김주영의 세계는 아직 출발에 지나지 않는 미미한 것으로 비칠지 몰라도 최근의 우리 소설에서 풍자를 그 주된 방법으로 택하고 있는 희귀한 예를 보여주고 있는 것으로 판단된다. 김의 출세작이 될지도 모를 「마군 우화」는 두 편의 삽화에 의해 구성되고 있다. 그러나 그 두 편의 삽화는 대립법적인 효과를 노린 구도가 아니라 일종의 연작 형태로 이루어졌다는 것이 특이하다. 이러한 구성법은 우선 이 작가가 많은 이야깃거리를 가지고 있는, 그리하여 한두 개의 빛나는 아이러너나 유머로서 현실의 단면을 척결해내는 쪽이 아니라 현실 그 자체를 그대로 묘사해가면서 그것을 풍자적인 수법으로 처리하고 있다는 점을 노출해준다. 그것은 이 작가가 「마군 우화」에서 '말더듬이 바로잡기' '사팔뜨기 바로잡기' 등 두 개의 삽화를 보여준 이래 「이 장 동화」에 이르기까지 몇 편의 작품에서 계속 그와 같은 수법으로 일관하고 있다는 사실로도 입증된다. 「마군 우화」의 첫번째 삽화, '말더듬이 바로잡기'의 주인공 마규석군은 그런 의미에서 김주영 인물의 풍자적 성질을 드러내는 첨병의 구실을 보여준다. 마규석군은 도대체 어떠한 인물인가. 그는 산업화·근대화의 심벌이나 다름없는 유수한 화학 섬유 제품 회사의 사원이다. 그러나 그는 "촌뜨기 근성을 홀령 벗어던지는 일에 무진장으로 골몰한" 신입 사원이다. 말하자면 시골 출신으로 대도시의 일류 회사에 취직한 청년으로 자신이 시골 사람이라는 사실에 지나친 피해 의식을 갖고 있는 듯이 보인다. 따라서 그의 당면 목표는 도시화·세련화에 집중된다. "아침에 먹고 나온 시판용 김치 각두기가 떼굴거리고 굴러다녀도 커피는 블랙으로 마시며" "주대(酒代)는 그을망정 팁만은 현찰로 던질 줄 아는" 도시인의 형태 따위가 그것이다. "보신탕집에서 맥주를 큰 소리로 주문"한다거나 "뽕짝조 가수의 선전 포스터를 비척거리고 쳐다보는" 촌스러움은 타기되어야 할 조목으로 경멸된다. 마군은 시골 출신으로서 가질 수밖에 없는 자연스러운 촌스러움을 짐짓 거부하면서 그에게는 '남의 풍속' '새로운 것'이나 다름없는 도시 풍물에 강한 집착을 나타낸다. 여기서 우리는 이미 주인공 마군의 설정이 하나의 풍자적 암시라는 것을 쉽게 발견해낼 수 있다. 그것은 주인공 인물의 행상과 사상이 균열되어 있는 것처럼 보인다는 저 돈 키호테식 풍자의 구조와는 다른 것이지만, 자기 처지에 맞지 않는 옷을 의도적으로 입기를 즐긴다는 점에서 일종의 우행적 성격을 지닌다. 아닌게아니라 마군은 회사에 입사한 지 얼마 안 된 터에 "한 사람의 영업상무를 제쳐놓는다면 전부 골이 텅텅 빈 놈들"이라는 생각에 이르게 된다. 이러한 자기 과상(誇想) 의식은 마군으로 하여금 출세에 대한 집념을 부채질하고 아주 약삭빠른 수단 방법을 가리지 않게 한다. 말더듬이 오과장을 그의 출세를 위한 도구로 삼는 전개는 그러므로 마군으로서는 지극히 당연한 일로 여겨질 수밖에 없다. 그러나 마군이 열심히 내사한 오과장의 비행이라는 것이 사장의 애첩이 경영하는 상점에 회사 물건을 배달한 것에 지나지 않는 것이었다는 것이 밝혀진 순간, 그리하여 사장으로부터 칭찬과 승진 대신에 해임 통고를 받기에 이르렀다는 것이 밝혀진 순간, 마군의 행각은 허망한 피에로의 자율 운동이었음이 여지없이 드러나고 만다.

"너무 깊숙이 개입을 하셨더군요." 오상철은 이렇게 허두를 떼고는 오른손바닥을 탁자 위로 올려 활짝 편 다음, 왼손의 명지로 그 새끼손가락을 톡톡 치면서 말하였다. "그 Q상점의 오(吳)여사로 말하면 사장님의 요고란 말예요. 요고 아시죠? 요새 돈 많은 사람들 으레 하나씩 덤으로 갖고 있는 것 말예요." 오상철은 용하게도 말 한마디 더듬지 않고 있었다.

우리는 여기서 가장 약삭빠른 출세의 기술을 가진 것으로 생각되었던 마군과 어눌한 촌놈에 지나지 않은 것으로 간주되었던 오과장이 기실 전도된 우리의 착각에 지나지 않았던 것임을 깨닫게 된다. 그것은 물질주의가 풍미하는 도시 풍속에 개성이나 자기 의식 없이 함몰되어버렸던 마군이 단지 그 풍속을 구성하는 꼭두각시에 지나지 않았다는 사실의 자각과 함께 얻어지는 서글픈 결어다. 이 작가는 그러니까 물질주의 일변도로 변하고 있는 사회 현실에 대한 비난과 함께 그에 대한 정당한 비판 의식 없이 그에 추종하는 인간에 대한 날카로운 탄핵의 채찍을 동시에 가하고 있는 것이다. 같은 작품의 두번째 삽화인 '사팔뜨기 바로잡기'도 마찬가지 주제의 형상화로서 이미 불쌍해진 주인공 마군을 더욱 처참하게 한다. 무식한 촌놈에 머물러 있는 형 마규달씨에 대한 경멸, 그러면서 마군이 획책하는 것은 부친의 재산을 차지하는 일이었다. 그러나, 그 일 역시 마군의 저의만 노출되는 것으로 끝나고 다시 좌절되어버렸을 때, 그때 마군은 참담한 기분에 젖어든다. 그러나 바로 그 순간이야말로 하나의 물질, 움직이는 피에로에 지나지 않았던 마군이라는 인간이 인간으로서의 자의식을 최초로 획득하는 귀중한 시간이 된다. 작가는 그 순간을 이렇게 묘사하고 있다.

　　순간, 형의 눈동자가 양미간에 똑바로 박혀들어가는 걸 마군은 보았다. 그런 형의 얼굴, 두 눈에서 마군은 말할 수 없이 신선한——가을날 새벽, 우윳빛 안개에 잠긴 녹색의 배추밭처럼 시리도록 신선한 한 인간의 진실이 도사리고 있음을 보는 것이었다.

「마군 우화」에서 예각적으로 부각되기 시작한 김주영의 풍자는 「무등타기」「비행기타기」「이 장 동화」를 비슷한 톤으로 지배한다. 가령 「마군 우화」에 이어서 발표한 「무등타기」만 하더라도 그 주제는 아직도 취락 사회의 잔재가 그대로 남아 있는 한 시골에 미군 부대의 진주라는 '근대화'가 밀어닥치면서 발생하는 충돌의 양상으로 나타난다. 미군 부대가 들어선다면 그저 "경기가 좋아질" 것만 생각하는 사람들, 서울 바닥에 올라가 배운 것이라고는 "넥타이 매는 법, 너털 웃음 웃으며 상대방 심지 돌아가는 것 탐색해내는 재주 부리기, 땡전 한 닢 없이 찌개백반 얻어먹고 점잖게 돌아서기, 남 이간질해놓고 자기 혼자 쏙 빠지기, 장관(長官) 이름 부르기를 제 집 머슴 이름 부르듯 쉽게 목청 빼내기……" 등등인 시골 사람들이니 엄밀한 의미에서 충돌이라고도 할 수 없는 양상이다. 그도 그럴 것이 새로운 문물을 제 입장에서 수용해야 할 이쪽 사람들은 그저 미군 부대와 함께 들어온 교회에서 담요 한 장 준다면 헤벌떡하지 않는가. 사회 변동은 충돌 아닌 충격으로 그치고 마는 것이 김주영이 관찰한 현실이다.

「비행기타기」와 「이 장 동화」에서 내다본 이 작가의 풍자적 솜씨 역시 앞의 작품들과 마찬가지다. 「비행기타기」에서는 산간 시골에 비행장이 생긴다는 소동이 그곳 주민들을 정신나간 사람들로 만드는 과정이 그려져 있다. 「마군 우화」의 마군이 여기서는 최억돌 면장으로만 바뀌었을 뿐, 비행장을 만들어 공을 세우고 출세해보겠다는 생각이 소설 결구에 이르러 낭패로 끝난다는 전개는 그의 한 공식처럼 애용되고 있다. 그러나 그것은 아직 진부하지는 않다. 「이 장 동화」는 「마군 우화」와 똑같은 틀에 의해 작성된 연작 삽화. 두메 출신인 황만돌이 서울에 올라와 여자 대학 나온 좋은 여성을 배필로 삼기 위해 이리 뛰고 저리 뛰다가 좌절하는 꼴이 그 제1장으로 자리잡고 있다. 좋은 여자를 만나는 것이야 누구나 가져 마땅한 희망이지만 이 소설에서 또한 그것은 '출세하기 위해서'라는 예의 그 끈질기고 치사한 공리주의가 대전제를 이룬다. "오직 일편단심으로 여자 대학 정문 근방에 하숙을 고정시킨" 황만돌이 그 대학 축제를 틈타 대학 구내에서 한 명의 아리따운 여대생에게 접근하는 데 성공한다는 것은 항상 그렇듯이 이 작가의 풍자 전개에 있어서 일견 성공이라는 계기를 이룬다. 그러나 그 멋진 여대생은 기실 여대생 아닌 재수생이라는 사실이 밝혀짐으로써 풍자는 그 클라이맥스에 도달한다. 두번째 삽화는 황만돌 대신에 한심이라는 처녀가 나올 뿐 구조가 동일하다. 즉, 서울 올라가 공장에 다닌다는 애인을 만나러 상경한 한심이가 애인을 만나기는커녕 접대부로 전락한 끝에 몸만 버리고 생각을 바꾼다. 돈 많은 영감의 애첩이라도 되고자 식모로 취직한 한심이. 주인 아저씨가 자기를 겁탈해줄 것을 바라면서 문도 잠그지 않고 자는 한심이에게 어느 날 밤 마침내 남자가 스며들어 기쁜 마음으로 요구를 들어주었으나 의당 돈 많은 주인 아저씨이어야 할 사내는 까까머리 그 집 아들놈이 아닌가.

당연한 일로서 이 작가의 인물들은 반성이라는 인간적 측면과 철저하게 무관하다. 따라서 인물의 내적인 발전은 애당초 소설의 필요한 전개로서 내세워지지 않는다. 그의 인물들은 한심이가 그렇고 황만돌이 그렇고 마규석이 그렇고 최면장이 그렇듯이 모두 도시의 근대화가 진행되고 있는 한국 사회에서 아직도 전근대적인 관행으로 주저앉아 있는 촌락 출신들이다. 그러나 그들은 자기 마을을 세계로 생각하고 그 테두리에 알맞는 사고를 하는 것을 거부하고 충격으로 가해지고 있는 낯선 풍속에, 흡사 그것에 대해 이미 모든 것을 알고 있는 사람인 양 의식의 허장성세를 벌인다. 의식의 허장성세를 벌이는 한에 있어서 그들은 벌써 현실과의 상응한 주객 관계가 소멸된, 사회적 개인의 갓을 내던진 '쓸개 빠진' 꼭두각시에 불과한 것이다.

III

김주영 소설이 풍자를 그 소설적 수법으로 삼으면서 도시화·물량화로 치닫고 있는 현실을 매섭게 비판하고 있다는 사실은 그보다 조금 앞서 작품 활동을 벌이기 시작한 이른바 70년대의 작가군과 근본적으로 그가 같은 발상 위에 서 있다는 것을 전달해준다. 가령 최인호의 경우에 있어 도시화·물량화가 한 개인에게 강박하고 있는 소외의 문제, 황석영·조선작이 추구하고 있는 도시화·물량화에 따른 사회 윤리 현상의 황폐화라는 문제는 모두 김주영에 있어서도 심리적인 압박으로 그의 상황을 조성하고 있음이 분명해 보인다. 그러나 김주영의 세계는 다른 작가들의 그것과 다른 전개를 보인다. 최인호에게 있어서는 근대화라는 것이 개인의 심리 내면에 쓸쓸하고 답답한 심상으로 투영되고 있고, 황석영·조선작에 있어서는 일그러진 추한 불균형의 상징, 혹은 탐욕스러운 비이성적 짐승으로 그 모습이 비쳐지고 있음에 비해, 김주영에게 있어서는 도시화·물량화가 한국인의 나약한 주체 의식·개인 의식을 그 근본에서부터 흔들어대면서 정신적인 타락을 재촉하고 있는 것으로 그려진다. 말하자면 김주영은 물질주의·황금 만능주의의 경향이 한 개인의 의식을 고문한다는 심리주의적 태도와도 떨어져 있고, 윤리적 정당성이 배제된 채 수많은 인간의 희생 위에서 부(富)의 편재만을 초래한다는 사회 윤리주의적 태도와도 일정한 거리를 가진다. 이 작가에게 있어서 중요한 것은 전혀 다른 이질의 풍속이 전통 사회에 주입되었을 때 그에 반응하는 인간들의 인간 됨됨이, 즉 자각된 인격체로서의 그 수준에 놓여져 있는 듯하다. 불과 네 편의 작품을 가지고 왈가왈부하는 모험을 불가피한 것으로 인정하고 들어갈 경우, 확실히 김주영은 현실 그 자체에 대한 고식적인 불만보나, 그에 반응하는 인간의 우스꽝스러운 행태에 더욱 분노를 느끼고 있음이 분명하다. 그는 돈이나 빌딩, 공짜로 주는 담요라면 간이 빠져버리는, 마음이 가난한 한국인들을 향해 눈물의 회초리를 들고 있는 것이 아닐까.

경제 제일주의가 풍미하는 우리 사회는 지금 격심한 혼란기를 벗어나지 못하고 있다. '안빈낙도(安貧樂道)'를 삶의 한 보람으로 생각하고 거기서 정신적인 만족을 얻어온 가치관과 물질의 소유 수준에 따라 정신의 깊이와 명예까지 가늠되는 새로운 현실 생태 사이에서 방황하고 있는 것이 우리의 현실이다. 그것이 전통 사회에서 근대화된 시민 사회로의 대(大)사회 변동의 소산이라는 것은 누구나 부인할 수 없다. 오늘날 우리 사회를 뜯어볼 때 발견되는 의식의 이중성도—물질적 부에 대한 욕망과 그 일변도로만 치장된 풍속에 대한 경멸은 그 좋은 예일 것이다. 돈 잘 버는 연예인들에 대한 사회적 대우를 상기해도 좋다——여기서 연유한다고 할 수 있다. 그러나 우리에게 필요한 것은 『논어』에서 강조하는 안빈낙도가 아니듯이 인간의 정신성이 제거된 이코노믹 애니멀은 또한 아닌 것이다. 가장 바람직한 결론을 제출하라고 하면 아마 이 둘이 지양(止揚), 종합된 가장 조화된 능력의 인간일 것이다. 새로운 가치관이라는 이름으로 표현될 수 있는 이러한 인간의 발견은 그러나 아직 우리로서는 추상적 동어 반복 이외에 아무것도 아닐지 모른다. 보다 정확한 바람은 그 어느 경우에 있어서든 고민하고 선택할 줄 아는 자기 의식의 배양이라고 하는 것이 옳을 것이다. 김주영의 소설이 희화화시켜버린 물질주의의 괴뢰들은 바로 인간의 자기 의식을 갈망하는 작가의 끈질긴 염원 이외에 무엇이겠는가.

　김주영은 앞으로의 활동이 기대되는 작가이기 때문에 그에 대한 성급한 단정은 피해져야 할 것이다. 그러나 그가 스스로 제기한 문학 의식이 보다 충실하고 효과 있는 것이 되기 위해서는 충고되어야 할 몇 가지 문제가 없는 것은 아니다. 무엇보다 사회에 대한 그의 관심이 전환기의 변동에 세심하게 집중되어 있다는 점을 평가할 때, 그의 현실 소재는 언제나 싱싱하게 살아 있는 현실 현장의 것이어야 한다. 이 말은 최근 발표된 「묻힌 이야기」가 보여주는 복고풍을 버리는 것이 좋다는 것을 뜻한다. 그렇지 못할 경우 김주영 문체의 치명적 약점이라고 할 수 있는 '~것이었다'(이런 투의 종결어미는 소설에 있어서 가장 중요한 시제 관념을 상실케 한다)는 표현의 남발과 함께 작품을 자칫 재치 있는 만담으로 떨어뜨릴 위험까지 안는다. 그것은 풍자적 소설 기법의 가장 극악한 타락이다. 이 작가의 특유한 풍자가 사회 변동이 극심한 현실을 살아가는 인간들에 대한 따뜻하고도 준열한 채찍이 되기를 필자는 기대한다. 일그러진 우리의 얼굴을 정직하게 비쳐주는 거울이 되기를 필자는 그에게 바라고 있다.

〔『문학과지성』, 1974년 가을〕

김주영의 풍자적 단편들

김 사 인

I

1971년에 등단한 김주영은 두세 권의 창작집을 통해 이미 중견 작가로서 확고하게 자리를 굳히고 있다. 더욱이 대다수 70년대 작가들이 등단 당시의 화려한 각광과 기대에도 불구하고 근래로 오면서 상업주의와 매스컴에 편승, 나쁜 의미의 대중 작가로 전락해가는 증상을 보여온 데 반해 김주영은 최근 방대한 스케일의 『객주』연재를 계기로 작가적 면모를 새롭게 하고 있다. 그러한 사실만으로도 그는 80년대의 초입에 있는 이 시점에서 주목해야 할 작가로 부각되는 것이다.

『겨울새』에는 책의 절반 이상을 차지하는 중편 「아들의 겨울」을 비롯, 8편의 중단편들이 수록되어 있다.

「천궁의 칼」「겨울새」 등을 제외한 대부분 작품의 작중화자가 아이들로 설정되며, 그러한 설정은 특유의 풍자적 기법과 함께 작가가 의도하는 바를 보다 선명하게 형상화하는 장치로 이용되고 있다. 어린 화자를 축으로 전개되는 작중의 현실 인식이 현실 세계의 복잡성과 중압에 맞설 만큼 견고한 것이기 어려우며, 따라서 작품의 전개가 문제의 참다운 해결 과정과 일치하기 어렵다는 부담이 있는 반면, 주로 어른들에 의해 이루어져가는 현실 세계에서 아이들은 국외자적 입장에 서 있고 어른들의 타락한 세계가 그들에 대해 오히려 무방비 상태로 열려 있다는 점은, 경우에 따라 어린 화자의 설정이 효과를 거둘 수 있는 이유가 된다. 김주영은 이러한 점을 잘 이용하고 있는 작가다.

또한 그의 작품에서는 남녀 관계나 성희(性戱)의 장면들이 과감하게 드러나는데, 아직도 성(性)의 문제를—창작이든 비평이든—전면에서 본격적으로 다루어본 적이 별로 없는 우리에게 있어 김주영의 작품들은 이 점에서도 무시 못 할 의미를 갖는다.

이 글에서는 이러한 두어 가지 점에 유의하면서 『겨울새』에 수록된 그의 작품들을 간략하게 살펴보고자 한다.

Ⅱ

그의 소설을 대하면 우선 읽는 사람은 작가의 진하고 끈끈한 입담과 거침없이 구사되는 비어·속어에 말려들게 된다.

그 돼먹잖은 의붓아버지란 작자는, 초저녁부터 어머니와 흘레붙기를 잘하였습니다. 양잿물로 절인 김치를 준대도 먹고 삭일 수 있을 만큼 먹새가 좋은 나는, 초저녁 잠이라면 도둑놈이 와서 뱃구레를 밟는 대도 모를 지경입니다. (「도둑 견습」 첫부분)

고물장수이지만 생계의 큰 몫은 도둑질에 의존하는 의붓아버지와 '이원수'란 이름의 "싸가지없는" 의붓아들의 희한한 부자 관계를 중심으로 하여, 밑바닥 삶의 애환과 생명력을 풍자적인 수법으로 그리고 있는 「도둑 견습」의 부분이다. 이처럼 종횡무진으로 쏟아지는 작가의 입담은 단지 짜여진 줄거리를 효과적으로 전달하기 위한 형식상의 방편이라는 선을 넘어서서 그것 자체가 작품의 내용을 이루고 있다. 이것은, 김주영의 이러한 부류의 작품에서 입담이 차지하는 몫을 걸러내고 나면 이렇다 하게 남는 골격이 별로 없다는 점에서도 알 수 있다. 그럼에도 그의 작품들이 한 편의 풍자소설로서 별저항감 없이 단숨에 읽힌다는 사실은 김주영이 얼마나 탁월한 '이야기꾼'인가 하는 것을 증명해주는 것이라 하겠다. 보육원 출신의 "늑대 같은" "곤조통"인 "내"가 "계집애 같은" 아이들의 성격 교정을 위한 도구로 부잣집에 입양되어 잘 먹고 지내다가 아이들이 좀 사내다워진다 싶자 가차없이 보육원으로 다시 "끌려가는" 희화적 줄거리의 「모범 사육」, 도시 빈민들의 도착에 가까운 '내 집'에의 애착을 통절하게 보여준 「즐거운 우리집」들도 「도둑 견습」과 같은 유의 작품으로서, 정공법에 의거한 소설에서는 쉽게 찾을 수 없는 통쾌한 세태의 풍자를 담고 있다.

이 부류의 작품들은 지적되어야 할 몇 가지 공통점을 가지고 있다. 우선 위의 세 작품은 모두 성인이 아닌 아이들을 화자로 등장시키고 있다. 그러한 설정은 현실의 비리와 타락상을 섬세하게 포착하고 그 허구성을 선명히게 드러내주는 반면, 아이들의 시점이라는 제약으로 인하여 작품 속의 현실에 대한 인식이나 인물의 파악이 전체성을 얻지 못하게 되는 것도 같으며, 주변 현실에 대해 화자가 성숙한 행동상의 반응을 보일 수 없는 제약이 되기도 한다. 예를 들어 그의 작품에서는 성인들의 잠자리 장면들이 거의 빠지지 않고 등장하는데, 상당히 구체적으로 그려지는 그런 장면에 비해 그 인물들의 사회적인 행위들(그들의 공적 생활)이 소홀하게 다루어지고 있는 것도 화자가 아이들이라는 사실에 관계가 있을 것이다.

두번째는 「도둑 견습」류의 소설에서 나타나는 풍자적인 수법의 역할이 지적될 수 있다. "그 돼먹잖은 의붓아버지란 작자는, 초저녁부터 어머니와 흘레붙기를 잘하였습니다. 양잿물로 절인 김치를 준대도 먹고 삭일 수 있을 만큼 먹새가 좋은 나는……" 투에서도 단적으로 볼 수 있듯이 그의 단편들을 비교적 성공적인 풍자소설로 살아 있게 하는 데에는 그의 진한 입담과 함께 희화화·과장·대비 등의 수법이 크게 작용하고 있다. 작가가 표방하는 가치 체계를 그대로 드러낼 수 없을 때 풍자는 부정적인 현실을 공격하는 효과적인 무기가 될 수 있다. 다시 말해 풍자의 본질은 "웃음이 가지는 공격성"에 있는 것이다. 그러나 이것은 또한 인물 설정과 사건 전개 과정에서 구체성·사실성의 희생을 어느 정도 감수하게 하는데, 이러한 결함이 풍자적 수법의 이면에서 작용하는 작가의 도덕적 철저성 또는 현실을 대하는 입장의 확고함에 의해 메워져야 하는 것이다. 따라서 탄탄한 작가 의식에 의해 뒷받침되지 못하는 풍자는 구성상의 견고함과 공격성을 함께 잃게 됨으로써 죽도 밥도 아닌 지경에 떨어질 위험을 가지는 것이다. 김주영의 단편들에서도 이러한 '웃음이 가지는 공격성'은 중요한 역할을 해내고 있다. 크게 본다면 「아들의 겨울」을 제외하고(이 작품에서는 풍자적인 요소가 부분적인 수법 이상의 큰 의미는 없어 보인다) 「도둑 견습」「모범 사육」 등을 풍자소설의 범주에 넣을 수 있는 것이지만, 「모범 사육」이 그러한 면에서는 가장 성공적인 것이 아닌가 생각된다.

그러나 「도둑 견습」의 마지막 부분에서 집으로 삼고 살던 고물 마이크로 버스가 주물 공장으로 들어가게 된 뒤의,

　이제 한쪽 바퀴가 완전히 떨어져나가고 차체가 삐그덕 소리를 내며 기울기 시작하였습니다.
　"썅, 우리는 시방부터 살 집도 없어졌고, 너 엄니와 흘레도 못 붙게 되았어, 이젠, 이것아."
　아버지는 역시 쓸쓸한 웃음을 흘리면서 말을 이었습니다.
　"케이 에쓰 넷데루 딱 붙은 이 왕자표 좆도 이젠 써먹을 장소가 없어졌다구 이놈아, 호호."
　그러나 나는 실망하지 않았습니다.

와 같은 부분이나 「아들의 겨울」 몇 곳에서 보이는, 지나치다 싶은 작자의 전지적 개입과 웃음 위주의 입담은 작품의 짜임새를 손상시키고 있지 않은가 생각된다.

어떻든 종횡무진 거칠 것 없이 구사되는 상소리와 비어 등을 포함하여 그의 입담은 그를 우리 시대의 손꼽을 만한 이야기꾼으로서 모자람이 없게 하며, 그의 작품들로 하여금 단기적 효과를 겨냥하는 풍자 단편으로서는 일정한 수준을 유지하게 해준다. 그러나 단편의 경우 매우 독특한 효과를 발휘하는 그러한 입담이 현실의 진면목을 총체적으로 포착하려는 본격 장편에서는 오히려 어떤 역기능을 수행할 수도 있으리라고 생각된다.

세번째로는 그의 작품 어디에서고 쉽게 찾아지며, 의도적이다 싶을 정도로 전면에 드러내놓은 성희의 장면들이다. 물론 김주영은 외국의 『남회귀선』 또는 『채털리 부인의 사랑』의 작가와 같이 성의 문제를 그 자체로서 문제삼고 있는 작가는 아니지만, 이만큼 분방하게 남녀 관계의 장면을 드러내면서 작품을 '신문소설'적 차원으로 떨어뜨리지 않는 예는 우리 주변에서 결코 흔치 않다. 어떻게 보면 남녀 관계의 묘사 장면은 김주영 소설의 성공 여부를 가름하는 관건이 될 수도 있으리라 생각한다.

전통적인 관념에 비추어볼 때 남녀 관계란 은밀하고 가장 사적인 부분에 속하는 것으로서 그에 대한 언급은 어느 곳에서나 조심스러울 수밖에 없는 것이었다. 그러나 성의 문제가 우리들의 삶에서 가장 보편적인 한 부분에 해당하며, 새로운 삶의 비전을 제시하는 일이 작가의 중요한 사명 중의 하나라면, 성의 문제는 공동체의 도덕적인 기초가 가장 섬세하게 드러나는 부분인바, 반드시 다루어져야 할 테마임이 분명하다. 김주영은 성적인 묘사를 과감하게 전면에 내놓으며, 외설과 숨김 사이에서 거의 구애되지 않고 있다.

그러나 「아들의 겨울」에서 외설스러울 만큼 사실적으로 묘사되고 있는 어머니나 채순미 선생의 성희 장면은 전후의 전개 과정에 비추어 작품의 내적 요구와는 떨어져 역겨움을 주고 있고,

나는 밖으로 나왔다. 채순미가 왜 그렇게 느닷없이 흥분해버렸는지 알 수가 없었다. 그러나 어렴풋이나마 내가 그녀의 앞가슴 속만을 들여다보고 있었기 때문에 채순미의 태도가 돌변해버렸다는 것만은 알 수 있었다. 〔……〕 난 그녀에게 옷을 벗으라고 말하지도 않았으며, 하물며 희자에게서처럼 젖을 보여달라고 말하지도 않았으며, 사팔뜨기 계집애에게서처럼 치마를 벗으라고 강요하지도 않았었다. 나는 다만 보이는 것을 보았을 뿐이었다. 보이는 것을 본 아이에게 그처럼 화를 내는 것이 정상이라면 애당초 이 세상은 왜 이처럼 보여지는 것이 많게 만들어놓은 걸까. 참으로 어른들이란 알 수 없는 동물이었다. (「아들의 겨울」)

이상하게도 나는 비봉산에서 울어쌌는 뻐꾸기 소리처럼 외롭고 쓸쓸하고 개똥 같다는 기분이 들었다. (「아들의 겨울」)

같은 부분이 어른들 세계의 타락한 모습에 대한 아이의 경험으로, 작품의 전체적인 구성 속에서 비교적 무리 없이 수용될 수 있는 정도가 아닌가 보인다.

김주영 소설에서 이루어지는 남녀 관계의 표현이나 묘사가 진정한 성의 해방을 통한 참다운 인간 해방에 기여하고 있는가는 그의 작품 전체를 모아놓고 주의 깊게 검토해볼 문제일 것이다. 그러나 이 소설집에서는 대략 두 가지로 드러나고 있음을 볼 수 있다. 그 하나가 「도둑 견습」 「즐거운 우리집」과 같이 풍자성을 갖는 작품의 경우로, 인물을 희화화하는 주요 수단으로 사용되어 풍자적 효과를 강화시키고 있다. 또한 이 경우에는 작자의 풍자적 시선에 의해 성적인 암시를 갖는 진한 표현들과 더불어 밑바닥 삶들(「도둑 견습」의 가족은 고물장

수, 「즐거운 우리집」의 가족은 넝마 하치장에서 일한다)의 거침없고 생명력이 넘치는 싱싱한 생활에 대한 작가의 애정에 힘입어 외설로부터 구제되고 있다. "그 여자의 복숭아 속살처럼 새하얀 가슴팍에 매달린 백금 목걸이가 하늘하늘 가늘게 떨고 있었습니다"(「모범 사육」, p. 313)의 외설스러움에 비해, 흙·먼지와 때에 절은 고물 마이크로버스 집안의 성교는 싱싱한 삶의 일부분으로 보이지 결코 외설스럽게 느껴지지 않는 것이다.

두번째로, 비교적 정공법에 따라 씌어진 작품에서 보여지는 성행위 장면들을 들 수 있다. 작품 전체의 구성은 논외로 하더라도 「겨울새」의 다음과 같은 부분은 김주영의 역량을 십분 보여주는 부분이다.

"그래서 말인데, 내 최주사하고 한번 살아봤으면 좋겠소이."
"무슨 농담을 침도 안 바르고 쏟아놓는 게지?"
"최주사, 진정이오. 내 최주사 색시보다는 열 살이나 위지만 안죽 그렇게 늙어빠지지는 않았소. 누구한테나 의지해야 내가 살아갈 것 같소. 의지한다면 지금이사 최주사밖에 누가 있겠소? 날 늙었다 생각 말고 좀 받아주소. 최주사도 좋지 않겠소? 딸이 다섯이나 되는데 시집보낼 때 내 땅에 곡식 갖다 쓰시고, 1주일에 한두 번 그저 알게 모르게 들러주시면 좋겠소. 늙었지만 몸뗑이가 그리 못쓰진 않소. 내 목간 자주 하께요."
"누군 목간 자주 하겠소. 나도 한여름에 거랑물맛 보고는 겨울은 그냥 지냅니다."
"그래도 아새끼를 낳아본 일이 없어서 내 몸뚱이야 안죽도 40이오."
[······]
위에 올라 있는 그녀를 방바닥 쪽으로 바로 누이고 그녀 위에 올라간 최석도가 이렇게 씨부렸을 때 그녀는 참으로 행복한 한숨을 푹 내쉬었다. 땀을 흘리며 그리고 발버둥을 치며 혹시나 자기 여편네보다 재미가 덜하다고 투덜거릴까봐 젖 먹던 힘까지 뽑아서 용을 써준 탓인

지 사내는 제법 끼욱거리며 즐거워하였다. 즐거워하는 최석도를 어둠 속에서 황망히 눈뜨고 바라보면서 그녀 또한 즐겁지 않을 수 없었다. 그래서 차마 묻기 어렵고 부끄러웠지만 그녀는 물어보았다.

"워떻소 어이?"

"뭣이 워떻다는 거여?"

"내 몸땡이가 그리 못쓸 것 같지는 않지요?"

"에끼, 못할 소리 없구만. 몸땡이보다는 마음먹기지."

"그라요. 마음인들 못 주겠소."

이튿날 그녀는 새벽이 아직 눈을 덜 뜬 시각에 일어나서 한 마리 남은 씨암탉을 마저 잡았다. (「겨울새」, pp. 278~79)

「겨울새」는, 무당의 딸로 소장수 첫남편으로부터 3년 만에 보따리를 싸고 돌아와 20여 년을 붙박인 남자 없이 동네에서 '화냥년' 소리를 들으며 살아온 나이 50 가까운 여인의 이야기이다. 이 장면은 50 가까운 여자와 처자식이 있는 사내간의 '치정'임이 분명함에도, 더욱이 무슨 지순한 연애 감정은커녕 돈의 문제까지 개입되어 있음에도, 결코 추하게 느껴지지 않는다. 파란 많은 젊은 시절을 지나 50이 가까워오는 여인네의 '외로움'이 이처럼 아름다울 수도 있는 것인지. 이것은 동물적인 육욕도 아니고 철없는 장난도 아니다. 앞의 풍자적인 작품들이 그 풍자적 수법에 의해 일정한 수준을 유지하고 있으나 사건 전개나 인물의 행동 거조에 지나친 작위성이 개입되었으며, 따라서 세상을 애써 살아나가는 사람들 하나하나의 성실한 자세를 놓치고 있었다면, 「겨울새」의 이 부분은 그러한 결함을 선뜻 넘어서서 김주영의 원숙한 시야를 과시하는 대목이다. 남녀의 잠자리 장면이 이처럼 천연스럽게 그려졌던 예를 최근의 우리 소설들에서 본 일이 없다. 물론 최석도의 거짓이 후에 다시 드러나고 말게 되지만, 이 장면에서 보여진 '그녀'의 아름다움에는 영향을 주지 않는다.

「아들의 겨울」에서는 작가 자신이 비교적 이러한 요소들의 폐단을 넘어서, 문제의 핵심에 정면으로 부딪히고자 애쓴 흔적이 역력하다. 주인공이자 화자인 '박무도'의 회상의 형식을 취하고 있는 이 중편소설은 독특한 문체를 통해 작품 전체를 강한 서정성으로 휘감고 있다. 다분히 자전적 요소가 강해 보이는 이 작품은 일반 성장소설로 분류될 수 있겠다.

주인공이 과부인 어머니와 외간남자의 '자는' 광경, 학교 담임 채순미 교사의 비밀스러운 밀회, 살인 현장, 동생의 죽음 따위의 사건들을 거치면서 어린이의 세계를 잃어가는, 그러면서 타락하고 황폐한 현실에 눈을 떠가는 과정을 그 주요 골격으로 하고 있다. 가장 크게 주인공에게 충격을 주는 것은 어른들 세계의 은밀한 성 관계이며, 이러한 과정은 "나에게 부끄러운 것을 가르친 것은 어머니였다"로 시작하는 회상형 시제와 침착하고 섬세한 심리 묘사에 의해 지탱되고 있다.

아이들의 눈에 의존하는 대다수의 작품들이 6·25나 4·19, 또는 가족사를 밝혀보기 위한 방편으로 그러한 시각을 채용하는 것이 일반적이었음에 비한다면, 김주영의 「아들의 겨울」은 그러한 역사적인 사건과의 관련 없이 세계에 눈떠가는 아이의 모습을 그리고 있어 오히려 어떤 의미에서 전형성을 가질 수 있을 것도 같다. 특별하달 것도 없는 시골 면 소재지 정도의 동네를 배경으로 설정함으로써 외부적인 사건과의 관련보다는 아이의 내부에서 일어나는 섬세한 변화에 더 많은 주의를 기울일 수 있기 때문일 것이다.

예컨대, 초등학교에 갓 입학한 주인공이 어머니의 통정(通情) 현장을 지켜보고 나서의 대목,

그때, 어머니는 툇마루에 앉아 있는 나를 발견한 모양이었다. 우물가에서 일어난 어머니가 뜰을 가로질러 걸어오다가 나를 발견하고 소스라치게 놀랐다.

"무도냐?"

　　나도 대답하지 않았다. 이상하게도 나는 비봉산에서 울어쌌는 뻐꾸기 소리처럼 외롭고 쓸쓸하고 그리고 개똥 같다는 기분이 들었다.
　　한참 동안이나 어두운 뜰 한가운데 서서 나를 바라보던 어머니가 와락 내게로 달려와선 내 몸 전부를 안았다.
　　"내가 죽일 년이다."
　　어머니는 울었다. 굉장히 많이 울어서 어머니는 딸꾹질을 했다.

이나, 그 대상인 양조장집의 무서운 사내에 대해 주인공이 갖는 이율배반적 감정과 행동 방식, 그리고 주인공의 기대가 단숨에 박살나는 과정의 묘사,

　　그때 나는 벌써 일이 틀려버렸다는 걸 눈치챘다. 사내는 분명히 내 얼굴을 보았을 터이고 그리고 내가 누구의 자식이란 것도 동시에 확인했을 터였다. 그런데도 불구하고 사내의 입에서 터져나온 "이 짜식, 너 거기서 뭘 해"라는 식의 돼먹잖은 상소리는 사내의 어머니와의 관계에서 우러나옴직한 자각의 연상 작용과는 거리가 먼 행동이란 걸 깨달았기 때문이었다. 그렇다 해도 금방 포기해버릴 수도 없는 노릇이었다. 〔……〕
　　한편으로는 그 사내가 미처 내 얼굴을 확인하지 못한 채 무작정 내뱉은 위협이었을지도 모른다는 희미한 기대도 있었다. 나는 용기를 내어서 숨어섰던 담벼락 밖으로 한 발을 불쑥 내밀었다.
　　나를 노출시킴으로써 '내가 나'라는 것을 확연하게 인식시켜볼 심산이었다. 내가 획책하는 바가 곧바로 전달되어서 사내가 스스로 눈길을 아래로 내리깔기를 기대했었다. 그러나 그 묵인에의 기대는 금방 상소리로 뒤바뀌어 들려왔다.

등은 매우 섬세하고 탁월하다.
　　그러나, 한 어린이의 정신적인 성장 과정에 중점을 둔 나머지 동생

의 살인을 비롯해서 성장의 계기가 되어주는 사건 설정에 충분한 필연성이 부여되지 못하여 작품 전체의 사실성을 반감시키고 있다는 점, 성적인 문제들이 과다하게 개입되어 인물들의 현실감이 오히려 감해졌다는 점 등은 지적되어야 할 것이다.

또한 마지막 부분의 가출이 "알 수 없는 나라, 길이 끊어지는 곳에서 나는 왜가리가 되어 날게 될지도 몰랐다"로 처리되는 것도 작품 전체의 서정성에 비추어 아름다운 맺음일 수도 있을 것이나, 이 소설이 상당한 분량의 중편임을 감안한다면 독자로서 보다 구체적이고 사실적인 결말을 요구할 수도 있을 것이다.

Ⅲ

「모범 사육」「도둑 견습」이 아이들의 관점과 풍자적인 기술 방식의 결합을 통해 일정한 공격적 효과를 획득하고 있는 반면, 현실에 온몸으로 부딪혀가는 둔중하고 견고한 산문 정신에서는 아쉬움을 준다는 사실을 위에서 지적했다. 이에 비해「외촌장 기행」과「겨울새」「천궁의 칼」은 화자를 성인으로 설정하고 있어 비교적 다른 작품들에 비해 주제에 대한 사실석인 접근의 어지가 마련된 깃이라고 볼 수 있다. 그러나, 앞의 경우에 비해 탄탄한 소설적 구조를 가졌다고는 하나, 거기엔 앞의 작품들의 신랄한 풍자에 비해 너무 '점잖아졌다'는 실망도 함께 따른다.

「외촌장 기행」의 '그녀'의 인물 제시,「천궁의 칼」에서의 '어머니'의 설정이 마치 작중화자와는 별종의 사람처럼 제시되어 읽는 우리와는 상호 거래가 안 될, 오직 기이한 관찰의 대상으로 닫혀진 느낌이다. 인물 묘사가 매우 추상적인 것도 이러한 사실을 돕고 있다.

더욱이 그의 소설이 구체적·현실적 사건의 전개가 별로 없고 작중화자의 기억이나 설명을 통해 주로 표현되고 있다는 점은 중요한 결함으로 보인다.「겨울새」와「천궁의 칼」의 끝부분이 혈연의 숙명성을 그대로 받아들이는 비교적 화해로운 결말에 머물고 마는 것도 아

94

쉬운 점으로 들어야 할 것인데, 이 두 작품뿐 아니라 이 소설집 속의 대부분의 인물들을 고아·넝마주이·창부·고물장수·백정 등 이 시대의 소외 집단들로 설정하면서도 그러한 설정에 응당 뒤따라야 할 적극적인 인물, 행동하는 인물들을 그가 그려내지 못하고 있다는 점은 그의 앞으로의 과제가 될 것이다. 그러한 인물 설정이 새로운 삶의 방식, 새로운 인간상을 보여주려는 노력으로 발전하지 못한다면, 궁벽진 것, 신기한 것만이 소설의 재료가 될 수 있다고 믿던 수준의 안이한 소재주의·복고주의에서 질적으로 크게 구별되기 어렵지 않을까. 물론 그러한 새 차원으로의 비약은 김주영 혼자의 과제만은 아닐 것이며, 또한 김주영에 대한 현재의 평가 역시 아직 진행중인 『객주』의 완결을 보아야 확실해지리라 생각한다.

〔『겨울새』 해설, 1983〕

역사소설의 재미와 민중 생활의 재현
──『객주』론

김 종 철

　『객주』는 1979년 6월 1일부터 1984년 2월 29일까지 4년 9개월 동안 1,465회에 걸쳐 서울신문에 연재된, 문자 그대로의 '대하소설'이다. 우리나라의 일간 신문들이 역사소설을 연재하는 전통은 유서 깊은 것으로서, 벽초(碧初)의 ㄴ 유명한『임꺽정(林巨正)』도 ㄱ 한 예라는 것은 잘 알려져 있는 사실이다. 60년대 중반 이후 거의 모든 일간지들에 한 편 이상씩 연재되어온 역사소설은 70년대에는 더욱 번창했다. 현재는 신문뿐 아니라 텔레비전과 라디오에서도 역사물을 고정적으로 방송하고 있다.

　우리나라의 매체들이 지금 왜 이토록 역사의 재현에 열중하고 있는지는 여기서 따질 문제가 아니다. 단지 필자는 현재의 삶과 현실에 창조적으로 접맥되는 역사소설이나 사극이 매우 드문 작금의 문화적 상황 속에서『객주』처럼 성실하게 씌어진 작품이 있다는 것은 경이로울 뿐 아니라 역사소설 문학의 앞날을 위해서도 대단히 고무적인 사실임을 강조하려고 한다. 이제 신문 연재를 마치고 단행본으로도 마지막 권을 내게 된『객주』는 지금 대단원에 이르러 있는 황석영(黃晳

曄)의『장길산』, 박경리(朴景利)의『토지』와 더불어 한국의 역사소설사에서 중요한 위치를 차지할 작품이라고 생각된다. 다른 한편으로 이 소설은, 공무원이나 중산층 이상의 특정 계층이 독자의 주류를 이루고 있는 것으로 알려져 있으며, 또 요즘과 같은 상업주의적인 풍토 속에서 한 일간지에 그토록 오래 연재될 수 있었고 텔레비전에서도 장기간 방영되고 있다는 점으로 미루어볼 때, 그 인기가 대단하다는 것을 알 수 있다.

필자는 요즈음 스무 날 남짓을『객주』전 9권을 읽는 일에 바쳤다. 다른 글을 쓸 때도 그렇지만, 특히 이렇게 긴 소설, 작가가 심혈을 기울여 썼다는 대하소설에 대해 간략하게 언급해달라는 청탁을 받을 때에는 어떤 중압에 짓눌리게 마련이다. 그런데 필자의 솔직한 느낌은 그 스무 날이 매우 재미있었다는 것이다. 그 까닭은 역사소설로서의『객주』가 재미있었기 때문임은 두말할 나위도 없다. 나는 그 기간 동안 이조 말기의 서민들 틈에 섞여 그 격동의 시대를 함께 사는 듯한 느낌에 흠씬 젖었다. 따라서 필자는 이 기나긴 소설에 대해 이야기하고 싶은 것들이 많지만, 그 모든 것을 이 소설의 재미와 민중 생활의 재현이라는 면에 수렴시켜 정리해보려고 한다.

I. 소설의 재미와 관련하여

영화나 연극을 보러 가는 사람들과 마찬가지로 소설을 읽는 이들 가운데 상당수는 우선 재미를 찾는다고 생각해야 옳을 것이다. 어떤 독자는 소설을 통해 인생을 간접적으로 체험하기 위해, 또 어떤 독자는 감동을 받기 위해, 또 다른 독자는 교훈이나 깨달음을 구하기 위해 소설을 읽기도 할 것이다. 동서양을 물론하고 소설의 역사에 있어서, 여러 가지 예외는 있겠지만 '재미없는' 소설이 다수의 독자를 확보하지 못한 것은 사실이다.

그렇다면 소설의 재미란 과연 무엇인가? 필자는 평소에도 이 문제를 자주 생각한 바가 있으므로『객주』에 관한 논의에 곁들여서 그것을 간략하게 정리해보겠다.

『객주』는 작품의 서두에서부터 독자를 긴장 속에 몰아넣는다. 새재의 협곡에서 조성준·최돌이·천봉삼과 깍정이 두 명이 간부(姦夫)인 송만치와 조성준의 전처를 징치하기 위해 잠행하는 장면은 그 속도감 있는 전개와 더불어 독자의 흥미를 한껏 고조시킨다. 이러한 긴장, 그리고 거기에서 비롯되는 흥미는 이 소설이 대단원에 이르기까지 시종일관 지속된다. 『객주』의 주요 등장인물 30명 남짓이 서로 얽히고설켜서 전개하는 '사건의 연쇄(連鎖)'는 이 장편 역사소설의 중심축을 형성하고 있는데, 각개의 사건을 연결하는 고리가 너무나 복잡하게 얽혀 있어서 세부적인 내용을 일일이 기억하기가 어려울 정도이다.

『객주』의 작가 김주영은 사건을 일으키고 그것을 복잡하게 얽고 미궁에 빠뜨린 끝에 때로는 명쾌하게, 때로는 기상천외하게 해결하는데 탁월한 역량을 보이는 소설가이다. 이것은 일차적으로 그 자신의 천부적 재능과 상상력에 힘입은 것이라고 생각된다. 이런 점에서 그는 '타고난 이야기꾼'이다. 그러나 그것은 단순한 재능의 소산만은 아니다. 그 어떤 작가도 재능 하나만으로 원고지 1만여 장이 넘는 방대한 소설의 시공(時空) 속에서 독자가 처음부터 끝까지 그의 붓끝을 충실하게 따르게 할 수는 없을 것이기 때문이다.

필자는 『객주』를 읽고 난 뒤에, 사건의 전개, 즉 소설의 구성이야말로 소설을 소설답게 하는 가장 중요한 요소라는 것을 새삼스럽게 느꼈다. 이것은 어떤 점에서 고전적인 소설론일 것이다. 왜냐하면 의식의 흐름·초현실주의·실존주의 등 금세기에 나타난 다양한 사조나 창작의 방법론, 특히 모더니즘이라는 이름으로 포괄되는 소설들에서는 '사건 외적인 요소들'을 더욱 중시하는 경향이 두드러지기 때문이다. 그러나 사건이 중심을 이루는 소설은 과거는 물론이고 현재에도 대다수 독자의 사랑을 받는 것이 사실이다.

필자 개인의 경우만을 생각해보더라도, 문학적 가치를 일단 제쳐

둔다면, 가장 기억에 남는 소설들은 사건의 전개가 재미있는 것들이
었다. 몇 가지 사례를 들어보겠다. 필자는 중학생 시절인 50년대말에
김내성의 『청춘극장』 전 5권을 그야말로 밥을 먹는 시간에도 손에 들
고 있었다. 그 소설이 얼마나 재미있었는지, 백영민이니 오유경이니
허윤옥이니 하는 주인공들의 이름을 25년이 지난 지금도 기억하고
있을 정도이다. 그 소설은 일제 시대를 배경으로 지식인인 청춘 남녀
와 일제 주구들 사이에 벌어지는 애증과 갈등을 추리소설식으로 전
개한 것이었다. 그 무렵에도 그랬지만 요즈음에도 『청춘극장』을 문학
사에 남을 소설이라고 말하는 사람은 거의 없다. 그럼에도 불구하고
그것은 흥미진진한 소설이었다. 그리고 그것은 최근의 상업주의 소
설들처럼 비인간적이고 천박한 내용도 아니었던 것 같다. 그 시기를
전후하여 김내성이 창작하거나 번안한 『마인』『검은 별』『황금박쥐』
같은 탐정소설들이 노소간에 광범한 독자를 확보하고 있었다는 사실
은 소설의 재미가 얼마나 큰 마력인가를 여실히 보여준 바 있다.

　지금의 청소년들은 텔레비전을 비롯한 전파 매체와 전자 오락 기
구 또는 컴퓨터에 사로잡혀 있다시피 하지만 5, 60년대의 중고생 또
는 조숙한 초등학생들의 인기를 얻은 것은 황당한 면도 없지 않은
『괴도 루팡』 연작, 셜록 홈즈가 등장하는 추리소설, 그리고 보다 수
준이 높고 예술성이 짙은 에드가 앨런 포의 소설들이었다. 이 소설들
의 공통적인 특징은 흥미진진한 사건이 기상천외하게 전개된다는 것
이었다.

　필자가 대학에서 문학을 전공하면서 반(半)의무적으로 읽은 작품
들 가운데서 의무를 잊고 재미를 느낀 것은 도스토예프스키의 『죄와
벌』『카라마조프가의 형제들』, 찰스 디킨스의 『데이빗 캐퍼필드』 같
은 소설들이었다. 도스토예프스키의 소설은 단순히 재미만을 따질
수 없는, 보다 묵직한 그 무엇을 담고 있지만 역시 위의 두 작품에서
는 흥미로운 사건들이 뼈대를 이루고 있었다. 디킨스의 소설들이 재
미있는 가장 큰 이유는 솜씨 있는 이야기꾼의 붓을 통해 사건이 박진

감 있게 진행되는 데 있다고 생각된다.

리얼리즘 소설의 선구적인 작품으로 평가되는 새뮤얼 리차드슨의
『파멜라』도 의무적으로 읽기는 했지만 역시 재미를 느꼈던 것은 이야
기가 흥미있게 펼쳐졌기 때문이다.

의무 때문에, 다른 한편으로는 젊은 날의 지적인 허영 때문에 하루
에 몇십 페이지밖에 못 읽다가 졸고, 또 그렇게 하기를 거듭한 끝에
한 달도 더 걸려 마저 읽은 소설로서만 기억에 남는 것은 월터 스콧
의『아이반호』, 허먼 멜빌의『백경』, 헤르만 헤세의『유리알 유희』등
이 있었다.『아이반호』는 루카치가 진정한 의미에 있어서 역사소설의
선구자라고 보는 문학사적 작품인데, 20여 년 전에 읽은 그 책 속에
서 기억나는 것은 '성당 기사' 따위의 단어 몇 개 정도이다. 물론 그
책은 번역에도 서투른 점이 많았겠지만 그 당시의 나에게는 지겹다
는 인상밖에 주지 못했다.『백경』은 60년대의 평론가들이 "에이허브
선장의 불굴의 의지, 고래와의 대결" 운운하는 해설에 솔깃해서 읽었
는데, 고래에 관한 전문적 서술이 왜 그렇게 많은지 역시 지겹다는
느낌만을 받았다.『유리알 유희』역시 지루하기는 마찬가지였다.

그러나 지금 다시 그 소설들을 읽는다면 어떤 '감동'을 받을는지는
모르나 크게 재미가 있으리라는 생각은 들지 않는다. 이렇게 필자 개
인의 독서 경험만을 두고 보아도, 능숙한 이야기꾼이 펼치는 사건의
세계는 독자를 가장 강력하게 사로잡는 요인임이 드러난다.

그런데『객주』에서는 사건의 전개에 있어서 몇 가지 전형이 있다.
첫째는 음모 또는 모사(謀事)이다. 길소개·매월·김학준·신석주·
맹구범·유필호·민겸호·민영익·민비는 물론이고, 심지어는 천소
례까지도 계략과 술수에 능한 인물들이다. 이 중요한 등장인물 이외
에도 벼슬아치·상인·왈짜·깍정이·하인 들로서, 꾀가 많고 영리
한 사람들이 많이 나타난다. 이들이 무시로 펼치는 음모의 세계는
『삼국지』에 못지않을 정도로 흥미진진하며 어느 면에서는 그 이상으
로 절묘하다. 두번째는 살인·납치·폭행·사형(私刑) 등으로 세분

할 수 있는 폭력이다. 이 소설에서 길소개 혼자서만 저지르는 살인도 여러 건이며 매월도 살인이나 린치를 서슴지 않는다. 송만치·석가도 폭력을 몸에 익히고 있는 사람들이다. 폭력은 보부상의 세계는 물론이고 이조 말기의 심각한 사회적 현상이었던 것 같다. 따라서 작가가 그것을 소설화한 데 대해 크게 이의를 제기할 수는 없을 것이다. 그러나 『객주』에서의 폭력은 사건의 필연적 전개 과정에서 불가피하게 나타나는 경우가 많으나, 어떤 때에는 필요 이상의 잔인성을 드러냄으로써 독자를 오싹하게 만들기도 한다. 양물이나 혀를 자르고 눈알을 후비는 것 등이 그 좋은 예이다. 이것이 그 당시의 사회적 관행인지는 정확히 알 수 없지만, 필자는 사건의 추이를 따르다가 이러한 잔혹 행위에 부딪힐 때마다 소름이 돋음을 느꼈다. 거듭 말하지만 등장인물들의 지모와 술수의 세계, 다시 말하면 이 작가의 현란한 상상력의 세계에서 폭력은 필요한 일부이기는 하겠지만 그 정도가 지나쳐서 현대의 수사물을 연상시키는 것이 흠이라고 생각된다.

『객주』가 주는 재미의 원동력은 사건의 전개뿐 아니라 김주영의 걸쩍한 입담, 시의적절하면서도 구수하게 이용되는 속담, 오묘한 비유, 사설(辭說)에서도 비롯된다. 흔히 박경리·이문구·황석영의 소설들을 '우리말의 보고(寶庫)'라고 한다. 필자는 김정한(金廷漢)과 송기숙(宋基淑)의 소설들도 같은 범주에 든다고 생각하는데, 『객주』에 이르면 '우리말의 보고'라는 표현말고는 달리 어울리는 말이 없다는 느낌이 든다. 『객주』가 주는 말의 재미는 단순한 재미를 넘어서서 우리에게 '문화적 충격'을 안긴다. 이 작품의 도처에 널려 있는 그 무수한 어휘와 우리말 고유의 표현은, 우리의 전통 문화를 되살린다는 의미에서는 물론이고, 그렇게 함으로써 민중의 사고와 의사 표현의 영역을 확대한다는 점에서도 매우 가치가 큰 것이다. 특히 당대의 현실이 아니라 과거의 역사를 재현하는 역사소설은 작가의 이러한 노력 없이는 성공을 거둘 수 없는 것이다.

『객주』에서 우리말이 얼마나 재미있게, 실감나게, 적절하게 구사되고 있는가를 보이는 몇 가지 사례를 보겠다.

이게 무슨 꼴이오? 국 쏟고 뭐 데고 귀싸대기 맞고 치마 버리고 아침밥 굶는다더니.

워째, 뙤놈하고 겸상을 먹었나 사람을 못 믿어 이러노?

우리 서방 구실 산다 하여 관구자부(官久自富)되자 하고 시집왔더니, 시집온 지 이태 만에 가산이란 허섭쓰레기요, 짚세기 앞총은 헝겊총이요, 나막신 뒤축은 거멀못 치레일세. 존절할 것도 없는 집구석 썩은 바자 구멍엔 개대강만 들락거리고 상전만 많은 내 낭군 헌바지 구멍엔 좆대강만 들락거리네.

역사소설 『객주』의 재미와 관련하여 빼놓을 수 없는 또 하나의 요소로는 푸짐하고 질탕한 에로티시즘이 있다. 김주영은 성행위를 묘사하는 데 있어서 어떤 때는 격조가 있고, 어떤 때는 야하고, 또 어떤 때는 익살맞다. 지나간 세대는 물론이고 현존하는 작가들 가운데서 그처럼 에로티시즘의 표현에 능란한 사람을 찾아보기는 힘들 것 같다. 그는 남녀간의 성관계는 물론이고 남색(男色)과 소의 섹스까지를 서슴없이 그린다. 예를 들어 성불능의 신석주 앞에서 조소사가 달이 비치는 방문을 배경으로 춤을 추는 장면은 환상적인 아름다움을 풍기며, 매월과 길소개가 벌이는 유희를 묘사한 다음과 같은 대목에는 익살이 넘친다.

……둘 중에 누가 그랬을까. 파정에 겨워 발뒤축으로 방구들을 탕하고 힘껏 걷어찼다. 그때까지 한사코 배밀이를 거듭하다가 겨우 봉당에다 턱을 걸치려던 찰나에 있던 바깥의 두꺼비란 놈이 방구들 걷어차는 사품에 그만 뒤로 벌렁 나자빠지면서 봉당 아래로 굴러떨어지고 말

있다.

그런데 『객주』도 역시 신문 연재소설이기 때문일까? 몸과 마음이 성한 남녀가 호젓한 곳에서 만나면 살을 섞는 것은 인생살이의 당연한 행사겠지만, 반드시 그럴 법한 대목도 아닌 곳에 작위적으로 성행위가 장황하게 삽입되어 있는 경우가 아주 많다. 일간 신문의 연재소설이라는 것이 작가에게 가하는 유형·무형의 압력을 모르는 것은 아니다. 그렇다 하더라도 작가로서는 이러한 불리한 여건을 자신의 노력으로 이겨냈어야 할 것이다. 그런데 김주영이 그런 입김을 이겨낸 흔적이 거의 보이지 않는 것은 아쉬운 일이다. 이 소설의 중반 이후에는 에로티시즘이 상투형으로 흐른다는 점 때문에도 그러한 아쉬움은 더욱 커진다.

『객주』는, 소설의 재미보다는 경직된 내용이나 관념의 개진에 치중함으로써 많은 독자가 소설로부터 멀어지게 만드는 경향, 즉 '소설의 독자 소외'로부터 소설이 자기를 구할 수 있는 가능성을 보였다는 면에서 큰 의의를 지니고 있다. 이에 대해 김주영 자신은 이렇게 말한바 있다.

나는 옛날부터 그랬지만 소설이라는 것은 어쨌든 재미가 있어야겠다는 원칙적인 문제에 다소 매달려 있는 편이지요. 소설이 재미가 있으려면 소설 자체가 사건 중심이어야 되지요. 그렇다고 해서 사건에만 매달릴 수도 없고 작가가 말하려는 바 무엇을 이야기해주어야 되겠다는 것이 항상 상충하고 있는데, 재미와 작가의 의도, 이 두 가지를 양립을 시킬 수가 없을까 하는 문제를 나는 이 작품을 통해서 시험해봤습니다. (書評鼎談, 「민중 언어에 대한 새로운 가능성」, 『문예중앙』, 1981년 여름, p. 328)

그가 재미와 양립시키려고 한 '의도'는 『객주』에 어떻게 반영되어 있는가?

II. 민중 생활의 재현과 역사 의식

역사소설가는 역사가에 의해 밝혀진 과거 사회의 구조와 그 속에서 이루어진 인간 행위들 사이의 내적 연관을 밝히고, 그 사회와 보다 큰 사회와의 유기적 연관을 살피며, 무엇보다도 그 시대를 하나의 거대한 시간의 흐름 속에서 파악하면서 작가로서의 상상력을 최대한으로 발휘하여 옛사람들의 삶의 디테일을 재생시켜간다. 그들은 소재를 선택하고 그것을 하나의 작품으로 구상화시켜가는 과정에서 그들이 몸담고 살아가는 현대 사회의 지배적인 관심 또는 그들 자신의 역사 의식을 반영함으로써 우리들로 하여금 그들의 작품이 현재적 삶의 완성을 위해 창조된 옛사람들의 구체적인 삶의 공간임을 믿게 한다. (黃光穗, 「과거의 재생과 현재적 삶의 완성:『객주』와『타오르는 강』을 중심으로」,『한국 문학의 현단계 II』, p. 234)

위의 인용문은 역사소설가의 기능을 아주 간명하게 요약하고 있다. 그런데 이러한 관점에서 볼 때, 우리나라의 그 많은 역사소설들 가운데서 "현대 사회의 지배적인 관심 또는 그들 자신의 역사 의식을 반영"하는 작업에 충실한 것은 매우 드물다고 볼 수밖에 없다.『객주』의 작자 김주영 자신은 이 점을 분명하게 인식하고 있다. 그는 "우리에겐 아직도 역사소설이라면 궁중 비화나 벼슬아치들의 파쟁이나 병란의 이야기를 적은 것이라는 고정관념이 있다"고 지적하면서 "나는 그 고정관념을 깨뜨리고 민중의 애환과 그들의 고통이 역사에 얼마나 기여했던가를 보여주는 작업에 내 40대의 정력과 기량을 아낌없이 소모하고자 결심한 바 있다"(「제1부를 끝내면서」,『객주』, 제3권, p. 297)고 밝히고 있다. 이것은 역사를 발전시켜온 주체인 민중의 애환과 고통을 '현재적 관점'에서 형상화하겠다는 말이다.

역사소설가가 특정한 시대의 현실을 구상화할 때에 직면하는 최초의 문제는 '실증(實證)'과 '사료(史料)의 해석'이다. 물론 역사소설가는 역사학자처럼 어느 시대의 역사적 사실들 전체 또는 부분을 과학적으로 실증하는 것을 본연의 직분으로 삼지 않는다. 그러나 보부상이라는 특정의 계층을 중점적으로 다루고 있는『객주』의 경우 무엇보다도 문제가 되는 것은 이 분야에 관한 역사학자들의 연구가 미약하거나 거의 없다는 점이다. 따라서 작가는, 반드시 보부상에 관한자료의 수집 때문은 아니지만 이 대하소설을 쓰는 데 필요한 소재 및실증적 사료를 모으고 현장을 답사하기 위해 4, 5년이라는 긴 준비 기간을 가져야만 했고, 참고 문헌만도 2백여 권을 읽어야 했다고 한다. 작가의 이 성실한 창작 태도와 노고는 그것만으로도 높이 평가받아야 할 것이다. 이 작업을 작가 자신이 몸소 감당하지 않았다면, 그는공허한 상상력에만 의존함으로써 리얼리티와는 거리가 멀어졌을 것이다.

김주영은『객주』를 통해 이조 말기의 현실, 그 가운데서도 특히 민중의 생활을 재현하는 데 혼신의 힘을 쏟아넣고 있다. 이 역사소설이중점적으로 그리고 있는 계층은 그 시대의 양민 내지 천민인 보부상들이지만, 그들은 전국 각지를 떠돌아다녀야 하는 직업을 갖고 있기때문에, 그들의 상행위와 유랑을 통해 동시대 민중의 삶과 현실도 부수적으로 형상화되고 있다. 독자는 이 소설을 읽어나가면서 기계 문명에 오염되지 않은 1세기 전의 건강한 국토와 그곳에 사는 가난하고억눌린 민중의 모습, 그들이 펼치는 사랑과 미움과 갈등과 고난의 세계를 아주 실감 있게 경험할 수 있다.

보부상의 삶을 중심으로 민중의 생활을 재현하기 위해 작가는 당대의 온갖 풍속과 언어, 백성의 문화와 생활 양식을 박물적(博物的)으로 동원하고 있다. 도부꾼이나 난전의 장사치들이 외쳐대는 타령을 보면 이조 말기의 물화(物貨)와 그 생산자들에 관한 모든 것을 알수 있다. 상인들 사이에 섞여들어 거지들이 불러대는 장타령은 당시 전국에 널려 있었을 뿌리 없는 유민(流民)들의 노래이며, 굿중패들의 연희는 역동적이고 끈적끈적하면서도 해학적인 민중 문화의 대표적 단면이다. 그뿐만 아니라 우리 민중의 정신 세계를 오랜 세월 동안 지배해온 샤머니즘, 즉 무당굿이 아주 치밀한 묘사를 통해 실감나게 전개된다. 심지어는 노름판의 살벌한 분위기를 그리는 데도 이 작가의 날카로운 붓은 빛을 발한다. 참으로 『객주』는 이조 말기 민중 생활사의 박물관이라고 할 만하다. 그런데 이 박물관에는 박제가 되거나 죽어 있는 인물들과 사실이 진열되어 있는 것이 아니라 그것들이 살아서 싱싱한 생선처럼 움직인다.

민중의 생활은 단순히 문화와 풍속만으로 이루어지지는 않는다. 따라서 특정 시대의 현실을 형상화하겠다는 야심을 품은 역사소설가는 당연히 그 시대의 지배 계급과 피지배 계급의 관계로 요약되는 정치적 상황, 경제·사회·문화·사상의 실상을 구체적으로 묘사하려고 노력할 것이다. 『객주』에도 이러한 의욕은 여실히 반영되어 있다. 작가 자신이 "이조 후기의 상업 자본이 어떻게 형성되어갔으며, 그 자본이 왜 근대 기업으로 이행되지 못하고 그대로 사장되고 말았"는 기를 밝히려고 노력했다(「제1부를 끝내면서」, 같은 책, p. 297)고 말하는 데서 알 수 있듯이 『객주』는 그 시대의 현실에 관한 사회과학적 관심을 크게 반영하고 있다. 『객주』의 곳곳에는 당대 상업의 현황, 다시 말하면 특권 상업 체제인 시전, 그것과 대립하는 사상도고(私商都賈)와 난전, 전국 각처의 외장(外場), 객주와 여각, 금난전권, 매점매석, 밀무역, 개항 이후 왜상의 진출 상황 등이 소상하게 드러나 있다.

김주영은 이 경제적인 여러 측면과 더불어 당시의 정치·사회적 변동을 포착하고 있다. 그는 민씨 일파를 중심으로 한 지배 계급, 즉 왕실과 척족 및 일선의 벼슬아치들이 민중을 억압하고 민중의 것을 빼앗아 독점적인 부와 영화를 누리던 당시의 상황을 차분하고도 집요하게 묘사하고 있다. 역사는 정치적 권력과 생산 수단을 독점한 계층이 그것을 갖지 못한 피지배층을 짓누르고 착취하는 데서 비롯되는 저항과 투쟁이 그 주류를 이룬다고 볼 때, 이조 말기의 부패되고 포악한 지배 계층인 왕실 및 그 주구들과 민중의 관계를 폭넓게 그렸다는 점에서 『객주』는 문학적 가치를 갖게 된다.

『객주』에는 이처럼 두드러진 정치·사회적 현실은 물론이고 상업의 발달, 개항으로 인한 세계 자본주의 체제로의 편입, 관직의 포화 상태와 매관매직, 권력과 재력이 없는 일부 양반 계급의 몰락, 부상(富商)의 신분 상승, 노비 제도의 붕괴 과정 등이 자연스럽게 묘사되어 있다.

이조 말기의 현실을 형상화하는 데 있어서 김주영의 문체는 대단히 중요한 기능을 하고 있다. 앞에서 예로 든 여러 현상들을 대하소설 속에 소화할 때, 문장이 지나치게 설명으로 흐르거나 유연성을 잃을 위험이 있으나 그는 매우 능숙하게 이 함정을 피해나가고 있다. 그것은 우선 우리의 고유한 어휘와 한자 성어(成語)들을 적소에 사용한 덕분인데, 그는 이것을 '가창적(歌唱的) 서정성'이라고 부르고 있다. 그는 "우리말 서술의 화석화 현상"을 염려하면서 "지적이거나 논리적이라기보다는 감정적이고 즉흥적이고 충동적인 어휘"를 골라 썼다고 밝힌다(「객주 1,465회 막을 내리면서」, 서울신문, 1984년 2월 28일 자 6면). 그가 강조하는 "우리말 서술의 화석화 현상"은 모든 작가가 귀담아들을 말인 것 같다.

『객주』는 작가의 성실성과 노고, 상상력과 재능에 힘입어 우리나라 역사소설에 하나의 진경(進境)을 이룬 것이 분명하다. 그러나 필자는 이 기나긴 소설을 읽고 나서 생각한 몇 가지 문제를 반드시 밝혀야 한다고 느낀다. 그것은 작가의 그 피나는 노력이 빚은 성과를 깎아내는 것이 아니라 그 개인의 앞으로의 창작은 물론이고 역사소설 일반에 약간의 도움이 되리라고 믿기 때문이다.

김주영은 『객주』에서 "단 한 사람의 영웅도 만들지 않았다"(서울신문, 같은 글)고 공언하고 있다. 이 말은 틀림없는 사실로서, 그의 역사소설관을 단적으로 반영하고 있다. 그는 근대의 역사소설에서 널리 알려져 있는 '중도적 인물' 또는 '중도적 주인공'에 관한 이론을 이 작품에 그대로 적용하고 있다. 그가 대표적인 '중도적 인물'로 등장시키고 있는 것은 이용익과 매월이다. 두 사람은 본래는 하층 계급 출신이었으나 작품의 중반 이후에는 지배 계급에 편입되고, 그렇게 된 뒤에도 종전에 하층 계급과 맺고 있던 인간 관계를 그대로 유지한다. 그러므로 작가는 이들의 시각을 통해 지배 세력과 피지배 계급인 민중의 관계를 드러낼 수 있다.

그런데 중요한 문제는 작가가 중도적 인물인 이용익에 대해 역사상의 사실과 다르게 사적(私的)인 해석을 가하여 전형화하고 있다는 점이다. 기록을 보면 이용익은 1888년 8월 함경도 병마절도사로 있을 때 제물을 탐냈다 하여 북청 부민들이 중앙에 처벌을 요구하여 파직·유배를 당한 바 있으며, 1900년 2월에는 친로파로 체포되었다가 11월에 내장원경(內藏院卿)에 임명되었고, 1902년에는 난언죄(亂言罪)로 면직되어 향리로 쫓겨갔다가 복직되었고, 1905년에는 보성학교(고려대학교의 전신)를 설립했다(이상 『연표로 보는 현대사』 참조』). 이 소설에서 민영익에게 아무 대가 없이 황금을 바치는 장면에서도 알 수 있듯이 역사상의 이용익은 출세주의자·기회주의자이며 반민족적 정치인이었다. 그런데 작가는 조성준·길소개와 동사할 때부터 이용익이 '영웅적 면모'를 가진 인물인 듯이 묘사하고 있다. 두말할 나위 없이 역사소설가는 역사상의 실재 인물을 자신의 상상력에 따라 독자적으로 형상화할 수 있다. 그러나 그것이 사실(史實)에 크게 어긋나면 그 실재 인물에 부여된 '중도적 인물'로서의 역할은 큰 혼란에 빠지게 된다. 이런 이유 때문에 이용익은 여러 차례에 걸쳐 성격과 행동의 파탄을 드러낸다. 그는 애초에는 의리 있고 씩씩한 청년이었다가 이렇다 할 동기도 없이 민씨 일파에게 접근하여 민영익에게 천봉삼을 고발하고 출세욕을 노골적으로 드러내는가 하면 끝부분에서는 매월과 합세하여 천봉삼을 구출하기까지 한다. 간단히 말하면 그는 지배 계급의 일원이면서 때로는 민중에 동조하는 듯한 모순된 인물이 되어 있다.

매월도 엄밀한 의미에서는 실재 인물이다. 고종 시대에 서울의 북관묘(北關廟)에 무녀 진령군이 살았다는 것은 기록에 나타나 있는 엄연한 사실이다. 그러나 매월이 민비와 관계를 맺게 되는 대목 이전의 그 파란 많은 삶은 전적으로 작가의 창작일 것이다.

매월은 이용익보다는 성격이나 행동의 파탄을 덜 드러낸다. 그러나 황광수가 『객주』에 관한 앞의 평론에서 지적했듯이 그녀는 작가가 떠맡긴 부담을 너무나 많이 지고 있다. 그녀는 주로 그 술수와 언변과 육체로 하층 계급과 양반 계급 사이를 오가며 사건 전개의 중요한 고리로서 기능하는데, 작가가 이 인물을 지나치게 작위적으로 움직이고 있다는 인상을 받게 된다.

역시 중도적 인물로서 작가가 역점을 두고 있는 유필호도 처음에는 표연하게 살아가는 한량이었다가 나중에는 쇠전꾼들의 동패가 되는데, 이러한 인물에게 독자가 기대할 법한 혁명적 인간상을 보이지 못하고 종국에는 나약한 가장으로 전락하고 만다.

이 소설의 제1주인공이라고 할 수 있는 천봉삼은 작가가 시종일관 애정을 품고 그리는 인물이다. 그는 강직하고 의리 있고 담대하다는 면에서 민중의 삶을 소재로 한 역사소설에서 가장 큰 몫을 할 수 있는 사람이다. 그는 처음에는 미미한 도부꾼이었으나 조성준의 뒤를 이어 송파의 쇠살주가 되고 나서 보부상의 시재접장으로 뽑히기까지 하며 작품의 중반에서는 왜상들, 그리고 그들의 앞잡이인 매판 상인들과 대결하고 그 일당을 응징하는 민족 자본가로 성장한다. 그는 결국 왜선의 양곡을 털어 빈민들에게 나누어준 죄로 체포된다. 필자도 그랬지만 독자들은 천봉삼에게 계속 호감을 품고 그의 '활빈당적' 활동이 어떻게 귀결되는지를 깊은 관심을 갖고 지켜보았을 것이다. 그런데 그는 이 역사소설에 자주 애용되는 수법인 계략에 의해 옥을 벗어난다. 이 대단원을 보고 필자가 느낀 것은, 이 대하소설을 읽는 동안 내내 느꼈던 재미와 민중 생활의 성실한 재현에서 비롯된 역사소설의 묘미가 큰 감동으로 승화되지 못하고 다소 미약한 결말로 마무리지어졌다는 아쉬움이었다.

필자는 그 원인의 일부를 다음과 같은 데서 찾을 수 있다고 생각한다. 『객주』가 시작되는 해인 1878년은 이미 동학 혁명이 터질 수 있는 분위기가 상당히 무르익어 있던 때였다. 삼정(三政)의 문란으로 대표되는 가렴주구와 집권층의 극에 이른 부패, 그리고 정치·사회적 탄압 때문에 1868년에는 진주 민란을 비롯하여 전국 37개 지역에서 민란이 발생했다. 이 "민란은 그 자체가 향권(鄕權)의 탈점(奪占)과 그 행사였다." 1862년의 민란은 모두 좌절로 끝났으나, 그뒤에도 1893년말까지 45건의 민란이 또 일어났다(鄭昌烈, 「백성 의식·평민 의식·민중 의식」, 『凡下李敦明先生華甲紀念文集』, pp. 19, 26). 이것은 이 시기의 이조 사회 내부가 얼마나 거세게 내연하면서 격동의 물결에 휩쓸려 있었던가를 보여주는 증거들이다. 바로 이 격랑과 같은 민중의 에너지가 동학 혁명에서 폭발되었던 것이다. 그런데 『객주』의 작가는 역사소설의 재미를 살리고 민중 생활을 재현하는 데는 심혈을 기울이고 있으나 이 시대 민중의 저항과 처절한 투쟁은 피상적으로밖에 포착하지 못하고 있다. 김주영은 보부상이라는 특정 계층에 시선을 집중시켰기 때문에 민중 전체를 총체적으로 그릴 수 없었다고 해명하고 있으나, 이 긴 소설 속에서 농민의 처참한 생활, 토지 없는 농투성이들의 소외 과정, 학정에 시달린 민중의 봉기 같은 것은 보부상들의 눈을 통해서도 얼마든지 드러낼 수 있을 것이다. 이 작가가 이 시대의 대표적 사건으로 선택한 것은 임오군란인데, 그것은 지배 계급과 탐욕스러운 상인들이 결탁한 데서 연유된 거사이기는 하지만 민중적 봉기의 성격은 매우 희박한 것이다.

그리고 이 역사소설의 배경을 이루는 시기에는 혹심한 탄압 때문에 지하로 잠복해 있었겠지만, 동학과 천주교 신도들의 동태가 전혀 나타나지 않은 것도 납득할 수 없는 점이다. 개항 직후에는 엄밀한 의미의 근대적 민중 정신이나 인권 사상은 알려져 있지 않았을 것이다. 그러나 이미 동학이 표방한 인내천(人乃天) 사상과 인간 해방의 정신, 천주교의 박애 정신 같은 것이 민중 사이에 널리 보급되어 있었을 것이므로 작가가 그들 사이에서도 중도적 인물이나 상당히 중요한 몫을 하는 주인공을 찾았다면 『객주』는 보다 격이 높은 민족 문학이 될 수 있었다고 믿는다.

천봉삼과 유필호가 끝내 척사 위정적 사고의 한계를 벗어나지 못하고 왕권 수호의 태도를 견지하는 사실은 이 시대 민중의 한계를 정직하게 대변한 것이기는 하나, 민중의 역동적인 삶의 정곡을 드러냈다고 볼 수는 없다.

필자는, 과거의 역사를 현재에 재현함으로써 그것이 오늘 갖는 의미를 탐구하는 데는 작가의 역사 의식이 결정적 역할을 한다는 진리를 여기에서 새삼스럽게 확인할 수 있다. 『객주』의 작가가 보다 거시적인 안목으로 이조 말기를 개관하면서 민중의 고난과 저항과 좌절을 총체적으로 형상화했다면 독자가 대단원에서 크게 아쉬움을 느끼지는 않을 것이다. 〔『객주』 해설, 1984〕

민중적 삶의 구체성
——김주영의『객주』

김 치 수

I

　최근의 한국 소설에서 세 편의 대작을 꼽는다면 그것은 아마도 완
결되지 않은 박경리의『토지』, 그리고 작금에 완간된 황석영의『장길
산』과 심주영의『객주』일 것이다. 이 세 편의 작품들은 모두 작가 자
신이 짧게는 5년, 길게는 10년 이상의 집필 기간을 가졌다는 점에서
그들의 문학적 야심과 집념의 결정이라고 불려도 좋을 것이다. 실제
로 이들 작가들이 1부를 끝낸 다음에, 혹은 완간을 한 다음에 쓴 후기
를 보면 이 작품들에 걸고 있는 작가의 자부심을 쉽게 읽을 수 있는
것도 사실이다. 그뿐만 아니라 이미 널리 알려진 사실이기도 하지만,
이들 세 작품은 발표되고 있는 당대에 독자로부터 많은 반응을 불러
일으켰다는 점에서 작가로 하여금 동시대적 공감의 기쁨을 누리게
한 것이다. 이것이 가지고 있는 의미는 문학사회학의 깊은 조명에 의
해 구명될 수 있는 성질의 것이겠지만, 여기에서 한 가지 주목할 수
있는 것은 외판이라고 하는 조직적인 판매 체계에 의하지 않고도 10
여 권에 이르는 방대한 장편소설이 지금의 우리 사회에 수용될 수 있

112

다는 사실이다. 이러한 사실은 '소설의 재미'가 아직도 독자의 흥미를 지속적으로 붙들어맬 수 있는 가능을 지니고 있음을 이야기해준다. 텔레비전이나 VTR의 보급이 소설의 잠재적 독자를 감소시킬 것이라는 예견을 뒤엎고 있는 이러한 현상은 그것이 곧 문학의 독자적 기능에 대한 사회적 인식의 깊이를 이야기하는 것은 아니지만 긍정적인 것으로 보아야 할 것이다. 왜냐하면 문학 작품을 읽는다는 것은 그것을 읽는 사람의 절대적인 선택 없이는 불가능한 것이기 때문이다. 그러한 점에서 문학의 독자는 적극적인 의지에 의해서 스스로 선택해서 '읽는' 사람인 반면에 다른 경우에는 그러한 의지나 선택에 의하지 않고도 눈에 보여질 수 있는 성질을 띠고 있다. 여기에서 말하는 적극적인 의지의 선택은 문학의 독서가 가지고 있는 특수한 양상을 강조하기 위한 것이다. 다시 말해서 독서는 적극적인 선택에 의하지 않고는 단 한 줄도 불가능한 것이다. 그런데 이처럼 방대한 장편소설들이 읽힌다고 하는 것은 우리 사회가 가지고 있는 문학적 선택의 적극성을 이야기하기에 충분한 것이다. 더구나 여기에서 이야기하고 있는 장편소설들이 오늘날과는 다른 사회적 구조를 가지고 있던 과거의 어느 시대를 배경으로 한 역사소설의 형식을 띠고 있다는 것은 대단히 의미가 깊을 수도 있다. 왜냐하면 소설이 이처럼 대하와 같이 방대하다는 것은 역사적 사실을 바탕으로 하지 않을 경우 어쩔 수 없이 불가능할 수도 있지만, 소설적 주인공들을 역사적 흐름 속에 놓아둠으로써 상상적 공간을 보다 활짝 열어놓을 수도 있으며 나아가서는 문학이 옛날의 서사성을 재발견하여서 '이야기'의 성질을 회복함으로써 자신과 자신이 살고 있던 사회의 모든 여성의 생명을 구하게 된 셰에라자드의 역할을 되찾는 길이 될 수도 있기 때문이다. 그러나 실제로 우리가 글로써 기록할 수 있는 것은 그것이 아무리 현재 진행중인 것이라고 하더라도 기록하는 순간에 과거의 사실이 되어버린다고 한다는 점에서 문학으로 기록된 모든 것이 과거의 것이라면, 이들 작품들이 '역사소설'이라고 하는 것은 그 작품의 소재라든가 성질을 규정짓는 편리를 위한 일종의 분류 방법 가운데 하나에 지나지 않을 뿐, 그것이 곧 작품의 가치라든가 질을 나타내주는 것과는 거리가 멀다는 것을 전제로 하는 것이다. 그러나 이 세 편의 작품들 가운데서 『토지』가 '최씨' 라고 하는 대지주의 집안과 그 집안이 있는 '평사리' 라는 마을의 전체 주민의 삶과 운명을 서술하고 있다는 점에서, 『장길산』이 봉건 사회의 밑바닥 계층 출신의 탁월한 개인과 '녹림당' 이라는 집단을 중심으로 대립된 삶의 양면성을 끝없이 추구하고 있다는 점에서, 그리고 『객주』가 '보부상' 이라는 특수 계층의 세계를 보여주고 있다는 점에서 지금까지 보았던 역사소설과는 다른 개성을 이 세 작품들이 지니고 있음을 알 수 있다. 특히 『객주』는 소재라는 측면에서 볼 때 '보부상' 의 생활을 다룬 최초의 소설이라는 특색을 지니고 있다. 물론 소재 자체가 작품의 질을 결정하는 것은 아니지만 조선 왕조 후기에 왕조의 경제 체계에서 중요한 역할을 담당했던 보부상의 생활을 재현시켜보고자 하는 작가의 의도는 새로운 작품을 쓰고자 하는 창조적 정신의 표현에 다름아닌 것이다. 문학이 작가의 의도에 의해서만 가능한 것은 아니지만 새로운 의도가 없을 경우에는 지금까지 존재하지 않았던 새로운 작품이란 태어날 수 없는 것이다. 그러한 점에서 이 작가가 "감수성 많았던 소년 시절의 대부분을" "저잣거리에서" 보냈다고 하는 후기의 고백은 이 작품에 쏟은 5년의 집필 시기가 문제가 아니라 작가의 전체의 삶이 작품의 준비 기간에 해당한다는 것을 의미한다. 이 작품을 읽으면 분명히 알 수 있는 것은 작가가 이 작품을 쓰기 위해 무수하게 많은 자료를 섭렵하였고 전국 방방곡곡을 답사하였다는 사실이다. 물론 작가란 상상력으로 글을 쓰는 사람이기는 하지만, 그러나 상상력이란 무(無)에서 태어나는 것이 아니라 현실과 체험에 대한 깊은 성찰에서부터 자라나는 것이다. 이 작품의 도처에서 볼 수 있는 현장 답사의 흔적은 비록 그것이 오늘에 이루어진 것이기는 하지만 우리로 하여금 100년 전의 현장으로 거슬러 올라갈 수 있을 만큼 작가의 상상력을 충분히 자극했을 것으로 보인다.

그러나 이 모든 것은 작품 자체와 직접적으로 관계된 것이 아니라 작품이 어떻게 만들어졌느냐, 혹은 작품이 어떤 반응을 불러일으켰느냐 하는 점에서 작품 외적인 요소와 관계된 것이라고 할 수 있다. 왜냐하면 우리가 과거에 읽은 작품들 가운데는 수많은 자료를 섭렵했다는 흔적은 뚜렷하지만 자료의 물량주의를 증명할 뿐 커다란 감동을 불러일으키지 못한 경우가 드물지 않았고, 또 작품의 분량이 엄청났으면서도 공식적인 사실을 지나치게 과장하거나 문제의 해결을 너무 쉽게 처리함으로써 오락적인 차원을 벗어나지 못한 경우가 많았기 때문이다. 이것은 작품의 질이 작품의 길이와 비례하는 것도 아니고, 독자의 반응이 작품의 질과 함수 관계에 있는 것만은 아님을 입증하는 예에 속한다. 그렇기 때문에 작품을 충실하게 읽지 않고는 문학에 관한 논의 자체가 공허한 것과 마찬가지로 논의의 초점을 일단 작품 안에 두지 않으면 문학의 문제가 다른 것에 수렴되어버릴 위험을 안게 된다.

Ⅱ

이 소설의 마지막 권 후기에서 작가는 다음과 같이 이야기하고 있다.

왕권의 계승이나 쟁탈, 혹은 그것에 따른 궁중 비화나 권문 세가들의 권력 다툼이나 혹은 그들에 대한 인간사가 주류를 이루고 있었던 반면 백성들의 이야기는 뒤꼍에 비치는 햇살처럼 잠깐 비치고 말거나 야담(野談)으로 봉놋방 구석으로 밀려나 있었다. 백성들 쪽에서 바라보는 역사 인식에 대한 배타성이 우리 역사 기술에는 너무나 강하게 작용하고 있지 않은가 생각되었다.

우리의 역사 기술이 정치사에 집중되어 있고 지배층의 이동에 관

심의 초점이 모아진 데 대한 반성이라고 할 수 있는 작가의 발언은
곧 그의 작품에 현실로서 나타나고 있다. 과거의 역사 기술이 권력의
주변에 있는 지배층 중심으로 전개된 것과 마찬가지로 과거의 역사
소설이 왕권의 계승을 둘러싼 알력에서 탁월한 능력을 소유한 개인
을 중심으로 전개되거나 그 주변에 있는 인물들의 애증 관계의 서술
로 전개된 반면에 김주영의 『객주』는 그들과는 다른 이름없는 서민들
의 생활을 그리고 있다. 이들 서민들이 가지고 있는 상징적인 성질은
이들 보부상들이 어느 한곳에 뿌리를 내리고 정착하지 못하고 전국
을 정처 없이 누비고 다니는 운명을 띠고 있다는 데 있다. 어느 한곳
에 뿌리를 내리지 못하고 있다는 것은 '가정'이라고 하는 삶의 기본
적인 터전이 이들에게는 마련되어 있지 않기 때문에 이 사회 속에 단
단히 뿌리를 내리지 못하고 있는 계층의 삶을 의미하는 것이다. 그러
니까 크게 본다면 이들이 부초처럼 떠돌아다닌다는 것은 그들이 뿌
리를 내리기 위한 노력이지 떠돌아다니는 숙명의 실현을 위한 것은
아니다. 그것은 결국 '천봉삼'과 같은 인물이 수하의 인물들에게 고
정된 삶의 장소를 제공하게 됨으로써 실현되기는 하지만, 그렇게 되
기까지 이들이 지불한 대가는 어쩌면 이 소설 전체의 내용을 이루고
있는 것이다. 그러한 점에서 이 소설은 '등짐장수'라고 할 수 있는
보부상들이 떠돌이로서의 그들의 삶으로부터 이 사회에 뿌리를 내리
는 과정의 서술이라고 해도 지나치지 않을 것이다.
    그러나 그러한 과정의 서술은 삶의 구체성이 결여되어 있을 때 문
학적인 불모성을 드러내는 박토의 메시지에 지나지 않게 된다. 일반
적으로 문학이 하는 역할 가운데 가장 근본적이며 본질적인 것은 우
리의 삶 속에서 볼 수 있는 모순되고 무질서한 것들을 종합적으로 제
시하는 가운데 어떤 질서가 드러나게 만드는 것이다. 이러한 역할이
문학 작품 속에 무수하게 많은 사적인 자아의 서술을 통해서 그 개인
이 소속되어 있는 사회의 공적인 의미를 알게 만드는 것이다.
    이 소설의 첫 장면은 바로 그러한 소설적인 장치의 역할을 하면서

동시에 전체 9권으로 된 이 작품이 어떻게 전개될 것인지 보여주고 있다. 여기에서 제일 먼저 등장하는 인물들이 '조성준' '최돌이' '천봉삼'과 서울의 깍정이들로서, 이들은 모두 '조성준'이 당했던 억울한 원한을 풀어주기 위해 동원된 것이다. 송파의 쇠살주였던 조성준이 자신의 젊은 아내와 함께 도망간 송만치에게 보복을 하게 되는 이 첫 장면은 이들 보부상들이 동료의 딱한 사정을 듣게 되면 언제나 그들의 원혐을 풀어주기 위해 서로 단합하고, 가던 방향을 바꾸게 된다는 사실을 전해준다. 최돌이와 천봉삼이 조성준의 수하에서 함께 행동하게 된 것은 그러한 이유 때문인 것이다. 이들이 서울에서 데려온 두 깍정이와 함께 문경새재 밑에 있는 고사리마을의 송만치 집을 한밤중에 습격하여서 조성준을 배반한 젊은 아내의 발뒤꿈치를 자르고 그녀를 데리고 달아난 송만치의 양물을 잘라내는 장면을 읽게 되면 충격을 받지 않을 수 없다. 그 충격은 보부상들이란 이처럼 개인적인 원한을 어떠한 방법으로든지 갚고야 마는 잔인한 성격을 갖고 있는 것인가 하는 질문에서 유래한다. 거의 무법천지라고 할 수 있는 이러한 보복극은, 그들이 비록 그들 나름으로 배반자나 범법자를 징치할 수 있는 어떤 불문율을 갖고 있다고 할지라도 이 세계를 피비린내 속에 묻어버리지 않을까 하는 생각을 갖게 한다.

여기에서 한 가지 뚜렷한 것은 이들 보부상들의 보복에는 의리와 도리라고 하는 그들 나름의 기준이 있는 반면에 그들을 따라온 깍정이들은 도적이나 마찬가지로 기준도 의리도 없이 어느 정도의 재산이 보장된다면 무슨 일에나 뛰어든다는 사실이다. 그래서 이들 일행이 조성준의 달아난 아내와 송만치에게 보복을 하고 났을 때 서울 깍정이들은 이제 그 일행에게 찍자를 놓고 조성준이 가지고 있는 전대를 탈취하여 달아나는 것이다. 그런데 이들 보부상 일행은 자신들에게 폭행을 가하고 자신들의 전대를 빼앗아 달아난 서울의 깍정이들을 찾아나선다거나 그들에게 보복을 하려 하지 않는다. 이것은 얼른 보면 보부상의 의리나 윤리 의식이 적용되고 있는 범위가 신분상으로 동일한 계층에 제한되고 있는 것이 아닐까 하는 의문을 갖게 한다. 그러나 조성준 일행의 이러한 보복극이 그 다음에는 '김학준'으로 확대되는 것은 하나의 거부가 행한 엄청난 폭력에 대항하고 있는 일개 쇠살주의 반항에 지나지 않음을 입증하고 있다. 자신의 부재중에 송파의 재산을 가로채고 자신의 젊은 아내를 겁간한 다음 여각의 '중노미'인 송만치와 달아나게 한 것이 강경의 거부 김학준이라는 사실을 알고 있는 조성준은 이용익·길소개의 도움으로 김학준을 납치하는 데까지는 성공을 거두었으나 김학준의 소첩인 천소례의 계략에 넘어가 그 납치극을 실패로 끝맺게 된다.

이러한 줄거리를 따라가보면 이 작품의 제1부에 해당하는 처음 3권은 전체 작품의 도입부에 해당한다. 여기에서 도입부라고 하는 이유는 이들 작중인물들의 이합집산이 거의 개인적인 이해 관계에 의해 이루어진 반면에, 실제로 보부상의 생활을 보여주는 데 있어서도 체계적인 성질을 띠고 있는 것이 아니라 단편적이라는 데 있다. 다시 말하면 이들 구성원이 어떤 사람인가를 보여주기 위해서 전국 각 지방 출신의 보부상들을 여기저기에서 만나게 하고 이들이 맺고 있는 관계들 가운데 이전 등의 하급 관리와의 관계, 동료들과의 관계, 거상들과의 관계, 노복들과의 관계 등을 몇몇 특수한 경우에 의해 보여주고 있으며, 이들 사회를 지배하고 있는 윤리관과 그것을 어겼을 때 받게 되는 징벌의 엄격함을 강조하고 있고, 이들이 취급하고 있는 물품의 종류로부터 그들이 가난과 추위 속에서 묵게 되는 숯막이나 여각의 봉노에 이르기까지 자세하게 소개하고 있다. 이것은 이들 서민들의 세계가 별로 알려지지 않았기 때문에 보다 현실감 있게 받아들일 수 있게 하기 위한 작가의 특별한 노력의 결과라고 보아야 할 것이다.

이러한 작가의 의도 때문에 도입부에 해당하는 제1부가 전체의 3분의 1이나 되는 분량이 되고 말았지만, 가령 각 지방의 토산물을 소개함으로써 보부상이 이 땅의 방방곡곡을 누비고 다닐 수 있는 이유를 설명하고 있다. 이들이 전국 각지를 누비면서 어느 봉노에서나 만나면 함께 잠을 자며 생활을 할 수 있었던 것은 이들의 세계를 지배하는 일종의 윤리관이 있었기 때문이었다. 가령 이들이 스스로의 동료에게 징벌을 내리는 경우는 다음과 같이 설명되어 있다.

> 항간의 부상들 중에는 불효부제(不孝不悌)한 자가 많았고, 선배에게 오만한 자, 같은 부상끼리나 시골 고라리들에게 억매흥정으로 몽리를 취하는 자, 성벽이 완악하고 패악한 행동을 일삼는 자, 주색잡기에 탐닉하여 부상의 체통에 똥칠을 하는 자, 불의를 서슴없이 범하는 자, 동료들을 대함에 언사가 불공한 자, 연소자나 노닥다리라 하여 업신여기거나 능멸하는 자, 질병중인 동료를 못 본 체하고 방기(放棄)하는 자, 동료가 죽었는데도 문상하지 않는 자가 같은 부상들의 눈에 뜨일 경우 어느 시기 어느 처소를 막론하고 발론하여 중벌을 내리었다. (제2권, p. 160)

물론 이러한 율법이 어느 정도 엄격하게 지켜졌는지 알 수가 없지만, 가령 소매치기하다 들킨 담배장수를 그들의 행수로 하여금 징치하게 한 것을 비롯하여(제2권, pp. 164 이하), 동료인 최돌이를 죽인 '석가(石哥)'로 하여금 천봉삼이 자문을 권유하여 죽게 만든 사실(제3권, pp. 119 이하), 차인행수인 조성준을 배반하고 몰래 김학준에게서 3천 냥을 빼앗은 길소개가 자신이 소속되었던 부상의 세계를 떠나 서울의 거상과 권문세가 주변에서 떠돌면서 양반의 세계로 전신하는 것(제2권, pp. 260 이하), 김학준의 첩실인 천소례에 의해 김학준의 살해자로 지목되어 사발통문이 내려져 부상의 세계에 살 수 없게 된 조성준이 적굴에 가담하여 은신할 수밖에 없었다는 사실(제3권, pp. 33 이하) 등은 보부상들의 세계를 지배하고 있는 계율의 엄격성을 설명하기에 충분한 것이다. 그렇기 때문에 이들은 어느 봉노에서나 처음 만나는 동료들과 인사를 나누고, 함께 하룻밤을 묵고 떠날 수 있는

것이다. 이들이 나누는 인사법은 그것이 당시 언어의 정확한 표현인
지는 몰라도 이들 세계가 가지고 있는 우애를 엿볼 수 있게 한다.

　　길소개가 궐한의 말을 받았다.
　"초인사는 올린 처지옵니다만 거주는 상달치 못하였습니다."
　"피차 일반입니다. 사촌지도리(四寸之道理)에 그렇지 못할 터인데
금일에야 거북한 노상 상봉을 하게 되었으니 정의(情誼)가 매우 불만
이었습니다."
　"어디로 놀아 계십니까? 하생 살기는 황해도 신천이 지본이올시다."
　"좋은 곳에 놀아 계십니다. 하생의 지본은 경기도 경강 인근의 둥근
재(圓峴)이옵니다. 박가 성 가진고로 박경기(朴京畿)라 존행하옵지
요. 하생도 작년에 신천에 들른 일이 있사옵는데 산천이 빼어났더이
다."
　"어찌 좋기를 바라겠습니까? 신천이야 일개 산협지군(山峽之郡)에
아무것도 보잘것이 없고 그저 여러 동무님들이 애호하여주신 덕분으
로 의지하여 살아갈 뿐입니다."

스스로를 낮추고 상대편의 고향을 칭찬하며 겸손을 보이는 이러한
수인사법이 실제로 어느 정도 고증된 것인지는 모르겠다. 하지만 '박
경기'라든가 '길신천'에서 볼 수 있는 것처럼 자신의 이름을 밝히기
보다는 고향의 군이나 도 이름을 별호로 사용하고 있는 것은 이들의
출신이 이름을 내세울 만한 계층이 아니기 때문에, 그리고 양반에 속
하지 않기 때문에 충분한 설득력을 갖고 있는 것으로 보인다. 여기에
서 특히 재미있는 표현은 "어디로 놀아 계십니까"로 보인다. 왜 여기
에 "놀다"라는 동사를 사용하게 되었는지 알 수 없으나(언어란 임의
적인 것이기 때문에 왜 그렇게 썼는지 알 수 없는 경우가 대부분이다)
'일하다'와 반대 개념을 사용하면서 보조동사로는 '계십니까'라는
존칭을 사용하고 있다. 어쩌면 '일하다'보다는 '놀다'가 양반의 세계

에 가까운 것이거나 노장 사상의 표현과 비슷한 것이라는 데 이유가 있을지 모르겠지만 이 인사법은 멋진 표현이라고 하지 않을 수 없다. 이러한 멋진 표현은 이들 보부상들의 농담과 함께 그들의 풍속을 알게 하는 데 기여할 수 있을 것이다. 이들이 주고받는 농담은 가령 "물장수 삼 년에 궁둥이짓은 남더라고 장판에서 늙은 사람이 설마 베잠방이에 대님 치듯 하겠나. 자기 처신 자기가 알아서 하겠지"와 같이 직설법을 사용하지 않고 끊임없이 비유법을 사용한다든가 "입에 곡기를 못 해서 부황난 사람이 나와 앉아서 길손에 음식을 팔고 있으니…… 차라리 인왕산(仁旺山) 차돌을 주워다 삶아먹지…… 내 아무리 허기진 놈이기로서니 술국이 목구멍으로 넘어가겠소"와 같이 자신의 심정을 토로하면서도 직접적으로 관계가 없는 서울의 인왕산 차돌을 들먹이는 어법을 사용하는 것은 판소리나 타령에서 흔히 볼 수 있는 "비켜선 어법"으로 나타나고 있다. 이러한 어법은 언어를 단순히 의사 전달의 수단으로 사용하는 것이 아니라 리듬이나 운율과 같은 순수한 형식적 효과를 위한 것으로서 의사 전달을 간접화시키는 것이다. 그것은 분명히 사설이나 판소리나 타령 등의 영향으로 이루어진 것으로 보인다. 특히 이 작품에 무수하게 많이 나오는 타령은 그러한 주장의 뒷받침이 될 수도 있을 것이다. 가령 제1부에서만 해도 각설이 타령(제1권, p. 155), 방아타령(제1권, p. 242), 곰보타령(제1권, p. 260), 양반타령(제2권, p. 155), 약타령(제2권, p. 172), 짚신장수 타령(제2권, p. 287) 등 무수하게 많은 타령이 등장하는데, 타령과 서민 생활과의 관계는 보다 전문적인 연구에 의해 밝혀질 수 있겠지만 우선 서민의 한 많고 설움 많은 감정을 유머나 해학 정신으로 풀어내는 역할을 하는 것으로 보인다.

III

그러나 제1부가 그 길이에도 불구하고 이 작품의 도입부의 성격을 벗어나지 못하고 있는 것은, 제1부에서는 개개인의 작중인물들이 이 작품 안에서의 역할은 정착시키지 못하고 문자 그대로 떠돌고 있기 때문인 것이다. 작중인물들의 역할이 떠돌고 있다고 하는 것은 '조성준'을 제외한 대부분의 인물들이 스스로의 개성을 드러내준 만큼 인과 관계가 있는 모험의 체험 과정을 보여주지 못하고 있음을 의미한다. 약 20여 명에 달하는 이들 인물들은 제1부에서 우연에 의해 어떤 인물과 관계를 맺게 되는데, 이 관계는 작중인물들의 크기와 역할이 나타나고 있는 제2부와 제3부에서 작중인물들의 행동에 중요한 동기의 역할을 하고 있을 뿐만 아니라, 그것이 이들 인물들의 드라마에서 근본적인 요소가 되기도 한다. 그러므로 제1부에서는 우연으로 보였던 만남이 제2부와 제3부에서는 필연의 것으로 작용하고 있는 것이다.

제1부에서 조성준과 천봉삼이 동사하게 되는 것은 송파의 쇠살주로 있었던 조성준의 자리를 천봉삼이 되찾아줄 뿐만 아니라 그 두 사람 사이가 처남 매부의 관계로 발전하게 된 동기가 된다. 또 서울 깍정이들에게 폭행을 당해 쓰러진 천봉삼이 제1부에서 들병이 노릇을 하던 매월에 의해 목숨을 구한 다음 평생을 두고 그녀의 흠모를 받는 인연을 맺게 됨으로써 장차 그의 삶의 전개에서 어쩔 수 없는 관계를 유지하게 된다. 또 선돌이를 구제하기 위해, 계추리를 매점하던 조소득과 협상하는 과정에서 서울의 신상(紳商) 신석주의 첩실로 가게 된 조소사를 알게 된 천봉삼은 그녀의 중개에 의해 신석주와 관계를 맺게 된다. 길소개와 조성준의 관계가 뒷날 길소개의 터무니없는 재물욕과 출세욕을 설명하고, 나아가서는 관아에서 쫓겨난 길소개가 보부상에 가담하여 옛날의 잘못을 갚게 되는 원인이 되고 있다. 조소사와 월이와의 주종 관계는 뒷날 월이가 신석주의 재산을 물려받은 후 천봉삼의 아내가 될 수 있는 인연으로 작용하고 있다.

따라서 이 작품의 제1부를 읽게 되면 그 전체가 조성준의 개인적인 원한 관계의 지배를 받고 있다는 점에서 조성준을 주인공으로 생각할 수 있게 되기도 하지만, 작중인물들의 전체적인 자리매김이 완전히 산만하게 나타나서 전혀 짜임새가 없어 보인다. 이것은 일반적으로 이 작품의 제1부의 역할이 다른 작품들에서는 생략되거나 그렇지 않으면 제2부와 제3부의 일부로서 서술된다는 것을 말해준다. 따라서 구조적인 측면에서 본다면 제1부는 존재 이유가 큰 설득력을 갖고 있지 못한 것이다. 바로 그러한 이유 때문에 제1부만을 읽고 난 독자는 보부상이란 이처럼 때로는 동패의 원수를 갚기 위해 잔인한 일을 저지르기도 하고, 때로는 과부로 살고 있는 여자를 겁탈하기도 하고, 소매치기에 실패한 동료에게 장문을 내리기도 하고, 이방이나 현감과 같은 벼슬아치들의 죄를 묻기도 하며, 자신의 생명을 위해서는 양갓집 여자의 정조나 친구의 생명을 무시하기도 한다는 생각을 할 수 있을 것이다. 물론 이러한 삶의 양상은 보부상에게만 국한된 것이 아니라 어디에서나 볼 수 있는 것이다. 따라서 굳이 보부상의 세계를 드러낸다고 하기에는 제1부가 너무나 거칠다는 생각을 할 수도 있을 것이다.

그러나 동가숙서가식하며 한푼의 이익을 위해 전국을 떠돌아다니는 그들의 성격이 거칠고 야성적인 것은 그들의 책임으로 돌릴 수 있는 성질의 것이 아닐 것이다. 가령 면천을 하기 위해 최돌이 일행과 합류를 해서 최돌이의 아내가 된 '월이'와 같은 인물이 끝끝내 자신의 착한 마음을 버리지 않고 살 수 있었던 것은 그의 삶이 덜 고달팠기 때문이 아니라 그의 성격이 그렇게 타고났기 때문인 것이다. 그렇기 때문에 이처럼 거칠고 잔인한 보부상들에게도 때로는 고향을 그리워하고 고향에 돌아가지 못하는 설움을 한탄하는 감정이 없을 수 없다.

열여덟에 누이의 일로 고향을 쫓겨난 지 이제 꼬박 일곱 해가 흘러가고 있었다. 한둔한 지 일곱 해, 결코 짧은 세월이 아니었다. 멀리는 의주(義州)까지, 원산포(元山浦) 〔……〕 과천(果川)과 말죽거리(馬粥巨里)…… 중뿔나게 가진 것도 없이 적수단신(赤手單身) 홀몸으로 북

녘 지방은 아니 간 데 없이 대중없이 헤매고 다닌 셈이었다. 누이의 잘
못이 아니라 천성으로 역마살을 끼고 태어난 죄임이 분명하였다. 식채
(食債)에 몰리어 막창(幕娼)과 수작하여 야반도주한 적도 있었고, 대
궁상을 얻어먹으며 끼룩끼룩 운 적도 있었다. 때로는 여염집 낭자(娘
子)에게 설핏한 연정을 품은 적도, 복에 없는 취리(取利)를 얻은 적도
있었으나 언제나 세월은 소태 같아 남는 건 적수공권(赤手空拳) 외롭
고 쓸쓸한 자기 몸뚱이 하나였다. 〔……〕 어쩌다 낯선 타관 고갯마루
에 앉아 설핏한 노을을 바라보고 앉았노라면 뭉클 고향 생각이 치밀곤
하였다. (제1권, pp. 97~98)

이처럼 때로는 자신의 몸뚱이가 외롭고 슬픈 것으로 느껴지고 고
향을 그리워하는 자신을 발견하게 되면 자신의 지나간 삶을 반성하
기도 하지만, 바로 그러한 이유 때문에 일단 행동에 뛰어들면 마치
허무주의자처럼 물불을 가리지 않는 보부상들은 그 성격이 야성적으
로 거칠 수밖에 없는지도 모른다.
　거칠고 무질서하게 보이는 보부상들의 삶이 제1부에서 읽힐 수 있
는 가장 큰 힘은 그것이 바로 '만남'과 '헤어심'이라는 삶의 가장 근
원적인 원리에 호소하고 있다는 데서 찾아질 수 있을 것이다. 이들의
'만남'과 '헤어짐'의 양상 속에는 인간의 모든 종류의 욕망이 자리를
잡고 갈등을 일으키고 있는 것이다. 20여 명의 인물들이 만나고 헤어
지는 데는 대개 3, 4인이 단위를 형성하고 있지만 이들의 관계를 지배
하고 있는 것은 이권이나 권력, 사랑이나 증오, 폭력이나 의분, 사기
나 모리 등이다. 이것은 여기에 나오는 보부상들이 대부분 그들의 본
분인 장사에만 몰두하고 있는 것이 아니라 개인으로서 살아가는 데
나타나게 마련인 욕망의 지배를 벗어날 수 없었다는 것을 의미한다.
다시 말하면 이들이 봇짐 장사에만 몰두할 수 없다는 데 그들의 드라
마가 흥미의 대상이 될 수 있는 것이다. 그들의 드라마가 인간적인
모습을 띨 때가 바로 이때일 것이다.

그런데 만남과 헤어짐의 원리를 바로 보부상이라고 하는 직업을 가진 인물들 이상으로 보여줄 수 있는 인물들은 없을 것이다. 보부상은 만남과 헤어짐을 숙명으로 타고난 사람들이다. 그들은 끝없이 장소를 이동하는 '여행자'이기 때문에 오늘은 이곳에서 새로운 동료를 만나고 내일은 저곳에서 또 다른 동료를 만나지 않을 수 없는 것이다. 그것은 근대 소설의 기원이 여행기에서 찾아지는 것과 무관하지 않다. 새로운 장소에서 새로운 만남은 언제나 새로운 상황을 자연스럽게 만들어내기 때문에 근대 소설의 기법 가운데 가장 탁월한 기법으로 인정받고 있는 것이다. 새로운 상황은 우연마저도 거북하지 않게 만들어주는 힘을 가지고 있다. 김주영은 이 작품에서 그 힘을 최대한으로 이용하고 있는 것이다.

IV

작가는 이 작품의 후기에서 "상투적인 개념에서 따지고 든다면 이 소설에는 주인공이라 할 만한 사람이 없다. 이것은 한 사람의 영웅도 만들지 않았다는 말과 상통한다. 그러면서도 그 많은 등장인물들 모두에게 나름대로 고유한 삶의 모습을 색출해서 악센트를 주려고 노력했었다"고 고백하고 있다. 이 말은 작가 자신의 의도가 모든 등장인물들을 주인공으로 삼고자 하는 데 있었다는 이야기가 될 것이다. 실제로 이 작품에서는 재래의 어느 소설에서나 볼 수 있는 주인공이 따로 있는 것이 아니다. 과연 민중소설이라고 이름을 붙여도 좋을 만큼 개성을 가진 등장인물들 각자가 스스로 주인공이 되어 있다고 할 수 있을 것이다. 그러나 좀더 자세하게 관찰을 하면 이 소설의 제2부와 제3부의 주인공은 천봉삼이라는 생각을 하게 된다. 왜냐하면 여기에서 나타나는 것이 바로 천봉삼으로 대표되는 보부상들의 사적인 삶이 우리 사회의 변동이라고 하는 공적인 역사와 구체적인 관계를 맺게 됨을 이야기하는 것이기 때문이다. 실제로 천봉삼은 신상들과 일부 권력과 기존의 쇠살주들의 반대에도 불구하고 송파의 시재접장이 되어서 조성준의 빼앗긴 아성을 되찾게 되고 나아가서는 다락원과 평강과 원산포에 이르는 상로를 개척함으로써 원산포로부터 평강을 거쳐 송파에 이르는 쇠전을 지배하기에 이른다. 그가 휘하에 백여 명이 넘는 보부상을 거느리면서 임오군란에는 군란 진압에 보부상을 동원하라는 이용익과 민영익의 간청을 거절했다가 조정의 미움을 사기도 하고, 또 원산포의 개항을 계기로 일본 상인과 왜통사들이 보부상의 상전을 침식해 들어오게 되자 자신의 세력을 이용하여 이들의 침식을 저지하기 위해 온갖 노력을 기울이다가 죽을 고초를 겪게 되지만 결국 민비의 도움으로 살아나게 된다. 이러한 천봉삼의 보부상으로서의 성공 과정에서 매월이가 진령군에 봉해지고 이용익이 단천부사에 이르게 되는 것은 각자의 독자적인 노력과 능력에 의한 것이기는 하지만 여기에서 작가는 결국 이들 모두를 한 가지 사건에 집중시키고 있는 것이다. 그것은 작가가 매월과 이용익의 출세를 다루고 있는 것은 천봉삼과 조정 사이의 관계에서 이들로 하여금 중요한 역할을 하게 하기 위한 것이다. 이 소설의 마지막 장면은 그것을 증명하기에 충분한 것이다. 그것은 바로 천봉삼의 운명과 관계된 것으로서 작가가 서술하고 있는 모든 것, 즉 천봉삼의 아내가 된 월이나 그의 누이 천소례는 물론이거니와 그의 휘하에 있는 길소개·유필호·석쇠·득추·강쇠·곰배·답삭부리 등과 이용익·매월이뿐만 아니라 민비에 이르기까지 그의 옥사와 관련있고 그의 목숨의 향방에 집중되어 있는 것이다. 그것은 천봉삼이 이 소설의 주인공이라고 하기에 충분한 이유가 되는 것이다.

뿐만 아니라 작가는 이 작품에서 한 사람의 영웅도 만들지 않았다고 하지만, 그 많은 보부상들 가운데서 천봉삼만이 신상(紳商)이 되었다고 하는 것은 그가 남다른 능력을 소유하고 있다는 것을 의미할 뿐만 아니라 실제로 영웅에게서나 볼 수 있는 초능력을 그는 여러 번 과시하기까지 한다. 그는 신석주의 휘하 사람에게 죽을 고비를 여러 차례 넘겼고 봉적을 당하기도 하였으며, 몰매와 장문으로 사경을 헤매면서도 줄곧 살아남은 점에서 영웅이 아니면 불가능한 생명력을 보인다. 게다가 그가 다른 보부상들과 다른 점은 사사로운 이익을 취하기 위해서 행동하는 것이 아니라 옳다고 생각하는 것을 위해서 행동한다는 데 있다. 가난한 술국장수를 보면 그냥 지나치지 못하고, 붙잡힌 동료를 놓아두고 달아나지 못하며, 살인을 한 동지에게 자문하게 만들고, 옳은 일에는 목숨을 걸고 덤비는 것이다. 이처럼 정정당당하게 살면서 거상이 될 수 있었다고 하는 것은 영웅으로서의 그의 면모를 볼 수 있게 만든다. 게다가 마지막에는 왜상의 불법적인 거래를 막기 위해 자신의 쇠살주와 상관없는 그들을 위험을 무릅쓰고 징벌하는 것은 의로운 영웅이 아니면 할 수 없는 일이다.

그러나 『객주』가 조선 왕조의 서민들의 삶을 드러내는 데 성공하고 있는 것은 천봉삼이라는 개인에게만 영웅적 개성이 부여된 것이 아니라 다른 인물들에게도 탁월한 개성이 부여되었기 때문이다. 그것은 악역을 맡고서 모사와 계략으로 가장 이기적인 인물의 전형이 되었던 길소개, 하루에 2백 리를 걷는 준족을 갖고서 금광을 발견하여 얻은 돈을 조건 없이 조정에 바치고서 권력의 주변에서 활약하는 이용익, 의리와 정리에 살고 끝까지 상업적인 관심만으로 일관했으나 아내와의 불화로 폐인이 된 선돌이, 갖신장이로서 장안의 사대부 집안의 소식을 천봉삼에게 제공하는 석쇠, 그 밖에 매월이·천소례·조소사·월이·신석주 등 어느 누구도 개성을 갖지 않은 인물이 없다는 것으로 증명된다. 이들은 떠돌이에 지나지 않는 보부상들의 삶의 고달픔과 그 속에 있는 슬픔과 애통의 현장을 제공해주는 한편, 이들의 삶이 거상이나 양반이나 관리나 조정과 어떤 관계를 맺고 있는지 구체적으로 보여주고 있는 것이다. 고통을 받고 비천하게 살아가는 이들에게서 잡초와 같은 생명력을 발견하게 하는 작가의 탁월한 서술 능력은 보부상을 단순히 미화하지만 않는 데서도 나타나고 있다.

뿐만 아니라 이 작가의 개인의 고통을 꿰뚫어보는 능력은 세 번의 고통의 장면을 기막히게 서술하고 있다. 그 하나는 행요를 할 수 없는 신석주의 요구를 받고 젊은 조소사가 달빛을 받으며 춤을 추는 장면(제4권, p. 186)이고 다른 하나는 자신의 후사가 없음을 한탄하여 소첩의 방에 젊은 천봉삼을 들여보내고는, 자기에게는 아갈잡이를 해서 재갈을 물리고 뒷결박짓고 다리를 묶어 요동을 치지 못하게 조처하게 함으로써 고통스런 하룻밤을 보낸 신석주의 이야기(제4권, p. 254)이며, 다른 하나는 무자리 백정 출신의 월이가 오랫동안 사모해 왔던 천봉삼에게 받아들여지자 얼어 있는 강으로 나가서 얼음을 깨고 그 속에 몸을 씻고 돌아오는 장면(제9권, p. 20)이다. 이것은 모두 정욕과 관계된 장면들이면서도 그 고통과 진실성은 대단히 상징적이고 근원적인 아름다움을 동반하고 있다. 이 작품의 도처에서 볼 수 있는 정사 장면들이 어떻게 보면 걸쭉한 삶의 양상을 드러내보이는 것 같기도 하지만 사실에 있어서는 지나치게 남용되고 있는 감이 없지 않은데, 바로 이 세 장면도 인간의 고통과 절망의 깊이 있는 표현을 획득하고 있는 것이다.

V

이 소설이 역사소설의 범주에 들어갈 수밖에 없는 이유를 앞에서도 이야기한 바 있지만 사건의 전개에 있어서 우연과 과장이 차지하고 있는 비중이 지나치게 큰 것은 이 작품을 현대적인 소설이라고 이야기하기 힘든 것으로 보인다. 우연이기에는 너무나 지나쳐서 조작된 것처럼 보이는 구원자의 출현이나 기지의 발동은 사실주의적 기법과는 상관없는 중세의 모험소설적 기법에 속한다. 그러나 조선 왕조 후기의 서민의 삶이 억압과 압제 속에서 자기 표현을 제대로 할 수 없게 됨에 따라서 타령이나 판소리에서 자기 표현을 획득하게 되는 것은 바로 그러한 과장법과 우연의 과잉을 설명해주고 있는 것이다. 그것은 사실주의적 자기 표현이 아니라 유머와 해학에 의한 자기 표현에 해당하는 것으로서, '의미' 있고 '그럴듯한' 언어만을 사용하는 것이 아니라 의미가 부재하면서도 장단이나 가락이나 리듬을 맞추는 데 필요하거나 서술하고자 하는 것을 단순히 희화시켜야 할 경우에는, 따라서 자신의 내면에 있는 의도나 생각이나 감정을 감추어야 할 경우에는 이러한 우연과 과장법을 사용하고 있는 것이다. 따라서 판소리나 타령에서 볼 수 있는 것처럼 일부러 그래보는 것이거나 짐짓 사설을 늘어놓으며 우회적인 어법에 도달하는 것이다. 이것은 이 소설들이 가지고 있는 모험소설의 성격을 그대로 반영하는 것이다. 이 계열의 소설 대부분이 쫓고 쫓기면서 의적과 같은 행동에 나서는 것처럼 처음에는 작중인물들의 행동이 질서 없이 진행되다가 나중에는 천봉삼의 의도대로 정의와 불의의 싸움의 양상으로 발전하는 것이다. 그렇게 되면 모험소설에서 볼 수 있는 것처럼 주인공의 살아나는 기술과 행동하는 능력이 비범한 것으로 묘사되지 않을 수 없다.

우리가 배웠던 역사책에서 대단히 부정적인 존재로서 인식하고 있었던 보부상들에게서 민중적인 삶의 구체적인 모습을 볼 수 있다고 하는 것은 어쩌면 사실에 입각한 역사책보다는 상상력의 도움을 받은 허구의 소설 속에 현실적 진실이 더욱 깊고 넓게 수용될 수 있다는 문학의 힘을 깨닫게 한다.

이러한 힘은 문학이 선악의 판단이나 옳고 그름의 판단을 미리 전제로 하고 있을 때 스스로 굳어져버림으로써 경직되고 제한되어버리는 반면에 그러한 전제로부터 자유로워질 때 보다 열리고 무한히 확대될 수 있는 것이다.

김주영이 「아들의 겨울」 이후에 보여준 이 역작은 그러한 힘을 뿌듯하게 체험하게 한다. 문학은 곧 말이라고 하는 가장 기본적인 사실을 이 작품은 다시 확인시켜주는 것이다.

[『예술과비평』, 1984년 여름]

여성의 삶과 민족적 비극의 수용

오 생 근

사람이 살아가면서 체험하는 여러 가지 사건들은, 아무리 개인적인 사사로운 일이라 하더라도, 그 시대의 사회와 역사의 전체적 흐름과 무관한 상태에서 이루어지는 것이 없다. 그것을 의식하건 의식하지 못하건간에, 개인이 겪는 행복이나 불행은 직접 간접으로 그 개인이 속해 있는 시대를 반영하는 것이며, 한 시대를 구성하는 요소들이 형성시키는 의미 깊은 관련 속에서 진행되는 것이다. 우리는 이러한 개인의 삶과 역사의 진행을 관련시켜서 생각하는 태도를 역사 의식이라고 말할 수도 있고, 또한 개인의 삶과 사회의 전체성을 유기적으로 파악하는 태도를 사회 의식이라고 단순화시켜 이해할 수도 있다. 작가는 그의 문학적 입장이 어떤 것이든간에, 인간의 삶을 구체적으로 제시한다는 점에서 이러한 역사 의식이나 사회 의식을 배제할 수 없다. 작가가 작품 속에서 대상으로 삼는 인물들이 그러한 의식을 전혀 지니고 있지 않더라도, 그 인물들을 제시하는 작가의 세계관은 이미 의식화되어 있다. 그의 의식이 과연 투철한 것이며 깊이 있는 의식인가, 그것은 자연스럽고 설득력 있게 표현되어 있는가 등의 문제들이 한 작가에 대한 논의에서 빠뜨릴 수 없이 언급되는 중요한 문제인 것은 그런 까닭에서이다. 작가가 어떤 인물을 제시할 때, 사회와 역사가 그 인물의 개인적 삶을 어떤 식으로 조건짓게 했는지, 혹은 한 개인이 주체적 자유의 상태에서 그 조건을 어떻게 극복하려 했는지의 문제들은 결국 작품 해석의 근본적 물음의 대상일 뿐 아니라 무엇보다도 바로 작가의 주된 탐구 영역이 되는 것이다. 김주영은 『천둥 소리』를 쓰고 난 후, 이렇게 말한 바 있다.

적어도 8·15에서 6·25로 이어지는 5년 동안에 우리들이 겪었던 것은 극도의 희생과 인내였다. 그것은 역사의 앞장에 있었던 사람들이나 뒷전에 있던 사람이거나간에 겪어야 했던 환난과 고초의 무게와 강도는 다를 바 없었다. 시골 산협에서 청상으로 살아가는 한 촌부(村婦)의 삶을 통해서도 그 5년 동안의 질곡과 환난이 충분히 얘기될 수 있는 까닭도 거기에 있기 때문이 아닌가 한다. 이 소설의 주인공이라 할 수 있는 신길녀도 그러하거니와 그의 아버지인 신현직, 그리고 어머니 서산댁, 황점개와 지상모, 그리고 창래 어멈 같은 사람들은 통속적 개념으로 역사의 앞장에 서 있던 사람들이 아니다. 〔……〕 그럼에도 불구하고 그들만치 전쟁의 상흔을 운명적인 차원에서 깊숙하게 받은 사람들도 없다는 결과에 도달하기에 이른다.

이 말의 의미를 요약하면, 『천둥 소리』를 쓴 작가의 의도가 8·15에서 6·25까지 약 5년 동안에 민족이 겪었던 수난사를 역사의 뒷전에 있는 이름없는 사람들의 모습을 통해 부각시키려 했다는 것임을 알 수 있다. 다시 말해서 작가는, 민족사의 비극을 정면으로 다루기보다는 그 비극의 현장과 거리를 둔 것으로 보이는 사람들의 삶에 얽힌 우여곡절의 이야기를 보여주면서 그들의 평범한 삶이 역사의 비극과 얼마나 깊이 관련되어 있는지를 말하려 한 것이다. 그런 까닭으로 이 소설에서는 평범한 사람들의 생활과 그들의 성격, 그들의 삶의 태도가 역사적 사건이나 사회상보다 많은 부분을 차지한다. 더 정확히 말하자면 역사적 사건이나 혼란스러운 사회적 변동에 대한 사실주의적 서술은 이 소설에서 거의 보이지 않는다. 작가적 관심의 초점은 인물에 있으며, 그 인물들을 통해서 민족사의 비극을 간접적으로 조명하려는 것이 작가의 의도이다. 그 인물들은 영웅이나 호걸이 아니라 신길녀와 같은 이름없는 촌부이거나 그녀가 만나는 주위의 평범한 민중들이다. 신길녀는 어떤 여자인가?

신길녀는 본래 월전리 최씨 가문의 청상 과부였는데, 어느 날 밤 머슴 차병조에 의해 겁탈을 당하고 불륜의 씨앗을 잉태하게 된다. 그 일이 있은 직후 자취를 감추고 떠난 차병조는 해방 이듬해 초겨울 다시 나타나 두번째로 길녀를 겁탈하고 그녀를 여관집에 팔아넘긴다. 길녀는 장춘옥이라는 여관 겸업의 술집에서 부엌일을 도와주면서 지내다가 탈출을 하지만, 그녀의 탈출을 도와주던 지상모라는 트럭 운전사는 그날 밤 교묘한 방법으로 그녀를 강간한 후 산골의 어느 작은 여인숙에 그녀를 머물게 한다. 그 지상모에게 마음을 의탁하면서 여인숙의 주모처럼 지내고 살아가던 그녀를, 전에 머슴살이로 일하던 황점개가 찾아온다. 그녀는 점개를 통해 그가 좌익 운동을 하다가 피신해다니는 입장임을 알게 된다. 이듬해 봄, 시상모의 아이를 낳은 길녀는 점개가 체포되었다는 소식을 듣고, 그에 대한 남모를 연민의 감정이 솟아올라 그를 구출할 결심을 하게 된다. 점개의 탈출을 성사시킨 후, 그녀는 그 탈출로 인해 우연히 곤욕을 치르게 되었던 지상모에 대한 감정으로 그의 집을 찾아가게 되고, 그의 아내인 창래 어멈과 함께 생선 장사를 하며 지내다가 6·25를 맞는다. 어쩔 수 없이 친정으로 돌아오게 된 그녀는 피란을 하지 못한 차병조가 그녀의 친정집에 숨어 있는 것을 알게 된다. 차병조의 은닉 때문에 길녀의 부친 신현직씨는 인민위원회에 끌려가 고초를 겪다가 황점개의 도움으로 풀려난다. 그 기간중에 길녀는 친정집을 떠나 지상모를 만나게 되었으나 박대를 당하고 돌아온다. 점개는 이 이야기를 듣고 지상모의 비인간적 태도에 분개하여 그를 찾아가 살해한다. 후퇴하는 괴뢰군에 합류하지 못한 점개는 빨치산이 되었고, 길녀는 그와 밀회하고 그의 순정과 이상에 감동하여 그에게 몸을 허락한다. 그해 겨울, 빨치산 토벌 작전이 시작되었을 때 점개는 빨치산 동료인 박석호의 총에 맞아 죽고, 어둠 속에서 이 광경을 목격하던 길녀는 자기도 모르는 사이에 점개를 '여보'라고 부르게 된다. 이 소리는 "그녀가 서산댁의 몸에서 떨어져나와 탯줄을 끊은 이후에 처음으로 사내를 향해 해보는 말이었다."

소설의 줄거리를 거칠게 요약하자면, 이와 같은 식으로 정리될 수 있을 것이다. 이 소설의 전개 과정에서 작가는 의도적으로 천둥 소리의 장면을 여러 곳에 삽입하고 있다. 그것은 어두운 밤하늘에서 들려오는 자연 현상일 경우도 있지만, 길녀의 내면 속에서 환청처럼 확산되는 소리일 경우가 많다. 그 어떤 경우든지간에, 천둥 소리는 그 소리가 동반하는 불길한 예감과 섬뜩한 충격의 분위기로 사건의 중요한 전환점을 암시하는 묘사의 대상이 되고 있다. 어떤 의미에서 그것은 길녀로 하여금 그녀가 감당해야 할 삶의 굴레를 벗어나지 못하게 만드는 어떤 숙명적인 힘의 상징적 형태라고 말할 수 있을 것이다. 이 소설이 시작되는 첫 장면에서 묘사된 천둥 소리는 이 소설이 끝나는 부분에서 다시 나타난다. 첫번째 천둥 소리가 그녀의 기구한 운명의 시작을 알리는 것이라면, 마지막의 천둥 소리는 그녀가 깊은 마음으로 의지했던 남자인 점개의 죽음을 예감하게 만들면서, 그녀의 비극이 끈질기게 거듭되어 있음을 암시한다. 병조가 두번째로 길녀를 겁탈하려고 했을 때에도, 그 천둥 소리는 길녀의 온몸을 휘감으며 들려왔고, 지상모가 그녀를 트럭 밑에서 강간하려 했을 때에도 그 천둥 소리는 들려왔다. 길녀에게서 천둥 소리는 그러므로 자기에게 주어진 운명에 몸을 맡겨야 한다는——그것이 성숙한 결단이건 아니건간에——순응적인 삶의 태도가 무의식적으로 표현된 것인지 모른다.

길녀는 능동적으로 살면서 자기의 삶을 스스로 만들어가는 여자가 아니다. 그녀는 운명에 순응한다. 그러나 그 운명이란 것이 무엇일까? 인간의 의지를 초월하는 것, 그리고 사람이 아무리 최선의 노력을 기울여도 벗어날 수 없는 어떤 굴레처럼 사람을 속박해오는 것을 운명이라고 말할 수 있을지 모른다. 그런 점에서 길녀에게 주어진 운명이 참으로 운명적인 것이 되기 위해서는 그녀가 자기의 삶에 기울이는 능동적 의지와 인간적 노력이 그만큼 절실한 것이 되어야 할 것이다. 그러나 이 소설에서 운명에 저항하려는 길녀의 의지는 명확하게 표현되어 있지 않다. 그녀에게는 하나의 체험이 어떤 반성과 결단의 계기가 되기보다 그것을 감싸안고 받아들이는 태도로 나타날 뿐이다. 그녀는 또한 사람이나 현실을 파악하는 데 있어서 이성적이 아니고 감정적이다. 그녀의 감정적인 편향은 병조에게 두번째 겁탈을 당하면서도 "가면 안 돼요"라고 말하고 싶은 마음을 갖게 했고, 그녀를 겁탈했던 트럭 운전사에 대해서 "기다려지는 심사를 스스로 헤아릴 수 없었다"고 한다. 그녀가 이처럼 자기 마음의 움직이는 내용을 알 수 없다고 말하는 대목은 적지 않게 발견된다.

그녀가 해야 할 일은 지상모에게 발각되기 전에 자기가 먼저 수소문해서 그의 거처를 찾아내는 일이었다. 〔……〕 신길녀는 그 스스로를 알 수 없는 계집이라고 혼자 쓴웃음을 지었다. 한 오라기의 정분이 아직도 가슴에 도사렸고, 그래서 한때는 맥을 놓고 기다리던 사내를 찾아내어 서로 곁하고 살자는 것이 아니고 멀리로 내칠 마음을 먹는다는 것은 스스로 헤아려도 헤집을 수 없는 심지였다.

위의 인용문에서 우리가 주목할 수 있는 것은 길녀가 "그 스스로를 알 수 없는 계집"이라고 생각한다는 점이다. 사실상 독자는 그녀의 사고 방식이나 행동에 대해서 공감을 하기보다 이해하지 못하는 부분을 많이 접하게 된다. 이러한 요인은 『천둥 소리』를 읽고 있는 독자가 현대적인 교육을 받고, 현대 문명의 20세기에 살고 있는 데 반해서 길녀는 전근대적인 한국의 고전적 여인상이라는 점 때문일지 모른다. 오늘날 우리의 현실에서 길녀처럼 자기의 운명을 감내하는 여성을 보기가 쉽지 않은 것은 사실이다. 그녀는 지나간 시대의 여성이 지닐 수 있는 속성을 그대로 간직하고 있다. 남녀 차별의 전통적 관례에 따라 형성된 여성적인 속성, 즉 희생과 양보와 수동성과 순종과 인내의 요소들은 길녀에게서 그대로 발견되는 점들이다. 그러나 현재의 독자가 길녀의 태도를 종종 부조리하다고 느끼는 것은 단순히 그녀가 현대적인 여성이 아니라는 점 때문만은 아니다. 무엇보다도 그녀가 왜 차병조로부터 일방적인 피해를 당하면서도 분노를 품지 않는 것일까 하는 의문은 그녀를 더할 나위 없이 착한 심성의 여자라고 이해한다 하더라도 쉽게 풀리지 않는다.

여자의 운명은 남자에 의해서 결정되기 때문일까? 길녀의 삶이 변화하고, 그녀의 삶의 공간이 소설 속에서 다양하게 나타나는 계기는 남자와의 관련 속에서 이루어진다. 그런 점에서 길녀와 관계를 맺는 세 남자의 모습은 길녀의 삶을 이해하는 데 있어서 중요한 역할을 할 뿐 아니라, 해방 후부터 6·25에 이르는 혼란기에 등장한 인간형을 이해하는 데 있어서도 적지 않은 의미를 지닌다. 세 남자 가운데, 현실의 흐름에 잘 적응하는 기회주의자라고 볼 수 있는 지상모가 길녀와 나누는 대화는, 그의 삶의 태도를 이해하는 데 있어서 유효한 참고가 될 것이다.

"길손에게서 귀동냥한 풍문입니다만 세상물정들이 뒤죽박죽이 되어 간다고들 걱정입디다."

"세상물정이 뒤죽박죽이면 나하고 무슨 상관인가. 어떤 놈은 우익(右翼)을 합네다 하고 다른 놈은 좌익(左翼)을 합네다 하고 천둥불에 검둥개 날뛰듯 하지만 어느 놈이 수까마귀고 어느 놈이 암까마귀인지 분간할 방도가 있어야지. 게다가 대처로 나간다면 양코배기인가 뭔가 곁에 오면 노린내가 등천하는 놈들이 설쳐대는 판국이라 동서를 분간하기 어려운 세상이 되었어."

"무서워요."

"이제서야 바른말이 술술 빠져나오는군. 무서운 줄 알았거던 여기가 극락인 양하고 꿈쩍없이 엎뎌 살라고."

"이녁은 어디에 가담하시었소."

"이런 미련한 사람하구선. 내가 어느 편에나 가담할 사람 같어? 난 지레 죽기는 죽기보다 싫단 말여. 더러는 개죽음을 당하는 모양인데 내가 그런 반편 축에 낄 사람 같아 보여."

지상모는 좌익도 우익도 아니다. 그는 세상이 어떻게 변화하더라도 장사꾼의 논리와 계산으로 살아간다. 그는 "바른손을 보자는 놈에겐 바른손 내밀구," "왼손을 보자는 놈에겐 왼손 내밀"면서 요령 있게 살아가는 것이 현명한 방법이라고 생각한다. 길녀가 식량을 구할 겸 그를 다시 찾아갔을 때, "선창가에 있는 수백 명의 노동자들과 함께 과업 수행에 전력을" 기울여야 한다고 그에게 어울리지 않는 말을 했던 것은 그때가 좌익이 지배하는 세상이었기 때문이다.

길녀를 박대하는 지상모의 몰인정함이 그녀가 그에 대해 기울였던 정의나 기대에 비춰볼 때 이해하기 어려운 점은 있지만, 불행한 처지에 있는 여자의 탈출을 도와주면서 그 여자를 겁탈했던 남자라는 것을 감안할 때, 그의 비인간적 면모가 이 소설에서 모순되게 나타난 것이라고 볼 이유는 없다. 문제는 차병조라는 인물이다. 독자는 길녀의 운명을 결정지은 그가 월진리를 떠나 어떤 일을 하고 지냈는지 알 수 없고, 그가 왜 길녀를 여관집에 팔아넘기고 최씨 가문의 유일한 재산인 기와집까지 쉽게 처분할 수 있었는지, 그 이유를 알 수 없다. 더욱이 그가 해방 후의 혼란기에 어떤 과정을 거쳐 출세길에 오르게 되었는지도 알 수 없고, 6·25가 터진 후 어떻게 해서 길녀의 친정집에 머물게 되었는지도 이해할 수 없다. 작가가 길녀라는 비극적 여인에게만 초점을 맞추고 그녀의 관점에서 다른 인물과 세계를 보고 있다는 원칙에서라면 모르겠지만, 길녀 주위의 여러 인물들에 대한 조명이 신적(神的)인 입장에서 서술되고 있는 것으로 보아, 그의 행동의 동기와 삶의 편력이 너무 소홀히 취급된 느낌이 있다. 길녀에 대한 그의 방약무인한 태도와 자기 중심적인 행위가 그녀를 육체적으로 소유했다는 사실로 정당화될 수 있을지는 의심스러운 사실이다. 단편적인 모습으로 그는 어느 시대의 소설에서나 등장하는 악인의 전형이라고 말할 수는 있어도, 해방 후의 혼란기를 이용해 출세한 어떤 우익의 전형적 인물이라고 말하기는 어려울 것이다. 어떤 의미에서 그는 길녀의 비극적 삶을 더욱 비극적으로 부각시키기 위한 악마적 역할만을 하기 위해 부각된 인물처럼 보인다. 그런 점 때문에 그는 해방 후의 역사적 공간에서 살아 움직이는 인물로 보이지 않는다. 길녀와 관계를 맺는 남자들 중에서 소설의 전체적 구성에 비중 있는 역할을 하고, 삶의 태도와 성격의 표현이 뚜렷하게 서술되는 인물은 바로 황점개이다.

황점개는 백정 출신이지만, "심지가 깊어 성깔이 무던하고 이웃의 어려움을 눈여겨볼 줄" 아는 사람이다. 그가 좌익 운동에 가담하게 된 것은 막내아들—사실은 길녀가 차병조와의 불륜의 관계에서 생긴 아이이지만—에게 아버지가 천민이었다는 굴레를 씌우지 않기 위해서였다. 그가 길녀에게 고백한 내용을 그대로 옮기자면 다음과 같다.

그 녀석이 철들기 전에 양반도 없고, 천출도 없고, 부자도 없고, 궁박을 겪는 사람도 따로 없다는 세상에다 내놓아서 제 아비가 무자리 백성이었다는 것을 알지 못하게 조처하고 싶었습니더. 그런 세상이 오면 그 녀석에겐 가위 극락이나 다름없는 세상이 아니겠습니꺼. 가문의 근본을 따지지 않고 제 능력만 있으면 출세할 수 있는 세상이 있다 합니다. 아니 되려 압제받던 아비의 자식들이 반명(班名)한다는 자들의 소생들보다 한 수 위로 쳐준다는 세상이 있다 합니다.

점개가 믿고 있는 평등한 사회의 구현이 현실적으로 가능할 수 있건 없건간에, 그러한 사회를 실현하기 위한 그의 행동의 동기는 참으로 순수한 것처럼 보인다. 실제로 당시의 공산주의자들은 토지를 경작자에게 분배한다고 선동하면서, 양반 제도의 억압적인 불평등성을 강조했고, 새롭고 민주적인 시대를 약속했기 때문에, 점개와 같은 순박한 사람이 좌익 운동에 가담하고, 투옥되어서도 의연한 태도를 보이는 것은 어렵지 않게 이해될 수 있다. 그가 인간은 평등한 존재라는 것을 깨달으면서도 길녀를 언제나 '아씨'라고 부르며, 그녀와의 전근대적인 인간 관계로부터 완전히 자유롭지 못한 태도를 보인다는 것 역시 잘 이해될 수 있다. 그는 좌익 사상에 투철한 사람이라기보다 인정 많은 인간적인 인물로 보여지기 때문이다. 그러나 길녀의 도움으로 탈옥한 그에게서 "말대접은 깍듯하나 비켜나는 한계는 분명하게" 그을 줄 알며, "길녀의 정욕을 점잖게 얼버무려 내칠 줄 아는" 태도를 발견하고, 길녀는 점개가 '거물'이 되어 있음을 감지하게 된다. 그렇다면 좌익 운동에서 그는 구체적으로 어떤 역할을 담당했고, 그 운동의 진전과 좌절을 겪으면서 그가 체험한 의식의 변화는 무엇이었을까? 그러나 '천둥 소리'에서 남녀간의 애틋한 사랑의 점진적인 진행 이상의 사회적 의미를 추출하여 당시의 사회적 인간 혹은 역사적 인간을 심층적으로 이해해보려는 독자의 관심은 충족되지 못한다. 또한 그가 개인의 사사로운 사연보다 집단과 사회의 행복을 투쟁의 목표로 삼고 있다는 좌익이라면, 전쟁의 와중에서 길녀를 박대하고 자기의 안일과 이익만을 추구하려 했다는 이유만으로 지상모를 살해할 수 있을까 하는 의문도 남는다.

『천둥 소리』는 우연이 지배하는 세계이다. 인간의 삶이 우연의 연속이듯이, 길녀의 파란만장한 생애 역시 우연의 연속이라고 볼 수 있다. 그녀가 차병조로부터 겁탈을 당한 것이나 지상모로부터 강간을 당한 것도 우연일지 모른다. 그러한 우연적 사건에 대해서 독자는 안타까운 느낌을 가질 수는 있어도, 그러한 우연이 어떻게 있을 수 있느냐고는 묻지 않는다. 그러나 투옥되었던 황점개를 이송하던 호송 차 운전사가 지상모였고, 황점개가 탈출하게 된 계기가 바로 그 지상 모 덕분에 가능하게 되었다는 점, 그러므로 길녀가 황점개를 탈출하 게 만든 것이 본의 아니게 그녀가 "살을 주고받은 정분난 사이의 남 자" 지상모를 잡혀가게 만드는 계기가 되었다는 점은 참으로 특별한 우연이다. 더욱이 황점개가 지상모를 살해하게 된 사연이나, 그 황점 개가 그의 탈출을 치밀한 계획으로 성사시켰던 박석호에 의해 죽게 되었다는 것도 이 소설의 논리에서 충분히 가능한 우연이 아니다. 또 한 차병조가 왜 하필 길녀의 친정집으로 피신을 했는지도 선뜻 이해 하기 어려운 우연에 해당된다. 작은 우연과 큰 우연, 평범한 우연과 특별한 우연은 이 소설의 전개 과정에서 중요한 동기가 되어 이야기 의 연속을 이룬다. 가령 차병조라는 거물을 은닉했다는 혐의 때문에 길녀의 아버지 신현직씨가 인민위원회에 끌려가 고초를 겪기도 하고 아군에 불려가 문초를 당하는 것은, 차병조가 길녀의 친정집에 가서 숨어 있게 된 우연으로 인해 이루어진 수난이다. 작가는 이러한 우연 이, 필연적이라고 말하기는 어렵지만, 충분히 가능한 근거에 연유하 고 있음을 독자에게 납득시키려고, 작중인물의 관점에서 설명한다. 그러나 이러한 우연들이 참으로 자연스러운 필연성을 동반하는 것이 라면, 그것들이 설명을 떠나 이 소설의 전체적 구조 속에서 자연스러 운 유기적 통일성을 보여주는 요소로서 작용해야 하지 않을까?

아무래도 이 소설에서 우리가 중시해야 할 것은 길녀의 진솔한 삶 의 모습이어야 할 것이다. 작가는 이 소설에 나오는 사람들이 보여준 "희생 위에 피어 있는 한 떨기의 꽃을, 그리고 그 꽃의 정체가 무엇인 가를 나름대로 정리해보고 싶었"으며, 그러한 의도로 두서너 편의 연 작소설로 끝내려 하였지만 "신길녀라는 인물에 반해버렸"기 때문에, 『천둥 소리』를 장편소설로 마감하기에 이르렀다고 말한다. 길녀는 참 으로 외롭고 비극적인 체험을 거듭하면서도 삶과 인간에 대한 믿음 을 포기한 적이 없었다. 그녀는 좌익과 우익이 무엇인지는 명확히 모르지만, 보다 나은 사회를 이룩하려는 사람의 선의의 열정은 가슴으로 느끼면서 공감할 줄 아는 여자이다. 그녀는 나아갈 곳도 되돌아설 곳도 없는 절망의 상태에 처했으면서도 자기의 고통을 과장할 줄 몰랐고, 자기가 겪은 피해 때문에 누구를 증오할 줄도 몰랐다. 비합리적이라고 말할 수도 있는 그녀의 태도는 어떤 의미에서 모든 운명을 감내하는 인종적 삶의 전형일 수 있다. 그녀의 희생적인 태도를 오늘날의 상식으로 판단하고 규정짓기보다 전통적인 한국 여인의 마음과 정신 속에서 면면히 살아 있는, 혹은 사라져가고 있는 정신적 가치를 새롭게 인식하는 것이 이 소설을 이해하는 온당한 태도일지도 모른다. 사실상 남성들의 책임으로 돌릴 수 있는 잘못된 역사의 흐름에서 희생만 당하고 살아오면서도, 한결같이 사람다운 삶의 길을 모색했던 여인의 모습은 순종과 체념의 모습이 아니라 역사에 대한 그 나름대로의 저항 방법이었음을 우리는 간과해선 안 될 것이다. 이 소설을 읽고 난 독자는 『천둥 소리』의 작가가 의도적으로 형상화하려 했던 주제가, 결국 여인의 희생과 사랑이 역사의 물결을 수동적으로 체념하듯이 감내한 것이 아니라, 그 물결을 지혜롭게 헤치며 살아온 차원 높은 저항과 능동성의 태도였음을 강조하려는 데 있었던 것임을 비로소 깨닫게 된다.　　　　　　　〔『우리시대 우리작가』 제18권 해설, 1987〕

겨울 하늘을 나는 새의 문학
——김주영론(1971~1987)

김 화 영

> 그러나 한겨울의 삭풍이 차갑고 달빛이 멀어도 목숨 부지한 날까지는 장터길을 따라다녔다. [……] 길가의 잡초는 뿌리가 있어 봄이 되면 잎을 되살리되 뿌리뽑혀 팔도를 헤매는 그들에게서 고향이란 밤마다 뜨는 달보다 못하다. 그 달 속에 천리 상거한 고향이 있었고 그 달 속에 천리 밖의 식솔들이 있었기 때문인지 몰랐다. (『객주』)

1971년에 발표한 단편 「휴면기」를 출발점으로 하여 1987년의 「쇠둘레를 찾아서」에 이르기까지 김주영은 단편·중편·장편, 방대한 대하소설 등을 줄기차게 발표해왔다. 그런데 지금까지 그가 써온 길고 짧은 여러 가지 소설들을 그 창작 순서에 따라 배열해놓고 면밀하게 읽어보면 우리는 몇 개의 전환점에 의하여 비교적 확실하게 분리되는 서로 다른 작품군들을 가려내 볼 수 있다. 좀 지나친 단순화를 무릅쓰고 말해본다면 김주영은 우리들 앞에 세 번 데뷔했다고 할 수 있다.

그 첫번째 데뷔는 물론 1971년 『월간문학』의 「휴면기」다. 신인답게 신선하고 속 깊은 곳에서 진동하는 감성을 섬세하게 드러내 보여주는 이 아름다운 데뷔는 그러나 불발이었다. "산의 정적을 파먹고 터질 듯한 알맹이로 잉태한 산열매 넝쿨들"의 그 침묵과 신비 속으로 우리를 안내해갈 듯했던 이 데뷔작의 맥은 돌연 툭 끊어져버린 채, 속어·비어의 사나운 입담이 주축을 이루는 매우 음산하고 거칠고 공격적인 일련의 작품들이, 그것도 매우 드문드문 이어진다. 1973년의 「마군 우화」에서 1975년의 「악령」, 혹은 거기서 조금 연장하여 1977년의 「즐거운 우리집」에 이르는 풍자적인 단편소설들이 그것이다. 여기까지를 우리는 편의상 김주영의 소설 이력이 그려보이는 궤적의 제1기라고 부르겠다.

작가 스스로의 말처럼 "생활은 무질서하였고 방종과 방황으로 가슴은 허기졌으며," 이어 "아무런 대책도 없이" 직장을 그만둔 이 문학 청년이 "많은 친구들에게 폐해를 끼치며" 고향과 서울을 오르내리다가 마침내 서울로 이사하기까지의 고통스러웠던 초기를 이 작품들은 어떤 방식으로선 증언하고 있는 것 같다.

「마군 우화」에서 시골 출신인 주인공 마규석이 서울의 회사에 입사하는 즉시 착수한 두 가지 일이 "촌뜨기 근성을 훌렁 벗어던지는 일"과 "인간에 대한 종횡의 탐색과 진단"이라는 사실은 그런 점에서 이 시기의 작품들에다가 성장소설적인 성격을 부여한다. 이것은 단순히 이 시기에 작가가 스스로 부딪치게 된 대도시 생활과의 관계만을 드러내는 것이 아니라 나아가서는 이 무렵부터 두드러지게 나타나는 이 나라의 도시화·산업화의 열악한 한 모습을 증언하는 것이기도 하다. 마군(馬君)은 즉각적으로, 산업화·도시화의 시류를 타고 대도시로 모여드는 이른바 '출세하고자 하는 시골 청년'들을, 그와 함께 현대 소설의 스타트 지점에 우뚝 솟아 있는 발자크의 외젠 드 라스티냐크(『고리오 영감』)를 상기시킨다.

마규석도 라스티냐크도 다 같이 출세를 위하여 대도시로 상경하여 "이 도회가 그에게 강요하는 무서운 진실"을 체득하고 그것에 적응해 나간다. 마규석은 입사 즉시 판매과장 오상철을 목표물로 설정하여 "우선 이놈부터 잡아먹어야 한다"고 어금니를 사려문다. 그러나 대도회의 목표물이 이런 풋내기에게 쉽사리 명중될 리는 없다. 도회는 약육강식의 밀림이다. 김주영이 제1기에 쓴 모든 단편소설들은 한결같이 그 밀림의 갖가지 일그러진 풍경들이다.

「즉심 대기소」는 제목 그 자체가 잘 말해주듯이 "갈보 아니면 대폿집 작부, 역전 빌붙이들, 죠바 새끼들, 이런 따위의 문교부 혜택이라면 젓가락으로 찍어서라도 맛 못 본 순 말자들"이 우글거리며 그 원색적인 모습을 거침없이 드러내는 경찰서 구치실의 하룻밤 광경을 그려보이고 있다. 마규석군이 서울로 올라와 단시간 내에 출세해보려는 시골 출신 청년으로서 국외자 특유의 호기심 가득한 시선을 갖추었다면, 「즉심 대기소」의 화자인 '나'는 "이따위 구치실에 속절없이 처박혀본 적도 없으며 그리고 최소한 이런 방구석에 갇혀지리라곤 차마 예상하지 못했던" 선민 의식의 시선과 더불어 이곳에 발 들여놓게 된다. 그곳에서 전개되는 밀림의 집약된 풍경은 그것이 낯선만큼 더욱 충격적이다. 더군다나 그는 애인 은주와 함께 그곳에 들어왔으므로 "수탉으로 치면 꽃벼슬에 개똥칠을 하는" 이른바 남성적 권위의 위기에 직면하게 되는 것이다.

호기심 가득한 국외자의 시선은 「모범 사육」의 고아인 '나'의 경우도 마찬가지다. 불결하기 짝이 없고 불량성이 농후한 "늑대 같은" 소년인 화자는 부잣집의 아이들 형제에게 "간땡이를 키워주는" 임무를 띠고 보육원으로부터 낯선 가정에 입양되어 간다. 그러나 마침내 부잣집 아이들이 그들의 어머니가 바라는 만큼 "간땡이가 커져"버리게 되자 '나'의 임무는 끝나고 만다. 따라서 '나'는 그 집에 계속 눌어붙어 있는 '명분'을 찾기 위해 다시 그 집 아이들을 옛날의 "계집애들 같은" 모습으로 되돌려놓고자 스스로 솔선 수범을 한다. 이때 스스로 계집애같이 행동하는 '나'는 뒤집혀진 의미의 국외자로 탈바꿈하여 야수와 같이 변한 부잣집 아이들을 바라보게 된다.

이처럼 주체와 객체의 입장이 전도되는 현상은 이 시기의 다른 작품들에서도 나타난다. 「도깨비들의 잔칫날」의 한명수는 이른바 전시회의 축하 모임에 불청객으로 찾아들어 차린 음식을 축내는 것이 직업이라면 직업인 '케이크 부대'다. 불청객의 행각이 반복됨에 따라 전시회라는 고급 문화의 직접적인 향수자가 아니라 국외자에 불과했던 한명수는 자신도 모르는 사이에 미술품에 대한 식견을 귀동냥한 대로 모조품 교양을 재생산하기에 이른다. 이리하여 그는 또 다른 국외자인 김일진 사장의 눈에는 인사이더로 변하고 만다. 그는 자신이 사기꾼이라는 사실을 고함치며 고백해도 그것을 인정받지 못하는 허위의 악순환적 사슬에 묶인다. 「도깨비들의 잔칫날」은 도시라는 밀림이 보여주는 또 다른 한 장면의 희화다.

「외출」은 직업적인 도둑의 이야기다. 전과 5범에 왕갈보를 아내로 두고 있는 주인공이며 화자인 '나'는 단란한 가정의 주부인 보영이 어머니에 대해서는 도둑 특유의 호기심을 지닌 문자 그대로의 국외자다. 훔친 물건을 들키시 않고 보나 쉽게 그 집을 빠져나올 수 있는 틈을 찾아내기 위하여 집 안을 기웃거리면서 골목길을 배회하고 '사전 답사'를 할 때, 그리고 마침내 집 안으로 들어가서 "우선 눈썹 넓이만큼만 문을 열고 방안의 동정을 살필" 때, 그의 시선은 바로 치열한 국외자의 그것이다. 그러나 그가 직업적인 도둑의 한계를 넘어서 여자를 강간하고, 그 행위를 반복하고, 마침내는 그 여자의 가정이 지닌 단란을 넘보게 되며, 그녀가 임신한 아이의 아버지가 되려고까지 하는 것은 아웃사이더로부터 인사이더로의 변신을 꾀하는 것을 의미한다. 그러나 이 같은 변신은 실제로 가능한 것일까?

하여간 이 시기에 김주영이 쓴 모든 작품들은 한결같이 서울이라는 대도시를 무대로 하되 생존 경쟁의 법칙이 지배하는 이 밀림을 소외된 국외자의 풍자적이고 부정적인 시선을 통해서 바라보고 있다.

이러한 작품들의 특징과 한데 맞물려 있는 일면으로서, 우리는 여기에 등장하는 인물들이 예외 없이 도시 산업 사회의 변두리로 밀려난 밑바닥 인생들이라는 사실을 지적할 수 있다. 실직자, 즉심 대기소를 무상으로 출입하는 "순 말자들," 고아·도둑·고철장수, "일정한 주거지나 직업도 없는 쭉대기 인생," 왕갈보·리어카 행상 등 어느 하나 예외 없이 주변으로 밀려난 인물들이다. 앞에서 살펴본 화자의 국외자적 시선은 등장인물들의 이 같은 사회적·경제적 소외와 긴밀한 관계를 맺고 있다. 이 시기의 모든 작품들은 서울이라는 대도시의 외곽에 밀려나 있는 인물들이 그 삶의 공간의 중심부로 쳐들어가려고 몸부림치는 과정, 혹은 그 과정에서 참혹하게 실패하는 모습을 그리고 있다고 할 수 있다.

소설의 서술 방식에 있어서 이 시기의 작품들은 앞서 말한 그 소외된 계층 자신을 1인칭의 화자로 기용하거나 3인칭인 주인공으로 등장시켜 그의 시선과 목소리를 통해서 현실을 바라보거나 묘사하는 경우가 대부분이다. 따라서 "문교부 혜택이라면 젓가락으로 찍어서라도 맛 못 본 순 말자들"의 눈이나 입으로 서술된 이야기라는 특수성은 필연적으로 이 시기에 발표된 모든 작품들의 평균적인 톤을 매우 높여놓는 결과를 가져온다. 특히 비속하고 공격적인 상소리의 줄기찬 사용이 그렇다. 몇몇 작품들의 처음 몇 줄만을 차례로 인용해 보아도 그 거친 톤은 쉽게 짐작이 된다.

니기미라고 나는 혼자 중얼거렸다. 그것은 우리가 방으로 들어서자마자 곧장 밖으로부터 쇠빗장을 걸어잠그는 소리가 들려왔기 때문이었다. 우리는 암담하였고 그리고 지랄 같다는 생각이 들었다. (「즉심대기소」)

나는 이제 도둑놈이 아닙니다. 그럼 뭐냐구요? 강간을 전문으로 하고 있다구요. 기가 차시겠지요? 윤리 도덕이라구요? 여보시오. 좀 작

작 웃겨주십시오…… 윤리 도덕 작살나게 찾는 놈치고 도둑놈 아닌 작
자 없습디다. (「외출」)

　그 돼먹잖은 의붓아버지란 작자는 초저녁부터 어머니와 흘레붙기를
잘하였습니다. 양잿물로 절인 김치를 준대도 먹고 삭일 수 있을 만큼
먹새가 좋은 나는…… (「도둑 견습」)

　내가 어슬렁거리면서 원장실로 들어서자 원장은 뽀빠이처럼 칼칼
웃었습니다. 그 늑대가 우리 원아들 누구에게도 그따위 간지러운 웃음
을 보내는 일은…… (「모범 사육」)

　병신 같은 아버지의 주변머리를 가지고 어떻게 그런 엄청난 일을 벌
여놓았는지…… (「즐거운 우리집」)

교육을 제대로 받지 못했다고 해서, 사회적으로 소외된 존재라고
해서 반드시 속어·비어를 동원하여 냄새가 독한 입담을 구사해야
한다는 필연성은 없다. 따라서 이 같은 지열한 인술은 그 인물들을
추진시키고 있는 동력인 강한 욕구, 반항, 풍자 의식 및 공격성을 밑
바탕에 깔고 있다고 보아야 한다. 이들이 사용하는 거친 언사는 우상
파괴적이다. 그 공격성 앞에서는 법, 아버지, 원장의 권위나 윤리 도
덕, 관습 등이 도전받거나 무너져버린다. 새로운 질서에 의한 사회적
개편은 우선 이와 같은 파괴를 앞세우는 것인지도 모른다.
　그러나 이미 소설의 초입에서부터 높이 올라가서는 전편에 걸쳐
어느 곳에서든 낮추어질 줄 모르는 서술의 톤은 예술 작품만이 갖는
'감동의 관리'에 실패하기 쉽다는 취약점을 갖고 있다. 아마도 김주
영의 초기 단편소설이 대체로 실패하게 된 가장 큰 원인은 바로 여기
에 있는 것 같다. 비록 노리는 바가 충격과 파괴, 혹은 공격성에 있다
할지라도 그것의 참다운 효과는 대조에서 산출된다는 상식적인 진실

을 작가는 간과하고 있다. 우상 파괴적인 욕설, 난폭한 언어는 지극히 담담한 서술, 단정하고 나직한 말씨에 대비되었을 때 참다운 충격을 산출할 수 있는 것이다. 그렇지 못한 높은 톤은 청각 마비나 불감증을 가져온다. 후일 「익는 산머루」『천둥 소리』「쇠둘레를 찾아서」 등의 작품에 오면 김주영은 바로 이와 같은 대조의 충격 효과를 현명하게 살리는 데 성공한다.

그러나 이런 비어·속어·상소리, 그리고 나아가서는 줄기찬 입담과 사설이 반드시 부적정인 기능만을 갖는 것은 아니다. 비록 사회적으로 소외된 인물들의 입을 통해서 터져나오는 그 거센 입담이 귀에 거슬리고 '감동의 관리'에 비효율적인 장앳거리가 된다고 해도 그것은 동시에 초기 소설들로부터 오늘날까지 김주영의 작품들을 한결같이 특징지어주는 어떤 '강한 생명력'의 표시라고 해석할 수 있다.

우리는 앞에서 마규석이 목도하여 정복하고자 하는 서울과 라스티냐크의 파리를 대비시키면서 대도시의 특징은 바로 생존 경쟁의 동물적 아귀다툼이 소용돌이치는 '밀림'과 같은 것임을 지적했다. 라스티냐크가 파리로 올라와서 삶의 심장부로 뛰어드는 왕정 복고 시대의 특징이 강력한 에너지였듯이 김주영의 초기 작품이 그려보이는 70년대 서울의 가장 두드러진 특징 역시 넘쳐나는 에너지다. 화자의 난폭하고 거침없는 언사는 바로 이 시대 전체를 관류하는 어떤 집단적 에너지의 산물이다.

마규석은 "병 앓는 개처럼 치사한 참을성으로 승진을 기다릴 수 없는" 노릇이어서 "시쳇말로 맨발로 뛴다." 그리고 "두드리라, 그러면 열리리라"고 확신하는 능동파가 되고자 한다. 술자리에서 좌충우돌의 성토를 끝낸 사원들은 "황소라도 잡아 금방 마당에 쓰러뜨려놓은 칼잡이들처럼 돌연한 공복감을 느끼고" 남은 술잔을 비운다. 강력한 에너지의 표현은 인간에 그치지 않는다. 차를 향해 사람이 "냅다 뛰기 시작"하면 버스는 "꽁무니에 불단 짐승처럼 더욱 기승을 떨며 달려간다." 거리의 네온 사인은 "어둠을 경멸시키며 짓까불고" 있다.

이 충만한 힘은 말 더듬이도 바로잡고 형 마규달의 사팔뜨기도 바로
잡는다.

　순간 형의 눈동자가 양미간에 똑바로 박혀들어가는 걸 마군은 보았
다. 그런 형의 얼굴, 두 눈에서 마군은 말할 수 없이 신선한——가을날
새벽, 우윳빛 안개에 잠긴 녹색 배추밭처럼 시리도록 신선한 한 인간
의 진실이 도사리고 있음을 보는 것이었다. (「마군 우화」)

　이런 "시리도록 신선한" 생명력은 「휴면기」의 뚝이에게서 풍겨나
는 "야릇한 충동이 어린 야취 같은 것"에 뿌리박고 있지만 동시에
"체면 때문에 하고 싶어도 못 하는 일이 많은" 사람들과는 다른 한명
수(「도깨비들의 잔칫날」)의 "신선한 느낌"과 무관하지 않다. 또 「즉심
대기소」를 가득 채우는 "야비한 냄새"와 아울러, "체면이고 나발이고
가 사치인," 그러나 "썩지 못해 육신이 근질근질한 몰염치한 완력"이
있는 여자들 역시 생명력 바로 그 자체라고도 할 수 있다. 비록 구치
실 안에서라도 그 여자들이 노래를 부르면 목소리는 "물 젖은 상추
잎사귀처럼 푸릇푸릇 생기도 자 있었고 바닷물에서 금방 건저올린
미역 타래처럼 탄력이 있다." 그녀들의 재빠르고 야성적인 생명과 힘
에 감염된 듯, 얌전하고 연약하기만 했던 은주 역시 함께 도망치면서
"나를 향하여 선명하게 빨간 혓바닥을 낼름하던 것"을 우리는 목격할
수 있다.
　「모범 사육」의 '나'나 원장이 '늑대'에 비유되고, '호랑이 놀음'을
즐겨 하는 거친 성격이 사육의 표본으로 발탁되는 것 역시 생명력의
표현이다.
　「악령」역시 「모범 사육」과 같은 범주의 작품으로 야성의 생명력과
온실 속에서 연약해져가는 도시적 삶을 대립시키고 있다. 안정되고
문명된 삶을 영위하는 이촌동(야성이 아니라 이성만이 지배하는 마을)
에 나타난 떠돌이 황영감과 고아 맹호는 악인 동시에 생명의 매혹이

다. 특히 소년 맹호는 쥐에게 그 독한 균을 옮겨줄 수 있는 '페스트'
인 것이다.

그러나 이 시기의 작품들 가운데서 생명력과 에너지의 표현에 가
장 성공하고 있는 것은 「도둑 견습」이다. 이 단편은 이 시기에 쓴 모
든 작품들의 특징을 골고루 다 압축하여 담고 있다.

우선 첫줄부터 "그 돼먹잖은 의붓아버지라는 작자는"으로 시작되
는 공격적이고 비속한 어투는 강한 에너지를 분출하는 동시에 아버
지의 권위를 일격에 허물어뜨리는 듯하다. 다음으로 여기에 등장하
는 인물들이 고물장수로 가장하고 도둑질로 연명하는 의붓아버지,
구두닦이와 고학생으로 가장한 버스칸 구걸 행상을 거쳐 이제는 의
붓아버지에게 도둑 견습을 하는 열다섯 살짜리 소년 '이원수,' 폐품
집적소 수납실에 근무하는 최씨, 가난한 삶의 편의를 위해서는 이따
끔 몸을 파는 것도 주저하지 않는 어머니 등, 대도시 변두리로 밀려
난 소외 계층이라는 점 또한 특징이다. 그러나 이 소설의 가장 두드
러진 특징인 동시에 독자들에게 고압(高壓)의 에너지를 전율과 더불
어 전달하는 요소는 이 작품 전편에 직접·간접으로 깔려 있는 성
(性)의 이미지다.

여기서 문제되고 있는 성은 김주영의 초기·중기 소설들에서 가장
중요한 뼈대를 이루고 있는 외디푸스적 상황과 깊은 관련이 있는 듯
하다. 모든 소설의 출발점에는 아버지·어머니·나라는 삼각 관계를
바탕으로 한 '가족소설'이 투영되어 있다는 프로이트나 마르트 로베
르의 해석을 구태여 원용하지 않는다 해도, 김주영의 수많은 소설들
은 바로 외디푸스적 삼각 관계의 한 유형을 집요하게 노출시키고 있
다.

'가족소설'의 모형 속에서 모든 아버지는 의붓아버지이고 어머니는
나와 가까이 있어 친근하되 천민인 의붓아버지와 '홀레붙기'를 하는
부정한 인물이다. 외디푸스의 양부가 목동이라는 사실은 그 전형적
인 하나의 경우에 불과하다.

「도둑 견습」뿐만 아니라 김주영의 대부분의 작품에서 아버지는 아예 죽었거나 병들었거나 허약하여 부재(不在)에 가까운 상황에 놓여 있다는 사실은 주목할 만하다. 데뷔작인 「휴면기」에서 작중화자인 '나'의 경우 아예 가정과 아버지, 어머니는 언급의 대상조차 되지 않는 상황이다. 「마군 우화」의 아버지는 병들어 있고, 병든 아버지의 대역을 맡아야 할 형은 "시골 구석에서 정갱이 접치고 사는" 사팔뜨기로 주인공에게는 '경멸'의 대상이다. 「즉심 대기소」 안에서 남자는 기껏 위선적인 허울일 뿐이어서 여자들의 그 신선하고 세찬 탄력에 미치지 못한다. 「모범 사육」에서 고아인 화자의 경우는 말할 것도 없고 그 고아가 입양되어가는 집에도 아버지는 죽고 없다. 이 소년은 심리적 측면에서 단순한 양자로서의 입양이 아니라 가정에서의 강력한 아버지 대역으로 초빙된 것이라고 해석할 수 있다. 「즐거운 우리 집」에서는 "병신 같은" 아버지가 등장하고 「익는 산머루」에서는 힘이 없어 닭을 잡아먹이며 보신시켜야 할 아버지가 등장한다. 자전적인 요소가 강한 듯한 「아들의 겨울」도 아버지의 부재라는 측면에서는 「도둑 견습」과 동일하다. 「도둑 견습」에서 친부 이점득은 죽고 없지만, 살아 있을 때도 최씨가 으름장을 놓으면 당장 제 아내를 내어주는 "허약하고 요령 없는" 사람이었다.

따라서 「도둑 견습」은 부재하는 아버지의 자리를 메워줄 새로운 아버지, 강력한 아버지를 찾아가는 외디푸스적 도정의 드라마라고도 할 수 있다. 이 도정이 성공적인 결말에 이를 때 어린아이는 성숙하여 스스로 아버지의 지위에 버금가는 독립적 존재로 버티고 설 수 있는 것이다. 이런 점에서 이 작품은 가장 원초적인 성장소설의 도식을 바탕에 깔고 있다고 볼 수 있다.

어린아이는 이야기의 초입에서 벌써 의붓아버지와 어머니의 "달밤의 유난체조"의 목격자가 된다. 그 장면은 우선 "고릴라의 그것과 버금가는 큰 골통에 이글거리는 외짝 눈깔이 박힌 괴물이 날이 시퍼렇게 살아 있는 톱으로 내 모가지를 썰어대는" 꿈, 즉 공격성과 거세의 이미지와 더불어 시작되어, 버럭 소리치며 일어나 앉아 당돌한 욕을 퍼붓는 반항적 개입으로 마감된다. 이런 성의 이미지 속에 담겨 있는 공격성과 분출하는 에너지는 이 작품의 중요한 핵을 이룬다(이 같은 공격적인 성이 장차 연면히 이어지는 강인한 생명력의 대서사시를 떠받쳐주면서 김주영 문학의 건강한 하나의 지주로 승격하는 것은 대하소설 『객주』에서이다).

그 밖에도 이 작품 속에는 성의 정신 분석에 자주 등장하는 수많은 소도구들이 그 모습을 나타내고 있다. "은빛 날개가 달려서 짙푸른 하늘을 기분 좋게 날아가는" 비상의 꿈(이 꿈은 「아들의 겨울」에서 드높은 경찰서 종루, 희자가 타는 그네 등의 이미지와 맥을 같이한다)이 그렇고 의붓아버지가 우악스럽게 손아귀에 끼고 다니는 '쇠가위' (거세의 도구?)가 그렇고, "남자가 나타나면 가위를 절걱거리면서 '사이다 병 삽니다아' 여자가 나타나면 '헌 대야 삽니다아' 하고 소리치는" 오브제의 사용법이 그러하다. 그러나 무엇보다도 이 작품의 참다운 주인공은 생명력 넘치는 의붓아버지의 성이다. 그것은 화자인 소년에게 억누를 길 없는 선망과 극복의 대상이다.

말이 났으니 이야긴데 다른 건 몰라도 우리 의붓아버지 그 좆 하나는 정말 왔다였습니다. 그를 따라다니다가 오줌눌 때 한번 훔쳐봤는데, 나는 맨 처음 저 사람이 웬 19문짜리 왕자표 흑고무신을 바짓가랑이 속에서 꺼내는가 싶어 자세히 봤더니 그 고무신 코에선 허연 오줌 줄기가 뻗치지 뭡니까. 내가 자기의 그것을 훔쳐보고 있다는 걸 눈치챈 그는 그러나 바쁘지 않게 그 고무신을 툴툴 털고 속으로 넣으며……

남근에 대한 비유의 항으로 정신 분석에서 자주 나타나는 '신발'은 후일 훨씬 더 교묘하게 은폐된 상황에서 황점개와 신길녀의 심리적 관계를 깊숙이 암시하는 '구두'의 이미지로 클로즈업되는 것을 보게 된다(『천둥 소리』). 여기서 의붓아버지의 강력한 성에 대한 선망에 불타오르는 소년은 그것을 극복하는 일차적 단계로 '쇠꼬챙이'를 선택한다. 이 물건은 동시에 의붓아버지가 거세의 도구처럼 들고 다니는 '쇠가위'에 대한 대응이기도 하다.

19문짜리 왕자표 혹고무신만한 아버지의 그것이 어머니에게 절대적으로 작용되듯이 내 19문짜리 길이만한 이 쇠끝이 많은 사람들에게 공포를 준다는 흡족감을 다시 한번 느끼게 되었지요. 하여튼 그 작은 쇠끝 하나에 너무나 허술하게 굴복해버리는 간호부가 민망할 정도였습니다.

이리하여 "쇠끝"으로 최초의 여자(간호부)를 굴복시키고 "흡족감"을 느낀 소년은 "하늘을 기분 좋게 날아가는" 꿈을 꾸게 되고 마침내 리어카를 "혼자서 끌게 되었다는 사실" 때문에 흥분하고 "나 혼자서 일을 벌일 수 있게 되었다는 건 여간 짜릿한 일이 아니"라고 여긴다. 그가 "아버지처럼 가위를 절걱거리며" 골목을 누비면 골목에 모여서서 "세 남편 흥이나 싸지르던 어편네들"이 신기한 듯 바라보는 것이다. 이 작품에서는 모든 것이 이처럼 성이라는 극점(極點)에 의하여 자화(磁化)되어 있다.

아이의 성장은 아버지 세대의 쇠퇴를 의미한다. 과연 이 작품의 끝에 이르면 "의붓아버지는 누워서 낑낑 않고," 아버지와 어머니가 성관계를 갖던, 그리고 어린아이가 그 장면의 목격자 역할에 그치고 있던 주거 공간, 즉 마이크로 버스는 해체된다. "케이 에스 넷데루 딱 붙은 이 왕자표 좆도 이젠 써먹을 장소가 없어졌다구 이놈아, 흐흐" 하고 의붓아버지는 탄식한다.

그러나 이것은 바로 의붓아버지가 참다운 아버지로서 용납되고 아이가 '대국 도둑놈,' 즉 성년의 독립체로서 승격하는 하나의 불가피한 과정일 뿐이다. 그리하여 성은 상징적인 대역(代役)이라는 오브제의 굴레로부터 해방되어 현실로 승인되는 것이다.

　나는 그때, 주머니에 쑤셔넣었던 꼬챙이를 꺼내서 저쪽 하늘 멀리멀리 던져버렸습니다. 적어도 대국 도둑놈을 낳게 할 거인의 아들이 이 따위 거추장스럽고 비겁한 것쯤은 가지지 않아도 최가 하나쯤은 거뜬하게 때려누일 수 있다는 자신이 불끈 솟아올랐기 때문이지요.

　이 이야기 줄거리 속에서 공격의 무기이며 또 한꺼풀 벗겨보면 생명력의 표상이 되는 '쇠꼬챙이'는 이 작가의 데뷔작 「휴면기」의 대단원에서 괴뢰군에게 달려드는 뚝이의 오른손에 쥐어져 있던 '쇠갈퀴'를 곧바로 상기시킨다. 그러나 "그때 맥을 탁 풀고 쓰러진 쪽은 뚝이였다." 이 실패의 기나긴 사이클은 마침내 「도둑 견습」에 이르러 긍정적인 결과에 도달함으로써 마감되는 것이다. 「휴면기」의 출발점은 이리하여 「도둑 견습」에서 "최가놈을 향해 사냥개처럼 달려가는" 소년의 성숙과 만나 고리를 이룬다.
　김주영 소설의 제1기를 마감하면서 제2기로 넘어가는 전환점의 구실을 하는 단편 「즐거운 우리집」에서도 역시 "병신 같은 우리 아버지"로 시작된 이야기가 "버스보다 더 우람하게 느껴지는 아버지가 저만치 비껴서서 이제 막 버스를 향해 돌진해 들어가는" 저돌적 공격으로 끝막음하고 있다는 것은 참으로 의미심장한 일이다. 이리하여 「즐거운 우리집」은 이 치열한 공격성이라는 면에서는 제1기와 맥을 같이하지만 또 다른 면에서는 제2기의 시작이라고 볼 수도 있다.
　우리는 이제 1977년 「즐거운 우리집」에서부터 비교적 많은 작품들을 생산하게 되는 1978년을 지나 대하소설 『객주』를 구상하는 1979년 사이의 비교적 짧은 몇 년 간을 제2기라고 지칭하기로 한다. 이때 씌어진 작품은 「천궁의 칼」 「익는 산머루」 「겨울새」, 그리고 거의 장편소설에 가까운 「아들의 겨울」 등인데, 김주영 자신도 1978년에는 이런 작품들을 쓰면서 "작가적 관심의 전환을 느끼게 되었다"고 술회한다.

그렇다면 "작가적 관심의 전환"이 이루어지는 제2기에 있어서 그의 소설에는 구체적으로 어떠한 변화가 일어났는가? 그 변화는 대략 두 가지 각도에서 짚어볼 수가 있을 것 같다.

첫째 변화는 소재, 혹은 이야기가 전개되는 공간의 이동이다. 제1기의 모든 작품들이 예외 없이 대도시 서울의 소외된 사람들의 삶을 그려보이고 있다면 제2기의 거의 모든 작품은 작가의 고향이거나 그곳에서 멀지 않은 농촌을 주된 소설 공간으로 선택하고 있다. 물론 시간적으로도 오늘날의 농촌이라기보다는 작가의 유년 시절과 깊숙이 관련되어 있는 어떤 원초적 출발점으로 회귀하고 있다. 이 작품군은 작가의 삶이라는 축에 놓고 보면 고향과 과거의 시간에 대한 추체험이지만 소설적 역사라는 측면에서 보면 그 동안 맥이 끊어져 있었던 데뷔작 「휴면기」로의 회귀요, 그 맥의 뒤늦은 계속이라고 할 수 있다. 이 시기의 작품들은 거의가 비슷비슷한 문제와 유사한 공간적 핵들을 에워싸고 맴도는 다분히 자전적인 것들이다.

작가는 우리가 앞에서 살펴본 제1기 소설들의 조악하고 공격적인 현실 저 뒤에 잠겨 있는 과거, 혹은 동기로서의 뿌리 공간으로 거슬러 올라가 그 정신적 풍경을 답사해보고 싶었는지도 모른다. 이 같은 답사의 과정을 통해서 다시 한번 등장하는 것이 어린아이의 눈을 통해서 추체험되는 성(性)이고, 다른 하나의 새로운 요소는 역사의 물결이다. 역사는 전쟁의 형태로 삶 속에 밀고 들어오지만 「휴면기」의 경우나 「익는 산머루」에서처럼 노루의 출현, 학교의 폐쇄, 비행기, 주인이 피난 가고 없는 빈집, 낯선 괴뢰군 따위의 간접적이고 점묘적인 현상으로 어린아이의 눈에 비치는 것이다.

제2기에 와서 나타나는 또 한 가지 중요한 변화는 화자의 어조, 나아가서는 작가가 삶을 바라보는 태도상에 나타난 보다 근본적인 변화라고 할 수 있다. 우선 화자의 언술 자체에 있어서 종전의 비어·속어의 공격성이 대부분 제거되었고 부정적이며 파괴적인 요소도 대부분 사라졌다. 보다 더 정확히 말해본다면 그러한 어투가 거의 사라졌다는 사실이 중요하다기보다는 간혹 그러한 어투가 동원된다 하더라도 그것은 보다 담담하고 객관적인 다른 진술과 대조를 이루면서 효과적으로 배치되어 사용되고 있다는 점이 중요한 것이다. 이러한 형태상의 변화는 앞에서 지적했던 바와 같이 현실을 바라보는 작가의 시선과 태도에 근본적인 변화가 일어났음을 의미한다. 이제 화자나 작가의 시선과 어투는 풍자나 빈정거림이 아니라 고통에 대한 연민과 공감, 나아가서는 사랑에 가까운 것이 된다. 김주영의 작품들 중에서 가장 긍정적인 결말을 보여주는 「익는 산머루」와, 「겨울새」 등이 나타나는 것은 바로 이 시기인 것이다.

이 두 가지 변화를 주목할 때 「즐거운 우리집」은 제1기에서 제2기로 넘어가는 과도기(1977년)적 성격의 작품이라는 것이 확실해진다. 이야기의 주제는 이 작품 역시 제1기의 그것처럼 서울의 가난한 사람들에 맞추어놓고 있다. "병신 같은" 아버지, 어머니, 그리고 나 세 식구는 「도둑 견습」의 가족처럼 "청계천 7가의 넝마 하치장"에서 일하고 있다. 그러나 「도둑 견습」의 경우에는 몸담아 살고 있는 주거(고철 마이크로 버스)가 당장이라도 해체될 위험에 처해 있고 아버지도 의붓아버지인 데 비해 「즐거운 우리집」에서는 "병신 같든 머저리 같든"간에 아버지는 친아버지이며, 비록 가파른 절벽 끝에 서 있으되 이제 잔금만 치르면 자기 것이 될 "박병수라는 그의 이름 석 자가 박혀진 문패를 걸 수 있는 12평짜리 집"을 마련했다는 데 그 근본적인 차이점이 있다.

집을 계약해놓고 나서 이사들어가기 전에 저녁마다 아직은 남이 살고 있는 그 미래의 자기 집으로 찾아가 담 밖에서 그 안의 삶을 엿보는 세 식구는 그들이 "누릴 수 있는 행복의 조건과 그리고 모든 분위기들을 먼저 가불하는 형식으로 즐기는" 것이다.

"저마다 절실한 외톨이로만 이 도시를 돌처럼 구르며 살아온 이 사람들은 이제 정착의 희망에 부풀어올라 있다." 작가 자신이 1976년에 서울로 이사한 후 그 이듬해에 발표한 이 작품은 작가의 구체적 체험과 아주 무관하지는 않을 듯하지만 하여간 김주영의 작품 속에서는 '행복의 나날' '행복의 몸짓' 등 행복이라는 표현이 최초로 그리고 가장 빈번하게 등장하는 경우라고 할 수 있다. 다른 작품에서와 마찬 가지로 여기서도 성관계의 장면이 빠지지 않고 언급되어 있지만 처 음으로 나타나는 정상적인 부부간의 관계라는 점이 주목되고 여전히 아들인 '나'는 부모들의 성관계로 인해서 잠이 깨지만 그것은 「도둑 견습」에서와 같은 공격적 충돌을 불러일으키는 것이 아니라 "피곤에 잠긴 잠꼬대 같은 걸 연출하여 그들의 밤 이야기가 나로 인해 방해되 지 않도록 신경을 써주는" 긍정과 협조의 분위기에까지 이르게 된다.

더구나 가장 의미심장한 변화는 나레이터인 어린 나에게 가족 관 계가 부정과 풍자의 대상이 되는 것이 아니라 처음으로 하나의 공동 체인 '우리'로 수용되고 있다는 점이다. 화자는 "'우리는' 그 집을 사기로 작정하기 전의, 길바닥에 깔린 돌처럼 천하고 이리 채이고 저 리 채이는 넝마와 같은 존재는 아니었다는 얘깁니다"라고 함으로써 이 공동체에 일어난 근원적인 변화를 지적하고 있다. 그러나 변화는 이 가정의 공동체적 결속에 그치지 않고 '집'을 매개로 하여, 아니 집이라는 공산 속의 행복한 삶을 매개로 하여, 그 집의 현 소유자와 장래의 새 소유자 사이의 동화 현상으로까지 발전한다. "우리는 벌써 '그 집 식구들'과 깊디깊은 관계에 도달되어 있으며, 그리고 운명조 차도 같이하지 않을 수 없는 입장에 도달되어 있다고 각자의 마음속 으로 생각해버린 지가 오래였다는 얘깁니다."

「즐거운 우리집」의 이와 같은 긍정적 변화가 무대를 옮겨 구체적으 로 실현된 작품들이 제2기의 여러 소설들이다. 「익는 산머루」는 전쟁 동안 산골 동네에 피난 와서 살고 있는 한 가족의 이야기지만 특히 데려다 키우는 식모인 '누나'와 소년 사이의 관계가 주축이 되어 있 다. '누나'는 눈 오는 날 갈 곳 몰라 찾아든 새처럼 이 집으로 들어온 고아다. 그녀를 통해서 우리가 느낄 수 있는 것은 "지악스럽게 가해 지는 어머니의 매를 거의 운명적으로 잘 견디어내는" 운명의 수용력과 건강함이다. 매를 맞고 쓰러져 있는 그녀가 죽지나 않았나 싶어 볼따구니를 가만히 찔러보면 "벌겋게 부푼 눈두덩이를 들어 나를 보곤 키들 웃어버리곤 하던 것이다."

이같이 건강한 생명력을 바탕으로 그녀는 한편으로는 그녀를 학대하는 '우리 어머니'가 "이 세상에 살고 있는 여자 중에서 가장 악독한 여자"요 "원수" 관계라는 것을 확신하면서도 다른 한편으로는 그 같은 만남과 헤어짐을 "신령님의 뜻"으로 달게 받아들인다. "원수끼리 워찌 한솥밥을 묵고 살겠노. 이게 다 신령님의 뜻이다. 원수끼리 붙었다가 오늘밤으로 헤어지라는 뜻인 기라. 그날이 바로 오늘인 기라. 니가 신령님 대신으로 그런 말을 외어바치게 했는 기라. 니 죄도 내 죄도 아잉 기라. 신령님의 뜻인 기라." 이와 같이 너그러움에 바탕을 둔 운명론을 우리는 제1기의 대도시에서는 찾아볼 수 없었다. 산골길 30리를 오가며 '누나'가 따주는 산머루, 매 맞고 쫓겨나던 날 한밤중에도 다시 찾아와 "밤이슬 맞으며 새벽까지" 따다 주고 가는 한 보자기의 산머루는 삶의 뿌리에서 길어올린 다할 줄 모르는 사랑의 생명력 바로 그것이다. 김주영은 이러한 생명의 샘을 찾기 위해 대도시를 떠나 그 뿌리가 잠긴 시골로, 과거로 되돌아간 것일까? 아니면 가설 무대와 같이 허구적이고 조악한 삶의 무대인 대도시로부터 떠남으로써 그는 생명의 샘을 다시 발견하게 된 것일까? 어쨌건 우리는 여기서 김주영이 「휴면기」로 처음 데뷔했었다는 사실을 상기할 필요가 있다. 사실 전쟁으로 인해서 찾아온 휴면기는 삶의 정상적인 활동을 정지시키는 대신 그전에는 잘 눈에 띄지 않았던 세계를 전면으로 노출시키게 된다. 그것이 바로 자연의 세계다. 백정의 아들 뚝이는 그 생명감 넘치는 자연 세계의 전율로 인도하는 안내자로서 개미집, 독거미집, 노루, 산머루 들을 차례로 보여주게 된다. 이런 자연 세계는 그것이 스스로 존재하므로 그냥 의미 있는 것이 아니라 인간의 내면에 잠들어 있던 싱싱한 감각과 생명을 일깨워주기 때문에 중요한 것이다. 「휴면기」에서 아이들 눈에 비친 밀도살 장면은 충격적이고도 신비스럽다. "세 차례의 도끼를 얻어맞은 소는 네 다리를 각목처럼 쭉 뻗고 넝쿨로 나가떨어졌다. 그것은 너무나 삭막하고 기교 없는 죽음이었다. 우리는 소가 넘어진 넝쿨에 산머루가 새까맣게 열린 것을 보았다"(강조 필자). 죽음의 옆에 잘 익어 있던 산머루의 생명감을 김주영은 7년이 지난 뒤에야 다시 찾기 시작한 것이다.

「겨울새」는 김주영이 단편으로 쓴 『여자의 일생』이다. 이 아름다운 단편소설의 제목은 「익는 산머루」에서 거렁뱅이 순덕이 누나가 처음으로 '우리집'에 찾아들던 날의 장면을 상기시킨다. 눈이 많이 내린 날 부엌 아궁이로 기어들어 잠자고 있던 그녀를 끌어내는 아버지를 보며 화자인 '나'는 이렇게 말한다.

눈은 뜰 건너의 맞은편 담장을 거의 반이나 묻히게 내려 있었다. 아마 아버지는 그때, 하늘을 나는 새를 생각했는지도 몰랐다. 세상이 거의 파묻힌 듯한 그 절박한 눈밭 속에 아무리 거렁뱅이긴 하지만 인간을 내다버리기엔 적합하지 못하다는 걸 깨달았는지도 몰랐다. 아니면 아침마다 들리던 뒤꼍의 새소리가 들리지 않으므로 모이를 줍지 못할 새를 생각했는지도 몰랐다. (강조 필자)

김주영의 상상력 속에서, 애를 낳지 못하는 불행한 여자 난옥(「겨울새」)은 분명 그렇게 매 맞고 쫓겨난 순덕과 깊은 혈연 관계가 있는 것 같다. 그 두 여자들은 다 같이 모진 매를 맞고 쫓겨난 채 눈밭에서 "모이를 줍지 못할" 겨울새들처럼 내려앉지 못한 채 방황한다. 김주영의 문학은 어느 면에서 보면 겨울 하늘을 떠도는 새의 문학이다. 그 새는 강인한 힘으로 높이 날지만 고독하다.

그리고 여기서 우리가 주목해두어야 할 사실은, 지금까지 모든 이야기의 주인공이나 화자가 한결같이 공격적인 남성이었던 제1기와는 달리 여자가 주인공인 작품들이 나타나기 시작한다는 사실이다. 더할 수 없이 불행하기만 한, 그러나 환난 속에서도 끈질긴 생명력으로 살아남는 이 여인들은 장차 『천둥 소리』 속에서 지울 수 없는 감동을 자아내는 신길녀에게로 그 맥이 이어진다. 또 이렇게 긍정적인 성격의 여자들은 종래에 반감만을 불러일으키던 '어머니'가 아니라 흔히 '누나'로 변모하여 나레이터와 화해한다. 나중에 「새를 찾아서」에서는 나와 "유별나게 우애가 좋았던" 드물게 긍정적인 누나가 등장하고 「쇠둘레를 찾아서」에 이르면 "내겐 어머니 맞잡이였던 누나에 대한 절절한 그리움"으로까지 나타난다.

　김주영의 다른 많은 인물들처럼, 배우지 못한 여자인 난옥은 무당의 딸로 태어나 사납기로 소문난 소몰이꾼에게 시집을 갔다. 장터를 떠돌다가 오랜만에 집에 돌아오면 주먹질이 인사인 남편이 어느 날 밖에서 얻은 사생아를 데리고 들어온다. 그 기회에 자신이 불임증이라는 사실을 알게 된 난옥은 무당인 어머니에게 돌아와 20년을 살다가 어머니가 죽자 얼마간의 논밭을 물려받는다. 글을 읽을 줄 모르는 그녀는 외사촌동생에게 땅문서 사기를 당했다가 붓도감 최석도의 도움으로 땅문서를 다시 찾게 되자 그에게 정을 준다. 그러나 자신의 모든 것을 다 바치고 의지하고자 했던 그 남자에게도 이용당한 것을 알자 그녀는 옛남편이었던 소몰이꾼의 사생아를 찾아가 호소하고 여생을 의탁하고자 한다. 땅문서를 바로잡기 위해 집을 나간 그 '아들'은 그 땅을 팔아 목돈을 손에 쥐자 소장사를 하겠다고 소식도 없이 떠나버린다(이야기의 표면적인 줄거리는 다르지만 이 단편은 『천둥 소리』의 원형임이 분명하다. 난옥—신길녀, 남편—차병조, 최석도—지상모, 아들—황점개의 상호 대응은 가시적일 정도다). 그러나 이 소식에 접한 난옥의 반응은 오히려 긍정적이다.

　　그 순간 그 아비에 그 아들이구나 하는 회한이 가슴에 저며오면서도 어쩐 일인지 그녀는 그런 아들이 밉지가 않았다. 좋든 글렀든 아들이 아비를 닮았다는 게 이상하게도 그녀에겐 즐거웠다. [……] 자기와는 아무런 관계도 없다던 그 아들이, 남의 속으로 빠진 아들이, 이제 아무

상관도 없다는 자기의 재산을 손에 쥐고 소장사를 떠났다는 사실이, 그 순간 그렇게 가슴 뿌듯할 수가 없었다.

이리하여 「도둑 견습」에서 처음으로 싹트기 시작한 삶에의 긍정은 「즐거운 우리집」을 지나 「익는 산머루」 「겨울새」에 오면 운명의 너그러운 수용을 바탕으로 하여 생명의 끈질긴 힘을 과시하게 된다. 이와 동시에 우리가 「겨울새」의 이 긍정적 전환 속에서 특히 눈여겨보아야 할 한마디 말이 있다. 바로 "소장사를 떠났다는 사실이 그 순간 그렇게 가슴 뿌듯할 수가 없었다"라는 말이다. 이 말 속에는 '소장사' 라는 직업과 '떠난다' 라는 동사가 포함되어 있는데 이 두 가지는 이후 김주영의 소설이 다루게 될 가장 중요한 테마가 된다.

'소장사' 를 주제로 한 최초의 단편이 바로 「천궁의 칼」이다. 소와 관계된 직업은 소를 잡아서 고기를 파는 백정과 장터를 돌며 소를 사고 파는 소몰이꾼 두 가지다. 이 두 직업은 엄연히 다르지만 김주영의 상상력 속에서는 동일한 뿌리를 가진 것으로 보인다. 데뷔작인 「휴면기」 속에는 이미 인적 끊어진 깊은 계곡 속에서 벌어지는 밀도살이 '충격적인 장면' 으로 어린아이의 눈을 통해서 목도되고 있으며 이 밀도살의 주역은 작중화자의 집 행랑채에서 사는 황서방이다. 이 백정은 김주영의 상상력 속에서 난옥의 남편 소몰이꾼, 「천궁의 칼」은 아버지, 「아들의 겨울」의 칠성이 아버지 등으로 변신을 거듭하면서 집요하게 살아남아 마침내 『천둥 소리』의 황점개로 다시 그 모습을 나타낸다.

그렇다면 이처럼 집요하게 작가의 머리를 떠나지 않는 이 백정이라는 직업과 도살이라는 행위는 무엇을 의미하는 것일까? 이 질문에 답하는 것은 결코 쉬운 일이 아니다. 「천궁의 칼」은 아마도 '나에게 백정이란 무엇인가?' 라는 작가 자신의 질문일지도 모른다. 서울에서 취직하여 살고 있는 '나' 는 자신의 아이를 임신중인 묘희와 함께 고향의 어머니를 찾아간다. 백정이었던 아버지가 죽은 지 20년이 가까

위오지만 어머니는 아들에게 백정의 자식임을 구태여 확인시키고자
하고 아들은 세상이 변한 것을 들어 그 말을 무시하려 한다. '나'와
묘희는 산책길에 지금은 건초 창고로 쓰는 옛 도살장에 들어가 정사
를 하고 집으로 돌아온다. 그때 집에서 어머니는 싸늘한 시신이 되어
있었다. 이것이 「천궁의 칼」의 줄거리다. 이 작가가 쓴 작품들 중에
서도 그 의미 해석이 가장 곤란한 것이 이 작품이다. 우리나라의 전
통적인 사회 계층의 문제, 그 중에서도 특히 백정의 가계가 지닌 숙
명적인 성격을 그린 작품이라는 짐작은 가지만 그 속에 등장하는 각
인물들과 사건들은 독자의 머릿속에 끝내 화해하거나 통일되지 못한
다. 이는 아마도 작가 자신의 머릿속에서 여전히 '내게 백정이란 무
엇인가?'라는 질문에 대한 해답이 아직도 확연하게 정리되지 않고
있는 탓인지도 모른다. 그래서 작가는 백정의 문제를 장편에 가까울
만큼 긴 「아들의 겨울」에서 다시 한번 다룬다. 미리부터 말해두건대
사실 김주영에게 백정이라는 직업이나 천궁(도살장)이, 그리고 칼과
피가 무엇인지 알기 위해서는 아마도 그가 계획하고 있다는 또 하나
의 대하소설 『화척(禾尺)』을 기다려보아야 할는지 모른다.

　　그러면 이제 김주영의 제2기를 마감하는 「아들의 겨울」을 살펴보
기로 하자. 우리는 이 글의 첫머리에서 김주영은 우리들 앞에 세 번
데뷔했다고 말했다. 「아들의 겨울」은 이를테면 두번째의 데뷔작이다.
말을 바꾸면 「휴면기」에서 처음 들여다보았던 어떤 내면의 세계를 이
제 본격적으로 다시 한번 다루어보고자 한 듯한 작품인 것이다. 그런
데 이번에도 또다시 실패작이 되고 말았다. 그러나 실패작이라고 해
서 감동이 없는 것은 아니다. 어린아이를 주인공인 동시에 화자로 택
한 것은 사건 및 심리의 총체적 파악과 해석에 매우 제한을 가하는
약점이 있어 장편소설이 지닌 큰 틀을 지탱하기가 어렵다. 이 소설이
실패한 근본적 요인은 바로 구성상의 결함과 아울러 그 같은 화자의
선택에 있다. 그 반면 어린아이의 눈을 통해서 본 어른들의 세계, 그
리고 사춘기에 접어드는 아이가 삶에 눈뜨는 과정 등은 그 드러냄이

서투른 만큼 우리들에게는 오히려 그 서정적인 떨림과 더불어 기묘
한 감동을 자아내는 일면도 있다.

「아들의 겨울」은 주인공 박무도가 초등학교에 입학하는 날부터 버
스를 타고 마을을 떠나기까지, 어린 시절의 순진무구한 세계로부터
어른들의 세계가 지닌 각종의 충격과 타락한 관계들을 발견해가는
과정을 그린 또 하나의 성장소설이다. 이런 의미에서 볼 때 소설의
초입에서 그가 입학하게 되는 '학교'는 바로 어른의 세계로 들어가는
관문이라고 할 수 있다. "나에게 부끄러움을 가르친 사람은 어머니였
다"라는 말로 이 소설은 시작한다. 그리고 멀지 않아 화자는 또 이렇
게 술회한다.

"학교란…… 수치와 배반만을 내게 잔뜩 짊어지우는 개떡 같은 곳
이었다는 걸 알아버린 것이었다." 이리하여 어머니와 학교는 성년의
세계로 가는 고통스러운 두 가지 관문이다.

여기서 '어머니'는 김주영의 모든 소설 속에서 외간남자들과 정을
통하는, 그리고 정을 통하는 장면을 아들에게 들키는 숱한 어머니들
의 전형이다. 더군다나 주인공 박무도가 입학한 학교의 담임선생님
이 공교롭세도 여선생이고, 그녀 역시 남자와 정을 통하는 장면을
(그것도 두 번씩이나) 소년에게 들키고 있다는 사실로 보아 그녀 역시
어머니의 또 다른 변형임을 알 수 있다. 「천궁의 칼」에서 석연한 해
답을 얻지 못한 아들과 어머니의 관계, 그리고 백정의 문제가 이 소
설에 오면 전체 줄거리의 핵심에 놓인다. 그리고 탱자 울타리, 감꽃,
우물, 건초 썩는 냄새가 풍기는 외딴집(옛 도살장) 등의 자질구레한
듯하지만 지울 수 없는 인상을 남기는 요소들을 공유하는 것으로 보
아 그 두 작품은 서로 깊은 관련이 있는 것이 분명하다.

「아들의 겨울」은 세 가지 층의 남녀 관계를 서로 교차시키는 형태
로 짜여 있다. 박무도는 과부인 자신의 어머니가 윗방에서 양조장 일
꾼인 박술과 정을 통하는 것을 목격한다(이 박술이라는 인물은 생김생
김, '고무신,' 성, 성격 등으로 보아 「도둑 견습」의 의붓아버지와 맥이

닿아 있다). 그보다 앞서 그는 냇가에서 백정인 칠성이 아버지와 알몸의 어머니가 누워 있는 것을 본 적이 있다. 결국 칠성이 아버지는 도수장에서 박술에게 살해된다. 한편 어머니와 두 남자 사이의 관계에 병행하여 소년은 미혼인 여교사 채순미가 빈집인 교장 사택의 광에서 마을 청년 태호와 정을 통하는 것을 밖에서 엿듣는다. 어머니, 그리고 여교사 채순미의 남자 관계가 각기 어른들의 세계라면 아직 성이 무엇인지를 잘 모르는 상태에서 주인공 박무도와 희자 및 사팔뜨기 계집아이 사이의 관계는 아이들의 세계다. 이 세 가지 층의 성관계를 통하여 이 소설은 한 소년이 성에 눈뜨면서 성장하는 과정을 그려보인다. 그 순서를 시간적 앞뒤 관계에 따라 간추려보면 다음과 같다. 1) 희자가 소년에게 옹기굴에서 옷을 벗어 보여준다(이때 소년은 '단추'를 잃는다. '단추'는 의심할 여지 없이 소년의 성이다). 2) 알몸의 어머니가 냇가에서 칠성이 아버지와 누워 있는 것을 발견한다. 소년은 그것이 무엇을 의미하는지 확실히 알지 못하지만 어머니가 '백정'과 같이 '노는' 것을 못마땅해한다. 3) 자다가 깬 소년은 윗방에서 어머니가 박술과 통정하는 것을 엿듣고 "비봉산에서 울어쌌는 뻐꾸기 소리처럼 외롭고 쓸쓸하고 개똥 같다는 기분"을 느낀다. 4) 사택의 작은 광에 채순미가 태호와 관계를 맺는 소리를 엿듣는다. "어른들이란 이상했다. 어른들은 좋으면 서로 잤다. 그리고 그들은 그 좋다는 일을 언제나 은밀한 곳을 골라 다니며 저지르고 다녔다." 5) 희자와 도수장에서 도살과 살인을 목격한다. 6) 사택의 광에서 사팔뜨기 계집아이를 옷 벗게 한 후 우물물로 씻는다. 7) 동생 순도가 물에 빠져 죽는 것을 보면서도 방치한다. 8) 사택의 광 속에서 희자와 입맞추며 감꽃 냄새를 맡고 터진 홍시에서 엿강정이 입 안으로 흘러드는 꿈(꿈을 매개로 한 성에의 눈뜸)을 꾼다. 9) 여교사 채순미(어머니가 없어지자 소년을 자기 집으로 데려가서 어머니의 대역을 하려고 하는)의 발가락과 "풍만한 가슴속"을 들여다보다가 쫓겨난다: "나는 다만 보이는 것을 보았을 뿐이었다. 보이는 것을 본 아이에게 그처럼 화를 내는 것이 정상이라면 애당초 이 세상은 이처럼 보아서는 안 될 것이 많게 만들어놓은 것일까? 〔……〕 아, 나는 희자가 보고 싶었다. 보이는 것을 보여주며 보이지 않는 것도 내게 보여주는 희자." 10) 철탑 꼭대기에서 그네 타는 희자의 몽상. 11) 채순미의 하숙집에서 그녀와 태호(희자 삼촌)의 정사 장면을 문틈으로 엿본다. 12) 동생 순도의 식어버린 몸을 끌어안고 울고 있는 어머니를 집에 두고 "먼 나라로 가는 한 대의 첫 버스"를 타고 떠난다.

「아들의 겨울」은 아들의 성(性)이 연상의 저능아 희자, 여교사 채순미를 다리로 하여 어머니의 성과 만나는 이야기다. 이 만남은 두 가지 죽음을 거친다. 칠성이 아버지와 동생 순도의 죽음이 그것이다. 죽음을 당한 그들은 모두 어머니와 나 사이의 장애물이다. 소설의 초입에서 학교에 입학하기 위하여 소년 박무도가 목욕하는 장면은 펄벅의 소설 『대지』에서 왕룽이 결혼하기 위하여 목욕하는 장면을 연상시킨다. 과연 박무도의 목욕은 성인의 세계를 엿보기 위한 최초의 의식이다.

이제 여기서 잠시 우리는 김주영에게 일차적으로 백정이란 무엇인지를 해석할 수 있는 하나의 가설을 세워볼 수 있을 것 같다. 백성은 단순히 하나의 직업이기 이전에 어린 그가 엿본 충격적인 삶의 모습이다. 여기서 중요한 것은 '엿본다' 라는 동사다. 김주영의 인물들은 도처에서 보아서는 안 될 장면을 엿보고 들어서는 안 될 소리를 엿듣고 있다. 그 엿보여지는 대상은 바로 어른들의 성인 동시에 공격성과 죽음(殺生)이다. 도살의 장면은 항상 여러 가지 방식으로 성과 중첩되어 있다는 것에 주목해볼 필요가 있다.

「휴면기」와 「아들의 겨울」은 엿본다는 행위의 중요성에 시각을 맞춰 읽는다면 동일한 이야기다. '나' 와 뚝이는 "가재처럼 재빨리 몸을 바위 뒤에 숨기고" 밀도살의 장면을 엿본다. 그 장면의 충격이 어찌나 컸던지 두 소년은 다 같이 "오줌을 싸버린다." 「아들의 겨울」에서 무도와 희자는 "이빨이 딱딱 부딪치는 것"을 느끼며 판자벽 틈으로 도수장 안의 풍경을 들여다본다. 뒤이어 칠성이 아버지가 박술의 낫에 찍혀 쓰러지는 장면을 목격한 소년은 나무막대를 희자의 팔목으로 착각한 채 휘어잡고 도망친다. 또 박무도는 칠성이네 아버지가 죽던 날 울음 소리를 따라 그 집 담장에다 귀를 갖다 대고 엿본다. 그때 그는 박술에게 "뒷덜미를 획 가로채여" 들려간다.

이와 같이 엿보는 행위는 『천둥 소리』의 신길녀가 행랑방을 문틈으로 엿보다가 '북두갈고리 같은' 차병조의 손에 입이 틀어막혀 들려가는 장면을 연상시킨다. 그 소설의 끝에서 작가 자신이 작품 구상의 출발로서 회상하는 어린 시절의 경험(뜸마을에서의 처형 장면과 "내 손을 거칠게 나꿔채어" 업고 뛰어 읍내의 집으로 데려다놓는 외삼촌)은 과연 이러한 '엿보는' 행위와 엿보여진 장면의 성격과 그 중요성을 충분히 말해주는 것이다.

다른 한편 도살, 혹은 처형의 장면이 성의 발견과 동일화되는 것은 그 두 가지 일이 일어나는 장소, 혹은 공간이 비일상적이고 외따로 떨어진 장소라는 사실과 무관하지 않다. 무수히 등장하는 외따로 떨어진 장소들은 매번 그 이름을 달리하고 있지만 그 묘사나 특징을 면밀하게 비교해보면 결국은 동일 공간임을 알 수 있다.

이 작가의 데뷔작인 「휴면기」의 서두가 '곳집'으로 시작되는 것은 의미심장하다. 사실 이 '죽음의 집'은 김주영의 상상력의 출발점이다. 이 '곳집'은 「아들의 겨울」의 도수장, 『천둥 소리』의 첫머리에 나오는 천궁과 그 모습이나 기능에 있어서 조금도 다를 바 없는 것이다. 우리가 이 세 작품을 김주영의 세 번에 걸친 데뷔작으로 간주하는 데는 그의 상상력이 깊은 뿌리를 담그고 있는 이 공간과 관련이 없지 않다. 그러나 일상에서 벗어난 외딴 장소, 죽음과 성과 탄생을 품어주는 이 신비스런 공간은 이 작가의 다른 여러 작품들에도 산재해 있다. 「아들의 겨울」에서 그토록 강한 호기심의 대상이 되고 있는 빈 사택의 건초 냄새 풍기는 광은 「천궁의 칼」의 천궁, 그 밖에 옹기굴, 대장간, 「익는 산머루」의 읍내에 있는 빈집, 황장재 아래의 주막

이나 월전리의 고택(『천둥 소리』), 나아가서는 「도둑 견습」의 마이크
로 버스, 「즐거운 우리집」의 채석장 절벽 위의 집 등의 공간들과 맥
을 같이한다.

　우리는 앞에서 단편 「겨울새」의 긍정적 전환을 언급하면서 '소장
사' 라는 직업과 '떠난다' 라는 동사에 주목한 바 있다. 장차 이 작가
가 다루게 될 가장 중요한 두 가지 테마 중 우리는 '소장사' 혹은 '도
살' 의 테마를 살펴보았으므로 남은 또 하나의 테마인 '떠난다' 는 동
적 주제를 눈여겨볼 필요가 있을 것이다.

　「아들의 겨울」의 대단원에서 마침내 어머니가 홀로 울고 있는 자기
집 앞에서 화자는 다음과 같이 술회한다.

　우리들의 장소가 어느덧 폐허가 되었듯이 이제 어머니와 나 사이에
서도 하나의 커다란 폐허가 자리잡게 되었다는 것을 나는 느꼈다. 아
니 그 폐허는 어른들이 만들었다기보다 내 키가 자라고 있음으로써 만
들어진 폐허인지도 몰랐다. (강조 필자)

어린 시절의 왕국이 무너져버린 그 폐허에서 비로소 성장한 인간
의 '떠남' 은 시작된다. 「겨울새」의 아들이 소몰이꾼이 되기 위하여
떠났듯이 「아들의 겨울」의 아들도 "먼 나라로 가는 한 대의 첫 버스"
를 타고 떠난다. 김주영의 작품 전체를 황량한 슬픔으로 물들이는 그
'겨울' 은 바로 어린 시절의 고통이 남긴 '폐허' 다. 그는 이제 "알 수
없는 나라, 길이 끊어지는 곳에서 왜가리가 되어 날게 될지도" 모른
다. 「아들의 겨울」과 더불어 김주영 소설의 제2기가 마감되고 이제
바야흐로 겨울새를 찾아서 떠나는 기나긴 여행의 시기인 제3기가 시
작된다. 김주영의 참다운 데뷔는 이제부터다.

　이 작가는 1979년부터 오늘날까지 겨우 4편의 단편소설을 썼을 뿐
이다. 「외촌장 기행」 「달맞이꽃」 「새를 찾아서」 「쇠둘레를 찾아서」가
그것이다. 이 제3기를 빛내는 작품들로는 단편들보다는 대하소설 『객

주』『활빈도』, 그리고 단연 세번째의 빛나는 데뷔작인 『천둥 소리』를 꼽아야 하겠지만 여기서는 지면 관계로 대하소설들 및 장편소설에 대한 분석은 생략할 수밖에 없다.

단편이건 장편이건 대하소설이건, 이 시기에 씌어진 모든 작품들은 하나의 근본적인 특성을 공유하고 있다. 그것은 바로 한결같이 제 집을 떠나와서 뿌리뽑힌 듯 객지로 떠도는 자들의 이야기라는 사실이다. 하기야 김주영이 쓴 작품치고 제 집에 들어앉아 한가하게 일상 생활을 영위하는 인물은 거의 없다. 아예 집을 나와서 산과 골짜기와 외딴집을 헤매고 다니는 소년, 구치실에 끌려온 남녀들, 도둑, 케이크 부대, 고아, 리어카 행상꾼, 거렁뱅이, 쫓겨난 여자 모두가 뿌리뽑힌 사람들 일색인 것이다.

그러나 제3기 소설들의 특징은 그 등장인물들이 기질적·직업적으로 길 위에서 떠돌 수밖에 없는 사람들이라는 점이다. 제2기의 단편들은 이미 그 같은 직업적 성격을 다분히 예고하고 있었다. 「익는 산머루」에 등장하는 아버지의 평상시 직업은 외장꾼이었고 「겨울새」의 아버지와 아들은 소장수다. 『객주』의 인물들이 직업적 보부상들이라는 사실은 새삼스럽게 지적할 필요가 없다. 활빈도(活貧徒) 또한 떠도는 자들이다. 그러나 직업적인 이유 이상으로 김주영을 떠돌게 하는 것은 바로 '기질'이다. 김주영을 진정한 작가로 만드는 것은 떠나지 않고는 견디지 못하는 그 기질이다. 이리하여 제3기에 이르면 '여행'과 '창작' 행위는 어느 면 같은 것이 된다. 김주영의 소설에 가벼운 차림으로 여행길에 나선 나그네가 등장하면 거기에는 항상 기이한 신명이 솟는다. 그의 소설은 길 위에서 비로소 아름답다. 그 소설의 아름다움은 떠도는 자의 아름다움이다.

「외촌장 기행」은 이미 그 제목이 말해주고 있듯이 떠도는 자의 여행기다. 이 소설의 아름다움은 떠도는 행위 그 자체가 아니라 떠돌이 생활과 정착에의 그리움 사이의 긴장 관계에서 생긴다. "나두 된장 보글보글 끓여놓고 벽시계 쳐다보면 밤 깊은 줄 모르고 자기 좀 기다려보았으면 얼마나 좋을까, 씨발." 산골의 낯선 여인숙 방에서 들리는 여자의 목소리다. 화자인 '나'는 "기다림을 소원하는" 그 여자를 구경하고 싶은 강한 호기심을 느낀다. 정착에 길이 든 "이 세상의 모든 유부녀들이 정말 지겨워하고 있는" 남편 기다리기를 그 여자는 열망하고 있는 것이다. 그 여자가 '나'와 길가의 구멍가게 집에 드는 것은 바로 그 '정착'에의 흉내일 것이다. 불가능한 정착의 흉내.

그러나 그녀의 속에 있는 그 무엇이 그 여자로 하여금 끊임없이 모든 것으로부터 떠나게 한다. 그 여자는 떠돌아다니는 행위 바로 그 자체이다. 그녀를 떠돌게 하는 동력은 그녀의 야성이다. "도대체 그녀는 이편에서 거절할 수 있는 틈이나 허점을 가지고 있지 않았다. 이를테면 그 여자는 원시적 체취 이외는 아무것도 갖고 있지 않음으로 해서 오히려 어설픈 예의나 지식 따위로 어설프게 무장된 나를 아주 깔아뭉개고 있는 판국이었다." 바꾸어 말하면 그녀의 야성, 혹은 원시적 체취는 머물지 않고 떠도는 운동 그 자체가 만들어내는 것이다. 김주영은 여기서 서서히 생명과 자유의 원리를 이끌어낸다.

객지로 떠돌아다니는 것은 본래 이 인물들의 직업이었다. 보부상은 물건을 사고 팔기 위해서, 야바위꾼은 남을 속여서 돈을 벌기 위해서, 「달맞이꽃」의 화자는 '옛날의 도부꾼'을 찾아내기 위해서, 또 누구는 '새를 찾아서' 혹은 '쇠둘레를 찾아서' 떠난다. 떠나고 또 떠난다. 그들은 매우 뚜렷한 목적을 가지고 있다. 어찌나 목적이 뚜렷한지 작품의 제목에 크게 나붙을 정도다.

그러나 결국 그 목적은 매번 그 뚜렷한 성격을 조금씩 상실해간다. "내 기대 앞에는 항상 철저한 배반이 두 손을 크게 벌리고 서 있었다. 이 여행을 시작한 지 꼬박 2년 동안을 나는 그 배반과 해후를 위해 집을 나서곤 한 셈이었다"라고 「달맞이꽃」의 여행자는 말한다.

매번의 여행에서 여행자는 배반을 만난다. 원래의 여행 목적에 대한 배반이다. 그러나 동시에 해후도 만난다. 있지도 않은 '옛날의 도부꾼'을 찾아나선 그는 옛날의 상처와 해후한다. '내'가 날카로운 이

징가미로 면상을 그어버렸던 그 여자와 그 상처는 동시에 '나' 자신의 상처이기도 하다. "새우젓 파는 장수"의 아들인 나 자신의 운명과의 해후이기 때문이다. 이리하여 하나의 해후는 또 하나의 해후를 향하여 나를 떠돌게 한다. 하나의 배반은 또 하나의 배반을 향하여 나를 떠돌게 한다. 여기서도 또다시 정착과 떠도는 삶은 서로 긴장 관계에 놓인다. "조금도 불행할 줄 모르는" 아내는 정착의 핵이다. 반면 소장사의 아내가 된 이런 시절의 소꿉친구는 떠도는 삶의 핵이다. 그러나 그 소꿉친구도 '산골 여인숙의 죠바'에 대해서는 또 하나의 정착의 핵이라 할 수 있다. 머물러 있는 자는 나를 떠나게 한다. 떠남은 머무르는 자를 만나게 한다. 끝없는 여행은 이렇게 계속된다.

이 떠돌이의 이야기들 중에서 가장 성공하고 있는 작품 중의 하나는 「새를 찾아서」이다. 이 작품은 김주영의 『잃어버린 시간을 찾아서』이다. 마르셀 프루스트가 잃어버린 시간을 찾아서 떠났다가 마침내는 하나의 방대한 소설을 얻었듯이 김주영 또한 새를 찾아서 떠났다가 마침내는 아름다운 단편소설을 하나 얻었다. 화자는 선림원사지의 답사 여행을 가기 위하여 일행 회원들을 태우고 갈 버스를 타러 약속 장소로 간다. 그러나 지각한 그를 기다리지 않고 버스는 떠나고 없다. 버스를 따라잡기 위하여 택시를 잡는다. "절터보다 일행을 뒤따라잡는 게 더 절박한" 상황이 된다. 결국 택시로 양양까지 갔고 양양에서 다시 오색약수터로 간다. 거기서도 일행을 발견하지 못하자 밤중에 낙산과 설악산 주차장을 모두 뒤져보나 다시 또 실패, 다시 오색으로 돌아왔다가 아침에 택시를 타고 선림원사지에 도착한다. 인적이 없는 그곳에서 몇 시간 동안이나 꼼짝 않고 앉아 똑같은 구도의 풍경을 응시한다. 한 마리의 새가 날아와 솔방울이 된다. 그제서야 선림원사지에 도착하는 일행과 만난다. 나는 혼자 떠난다.

원래는 절터를 찾아 떠났지만 나중에는 일행을 뒤따라잡는 것이 더 급해지는 것과 같이 본래의 목적이 새로운 목적을 낳고 이리하여 매번 새로운 해후가 차례로 하나씩 생겨나면서 연속되고, 그리하여 본래의 목적이 아니라 과정의 연속 그 자체가 목적이 되는 여행, 그것이 바로 김주영의 삶이요, 그것이 또한 소설이다.

　움직이지 않는 것은 삶이 아니라 죽음이다. 날지 않는 새는 새가 아니라 솔방울이다. 우리는 여기서 지칠 줄 모르고 길을 가고 또 가는 『객주』의 도부꾼들을, 그들의 끝없는 해후와 이별을 생각하게 된다. 돈을 벌고 생계를 유지하려 했던 애초의 목적보다도 등짐을 지고 밤낮없이, 산등성이로, 소로로, 개활지로, 산 넘어 물 건너 가고 또 가는 것이 목적이 되어버린 듯한 도부꾼들의 삶을 생각하게 된다. 김주영은 언어의 도부꾼이다.

　"적절한 어휘를 찾아나선 사냥꾼이라는 측면에서 시인들을 관찰해 보면 그들은 두 가지 부류로 대별된다. 그 중 한 부류는 새잡이꾼들이요 다른 하나는 몰이꾼들이다. 랭보는 앞서의 부류에 속하고 말라르메는 나중 부류에 속한다. 나중의 부류가 성공할 확률도 훨씬 더 높고 수확도 또한 전자에 비길 바 아니다. 그러나 그들은 사냥감을 산 채로 잡아올 줄 모른다." 쥘리앙 그라크의 말이다.

　김주영의 인물들이 찾고 있는 '새'는 삶이요 생명이요 아름다움이다. '새'는 명사가 아니라 동사인지도 모른다. 새를 "산 채로" 잡기 위해서는 엄청난 도로가 필요하다. 날아다니는 새를 잡으려면 나도 끊임없이 떠돌지 않으면 안 된다. 처음부터 산 채로건 죽은 채로건 많은 사냥감을 노획하는 것이 목적이었다면 용의주도한 작전에 의거하여 몰이꾼처럼 추격해가면 그만일 터이다. 그러나 찾고자 하는 대상이 살아 있는 채로의 아름다움이라면 새잡이꾼처럼 밤새도록 헤매고 다닐 수밖에 없다. 선림원사지를 찾아가는 사람의 이야기에는 나레이터가 어린 시절에 누나와 함께 체험한 새잡이 이야기가 회상의 형식으로 삽입되어 있다. 그 새잡이는 과연 기나긴 기다림과 헛된 노력의 연속이다.

그 극성스런 덴찌꾼들이 북새판을 놓고 난 뒤를 따라다니면서 혹시 그들이 놓치고 지나가버린 새집을 후리거나 아니면 오래오래 밖에서 떨며 서성이다가 덴찌꾼들의 분탕질에 놀라서 도망간 새들이 다시 저희들의 구멍집으로 돌아올 때를 기다렸다가 새집 사냥을 하곤 했기 때문에 우리는 무수한 시간을 무작정 떨면서 새들을 기다리곤 하였다. 겨울밤 허공을 나는 새들은 흡사 돌멩이처럼 까맣게 보였다. 새들은 도망나온 깃으로 재빨리 찾아들기보다는 희뿌연 허공 저쪽을 날아서 사라져버리곤 하였다. 우리는 남의 집 깟짓동에 기대 앉거나 불꺼진 쇠죽솥 아궁이 앞에 앉아서 도망나간 새들이 깃을 찾아들기를 무작정 기다리는 것이었다.

"가계가 넉넉한 집"의 아이들이 갖추고 있는 효과적 사냥의 도구인 "덴찌"라든가 "허약한 시골 아이들에게는 보신이 되는" 참새고기, 그래서 "겨우내 육고기 맛을 볼 수 없어" 새집 후리기에 거의 아귀다툼이다 싶게 열중하는 아이들은 모두 앞에서 지적한 '몰이꾼'의 세계에 속한다. 반면 '나'와 누나 역시 다른 아이들과 똑같이 '새를 찾아서' 같은 과정을 밟고 있지만 우리들의 지명은 언제나 '서투르다.' 더군다나 "덴찌는 그만치 결정적인 물건"임을 잘 알면서도, "그 덴찌라는 물건을 한없이 부러운 눈초리로 바라보았으면서도 그것을 손에 넣겠다는 데까지 생각이 미치지 못했었다." 그것은 과연 '이상한' 일이었다. 흔히 이런 신비스럽고 설명하기 어려운 그 무엇이 한 작가의 기질을 설명해주곤 한다.

'새잡이꾼'으로서 김주영은 무엇을 찾고 있는 것일까? 물론 '새'를 찾고 있다고 간단히 대답할 수 있다. 그러나 그렇게 간단하지 않다. 우선 그는 "그래서 우리는 새를 잡아본 적이 없었다"고 술회한다. 그리고 좀더 깊이 생각해보면 이미 '잡힌' 새가 과연 새일까 하는 의문도 생긴다. '몰이꾼'과는 판이한 '새잡이꾼'의 특징은 바로

"산 채로의" 생명을 포착하려는 데 있는 것이다. 주질러 앉아서, 고여서, 정지해서 썩거나 고갈하거나 굳어지는 삶이 아니라 어떤 방식으로건 살아서 움직이는 생명이 김주영에겐 관심의 대상인 것 같다. 좀 성급하지만 결론부터 이야기하자면 김주영의 문학은 목적지의 문학이 아니라 찾아가는 과정의 문학이다. 그의 대다수의 주인공들은 '술과 외박과 여행'을 가장 좋아한다는 작가 자신과 같이 제 집 밖에서 떠돌고 있다. 그는 언제나 길 위에 서 있다. 김주영의 문학은 무엇을 찾아가고 있는 자, 아니 가장 흔하게는 무엇을 찾는지도 잘 알지 못한 채 길 위에서, 거리에서, 장터에서 떠도는 자들의 문학이다. 그러나 '떠돈다' 라는 말이 지닌 다소 허무주의적인 어감은 그 볼륨을 낮추어서 생각할 필요가 있다. 그의 떠돌아다니는 인물들은 염세주의자들과는 달리 생명감으로 충만해 있기 때문이다.

　기나긴 기다림과 도로의 끝에 '나' 와 누나는 마침내 새집에서 새를 잡게 된다. "살아 있는 새와의 첫번째 만남은 충격적이었다"고 화자는 말한다. 손끝에 "뭉클한 온기"가 와 닿는다. 그러나 꽉 움켜쥐는 순간 "손바닥이 물어뜯기는 듯한 따끔한 충격"과 더불어 새는 구멍집을 빠져나갔다. 세로운 시건. 세기 불 커놓은 방안으로 들어갔다. 간헐적으로 벽에 부딪히는 깃털 소리. 우리가 몸을 던질 때마다 "엉뚱한 곳에서" 들려오는 날갯짓 소리. 어둠 속에서 보이지 않는 새와의 혼전. 그리고 마침내 아무 소리도 들리지 않는다. "열려 젖혀진 방문으로부터 희미한 그믐날이 새어들고 있었다." 새는 보이지 않는다. 꿈이었을까? 리얼리스트 김주영의 소설에서는 환상이나 꿈은 흔하게 보이지 않는다. 「아들의 겨울」 속에서 우리를 신비의 꿈속으로 안내하곤 하던 그의 초현실주의는 어디로 갔을까? 하기야 길 위를 떠도는 자의 지나간 이정은 그 자체가 이미 하나의 덧없는 환상이요 꿈인지도 모른다. 소설은 바로 그 환상과 꿈이 변하여 만들어진 것이다. 그러나 여전히 새는 어디선가에서 날아가고 있다. 그 뒤를 좇아 여행자도 줄기차게 가고 있다. 그 이어지는 떠남이 생명이기 때문이다. 힘겨운 바위를 굴려올리는 시지푸스가 끝내는 바위를 닮듯이 겨울 하늘을 나는 새를 찾아가는 김주영 자신은 벌써 새를 닮아간다.

야야, 기다리자. 지놈이 워딜 가겠냐? 이 세상 끝이 바로 이 집구석이라는 걸 진들 알게 될 날이 오지 않겠냐?

「겨울새」의 어머니는 며느리의 차가운 손을 감아쥐며 이렇게 말한다. 이 세상 끝까지…… 김주영에게는 그렇게 갈 힘이 충분히 있는 것 같다. 그 겨울 하늘, 그 폐허가 생명의 밭으로 변할 때까지…… 그리하여 언젠가는 우리도 작가 김주영과 더불어 우리의 끝없는 떠남의 목적이 우리들 속에 잠재해 있음을 알게 될지도 모른다. 마치 '우심도(牛深圖)'의 소년이 소를 만나듯이, 여행자가 솔방울로 변한 새를 만나듯이, 우리는 길 위에서 문득 자신의 참모습을 만나게 될지 모른다. 겨울 하늘의 폐허와 같은 공간을 날아가는 새의 문학은 궁극적으로 어떤 구도(求道)의 문학이라고 볼 수 있다.

〔『새를 찾아서』 해설, 1987〕

‘집’과 ‘여행’의 단편 미학

김 만 수

I. 70년대 소설에서 풍자의 양상

김주영 소설의 특징은 농촌을 배경으로 할 경우 토속적인 환경의 설정, 향토색 짙은 언어와 현장감 있는 비어·속어·해학의 구사, 도시를 배경으로 할 경우 소외된 인간에 대한 니힐한 묘사와 동물적인 환경 속에서의 생존에 대한 진한 회의, 이를 통한 비극적인 정황의 제시 등으로 요약된다. 이러한 그의 주제는 다시 농촌을 배경으로 할 경우 방영웅의 『분례기』와 이문구의 『관촌수필』에 적절히 형상화된 바와 같은 농촌의 자족적이면서도 운명적인 생활상의 묘사로 이어지며, 도시를 소재로 삼는 경우 70년대의 인기 작가군이라 할 수 있는 조선작·조해일·최인호·박범신·김홍신의 작품에 주로 등장하는 주제인 “상경한 촌놈이 겪는 도시의 세상물정”의 언저리에 머무른다. 먼저 도시를 소재로 한 작품들을 보자.

김주영을 포함한 이들 70년대의 인기 작가들은 급작스런 도시화와 산업화 와중에 던져진, 그래서 삶의 방향이나 기초를 송두리째 빼앗긴 자들이 겪는, 삶의 부박함과 어수선함을 주제로 삼고 있기에 그 묘사가 다분히 풍자에 기대고 있는 편이다. 이들 작가들 중 특히 김주영이 보여주는 걸쭉한 입담은 더욱 압도적이어서, 풍자의 한 속성을 그대로 드러낸다. 웃음이 가지는 공격성을 적절히 배치하는 것을 풍자라 부른다면, 「악령」「즐거운 우리집」「즉심 대기소」「모범 사육」「도깨비들의 잔칫날」 등의 그의 초기 단편들은 인간성이 상실된 부정적인 인물들의 군집 상태를 생태학의 차원에서 참으로 잘 드러낸, 지극히 풍자적인 작품들일 것이다.

그러나 풍자는 풍자하는 인물이 풍자의 대상이 되는 인물보다 지적·윤리적으로 우위에 설 때만 가능하다. 적어도 얽히고설킨 현실의 복잡한 부면을 잘 드러낸 성공적인 소설에서라면 풍자당하는 인물이 역으로 상대를 풍자하고, 작중화자마저도 풍자의 대상이 되는 복합적인 구성의 중첩을 활용할 것이다. 말하자면 작가는 이들 부정적인 인물들간에도 나름의 층위가 있음을, '뛰는 놈 위에 나는 놈'이 있음을 정확하게 드러낼 수 있어야 한다. 물론 그러기 위해서는 작가의 통찰력이 전제되어야 할 것이다. 세태 풍자적인 주제들이 70년대 소설의 단골 메뉴가 되었음은 잘 알려진 사실이지만, 조금은 별난 이 '촌놈의 도시 구경'이라는 모티프는 우리 소설사에서 다분히 흥미 위주의 박람기(博覽記)로 끝나버린 느낌이 없지 않은 것이다.

주지하다시피 도시는 자연적인 질서를 인위적으로 재구성한 공간이며, 여기에는 자연적인 질서와 적대적인 일면이 음험하게 자리잡고 있다. 클라우제비츠는 흥미롭게도 군대 조직을 도시 조직과 비교한 적이 있는데, 여기에서 그는 양자 공히 생산적이기보다는 소비적이라는 점, 시간 엄수 등의 엄격한 규율과 통제에 의해 유지된다는 점을 들고 있다. 그의 말을 곱씹어보면, 군대 조직 내의 잘 발달된 통신 체계나 운송 체계는 물론, 현대 문명이 자랑하는 전화기라든가 자동차·시계의 보급조차도 좀더 엄격한 인력 통제의 수단에 지나지 않는다. 말하자면, 도시와 군대는 그 속성상 약육강식의 생존 논리를 배우고 익히며 실습하는 곳이다. 우리가 걸프전에서, 혹은 도시에서 벌어지는 온갖 사기 행각과 파렴치와 부도덕의 담합 속에서 목도하고 있는 것처럼, '뛰는 놈 위에 나는 놈'이 존재하고, 그들간의 먹이 사슬은 잘 훈련된 군대나 도시에 있어서 몇 겹의 층위를 이룬다. 그 층위를 형상적 측면에서 분명하게 드러낼 수 있는 자만이 리얼리즘 작가라는 명칭에 값할 수 있다.

나는 몇 줄 앞에서 이러한 소재들이 우리 소설 속의 주된 고민으로 다루어지지 못하고, 웃음과 비아냥의 차원에서 다분히 대중소설적인 흐름으로 전락하지는 않았는지 문제를 제기했다. 아마도 후대의 문학사가들은 산업화와 도시화라는 동일한 소재와 엇비슷한 문제 제기 하에 씌어진 이들 작품에서 70년대적 사회 현실의 모순을 진정 탁월하게 묘파해낸 작품은 과연 어느 작품이었는가를 가려내야 하는 어려움에 직면하게 될 것이다. 작품의 옥석(玉石)을 가려내는 기준은 표면에 드러난 소재나 주제가 아니라, 그것을 다루는 작가의 독특한 방법에 있기 때문이다. 그리고 그것만이 형상으로서의 문학에 해당한다.

어쨌든 적어도 '뛰는 놈 위에 나는 놈' 묘사에 관한 한, 김주영의 솜씨는 기막히다. 초기의 단편들인 「마군 우화」 「무동타기」 「비행기타기」 「금의환향」이나 중편 「칼과 뿌리」는 모두 이에 관한 관찰의 기록이다. 「마군 우화」에서 주인공 마규석은 오과장의 비리를 발견하고 사장에게 이르지만, 사장은 오히려 마규석을 해고시킨다. 그 비리가 사장의 지시에 의해 이루어지고 있었기 때문이다. 「무동타기」와 「비행기타기」에서 주인공은 벽촌에 미군 기지와 비행장이 들어선다는 소문을 듣고 횡재를 노리고 나름의 영악함을 발휘하지만, 그 소문은 이내 거짓임이 드러나고 주인공은 막대한 손해를 입고 망신을 당한다. 또한 「금의환향」에서 낙동강 수몰 지역에 살고 있는 주인공은 보상금을 좀더 받으려고 갖은 방법을 동원하지만, 결국 그 보상금은 노름꾼·투기꾼·사기꾼의 수중에 들어가고 만다. 「칼과 뿌리」는 좀더 사실적이고 구체적으로 '뛰는 놈 위에 나는 놈'들의 먹이사슬을 보여준다. 잎담배 수납기를 맞아 농민들은 좀더 높은 수매가를 받기 위해, 검사원들에게 뇌물을 바치지만, 검사원들조차 신문기자와 지서 장 등등의 강자 앞에서는 약자일 따름이다.

Ⅱ. 단편의 묘미, 그러나 그것이 지니는 한계

그러나 김주영이 사용하는 풍자의 방법에 대해서는 긍정적인 평가 뿐만 아니라 부정적인 평가도 많았음을 부기해둘 필요가 있다. 예컨 대 김윤식은 "치밀성이 부족한 곳에 풍자가 놓일 수 없으며 망설임이 동반되지 않는 곳에 모랄의 의미는 부분적일 뿐이다"라고 보아 김주 영의 소설이 풍자에 성공하지 못했음을 주장했고, 김병익은 현실 묘 사에 있어서 "콩트적인 처리만으로는 완전한 묘사가 불가능"하다는 전제하에 "콩트적인 시선과 처리가 보편적인 관찰, 비극적인 인식을 유도한다고 기대하기는 힘들다"라고 보아, 김주영 소설의 경쾌한 속 도감, 재치 있는 반전 등의 소설적 재미에 대해서는 긍정하면서도, 콩트적인 취약성과 한계를 극복하는 것이 이후의 과제임을 지적했 다.

이러한 지적들은 김주영이 보여주는 소설적 재미가 파편화되고 추 상화된 인물 유형의 설정과 콩트적인 구성에 머물고 있음을 새삼 확 인해준다. 말하자면 그의 작품에는 소설이 감당해야 할 치밀함과 판 단의 망설임이 부족하다. 볼프강 카이저의 이론에 따른다면, 그의 작 품 구성은 정점에서 이미 구르기 시작한 돌과 같은 것이어서 도중에 멈추거나 망설일 수 없고, 시위를 떠난 화살이어서 주변을 관찰할 경 황이 없다(카이저는 이러한 비유를 단편소설과 장편소설의 차이를 설명 하는 데 동원한다. 그의 소설은 카이저가 비유를 들어 설명한 위의 단편 소설적 구성에 그치고 있다).

사실 김주영은 단편소설에서는 촌철살인 격인 구성의 묘를 보여 주지만, 장편소설에서는 구성의 긴장도 느슨하며, 입담과 해박한 풍 물의 묘사에 의존한 세태 풍자의 수준에 머물고 있다.『목마 위의 여 자』『위대한 악령』등의 장편소설은 단편에 합당한 주제와 구성을 구수한 입담에 의존하여 분량을 늘린 중언부언의 장편소설에 머물러 있는 편이다. 김주영 특유의 거칠고 공격적인 언어 구사, 우화적인 상황 설정, 오염되지 않은 순수를 향한 동경, 세태를 실감나게 풍자하면서도 인간 심리의 악마적인 속성을 적나라하게 드러내는, 종횡무진의 솜씨는 가히 묘득(妙得)의 경지에 이르고 있는 것으로 볼 수도 있다. 그러나 대부분의 독자들은 김주영이 야심적으로 드러내는 이러한 공격성이 작품의 결말에 이르러서는 이유 없이 실종되거나 이해하기 힘든 돌발적인 상황으로 급전되는 것을 발견하게 된다. 단편적으로 어떤 상황이 제시되기는 하나, 그 상황을 가능하게 하는 전후 맥락이 보이지 않기 때문이다.

무릇 소설에서는 아무리 시적인 암시가 풍부한 경우에도 현실성이 결여된 경우는 형식 미달로 간주된다. 말하자면 현실의 구체성에 끈을 잇지 않은 구성은 금기에 속하는 것이다. 그런 점에서 보면, 그가 집착하는 단편의 형식들은 좀더 사실적이고 설득력 있는 내용 전개를 수반해야만 온당한 풍자의 정신에 도달할 수 있을 것으로 보인다. 그에게 있어서는 예컨대 6·25조차 우연한 소재일 뿐, 작품의 주제와는 직접적인 관련을 맺지 않는다. 「익는 산머루」의 여주인공 순덕, 「쇠둘레를 찾아서」에 등장하는 전쟁중에 남편을 잃은 누님의 모습은 6·25를 암시하기에 충분하지만, 꼭 6·25라는 역사적 사건에 의미를 두고 있는 것은 아니다.

물론 이러한 방식은 이후에 그가 천착한 『객주』와 『천둥 소리』에 이르러서 어느 정도 극복되는 것으로 평가되고 있지만, 이들 작품들조차도 필자의 생각에는 숱한 단편들의 묶음으로 보인다. 『객주』 같은 대하소설은 처음부터 끝까지 읽는 것이 물론 원칙이겠으나, 중간중간 발췌해서 읽는 독법도 훨씬 생동감 있고 재미있게 이 작품을 읽는 방식이라고 생각한다. 그 이유 중의 몇 부분을 찾아보는 것이 이 글의 목적이다.

III. 고향: '집'의 상징성과 현실적 변용

김주영은 「휴면기」로 1971년 10월 제8회 월간문학 신인상을 받고 곧이어 「깊은 강」 「열기」를 발표한다. 이 세 작품은 고향의 원형적 공간이 외부에서 밀려들어오는 어떤 힘에 의해 순식간에 허물어지는 모습을 그리고 있다. 그 고향의 쓸쓸하고 비참한 쇠락은 이들 세 작품에서는 유년기의 '집'의 파괴로 표현된다. 먼저 「휴면기」를 보자.

「휴면기」에서 아이들은 사냥꾼의 덫과 비행기의 기총소사에 쫓겨온 노루를 '곳집'에 가두어둔다. 외부의 적들로부터 노루를 보호하기 위함이다. 그들이 노루를 보호하는 이유를 작가는 확실히 밝히고 있지는 않다. 다만 작품에서는 노루의 가쁜 심음(心音)과 아이들의 숨결이 공조(共調)되는 모습이 보일 뿐이다.

노루가 곳집에 뛰어들었다는 사실. 그것은 기묘하게도 상당한 시간이 흐른 뒤에 비로소 절박한 현실감으로 느껴져왔고 그래서 우리는 갑자기 곳집을 향해 뛰었던 것이다. 우리는 몸뚱이를 둘둘 말아올리는 흥분으로 거의 미칠 지경이었다. 호흡이 혀뿌리를 칼칼하게 타넘어오고, 발바닥이 땅에 닿을 적마다 커다란 충격음이 갈비뼈에 와서 쿵쿵거렸다.

그러나 노루는 아이들의 손에서 보호될 수 없다. 비행기(와 늑대)가 노루를 덮치려 하고, 인민군 낙오병들은 이 노루를 볼모로 아이들에게 술을 요구한다. 아이들은 술을 가까스로 마련해주지만, 인민군들은 노루를 잡아먹으려 한다. 아이들에 비해 어른들은 강하고 현실적인 것이다.

여기에 등장하는 '곳집'은 정신분석학자들의 설명처럼 닫힌 상자갑이나 주머니 등의 상징과 함께 자궁을 의미하는 경우도 있을 것이다. 또한 그곳은 유년의 안식처이기도 하고, 현실의 곤비함에서 잠시

나마 벗어날 수 있는 몽상의 공간이기도 하다. 그곳은 '그곳'이라는 부정형으로 불러야 마땅할 어떤 성스러운 장소였다. 성인이 되기 위해서 우리는 '그곳'을 떠났노라고 말하지만, '그곳'의 기억은 완강하게 우리를 따라다닌다. 김주영의 이 세 작품은 그곳에 대한 집요한 지향의 산물이다.

「휴면기」에서 '그곳'의 모습은 세 겹으로 나타난다. 첫째는 개미집의 묘사. "대개 썩은 나무 밑동 근처나 산짐승의 분뇨가 굳어 있는 근처에서 대가족의 개미집을 발견할 수 있었다. 그것은 언제나 뚝이 편에서 '어!' 하고 가리키는 곳에 있게 마련이었다. 우리는 개미집 주위에 개구리처럼 다리를 조이고 앉았다." 둘째는 앞서 인용한 노루의 곳집. 그러나 이 두 개의 집들은 곧 파괴된다. 개미집은 아이들의 장난만으로도 쉽게 부서지며, 노루를 가두어두었던 곳집에는 괴뢰군이 들어와 그곳을 파괴한다. 세번째 집은 아직 "수색하지 못한 유일한 놀이터"인 대장간이다. "우리는 무작정 대장간 속으로 뛰어들어갔고, 풀무 뒤에 있는 화덕 위로 가서 걸터앉았다. 하루종일 낮더위에 삶긴 화덕은 미지근한 열기를 품고 있었다. 그 열기는 가벼운 아쉬움으로 우리의 가슴에 집혀왔다." 집 속에 가두어둔 불씨, 따뜻한 온기야말로 그의 상상력의 중심에 놓여 있다. 다시 묻기로 하자. 그가 짧은 분량의 단편 속에 세 개의 집을 반복적으로 등장시킨 이유는 무엇일까. 그리고 거기에 감추어둔 따뜻함의 의미는?

바슐라르의 『공간의 시학』(곽광수 역, 민음사)은 온통 '집'이라는 공간에 대한 상상력에 할애되어 있는 만큼, 이 책의 몇 구절을 인용한다면, 집은 "세계 안의 우리들의 구석"이며 "우리들의 최초의 세계"(p. 115)이기도 하다. 그러므로 '집의 모성'을 우리가 꿈꿀 때에는 "물질적 낙원의 그 원초적인 따뜻함, 그 잘 중화된 물질에 참여"(p. 119)하게 되는 것이다. 말하자면 "내부 공간의 내밀함의 가치들에 대한 현상학적 연구를 위해서는 집은 명백히 특권적으로 알맞은 존재이다"(p. 113). 또한 바슐라르는 집의 이러한 상상적 테마가 우리들을

"중심성에 대한 의식으로 이끌고 가는 것"(p. 113)임을 또한 밝히고 있는데, 김주영에게 있어서의 '집'은 유난히도 어떤 '중심성'에 이끌리고 있다.

우선 그 중심성은 '고향'으로 해석할 수 있다. 개미집이나 곳집처럼, 그리고 대장간조차도 결국에는 파괴될 운명의 집이지만, 그에게 있어서 이들 집들은 유년기에 대한 추억의 장소이기도 하고, 어머니와 여성에 대한 그리움의 공간이기도 하다. 요컨대 집은 김주영에게 있어서도 세계의 최초이고, 세계의 전부인 것이다. 그리고 '그곳'은 도처에 편재해 있다.

「깊은 강」 또한 '그곳'의 상실에 대한 아픈 기록이다. 물굽이가 느린 강기슭에 나루터가 있고, 한 사내가 "조상 보겠다고 길 나선" 사람들에게 강을 건네주는 따위, "마을의 배를 나루질해준다는 대가로 가을에 받아내는 모곡이로 식솔이 먹고 살아간다." 그런데 이 강에 다리가 놓인다는 소문이 퍼지기 시작한다. 사내는 그 소문을 듣고 분노와 허탈감을 느낀다. "적어도 이십 년을 왜가리처럼 이 나루터를 지키며 나루질 하나만으로 살아온 그의 면전에 대고 스스럼없이 그런 이야기"들이 오간다는 것, 무엇보다도 "자기가 띄우는 배가 아니면 가잿골 사람들의 읍내 출입이 막힌다는 조그만 자부심이 조각나 부서지는 허탈감" 때문인 것이다. 그 소문은 사내에게 거대한 괴물의 모습으로 다가온다. 낯설게 하기의 방식으로 집요하게 묘사되고 있는 그 괴물의 모습은,

어디선가 차소리 같은 게 가까이서 들려왔기 때문이었다. 그것은 흡사 두꺼운 구름 속을 날아가는 비행음 같기도 하였다…… 한참만에야 차는 그 걸신스런 모습을 강변에 나타냈다. 붉은 바윗덩이를 연상시키는 그 차는 어디선가 이가 맞지 않아 둔하게 걸려돌며 걸쭉한 쇳소리를 뿜어냈고, 몸체는 금방 부엌에서 기어나온 듯 왼통 그을음투성이였다. 차는 역시 쇠로 된 발(체인)로 자갈을 득득 긁으며 건드럭거리고

다가와선 강을 스무 발쯤 앞에 둔 용필네(막소주집) 집 앞에 턱 멈추어 섰다. 페유 냄새가 풍겨왔다.

그 괴물이 강에 다리를 놓을 때 사용될 불도저임은 이내 밝혀지지만, 그 괴물과 함께 온 사람들도 흉물스럽기는 매한가지다. "기름투성이인 그들의 작업복이 비에 젖자, 이상한 냉기 같은 걸 발산하며 은찔은찔 번들거렸다." 이들 괴물들은 마침내 공사를 시작한다.

황토. 그 비리칙한 색깔이 장가의 시선에 쏟아져 들어왔을 때, 그는 왠지 칼칼한 갈증을 느꼈다. 불도저가 내뿜는 둔탁한 소음은 그의 귓가에 와선 날카롭게 찢기어져 그의 뇌리 속으로 뜨겁게 난사되어왔다…… 한쪽 어깻죽지가 벌겋게 잘린 산등. 장가에겐 그게 자꾸 자신의 처참한 모습으로 연상되는 것이었다.

그 괴물이 조국 근대화를 기치로 내걸고 70년대 전체를 광기와 폭력으로 몰고 갔으며, 그 결과물인 산업화와 도시화의 혜택이 우리로 하여금 무절세한 욕망에 사로잡히게 하고, 반면 자연의 질서를 존중하는 지혜는 철저히 억압되는, 황폐한 90년대적 삶의 토대를 이루었다는 것, 그리고 그 괴물이 노린 바 그대로의 공해와 생태계 파괴로 귀결되었다는 것을 부차적으로 지적할 수도 있을 것이다. 그것을 지켜보는 작가의 시선은 날카롭다. 농촌의 지족적인 공동체가 서서히 파멸되어가는 모습을 그리고 있다는 것이 위 작품의 표면적 주제를 이루고 있다는 것은 당연하다.

그러나 그 분노는 사회적 분노라기보다는 '그곳'의 파괴에 대한 생래적인 분노와 저항으로 표출된다. 김주영에게 있어서 고향은, 우리들에게 있어서 최초의 집이 그러하듯, 세계의 일부이지만 세계의 중심이다. 그러므로 고향에 대한 그의 애착은 편파적이고, 극단화하여 말한다면 병적인 것으로 비약될 가능성마저 안고 있다. 현실적인 모

든 사건은 고향의 시각에서 해석되며, 고향은 모든 것의 중심에 있
다. 타향에 나서면 고향 까마귀만 만나도 반갑고, 고향 사람들은 모
두 선인으로 그려지는 것. 심지어 장편소설인『천둥 소리』에서도 선
인/악인의 대립은 고향/타향의 대립으로 나타난다. 신길녀를 둘러싼
세 명의 남성들은, 고향 사람인 황점개가 가장 긍정적인 인물이며,
일본물을 먹고 돌아온(고향에서 가장 멀리 떨어진) 차병조는 가장 악
한 인물로 설정된다. 가까운 대처에 사는 지상모는 그 중간 정도의
윤리 의식을 갖고 있다.『천둥 소리』의 결말 부분에서 '토착파 좌익'
인 황점개는 '외래파 좌익'에게 살해되는데, 이러한 설정조차 타향에
대한 고향의 윤리적 우위를 은연중에 말하는 것일지도 모른다. 고향/
타향의 대립이 선인/악인의 대립으로 이어지고 있음은 그에 있어서
는 어쩔 수 없는 선험적인 진리처럼 보인다.「깊은 강」과「열기」를
좀더 살펴보자.

　「깊은 강」에서 도회로 나간 주인공의 딸은 처녀의 몸으로 애를 밴
다음, 그래도 "천상천하에 의지할 곳이라곤 애비[고향: 필자]"밖에
없으므로 집에 돌아온다. 도회에서 그녀는 식모살이를 하며 잘 먹고
지냈노라고 말했지만, 정작 낳은 아기는 "이건 흡사 쥐어짜논 걸레조
각이란 게 꼭 맞는 말이었다. 아이의 전체가 서리 맞은 조밭 무였다."
이처럼 그에게 있어서, 도시와 기계는 농촌 사람들의 심성과 육신마
저 망치게 하는 적대적인 것으로 그려진다. 반면 그를 전율케 하고
내적 생명으로 충일케 하는 것은 자연이다. 우리는 그의 작품 곳곳에
서 순한 노루, 사심 없는 바보 총각, 어린이들의 성에 대한 순연한 호
기심, 도살장과 쇠전의 생명감, 그저 그런 시골 아낙, 실한 소를 고르
는 기준으로 며느릿감을 고르는 촌부의 속 편한 세계로 인도된다. 착
한 심성과 순한 짐승들로 가득 찬 그 길은 매우 목가적이고 평화롭
다.

　「열기」는 그 길을 더욱 평온하게 보여주고 있다.「열기」의 주인공
은 전방 근무중 고향의 한 바보 사내를 만난다. 그 사내는 군부대 내

에서 암내가 난 암퇘의 우리에 임시로 수용되는데, "사내는 내가 보고 있는 것에도 아랑곳없이 바지를 몽땅 아래로 내리고 수음을 시작하는 것이었다. 그 동작은 암퇘의 발작과 비례되어 절절하게 가속되었고, 그리고 이마 위에 식은땀을 흥건히 고여내곤 깊은 낮잠 속으로 빠져드는 것이었다." 주인공이 사내를 동정하고 도움을 주는 이유는 그가 암퇘의 발정을 완화시킬지도 모른다는 현실적인 기대감 때문인 것처럼 설정되어 있지만, 그가 고향 사람 때문인 것이 더욱 강하다. 발정난 돼지에 가까운 행동을 보인 그 남자를 고향의 아내에게 돌려준 다음, 주인공은 그 사내의 아내를 만나게 되는데, 주인공은 그녀에 대해,

　　나는 자신도 모르게 저 깊은 곳에서부터 탄성을 뽑아올렸다. 그녀에게서 한 가정의 소중한 질서가 되찾아진 기쁨을 보았을 뿐 아니라, 한 산골의 촌부가 갖고 있는 잉태의 소망을 위해, 그것이 설령 그녀의 잉태와는 연관되지 않는 전연 별개의 동작이라 하더라도 오랜 세월은 또 남모르는 곳에서 진통을 겪는다는 것……

으로 미화된다. 그녀는 고향이기 때문이다. 그는 동물을 의도적으로 등장시켜, 인간과 비교함으로써 인간의 동물보다 못한 속성을 폭로하고 풍자하는 방법을 사용한 셈인데, 이러한 그의 대위법적인 설정조차 '중심' 으로서의 고향에 대한 애착의 한 부면이다.

IV. 도시: 집 떠난 자가 겪는 부박한 삶의 공간

고향을 그리는 김주영의 시각이 이토록 따뜻한 긍정과 무조건적인 애착에 근거하고 있다면, 도시에 대한 그의 묘사는 풍자의 적정선을 넘어설 정도의 악의와 비아냥거림으로 가득 차 있다.

'상경한 청년' 은 「과외 수업」에서처럼 기묘한 형태로나마 도시적 질서에 편입되는 경우도 없지는 않으나, 대부분 도시 적응에 실패한

다. 「바보 연구」에서 건장한 청년이었던 주인공은 차력사들을 따라다니다, 어처구니없는 차력사 흉내내기로 인해 죽게 된다. 「서울 구경」에서 주인공은 도시의 착실한 중산층 가장이 되나, 시골에서 올라온 노모의 눈에서 보면 "그놈의 가족 계획" 때문에 창경원의 "원숭이도 내지르는 새끼를 장가간 지 5년이 되는 자식이 아직 자식새끼 하나 없"는 불효막심의 천덕꾸러기일 따름이다. 서울이라는 곳이 "토악질하기"에 딱 알맞은 곳이라는 게 노모의 결론이다. 「어디가 아프십니까」에서 33세의 모범 회사원은 이유 없이 자살하는데, 그의 일상에서의 일탈 욕구가 규격화된 도시에서 개인이 느끼는 소외 때문임은 물론이다. 도시에서는 그가 동경하고 소중하게 지켜져야 할 것이라고 생각하는 자연적 질서가 파괴될 수밖에 없는 것이다.

고향에서 도시로 나간 인간이 필경 타락의 길로 접어드는 것처럼, 유년의 시기에서 성년의 시기로 들어가는 길목에도 타락이 자리한다. 농촌/도시의 대립이 공간적인 대립 구조라면, 유년/성년의 대립은 시간적인 대립 구조로 기능한다. 예를 들어 학교에 입학하면서부터 타락은 시작된다. 그의 소설에는 아이들이 작중화자로 자주 등장하는데, 이는 유년과 성년을 대립적으로 보는 작가의 관점이 늘 강조된다.

"니도 누깔이 있거든 봐라. 이 때를 안 씻고 그대로 선생님을 뵈러 갈 테냐?"

[……]

물론 선생님이란 사람은 내겐 생소한 동물이었고 그 동물은 이때까지 내가 경험했던 모든 것보다는 훨씬 어렵고 근엄한 존재이며, 이 지방의 모든 사람들 위에 군림할 수도 있는 위엄 있는 동물이란 것을 어렴풋이나마 알고 있었지만, 그를 만나러 가야 함에 이토록 창피스런 곤욕을 치러야 한다는 것이 한마디로 반갑지 않았다.

이처럼 「아들의 겨울」의 첫 장면은 장터에 사는 땟국에 전 한 아이를 학교에 보내는 날 아침의 목욕 장면을 재미있고 인상적으로 제시하고 있다. 그러나 이 장면은 그가 곧 제시하는 "학교란 수치와 배반만을 내게 잔뜩 짊어지우는 개떡 같은 곳이었다는 걸 알아버린 것이었다"는 사실을 선명하게 부각시키기 위한 장치이다. 그에게 있어서의 도시와 학교는 유년의 고향에 반대편에 있다는 점에서 동등한 가상 적(假想敵)들이며 제도이다. 그러나 그가 고향의 풍물이나 유년의 기억을 '도시―성년'에 대비시킴으로써 얻는 것은 과연 무엇일까. 그의 성장소설에 드러나는 고향의 순수성이라든가 유년의 행복은 '도시―성년'(현실) 속에서 치밀하게 대비되지 않는 한, 유년에 대한 한가로운 회고담에 지나지 않게 된다. 그것은 사실주의의 차원에서 본다면 소설 미달의 동화로 보일 가능성이 있다. 그가 이러한 소재들을 가지고 도시의 현실을 그릴 때에 그것은 어김없이 장난스러운 우화로 그치게 된다. 『위대한 악령』 같은 대중 취향적 장편소설이 그것일 것이다.

V. 여행의 구도와 새로운 지향점

그렇다면 그에게서 도시/고향의 대립은 영원히 화해할 수 없는 대립적인 공간으로만 남게 될 것인가. 그건 아니다. 김주영의 후기 소설을 지배하는 '여행 모티프'는 여태까지 대립적으로만 존재해왔던 도시/고향의 만남을 가능케 하는 장치로 보인다. 그가 작품 구상을 위해서건 아니면 여가를 위해서건 끊임없이 전국을 여행하고 있음은 잘 알려진 사실이다. 그가 『객주』를 통해 드러내고 있는 도부상의 세계가 그것임은 물론, 그가 즐겨 다루는 시골 장터의 모습들도 모두 이 여행의 기록으로 충원되어 있다. 그가 즐겨 그리고 있는 떠돌이 인생들은 여인숙을 전전하는 야바위꾼의 「외촌장 기행」「달밤 2」나 떠돌이 소장수의 운명을 보여주는 「겨울새」나 여행의 기록 「새를 찾아서」「쇠둘레를 찾아서」에 잘 나타나 있는 것처럼 그의 창작이 이루어지는 상상력의 보고이기도 하지만, 한편으로는 도시/고향의 이원적인 대립을 넘어설 수 있는 득의의 공간이기도 하다.

그러나 여행이라는 허구적 장치를 사용하면 반드시 좋은 소설이 될 것이라는 보장은 없다. 서사 문학의 한 연구서를 인용한다면, "여행자의 이야기 *traveller's tale*는 어느 문화에 있어서나 가장 지속적인 구비 형태이다. 〔……〕〔그러나〕 어느 나라에 있어서나 여행자의 이야기는 믿을 만한 편이 못 되며, 그 거짓말의 정도는 그 여행이 〔독자들에게〕 친숙한 지역에서 얼마나 떨어져 있는가에 정비례한다"(Robert Scholes & Robert Kellog, *The Nature of Narrative*, Oxford Univ. Press, 1979, p. 79). 본시 여행의 목적은 현실의 무게를 덜어내기 위한 것이기 때문이다. 다만 고향/도시, 유년/성년의 대립을 새로운 시각에서 한몫에 파악하는 방법으로서의 여행은 새로운 조망의 가능성에 열려 있다. 그가 이후 작가적 변신을 시도한 『천둥 소리』 등의 장편 소설들은 그에 대한 반응물들로서의 의미를 지니고 있을 것이다. 이 글이 초기 단편 중 「휴면기」 「깊은 강」 「열기」 3편을 중심으로 다룬 까닭에 이에 대해서는 언급하지 못했다. 이를 중심으로 좀더 독서가 필요할 것이다.　　　　　　　　　　　　　　　〔『작가세계』, 1991년 겨울〕

원초적 인간상의 제시
──『천둥 소리』론

구 모 룡

I. 분단 문학의 또 다른 계보

김주영의 『천둥 소리』는 분단 문학의 주류적 계보학에 속하지 않는 작품이다. 이 작품은 분단 문학의 주류적 계보학이 그 논의를 억압해 온 비주류적 분단 문학의 작품이다. 분단 문학의 주류적 계보는 전쟁과 이데올로기를 중심 과제로 다룬 소위 '부성 *paternity*의 문학'이다. 김주영의 『천둥 소리』는 이러한 주류적 계보에 속하지 않는, 그러나 분단의 문제를 다루고 있는 독특한 작품에 속한다. 물론 이러한 지적이 김주영의 『천둥 소리』가 부당한 평가를 받았다는 뜻은 아니다. 다만 그 동안의 분단 문학 논의의 관습이 지닌 편향성에 의해 평가가 유보되어왔다는 점은 지적되어야 할 것이다. 많은 비평가들의 분단 문학 논의에서 이 작품에 대한 언급이 눈에 띄지 않는 것은 이 작품의 문학적 가치 평가와는 무관한 문학 관습의 관성에 의하여 형성된 여백이라고 할 수 있다.

분단이 한국인의 삶과 한국 문학에 있어서 전제 조건이라는 것은 이의가 있을 수 없다. 분단 시대, 분단 문학이라는 큰 틀로써 우리 문학을 이해하고자 하는 방식이 가능하고 나아가서 이것을 우리의 삶과 문학을 해석하고 설명하는 중심 계보로 설정할 수 있다. 덧붙여 분단의 상황이 진행형이며 분단 극복을 향한 민족사적 과제와 맞물려 있다는 점에서 분단의 문학적 문제들은 그 유효성을 계속 유지하게 될 것이다. 그 동안 분단 문학에 대한 논의는 활발하였고, 그 성과 또한 컸다고 할 수 있다. 그리고 분단 문학의 계보학은 나름의 체계를 갖추었고, 이론의 틀을 형성하였다고 하겠다. 특히 각 세대의 변별성에 의한 계열별 체계화가 이루어져왔음을 지적할 수 있다. 각 세대별 문학의 의미 있는 구조들은, 성인으로서 전쟁을 겪은 작가들(제1세대)의 문학에 있어서의 전쟁의 비참과 인간의 실존 문제, 유년기에 전쟁을 겪은 이들(제2세대)의 어린이의 천진한 눈으로 본 전쟁의 모습과 그 정신적 외상, 그리고 전쟁을 겪지 않은 전후 세계(제3세대)의 전쟁을 통한 부성 상실과 아버지 찾기 등의 내적 형식으로 설명되어져왔고,[1] 이 모두의 핵심에 세계의 폭력성과 이데올로기의 문제가 놓여져 있음을 알 수 있다.

　물론, 여기서 지금까지의 분단 문학 전체를 회고할 수는 없는 실정이다. 또한 재론할 필요도 없을 것이다. 다만, 그 동안의 주요 논의 방식들에서, 그 다양한 변주에도 불구하고, 주류적 계보의 단일 체계를 이루고 있음을 지적할 필요를 느낀다. 다시 말해서 전쟁이라는 것의 성격 자체가 역사의 문제이고, 그것이 남성 지배 사회에서 역사의 중심을 이루어온 남성주의적인 힘의 대결이라는 점에서, 전쟁의 비참과 인간의 나약함, 그리고 이데올로기와 인간의 삶에 대한 탐구 등이 주된 내용으로 다루어져왔다고 할 수 있을 것이다. 이렇듯 주류적인 비평 담론들은 중심 계보에서 벗어난 작품들에 대한 평가를 유보해두고 있다. 그 동안 분단 문학은 부성의 문학이라는 말이 뜻하고

---

1) 김병익의 「분단 의식의 문학적 전개」, 김윤식의 「분단 이산 문학의 수준」, 그리고 이동하의 「분단소설의 세 단계」 참조.

있듯이 엄숙주의와 역사주의적 편향성 속에서 다루어져왔고 또 논의 되어온 것이 사실이다. 그러나 역사는 거시적인 틀과 체계를 요구하는 것이지만 문학은 미시적인 삶의 문제를 본연의 과제로 하는 것이다.

김주영의 『천둥 소리』는 거시적 문학 논의의 관습과는 거리를 두고 있는 작품이다. 이 작품이 다루는 내용은 미시적이다. 이것은 일상과 생활을 문학의 육체로 하고 있다. 압도적인 환경의 변화 속에서도 인간다움을 잃지 않고 고통과 수난을 감싸안는 한 여성의 삶을 통하여 작가는, 거시적 틀로서 역사를 말하고 문학을 말하기 이전에, 생활 속에 흐르는 미시적인 삶의 진정성을 보여주고 드러내고자 한다.

II. 원초적 생명의 단순성과 자발성

이 소설의 정황은 해방 직전으로부터 해방과 6·25 한국 전쟁으로 이어지는 시기이다. 이 시기를 사는 한 여성의 삶의 과정이 이 소설의 과정이고 구성이다. 주인물의 행위 *action*의 순서에 따라 이 소설의 이야기를 요약하면 다음과 같다.

1) 청상의 신길녀가 차병조에게 겁탈을 당하여 아기를 낳고 그 아기를 유기한다.
2) 아기는 백정 신분의 황점개와 그의 처, 칠례 어멈에 의해 몰래 길러진다.
3) 해방을 맞아 황점개 일가가 떠난다.
4) 시어머니 박씨가 운명한다.
5) 해방이 되어 일본에서 돌아온 차병조에 의해 신길녀는 몸을 유린당하고 장춘옥에 맡겨진다.
6) 트럭 운전사 지상모의 도움으로 장춘옥을 빠져나오나 지상모에게 겁간을 당한다.
7) 지상모에 의해 황장재 아랫녘 원전의 주막집 생활을 하면서 지상모

와 가끔 만난다.

 8) 군청의 간부가 된 차병조의 소식을 듣는다.

 9) 좌익 청년들의 죽음을 목격한다.

10) 좌익이 된 황점개를 만난다.

11) 지상모와의 사이에서 생긴 아이를 무꾸리 노파의 도움으로 출산한
　　다.

12) 황점개의 감금 소식을 듣고 안동으로 그를 구하기 위해 간다.

13) 남로당원 박석호의 도움으로 황점개를 구하고 그와 헤어진다.

14) 강구로 가서 지상모의 아내를 도우며 산다.

15) 전쟁이 터지자 그녀와 헤어지고 친정인 함양으로 간다.

16) 부모와 해후하나, 정절을 지키지 못했기 때문에 냉대를 받는다.

17) 인민군 치하에서 친정집에 숨어 있는 차병조와 만난다.

18) 아버지 신현직이 차병조 은닉 혐의로 잡혀간다.

19) 양식을 구하기 위하여 강구로 가서 지상모를 만나지만 박대를 당하
　　고, 그의 아내에게서 은지환을 얻어 돌아온다.

20) 돌아오니 차병조는 도망가고 없고, 황점개와 다시 만난다.

21) 황점개의 도움으로 아버지가 풀려난다.

22) 황점개가 강구로 가서 지상모를 살해한다.

23) 국군 치하로 바뀌어 아버지가 부역 혐의로 다시 구속된다.

24) 길녀의 구명으로 아버지가 풀려나나 곧 사망하여 장례를 치른다.

25) 장례의 과정에서 친척들과 마을 아낙들로부터 질시를 당한다.

26) 황점개와 다시 만나 그가 받은 훈장들을 맡아주게 되며, 그에게 몸
　　을 허락한다.

27) 대구 지역의 치안 책임자가 된 차병조의 소식을 듣는다.

28) 집을 떠나 강구로 가서 지상모의 죽음 소식을 듣고 원전으로 가서
　　무꾸리 노파에게 아기를 맡기고 안동을 거쳐 황점개의 처, 칠례 어
　　멈을 찾아나선다.

29) 칠례 어멈을 만나나, 몰래 길러진 아들을 만나지 못한 채 황점개의

훈장들을 건네주고 원전으로 돌아온다.
30) 다시 친정으로 돌아와 박석호에 의해 죽음을 당하는 황점개를 보면
    서 자신도 모르게 "여보"라고 부른다.

  30개의 이야기 단위로 요약될 수 있는 줄거리로부터 우리가 읽을
수 있는 것은 『천둥 소리』가 인물의 행위 중심 구조의 소설이라는 것
이다. 신길녀라는 한 인물의 삶을 중심으로 다루려고 한 것이 작가의
의도이며, 그 의도는 이 작품에서 소박하게 관철되고 있다. 한 인물
의 행위를 좇아 선조적으로 진행되는 이야기 구조는 별다른 미학적
기교를 부리고 있지 않다. 달리 말해서 이야기의 시간과 구성의 시간
이 다르지 않기 때문에 특별한 시간 배열 기법이 보이지 않는다는 것
이다. '이야기꾼'의 솜씨가 충분하게 발휘되고 있다고도 할 수 있다.
이러한 구조는 소설가의 무기교성을 말하는 것이라기보다 주인공의
성격과 소설가의 문체의 어울림을 뜻한다. 주인공의 성격의 정체가
자연성과 자발성을 뜻하는 소극적 삶의 모습을 띠고 있기 때문이다.
이 작품에서의 만남과 헤어짐, 정착과 떠남의 패턴은 갈등과 그것의
적극적인 해소 노력에 의한 섯이라기보다 사발적인 삶의 의지가 만
들어내는 생명 현상으로 보인다.
  1)에서 아기를 유기하는 행위는 가부장제 이데올로기의 한 핵을
이루는 정절이 이유가 된다. 길녀의 삶이 놓인 자리는 처음부터 그를
질식하게 하기에 족한 상황이었다. 죄의식보다 윤리 의식이 선행되
어 있다. 이러한 윤리 의식은 강요되어진 것이다. 그러나 5) 이후부
터의 삶에서 이러한 전통적 이데올로기의 구속보다 생존의 문제가
중요한 과제로 떠오르게 된다. 그런데 12)에 이르러 이러한 생존의
문제는 존재론적인 차원을 넘어서 이타성의 차원으로 확산된다. 이
는 원초적인 인간의 단순성과 자발성의 원형질에 보다 가까워짐을
뜻한다. 이러한 이타성의 문제는 30)에 이르기까지 지속된다. 생명의
원초적 본성의 문제는 주인공의 삶의 중심 내용이 되고 있다.

　행위 중심의 소설을 전개시키는 것은 인물의 갈등이다. 그런데 이 소설에서의 행위 주체인 길녀의 의식에서 갈등의 문제는 내면화되어 있다. 그는 모든 사태를 자기화하면서 그것을 숙명적인 것으로 흡수·동화한다. 이러한 운명론적 자기 인식의 모습은 1)에서 체험한 '천둥 소리'가 삶의 여러 곡절마다 내면에서 다시 울려오는 것으로 상징화되어 있기도 하다. 이 소설에서 도처에서 반복되고 중첩되어 나타나는 천둥 소리의 상징적 의미는 원초적 세계를 파괴하는 폭력적 현실이기도 하면서 그것을 운명적으로 감쌀 수밖에 없다는 수난적 의식의 반영이기도 하다. 그것은 주인물의 생명 현상의 일부가 되고 있다.

　이 소설에서 전개되는 사건들은 필연성으로 결합되어져 있지 않다. 오히려, 우연성이 하나의 원리가 되고 있다. 그러나 우연성이라고 해서 이 소설의 구성이 유기적이지 않다는 것이 아니다. 이 소설에서의 우연성은 작가의 삶에 대한 인식과 태도를 반영한다. 작가는 삶이 반드시 필연과 법칙에 의해 이루어지는 것이 아니라는 생각을 견지하고 있는 듯하다. 그러나 이 소설의 구성은 주동 인물의 성격과 통일되어 있다. 주인물인 신길녀는 환경과 대처하는 능력의 문제에 있어서가 아니라 태도의 문제에 있어 '소극적 인물'이다. 그녀는 주위 환경에 대하여 적극적인 타개책을 가지고 있지 않다. 그렇다고 해서 그녀가 운명론자만인 것은 아니다. 주인물의 삶의 형질인 소극성은 생명 현상의 자발성과 다르지 않다. 주어진 환경에서 최선의 인간다움을 잃지 않으려는 노력이 소설 속에서 비인간적인 환경에 대한 비판이 되고 있다.

　이 소설의 주된 흐름은 한 여성의 소극적인 생존의 논리이다. 그렇기 때문에 이 소설은 '생존의 서사'라 할 수 있을 것이다.[2] 해방과 전쟁이라는 세계의 변화 속에서의 여성적 삶의 모습을 그렸다는 점에

---

2) 남성 중심 사회에서의 여성의 삶을 다룬 모든 소설을 '생존의 서사'라고 해도 과언이 아닐 것이다.

서 기존의 관심과 시각과는 다른 차원을 보이고 있다. 여성의 수난사를 그리되 그것이 단순한 패배주의로 귀결되지 않는다는 점에서 이 소설의 '여성 편향성'의 의의를 찾을 수 있다. 물론 이러한 진술이 남성 중심주의에 대한 변형된 합리화의 또 다른 형태여서는 안 될 것이다.

앞에서 말했듯이 신길녀는 청상으로서 수절해야 한다는 전통적 이데올로기에 맹목적이었던 사람이다. 그렇지만 이러한 이데올로기는 변화된 환경 속에서 여지없이 파괴되고 만다. 5)에서의 차병조와 6)에서의 지상모로 상징되는 남성들에 의해서 신길녀의 자아 동일성은 깨어진다. 이때 이들은 당시의 역사적 정황의 은유라고 보아도 될 것이다. 그 중심이 해체된 흔들리는 자아의 변화는 그러나 생존에 대한 소극적이지만 긍정적인 힘으로 전화되어 신길녀의 자기 동일성을 회복하게 만든다. 이러한 주인공의 삶의 양식을 '수동적 적극성'이라 할 수 있을 것이다. 주인공의 삶은 환경에 대한 본능적인 반응에 가깝다. 그러나 환경은 이러한 천진성의 주인공을 질식하게 하기에 족할 만큼 파괴되고 훼손되어진 환경이다. 그것은 주로 이데올로기의 대립에서 빚어진 관계의 왜곡이라 할 수 있을 것이다. 이러한 세계 속에서 이 소설에 등장하는 여성들의 삶은 얼핏 천진스럽기 짝이 없다. 14)에서의 지상모의 처나 25)에서의 친척들과 마을 아낙들, 그리고 29)에서의 칠례 어멈에서처럼 무지와 맹종의 모습을 보이고 있다. 그들은 모두 전통적인 가부장제적 이데올로기의 구속을 받고 있다. 그러나 고통 속에서도 삶을 포기하지 않고 남을 돕고 살아가는 신길녀는 물론이고, 차병조의 겁간에 의해 신길녀가 낳아 유기한 아이를 길러온 칠례 어멈, 지상모와의 사이에서 난 아이를 받아주고 길녀에게 중요한 충고를 아끼지 않는 무꾸리 노파 등의 모습은 실로 지혜롭다고 할 수 있을 것이다. 이들은 모두 일상과 생활 속에서 얼핏 그 속에 매몰되어 있는 듯하면서도 생존의 지혜를 익힌 사람들이다. 다만, 지식과 권력의 역사는 이러한 여성들의 지혜를 억압·은폐시켜왔을 따름인 것이다.

이들의 세계와는 달리 이 소설에서의 남성의 세계는 신현직과 황점개의 삶을 제외하고 거의 부정적인 것으로 그려져 있다. 차병조는 전형적인 욕망의 인간이다. 그는 자본주의가 만든 타락한 인간의 표상이다. 그에게 중요한 것은 인간적 삶의 존엄이 아니라 일신의 영달이다. 그렇기 때문에 타자와의 관계에 대한 인식은 이해 관계에 의하여 저울질되고 평가된다. 그는 신길녀의 삶을 뒤바꾸어놓은 장본인이면서 항상 신길녀의 뒤를 따라다니는 그림자로 나타난다. 그러나 그의 역할은 항상 그를 이용하거나 억압하기 위한 것이다. 차병조는 이 소설에서 근대적인 것의 한 상징으로 나타나 있다고 할 수 있다. 이와 달리 지상모는 전형적인 기회주의자의 모습을 보인다. 그는 좌·우를 넘나들면서 개인적 이득을 챙긴다. 그는 이렇게 말한다: "이봐, 난 바른손이구 왼손이구 어느 한쪽도 아냐. 바른손 왼손 다 갖고 사는 입장에 어째서 미련하게 한편만을 택하란 게야. 장사꾼이란 두 손을 다 갖고 있으면서 편리한 대로 쓰는 거지. 바른손을 보자는 놈에겐 바른손 내밀구, 왼손을 보자는 놈에겐 왼손 내미는 게야. 주책 없는 위인들이 올곧게 살겠답시고 바른손 왼손 주저하다가 곱다시 개죽음당하는 걸 난 여러 번 봤더란 말씀이야." 이러한 삶의 유형을 지혜의 그것이라고 할 수는 없다. 그것은 장사꾼의 간교에 지나지 않는다. 또한 박석호로서 대표되고 있는 공산주의자의 모습 또한 이데올로기적 목적 달성을 위한 것이라면 그 무엇도 가리지 않는 행동을 보임으로써 이 소설에서 부정적인 인물로 나타나 있다. 그는 과업 수행, 인민의 이름 등을 이유로 이 소설의 결구에서 황점개를 살해한다. 이데올로기와 권력은 폭력을 수반하고 그것은 항상 선한 자의 희생 제의를 필요로 한다. 이들 모두는 훼손된 인격을 지녔다고 볼 수 있을 것이다.

이들과 달리 신현직과 황점개는 이 소설에 있어 긍정적 인물로 부각되고 있다. 신현직은 전통적인 선비의 품성을 통하여 유교적 휴머니즘의 한 모습을 보여준다. 그러나, 그의 모습은 미래적이기보다 사라져가는 과거의 것에 속한다. 그러나 황점개로 대표되고 있는 인물은 인간적인 아름다움의 성품을 대변한다. 황점개의 이데올로기적 선택은 자발적인 것으로, 인간주의에 대한 꿈에서 비롯된다. 그의 선택은 소박하고 단순하다. 일차적인 것으로 그의 개인적인 신분 해방에의 가능성에서 시작된 선택이지만 궁극적으로 인간다움이 관철되는 세계에서 살고 싶다는 꿈의 표상으로 이해되고 있다. 물론, 그의 성품도 22)에서와 같이 지상모를 살해하는 데서 부분적으로 훼손되어 나타나기도 하지만, 전체를 통틀어 그의 정체성은 인간주의에 바탕을 두고 있다. 그의 지향이 '단순한' 이데올로기가 아님을 말한다. 이 점에서 작가가 제3의 시각을 드러내고 있다고도 말할 수 있겠다. 그 제3의 시각이란 '인간적인 것'에 대한 옹호이다.

신길녀와의 관계에 있어서 차병조 · 지상모 · 황점개는 가장 중요한 관계의 맥을 이루고 있다. 우선 차병조는 전통적 이데올로기로 상징되는 정조 관념에 대한 완전한 파괴를 가져다줌으로써 신길녀의 정체성을 파괴하고 있으며 지상모는 그 다음으로 인간 관계의 왜곡을 보여주는 대표적 인물이 된다. 물론 이들의 존재가 신길녀로 하여금 환경의 모순을 이해하게 하는 계기가 되고 있다. 그러나 이들과의 관계는 개선되어야 하고 화해되어야 할 대상이지만 그러나 궁극적인 만남이 이루어지지 않는 관계에 지나지 않는다. 그러나 황점개와의 관계는 순수성을 잃지 않는 관계이다. 그것은 이들의 삶의 양식이나 느낌의 구조가 같기 때문이다. 작가는 이들을 통하여 자발성이 유지되는 삶의 모습을 보여준다. 그 자발성은 어떤 의미에서는 아나키즘적인 자발성에 가까운 것이라고 할 수도 있고 동양적인 자연주의의 한 양식이라고 할 수도 있을 것이다.

III. 근대적인 것과 원초적인 것

신길녀와 황점개를 통하여 보여주는 작가의 전망은 인간적인 것에 대한 신뢰와 인간적인 것의 의의이다. 이러한 삶의 모습은 원초적인 것이라서 근대인의 그것이 되지 못한다. 타락한 사회에서 진정한 가치는 진정한 방식으로 추구될 수 없기 때문이다. 그러한 의미에서 신길녀와 황점개의 인간상은 전근대인의 그것이라고 할 수 있다. 전근대적이라고 해서 그들이 전근대적 이데올로기의 사람이라는 뜻이 아니다. 작가는 그러한 이데올로기를 환경과의 부딪침이라는 형식을 통하여 벗겨나가고 있기 때문이다. 작가는 잘못된 세계를 통하여 신길녀와 황점개의 순백의 살결을 드러내고자 한다. 서로 다른 신분에서 출발하고 있으나 궁극적으로 만나게 되고, 그 만남의 진정한 의미는 원초적 삶의 동질성으로 부조되고 있다. 그리고 이들의 만남은 처음과 중간과 끝에서 반복되고 그 관계의 의미도 증폭된다. 그리고 문제의 핵심은 이 소설의 끝부분에서 드러나는 것이지만, 그러나 그것의 현실성은 부재와 침묵으로 나타난다. 황점개의 죽음이 그것이다.

"우리 당장 철수해야 돼."
"전화선은 모두 끊었다."
"가야 돼."
이번엔 박석호가 되받아쳤다.
"안 돼."
"더 이상 분탕질을 놓을 수 없소."
"인민의 이름으로 널 재판에 회부한다."
"난 반동이 아니오."
그때였다. 박석호는 괴춤을 뒤져 권총을 꺼내 들었다. 그것은 물독 뒤에 숨어서 사람을 노려보던 쥐의 눈발처럼 반들반들 빛나고 있었다. 횃불들이 서서히 허공으로 치솟고 있었다.
"과업 수행을 훼방하려는 놈은 어떤 놈이든 용서 못 한다. 넌 처음부터 이유 없이 반대했겠다?"
박석호의 꼬나든 총구는 점개의 가슴 한복판을 겨누고 있었다. 그리고 총소리가 들리지도 않았던 것 같은데, 점개는 나무토막처럼 픽 모 잽이로 쓰러졌다. 누더기나 진배없는 점개의 옷깃이 살비듬처럼 바람에 흩어졌다. 다시 횃불이 허공을 찔렀다.

"여보."

길녀의 입에서 그런 말이 자신도 모르게 흘러나왔다. 그녀가 서산댁의 몸에서 떨어져나와 탯줄을 끊은 이후에 처음으로 사내를 향해 해보는 말이었다.

이처럼 원초적 인간에 대한 신뢰나 원초적인 삶의 양식에 대한 신뢰는 근대의 기획 속에서 파괴되고 억압되어온 삶의 원형질로 드러난다. 황점개의 순수한 삶은 결국 이데올로기와 권력의 희생 제의의 제물이 되고 있을 따름이다. 자본과 이데올로기에 의해 황폐화된 진흙탕 속에서 작가는 연꽃을 그려내고자 한다. 그러나 그 연꽃은 스스로 연꽃임을 주장하는 법이 없다. 아니 스스로 연꽃임을 모른다. 그렇기 때문에 진정한 의미에서 연꽃이다. 이 소설에서 신길녀와 황점개가 그것이다. 그러나 광포한 역사는 이들의 개화를 억압한다. 그들은 항상 부재하는 영역의 삶을 살고 있다. 그들이 살고 있는 곳은 인간의 근원적인 고향이라 할 수 있겠다.

고향 회귀의 구조는 이 소설에서 나름의 의미 지향을 갖고 있는 것으로 이해될 수 있다. 고향이야말로 가장 원초적인 공간이기 때문이다. 물론 그 세계도 잔존의 이데올로기와 새로운 이데올로기, 그리고 이데올로기들간의 치열한 싸움이 생활과 일상의 공간을 황폐화시키고 있는 곳임에 틀림이 없다. 그러나 이 소설의 최종의 공간이 고향의 공간으로 그려지고 있다는 것은 작가의 회고 취미나 추억을 뜻하고 있기보다 원초적인 삶의 공간의 훼손됨과 그 훼손됨의 복원 가능성의 징후를 고향을 통해 그려가고자 하는 의도로 읽힌다. 그러나 근대인에게 고향은 없다. 근대인은 항상 고향으로 회귀하고픈 충동에 사로잡히면서도 마치 사이렌의 유혹에 자신을 돛대에 묶지 않으면 안 되었던 오디세우스처럼, 그곳으로 되돌아갈 수는 없는 것이다.[3] 전쟁과 이데올로기는 새롭게 조정하고 운행해가야 할 세계에서의 허상과 실패들을 뜻한다.

이 소설에서 이데올로기적 대립 갈등의 양상은 새로운 중심을 세우려는 근대적인 것들의 싸움으로 나타난다. 근대적인 것의 모습은 이 소설에 있어서 이데올로기와 전쟁이다. 그러나 전쟁은 전면에 부각되어 있지 않다. 다만 그 속에서 변화하는 삶의 조건들이 그려져 있고 그 조건들에 맞서 있는 인물들의 삶이 보이는 허위와 진정성의 문제를 제기하고 있다. 특히 작가는 이데올로기가 지니는 허구성을 부각시키고 있다. 작가의 이데올로기관은 이데올로기/진정한 삶의 대립적 인식이다. 그런데 삶의 진정성을 주장하거나 강조하고 있지 않다는 점에서 주인공 등이 보여주는 순진성은 근대적인 세계 상황과의 관련에서 '아이러니'가 되고 있다. 아이러니야말로 소설을 구성하게 하는 요건이 아닌가.[4] 이 소설은 '신길녀'의 삶을 통하여 소설 전체가 근대적 삶과의 아이러니에 있음을 암시하고 있다. 신길녀와 황점개는 난폭한 근대의 '에이런'인 것이다. 이들은 순진성이라는 독특한 형식의 아이러니를 보여준다. 이들이 보여주는 삶은 순진성과 단순성의 삶이다. 난폭 시대에 있어서 이들의 우둔함은 곧 현명함으로 되울려온다. 이 소설의 감동은 바로 이러한 아이러니로부터 비롯된다.

이 소설의 문체는 또한 근대적인 것과의 대비를 나타내기에 족하다. 담론의 구체성은 삶의 구체성을 말한다. 이 소설의 가장 큰 강점은 담론의 강점이다. 원초적 지향이라는 문제 의식이 문체에 있어서도 뚜렷한 독창성으로 드러난다. 이 소설의 문체는 단순한 회고 취향

---

3) H. 헬드, 「오딧세이」, 『비판 이론 서설』(백승균 역, 계명대출판부, 1988) 참조.
4) 이 소설을 아이러니 양식으로 읽을 수 있는 것이기도 하지만, 헤겔이나 루카치 또는 K. 버크 등을 인용하지 않더라도, 근대적인 삶의 내용이 아이러니 그 자체가 아닌가 하는 생각을 해볼 수 있다.

에서 비롯된 그것이 아니라 가장 구체적인 인간의 구체적인 언어에 접근하고자 하는 작가의 노력의 산물이다. 작가는 반권위주의적인 담론들을 통하여 권위주의적 담론의 세계와 현실을 정서적인 차원에서 전복하고 있는 것이다. 정서적 실감이라는 점에서 이 소설의 문체의 효과는 중요하다. 그것은 단순한 주장에 비하여 값진 문학적 성취가 아닐 수 없다. 고상한 언어의 통일성, 보다 정확하게 표현하자면 고상한 언어의 단일 형상적 특성은 삶을 추상화시킨다. 그러나 인물의 삶과 소설 담론 사이의 완전한 결속과 융합이 이루어진 이 소설에서 우리는 구체적인 삶의 진실과 만나게 되는 것이다.

「작가의 말」 가운데 다음과 같은 구절은 이 작가의 지향과 이 소설의 의미를 요약하고 있다고 볼 수 있다.

이 소설의 주인공인 실길녀도 그러하거니와 그의 아버지 신현직, 어머니인 서산댁, 황점개와 지상모, 창래 어멈 같은 사람들은 역사의 앞장에 서 있던 사람이 아니다. 백성의 이름으로 역사에 묻혀 살고 있는 바로 우리들 자신이라 해도 무방하리라. 그럼에도 불구하고 그들만치 전쟁의 상흔을 운명적인 차원에서 깊숙하게 받은 사람들도 없다는 결과에 도달하기에 이른다. 반드시 사람이 죽고, 전장에서 참혹을 당하고 이산의 아픔을 겪지 않았다 할지라도 해방과 육이오로 이어진 짧은 역사 속에서 우리 모두가 겪은 비극은 너무나 컸다. 그러면서도 이 소설에 나오는 사람들이 가지는 겸양과 양보와 희생에 우리는 놀란다. 나는 이 소설에서 그들이 보여준 희생 위에 핀 한 떨기의 꽃을 그리고 그 꽃의 정체가 무엇인가를 나름대로 정리해보고 싶었다.

이 말 속에서 우리는 이 소설의 내용과 작가가 함축하고 있는 의도를 읽을 수 있다. 「작가의 말」에서 우리는 작가의 뚜렷한 시각을 이해할 수 있다. 작가는 평범한 사람들의 삶 속에 담긴 비극의 흔적들을 읽는다. 그 흔적들은 역사적 이름으로 지워져 있거나 가려져 있는 것들이 많다. 일상의 인물들에게서 비극적 삶과 그 삶을 헤쳐나가는 지혜를 읽어내고 있다는 점에서 이 소설은 큰 미덕을 지녔다. 진정한 의미에서의 역사는 이러한 사람들의 희생 위에 있는 것이고 그 희생 위에서 핀 꽃이야말로 고귀하고 값진 의미를 갖는 것이다. 그렇다면 희생 위에서 피는 꽃의 정체는 무엇인가. 그것은 생명의 자발성에 관한 것이라 할 수 있을 것이다. 생명의 자발성이 정치적 명제로 바뀔 때 아나키즘이 된다. 우리는 성급하게 신길녀와 황점개의 삶에 보내는 작가의 애정 어린 시선에서 아나키즘을 읽는다.[5] 이러한 점에서 이 소설은 또 다른 의의를 지닌다. 분단 문학의 많은 부분이 화해의 문제를 성급하게 샤머니즘의 문제로 처리하고자 한 점에 비한다면 김주영의 아나키즘은 훨씬 구체적인 일면이 있기 때문이다.

IV. 남는 말

이 소설은 해방·전쟁 등의 역사로서의 큰 이야기에 의해서 숨겨진 작은 이야기를 보여주고 있다. 우리 문학이 그 동안 큰 이야기들을 주로 다루어왔다는 사실에 비춰 작은 이야기에의 작가적 관심은 의미 있게 받아들여지지 않을 수 없다. 이것은 또한 오늘의 우리 문학의 과제와도 연관이 있다. 현금의 우리 문학이 직면한 당면 과제로 우리는 문학이 일상과 생활이라는 육체의 건강함을 회복하여야 한다는 것을 들 수 있을 것이다. 일상과 생활 속에 흐르는 삶의 내용에 대한 미시적인 관찰과 묘사로부터 삶의 구체성을 얻어낼 수 있는 것이기 때문이다. 다시 말해서 우리 문학은 보다 작은 이야기들을 많이 하여야 한다. 이 점에서 『천둥 소리』의 자리는 확고한 것이다.

물론 이 한 편의 소설이 우리 분단 문학의 중심 계보를 전복한다는 것은 아니다. 분단 문학의 중심 계보는 여전히 유효하며 이 소설은 그러한 유효성의 바탕 위에서 숨겨진 가능성으로서 작은 이야기들의

---

5) 물론 이러한 징후 읽기는 성급한 면이 없지 않다. 이것은 전체성 속에서 재론되어야 할 것으로 보인다.

드러냄에 속한다. 그 가능성은 원초적 인간상이 제시하는 삶의 자발성에 있다. 달리 생명체의 평형 감각으로 해석될 수도 있는 이 자발성은 삶의 가장 처음의 문제에 속하는 것이다. 그러나 근대적인 삶은 이러한 삶의 처음의 문제를 배제하거나 억압하여왔다. 작가는 근대적인 것의 기획의 흐름 속에서 은폐되거나 묻혀버려 그 형해를 찾을 수 없는 원초적인 인간상의 모습을 복원시키고자 한다. 이러한 노력은 문체와 구성의 적절성과 만나 소설적 성취로 나타나고 있다.

　작가의 태도는 문화의 고고학자와 같은 것이다. 우리는 이러한 태도에서 깊은 신뢰를 느끼지 않을 수 없다.

〔『작가세계』, 1991년 겨울〕

반성장소설로서의 성장소설

장 경 렬

I

일반적으로 장르 개념은 문학 작품에 대한 이해를 돕는 일종의 규범적 '예비 지식 *foreknowledge*' 역할을 한다. 한편, 기존의 장르 개념에 비추어 주어진 작품을 이해하는 가운데, 우리는 장르 개념을 새롭게 규정할 수도 있다. 장르의 개념은 규범적인 것이지만 동시에 조정과 확장이 가능한 형성적인 것이기 때문이다. 이와 같은 논리는 물론 하위 장르의 개념에도 적용된다. 하나의 예로 '성장소설'이라는 개념은 이 부류로 분류되는 소설을 이해하거나 분석하는 데 도움을 주기 위한 것이지만, 새로운 종류와 형태의 성장소설에 의해 무한히 재규정되고 확장될 수 있는 것이기도 하다. 그러나 우리가 여기에서 유의해야 할 점은 지나친 의미의 확장은 장르 개념을 피상적인 분류의 방편으로 전락시켜버릴 뿐, 주어진 문학 작품을 이해하고 분석하는 데 별다른 도움을 주지 못한다는 사실이다. 이러한 사정은 성장소설의 경우에도 예외는 아니어서, 성장소설을 단순히 한 인물의 유년기나 소년기의 체험을 그린 소설로 보는 경향은 지양되어야 할 것이다. 따라서 김주영의 『고기잡이는 갈대를 꺾지 않는다』(민음사, 1988)와 같이 성장소설의 하나로 분류되기도 하지만 어떤 의미에서 성장소설인가가 막연한 작품이 우리의 논의 대상인 한, 무엇보다도 우리는 성장소설에 대해 구속력 있는 개념 정의를 시도하지 않을 수 없다.

사실 원론적 입장에서 보면 성장소설이란 아주 간단하게 정의될 수 있다. 에이브럼즈M. H. Abrams가 『문학 용어집 A Glossary of Literary Terms』(제4판)에서 밝히고 있듯이, 성장소설이란 "다양한 체험을 통해—일반적으로 일종의 정신적 위기를 통해—한 인간이 어린아이에서 성숙한 어른으로 변모하고, 그러는 가운데 세계 내에서 자신의 정체와 역할을 인식해가는" 과정을 다룬 소설로서, "주제 면에서 주인공의 정신과 성격의 발전"이 문제된다(121). 이 때문에 단순히 어떤 인물의 성장 과정을 추적하거나 그의 어린 시절의 체험을 그린다고 해서 모두 성장소설이라고 할 수는 없다. 무엇보다도 작중인물이 겪는 정신의 위기와 이에 따른 자아의 각성, 나아가서 자아와 세계 사이의 관계 정립이 성장소설에는 요구된다. 이와 같은 변화의 과정은 필연적으로 객관적 시간의 흐름뿐만 아니라 심리적 시간의 흐름을 전제로 하는데, 이때 심리적 시간의 흐름이란 작중인물 스스로 내부의 변화를 감지하는 능력과 관계되는 것이다.

이상과 같이 정의된 성장소설의 개념과 관련짓는 경우, 『고기잡이는 갈대를 꺾지 않는다』는 몇 가지 관점에서 문제적인 작품이라고 하지 않을 수 없다. 아마도 그러한 관점들을 검토하는 가운데, 우리는 이 작품이 과연 성장소설의 하나로 편입될 수 있는지, 또한 성장소설이라면 어떤 의미에서 그러한가를 확인할 수 있을 것이다. 이러한 확인 작업의 궁극적 목적은 이 소설을 어떻게 읽을 것인가에 대한 단서를 찾는 데 있다.

『고기잡이는 갈대를 꺾지 않는다』를 성장소설의 관점에서 논의하려는 경우, 우리가 먼저 주목해야 할 점은 이 작품의 서술 방식이다. 이 작품의 주된 서술 방식은 물론 과거에 대한 '회상'으로, 누군가가 보내준 "사진"이 하나의 단서가 되어 김형석이라는 작중인물은 자신의 어린 시절을 회상하게 된다. 한편, 김형석의 회상은, "내 나이가 서른다섯이 되던 봄에"(33), "내가 그렇게 바라고 있었던 성년(成年)이 되고 난 후"(198) 등의 예에서 확인되듯이, 이따금 어른이 된 김형석에게 되돌아감으로써 끊기고 있다. 어른이 된 김형석을 간간이 등장시킴으로써, 작가는 소설 속에 제시된 김형석의 어린 시절이 '있는 그대로의 직접적 현실 immediate reality'이 아니라 다만 김형석 자신의 '기억 속에 존재하는 세계'일 뿐이라는 점을 독자에게 계속 환기시키고 있다. 작가는 소설의 이야기가 어른이 된 김형석의 '회상'이라는 점을 독자들이 잊을 만하면 다시금 환기시키고 있는 것이다. 결국 독자는 '김형석이라는 창'을 통해 그의 어린 시절을 들여다보는 셈이 되는데, 그리하여 김형석의 회상이 아무리 초시간적이며 자의적(恣意的)이라고 하더라도 독자는 이에 따르지 않을 수 없다. 사실 회상이란 시간상의 단절뿐만 아니라 뒤엉킴을 본질적 속성으로 갖고 있다. 따라서 회상 속의 과거는 과거 자체로서의 고유한 시간적 의미를 지니지 못한다. 이와 관련하여 김형석이 회상하는 어린 시절의 에피소드들이 적지 않은 경우 인과 관계 또는 시간적 전후 관계에 지배를 받지 않는다는 점에 유의하기 바란다. 「거울 위의 여행」의 상표 딱지 놀이, 청결 검사 이야기, 미로 체험, 또는 「땟국」의 낯선 종족과의 만남, 잠자리 비행기의 출현, 「괘종 시계」의 옥화 이야기, 「고기잡이는 갈대를 꺾지 않는다」의 분실 사건 등이 모두 '자유 연상'의 형태로 제시되고 있는 것이다. 요컨대, 이 작품의 소재가 비록 어린아이의 성장 과정이긴 하지만, 그 아이의 성장 과정이 객관적 시간의 흐름 속에 전개되고 있지 않을 뿐만 아니라, 그 아이가 심리적으로 느끼는 시간의 변화 속에 제시되고 있지도 않다. 결국, '잃어버린 시간을 찾아서' 헤매는 프루스트의 경우처럼, 기억 속에 살아 있는 에피소드들을 찾아 헤매는 김형석의 '회상'은 성장소설이 요구하는 객관적 시간의 흐름 속에 전개되는 정신의 위기와 각성, 의식의 변화 및 발전을 지탱하지 못한다.

그럼에도 불구하고 우리는 여전히 『고기잡이는 갈대를 꺾지 않는다』를 하나의 연속적인 이야기로 읽을 수 있다. 그 이유는 언어적 서술 행위란 본질적으로 선적(線的)으로 진행되는 것이기 때문에 자체로서 시간적 흐름이라는 환상을 주기 때문이다. 사실 동시에 일어난 사건이라고 하더라도 언어적 서술의 과정을 거치는 경우, 이를 이해하는 과정 —— 말하자면, 읽는 과정 —— 은 시간적 전후 관계 속에서 이루어지지 않을 수 없다. 이로 인해 작가의 언어적 서술 행위는 실제의 시간적 흐름과 관계없이 별도의 가상적 시간의 흐름을 독자에게 상정케 한다. 따라서 『고기잡이는 갈대를 꺾지 않는다』에서 비록 사실적 시간의 흐름에 따라 전개되는 작중인물의 변화와 발전의 과정을 추적하기 어렵더라도, 적어도 이에 상응하는 모종의 변화와 발전의 과정을 우리는 상정해볼 수 있을 것이다. 말하자면, 「거울 위의 여행」에서 시작하여 「고기잡이는 갈대를 꺾지 않는다」에 이르기까지 가상적 시간의 흐름 속에서 전개되는 하나의 연속적 이야기로 파악함으로써, 작중인물이 겪는 여러 체험을 변화와 발전의 논리에 의해 읽을 수 있는 것이다. 무엇보다도 장석도를 축으로 전개되는 이야기가 바로 이와 같은 가상적 시간의 흐름을 사실적 시간의 흐름으로 읽도록 도와주는 역할을 하는 것으로 판단된다.

그러나 문제는 『고기잡이는 갈대를 꺾지 않는다』에는 이른바 수채화 사건을 제외하곤 이야기의 전개 과정에 여전히 주목할 만한 정신의 위기나 각성의 계기가 주인공에게 주어지고 있지 않다는 점이다. 물론 주인공이 자신의 삶을 "거울 속의 길고 긴 여행"(79)으로 파악하는 순간이나, 껌을 계기로 하여 존재의 "이율 배반"(101)을 느끼는 순간 등이 각성의 계기로 설명될 수 있을는지 모른다. 그러나 이러한 순간들은 삽화적이고 단편적인 기억의 편린에 머물 뿐 —— 비록 그 자체로서는 기억할 만한 것으로 나름대로의 중요한 의미를 지니지만 —— 능동적으로 이야기를 이끌어나가는 동기가 되고 있다고 보기는 어렵다. 이런 이유로 인해, 수채화 사건과 관련된 주인공의 다음 진술에 각별한 의미를 부여해볼 수도 있을 것이다.

그 수채화는 내게 미지의 세계와 현실의 세계가 존재한다는 것을 따끔하게 가르쳐주었을 뿐만 아니라 그 두 세계의 분명한 경계를 또한 가르쳐주었다. 현실 세계의 혼돈을 뼈저리게 맛보여준 최초의 경험은 바로 그 수채화로부터 비롯되었다. 그 수채화는 어느 뜨거운 여름날, 우리 세 식구를 연결시키고 있는 사슬을 뒤흔들어놓았다. (227)

무엇보다도 위의 진술은 무언가의 의미 있는 위기와 각성의 계기가 주인공 소년에게 제공될 것이라는 추측을 가능케 한다. 그러나 문제의 수채화 사건은 엄밀한 의미에서의 각성의 계기가 되고 있다고 보기 어렵다. 그 이유는 이에 따르는 정신의 성장과 발전을 찾아보기가 쉽지 않다는 데 있다. 소년이 "어린 우리들로서는 헤아릴 수 없는 깊고 깊은 곳에서 어른들끼리만 알고 감춰둔 고통이나 슬픔이 있는 것 같았다"(272)라고 말하고 있을 때, 여기에서 우리는 다만 어른들의 세계에 대해 소년이 품고 있는 막연한 '예감'만을 감지할 수 있다. 즉, "현실 세계의 혼돈"에 대한 체험은 자아와 세계 사이의 관계 정립을 유도하는 것이 아니라, 그 관계 정립이 쉽지 않다는 점을 예감케 할 뿐이다. "어른들의 시선으로만 볼 수 있게 똬리를 틀고 있는 그 슬픔의 실체를 감지할 수 있을 때 비로소 아우와 나는 어른이 될 수 있을 것이었다"(272)라는 진술은, 소년이 아직 "슬픔의 실체를 감지"하기 이전의 상태, 또는 성장의 전초 단계에 있음을 암시하는 것이 아닐까?

한마디로 말해, 『고기잡이는 갈대를 꺾지 않는다』는 어떤 소년의 성장 과정을 소재로 다루고 있긴 하지만, 그 소년은 엄밀한 의미에서 정신적 위기의 상황에 빠지지도 않으며, 별다른 각성의 계기를 체험하지도 않는다. 더욱이 서술 구조상으로 보아 이 작품은 그러한 위기와 이에 따른 각성, 의식의 변화를 지탱하기 쉽지 않다. 이 지점에 이르러 우리는 『고기잡이는 갈대를 꺾지 않는다』는 성장소설이 아니라는 결론을 내릴 수도 있다. 그러나 이미 앞에서 언급한 바와 같이, 규범적 정의에 의거하여 어떤 한 작품을 성장소설이다 또는 아니다라고 단정함은 성장소설이라는 장르 개념에 새롭게 포용될 수 있는 의미의 가능성을 도외시할 때에만 설득력을 지닌다. 따라서 우리의 논의는 여기에서 중단될 수 없다. 적어도 이 작품이 과연 성장소설의 새로운 가능성을 열어줄 수 있을 것인가와 관련하여 논의는 계속되어야 할 것이다.

우리가 『고기잡이는 갈대를 꺾지 않는다』의 작가 후기에 주목하는 이유는 여기에 있다. 작가 후기는 이제까지 우리가 인정해왔던 성장소설의 개념을 수정 또는 확장한다면 어떤 방향에서 그런 작업을 수행해야 할 것인가에 대해 모종의 암시를 하고 있는 것이다. 먼저 후기를 통해 작가는 "한 늙은 감꽃나무에 관한 〔……〕 이야기"를 덧붙이면서 "반드시 적었어야 했을" 대목인데 "의도적으로 빠뜨렸"음을 밝히고 있다(303). 그렇다면 "휘어지고 찌든 모습으로 성장을 멈춘 채 스산하게 〔한길가에〕 서 있었"(303)던 감꽃나무에서 떨어진 꽃으로 "아침녘의 굶주림을 달래곤 하였다"(304)는 이야기를 굳이 "의도적으로 빠뜨렸"던 이유는 무엇일까? 작가는, 어떤 의미에서 보면, 자신의 어린 시절과 관계되는 모든 사물이나 사건과는 달리 유독 이 감꽃나무와는 일정한 거리감을 유지할 수 없었기 때문인지도 모른다. 이 감꽃나무만큼은 이제 어른이 되어 회상할 때에도 냉정한 눈으로 볼 수 없는 그 무엇인지도 모른다. 그 이유는 무엇일까? 후기를 통해 작가는 또한 "오늘이란 시간에 〔……〕 존재하고 있"는 "나"를 "성장을 잃어버린 한 늙은 감꽃나무에서 떨어진 꽃을 먹을 수 있었다는 것"과 연계시키고 있는데(304), 암시적으로나마 이 감꽃나무에서 어린 시절 자신의 모습을 떠올리고 있는 것처럼 보인다. 감꽃나무의 일부인 "꽃을 먹"는다는 것 자체가 사실 감꽃나무와 '하나'가 되는 것이 아니겠는가. 만일 이상과 같은 우리의 추론이 수긍될 수 있는 것이라면, 작가가 "감꽃나무에 관한 〔……〕 이야기"를 "의도적으로 빠뜨렸"던 이유를 선명하게 드러낼 수 있을 것이다. "휘어지고 찌든 모습으로 성장을 멈춘 채 스산하게 서 있었"던 감꽃나무에서 자신의 옛 모습을 보았을 때 작가는 아마 주체할 수 없을 정도의 비애를 느꼈는지도 모른다. 어떤 의미에서 보면, 대상에 대한 이러한 거리감의 상실은 작품의 형상화 자체를 불가능하게 할 수 있는 것이다. 그 비애를 넘어서는 일이 작가에게는 후기에 이르러서 비로소 가능했었는지도 모른다.

만일 이와 같이 "휘어지고 찌든 모습으로 성장을 멈춘 채 스산하게 서 있었"던 감꽃나무에서 어린 시절 김형석의 모습을 찾을 수 있다면, 작가가 이 작품을 통해 보여주고자 했던 세계가 어떤 것인지도 선명하게 드러난다. 한마디로 말해, 성장을 멈춘 또는 성장의 동기를 상실한 소년의 세계를 작가는 이 작품을 통해 우리에게 제시하고 있는 것이다. 따라서 성장을 멈추거나 잃어버린 채 성장의 과정을 거쳐 가는 소년을 다룬 소설에서 '통념적' 성장소설의 특징을 이루는 자아의 각성 및 의식의 발전을 기대하는 것 자체가 무리이다. 요컨대, 성장이 불가능한 세계가 있고, 또한 그 세계에서 성장의 과정을 보내야 하는 이가 있다면, 그의 성장 과정을 다룬 성장소설은 필연적으로 『고기잡이는 갈대를 꺾지 않는다』와 같은 서술 방식이나 내용 전개 방식을 취하지 않을 수 없을 것이다. 이런 관점에서 보면, 『고기잡이는 갈대를 꺾지 않는다』는 새로운 종류의 성장소설이 가능하다면 어떤 방식으로 가능할 수 있겠는가를 보여주는 하나의 예라고 하지 않을 수 없다. 우리가 이 소설을 '반(反)성장소설로서의 성장소설'로 규정하고자 하는 이유는 여기에 있다.

II

『고기잡이는 갈대를 꺾지 않는다』가 성장을 멈추거나 잃어버린 소년의 성장 과정을 다룬 소설이라면 그 소년에게 성장이 불가능했던 이유는 무엇인가? 우선 이 물음과 관련하여 김병익의 「성장소설의 문화적 의미」(『지성과 문학―70년대의 문화사적 접근』, 문학과지성사, 1982, pp. 144~60)라는 글에 주목해보자. 이 글에서 김병익은, 서구의 경우 "성장소설이란 개념이 그 소설을 낳게 한 사회의 문화 이념과 깊이 밀착되어 있"음에 주목하면서, "우리에게 성장소설이 희소"한 이유를 서구의 것과 대비되는 우리 나름의 문화사적 상황과 관련지어 해명하고 있다. 그에 의하면, 유교 문화의 영향으로 인해 서구와는 달리 우리에게 "개인적 자아"가 확고하게 정립되어 있지 못한 관계로, 또한 유교 이념이 깨진 후에도 여전히 개인의 "내면적 성장과 발전"을 유도할 "문화 요소"나 서구의 시민 사회를 유지하고 있는 것과 같은 "보편적 이념"이 제대로 확립되어 있지 못한 관계로, 우리에게 성장소설이 "희소"할 수밖에 없다. 물론 김병익 자신이 누차 우리의 주의를 환기시키고 있듯이, 굳이 이처럼 성장소설의 개념을 "서구의 논리에 맞추어 이해할 이유"는 "없"다. 무엇보다도 한 인간의 성장 과정이라는 것이 동서양을 막론하고 어떤 형태로든 사회와의 관계를 정립해나아가는 과정이라고 한다면, 그 사회를 지탱해주는 "문화적 가치와 이념" 및 그 가치나 이념을 수용하거나 거부하는 "개인"이 존재하는 사회라면, 어디에나 "성장소설의 가능 조건"은 존재하기 때문이다. 따라서 유독 서구적 "자아"의 개념과 시민 사회를 지탱하는 "보편적 이념"의 존재만을 "성장소설의 가능 조건"으로 인정하는 논리는 지나친 단순화일 수 있다. 이 때문에, 인간의 성장 과정을 "개인"과 "사회" 사이의 관계 맺음이라는 맥락에서 파악하려 하되, 한 인간의 성장 과정에 작용하는 능동적 동인은 보다 포괄적 의미에서의 문화적 가치나 이념이 될 수도 있다는 가정 아래 작품에 대한 이해를 시도해볼 수도 있을 것이다. 『고기잡이는 갈대를 꺾지 않는다』에 대한 우리의 논의는 결국 한 소년의 성장의 정지는 이와 같이 보다 포괄적 의미에서의 문화적 가치와 이념조차 "부재(不在)"하기 때문이 아닌가라는 의문에서 시작될 수 있다.

굳이 근대 시민 사회를 지탱하는 "보편적 이념" 또는 "문화 요소"를 들먹이지 않는다 하더라도, 『고기잡이는 갈대를 꺾지 않는다』의 경우 전통적인 문화 가치라든가 이념조차 아예 존재하지 않는 것처럼 보이기도 한다. 사실 허기와 막연한 기다림으로 점철된 세계— 말하자면, "닥치는 대로 아무것이나 주워먹"(13)어야 하고, "어머니와 같이 살고 있으면서 항상 어머니를 그리워"(14)해야 하는 세계— 에서는 어떠한 종류의 문화 요소나 이념도 별다른 의미를 지니지 못할는지 모른다. 이론의 여지 없이, 생존 자체가 위기일 때 문화나 이념을 운위한다는 것 자체가 일종의 사치일 수 있다. 그러나 어떤 사회가 결핍의 상태에 있다고 해서 그 사회를 지탱하는 가치관을 완전히 상실하고 있다고 속단할 수는 없다. 더욱이 지향해야 할 문화나 가치관은 반드시 추상적 개념으로만 존재하는 것이 아니며, 한 사람의 성장 과정에 영향력을 행사하는 것이 추상적 개념일 수만은 없다. 우리가 『고기잡이는 갈대를 꺾지 않는다』에서 장석도라는 인물에 주목하는 이유는 이 때문이다.

　모꾼〔장석도〕의 우람한 허위대와 불거지는 팔뚝의 살피듬은 흡사 구약 「사사기」에 나오는 이스라엘의 장사인 삼손을 방불케 하였다. 그는 상고머리로 머리칼이 짤려나간 신세가 되었지만 장력만으로 겨루는 일인 이상 그를 이겨낼 사람이 없었다. (23~24)

장석도가 "삼손"에 비유되고 있음은 여러 가지 의미를 지닌다. 우선 삼손은 우람하고 건장하며 공격적이나 별로 현명치 못한 거인으로서, 헤라클레스와 더불어 신화 시대를 지배하던 가치관을 드러내는 인물이다. (삼손이라는 이름은 히브리어로서 "태양"이라는 뜻을 포함하고 있으며, 원시적 태양 승배 사상과 연관지을 수 있음에도 유의할 것.) 시계포의 약삭빠른 최씨가 오늘날의 가치를 대변한다면, 장석도는 신화 시대의 가치를 표상하는 인물인 것이다. 즉, 장석도의 존재는 신화적 생명력의 현존을 암시한다. 물질적 결핍이나 정신적 갈증에도 불구하고 주인공이 몸담고 있는 세계가 지탱될 수 있었다면, 그 이유는 그 세계에 바로 이와 같은 신화적 생명력이 존재하기 때문인 것이다. 이런 맥락에서 보면 장석도가 마을을 떠나자 "마을 곳곳에 모여선 사람들[이] 한결같이 낭패의 표정을 짓고 있었"(287)던 이유는 쉽게 설명될 수 있다. 장석도의 떠남은 마을 사람들에게 신화적 생명력이라는 초월적 가치와 이념의 완전한 상실을 예고하는 것이다. 그러나 우리가 여기에서 또한 유의해야 할 점은 장석도는 기껏해야 "머리칼이 짤려 나간" 삼손, 힘과 권위를 상실한 무력한 삼손이라는 점이다. 따라서, 그의 영웅적인 모습과 비견할 데 없는 "장력"에도 불구하고, 장석도가 주인공이 지향할 수 있는 훼손되지 않은 "가치"로 구체화되기 위해서는 모종의 계기가 요구된다. 바로 그 계기가 있기 전까지 주인공의 눈에 장석도는 다만 "고깃덩이만 왔다갔다하는 사람"(24)으로 비칠 뿐이다.

한편, 주인공 소년에게 "내면적 성장과 발전"을 유도할 "보편적 이념"이나 "문화 요소"가 존재하지 않을 때, 또는 성장의 과정에 지향해야만 힐 가치와 이념이 초월적인 것이든 현세적인 것이든 "아직" 발견되지 않았을 때, 그가 할 수 있는 일이란 무엇일까? "거울의 함정"(47)에 빠져 "경이적인 혼란과 모순을 경험"(43)하거나 "마루 밑의 미로"(71)를 헤매는 소년의 모습에서 일별할 수 있듯이, 또는 "어머니의 성역이었던"(112) "고미다락"에 어머니 몰래 들어가거나 아무도 없는 운동장에서 혼자 "물구나무서기로 철봉에 매달"려 "세상의 물구나무서기를 [……] 즐"(139)기는 그의 모습에서 재차 확인할 수 있듯이, 그가 할 수 있는 일이란 폐쇄된 자기만의 세계 속으로 기어들어가거나 또는 그 세계를 즐기는 일이다. 이처럼 외부의 세계에로 주인공을 이끌어가는 원심력이 상실된 세계가 『고기잡이는 갈대를 꺾지 않는다』의 세계인 것이다. 이 작품의 전체적인 이야기가 어딘가를 향해 앞으로 진행되지 않고 시간적으로 고정된 어느 한 지점

을 맴돌고 있는 것 같다는 느낌을 우리가 완전히 지울 수 없는 이유
는 이 때문일 것이다. 이와 관련하여 우리는, 이미 앞에서도 잠깐 언
급하였듯이, 소년의 성장 과정은 객관적 시간의 흐름 속에 전개되고
있지도 않을 뿐만 아니라 또한 그가 심리적으로 느끼는 시간의 변화
속에 제시되고 있지 않음에 또한 유의할 수 있을 것이다. 물론 이 작
품이 성장을 잃어버리고 폐쇄된 자기만의 세계에 머물러 있을 수밖
에 없었던 어떤 소년의 성장 과정을 다루고 있다는 점에서 보면, 이
상과 같은 분위기나 서술상의 특징은 작가 쪽의 의도적 배려에서 나
온 것이라고 할 수도 있다.

　자기만의 세계 속으로 침잠해가는 소년에게 정신의 위기라든가 자
아의 각성을 기대한다는 것은 무리일 것이다. 물론 자기 세계 속으로
의 침잠은 강한 구심력을 지니며, 이 구심력이 자신의 존재 의미에
대한 탐구를 유도할 수도 있다. 그러나 딱지치기라는 장난의 세계에
몰두하던 그가 발견하는 것이 "그 칠칠맞지 못한 나이임에도 불구하
고 딱지 종이 무더기 위로 연기처럼 피어오르는 허무"(60)이듯이, 자
신만의 세계에 갇혀 이루어지는 탐구 끄트머리에서 그가 확인하는
것은 다만 퇴행적 허무일 뿐이다. 또는, "마룻장 아래를 탐험"한 후
에 소년이 느끼는 것이 다만 "혼돈"(78)이듯이, "거울 속의 함정 속"
으로의 "여행"(78)과도 같은 자기만의 세계 속으로의 여행 끝에 남는
것은 다만 막막한 혼돈뿐이다. 그러나 무엇보다도 우리가 유의해야
할 점은 이러한 폐쇄적인 세계 내의 자기 탐구는 "등골을 스치는 오
싹한 두려움"과 "까마득한 외로움"(73) 속으로 소년을 몰아간다는 점
이다. 이런 의미에서 볼 때, "언제 끝날지 모를 이 거울 속의 길고 긴
여행을 어디까지 뒤따라가야 할 것인지 섬짓한 두려움이 그 순간 가
슴을 저미고 들었다"(79)라는 대목은 주인공이 성장 과정에 느끼고
있던 정조를 함축적으로 드러내고 있다고 볼 수 있다.

　닫혀진 공간에서 느끼는 "섬짓한 두려움"은 "밖으로 나가고 싶은
충동"(77)을 불러일으키는 법이다. "마루 밑의 미로"와 같은 자신의

세계—즉, 성장을 잃어버린 자기만의 세계—에서 느끼는 "두려움"은, 비록 자아의 각성과 의식의 발전을 유도하지는 못한다 하더라도, 적어도 그 세계로부터 탈출하고자 하는 충동을 불러일으킬 수 있는 것이다. 바로 이와 같은 충동의 순간이 『고기잡이는 갈대를 꺾지 않는다』에서도 확인된다. 소년이 "정거장"에서 "멀고 먼 타관으로 떠나고 싶은 충동"(29)을 느끼거나, "평소에 소망해 왔던 것은 하늘을 날아보는 일"(117)임을 밝히고 있을 때, 우리는 자기만의 세계를 벗어나려는 소년의 의지를 일별할 수 있다. 그러나 "어쩔 수 없이 아우가 기다리고 있는 집으로 돌아"(29)가는 소년의 모습에서, 혹은 "높은 곳이란 언제나 불안한 것"(125)임을 느끼는 그의 모습에서, 허무와 혼돈, 두려움으로 차 있는 자기만의 세계를 벗어나는 일이 소년에게는 쉽지 않다는 사실을 우리는 또한 확인할 수 있다.

만일 소년이 자신의 의지로 두려움과 혼돈, 허무의 세계에서 벗어나 각성의 순간을 맞이하기 쉽지 않다면, 그에게 필요한 것은 아마도 외적 충격일 것이다. 여기에서 다시 장석도가 논의의 초점이 되지 않을 수 없다. "자신의 몸통보다 크고 단단한 돌덩이"를 "머리 위"로 받쳐들고 있는 장식도의 모습에서 소년은 머리 깎인 삼손이 다시금 자신의 권위와 힘을 되찾고 있음을 확인한다.

그의 머리 위에는 자신의 몸통보다 크고 단단한 돌덩이가 덩그렇게 떠 있었다. 붉게 타고 있는 저녁노을을 등진 채 큰댓자로 버티고 선 삼손의 모습은 황홀했다. 〔……〕 나는 한 사내가 그토록 자랑스런 모습으로 서 있는 것을 본 적이 없었다. 보란 듯한 미소가 그 입가에 묻어 있었다. 두상을 상고머리로 자르고 난 뒤 그의 장력이 반감되고 말았으리란 우리들 또래의 지레짐작은 그것으로 산산조각이 난 셈이었다. (157)

그날 밤 소년은 꿈속에서 "놀라운" 모습의 삼손(167)과 다시금 만나게 된다. 그 이후 소년은 물론 그의 아우에게까지 장석도는 새로운 힘과 위엄을 지닌 대상이 되고 있다. 소년의 아우가 밥을 많이 먹고 빨리 어른이 되겠다고 했을 때, 그 이유는 "어른이 되야 삼손이 되지"(164)이다. 이처럼 성장의 궁극적 목표는 "삼손" 또는 "삼손과 같은 사람"이 되는 것이다. 어떤 의미에서 보면, 갑자기 새로운 의미로 감싸이는 장석도의 모습은 이제까지 성장을 멈춘 소년에게 성장의 가능성을 유도하는 계기로 이해할 수도 있다.

그러나 이 새로운 모습의 장석도는 궁극적으로 파탄을 예비한 것이었다. 시계포 최씨와 장석도 사이의 갈등——다시 말해, 즉 오늘날의 가치 체계와 신화 시대의 가치 체계 사이의 갈등——이 시작된 것이다. 그 갈등의 관계는 수채화 사건을 통해 더욱더 증폭되어, 이미 앞에서 언급한 것처럼 장석도의 떠남으로 결말나게 된다. 장석도는, 마치 절망 속에서 마지막 혼신의 힘을 발휘하는 삼손과 같이, "마을에서도 대접을 받고 있는 술도가 주인"에게 "평생을 두고도 절치부심이 될 굴욕적인 창피"를 주고서(282~83) 마을을 떠난다. 그의 떠남은, 앞에서 또한 언급한 바 있듯이, 소년이 몸담고 있는 세계가 갖던 신화적 생명력의 상실 또는 신화 시대의 종말을 뜻한다. 또한, 소년의 아우가 성장한 후에 그에게 보낸 편지에서 암시하고 있듯이, 장석도에게서 소년과 형제가 무의식적으로 찾았던 것은 또한 아버지의 모습(299)인데, 아버지로 상징되는 세계의 상실을 의미하기도 한다. 이는 동시에 소년에게 빛 또는 저녁노을을 등지고 서 있던 장석도의 모습에서 유추해낼 수 있듯이 태양의 상실 또는 숨어버림을 뜻한다. 어른이 된 주인공이 자신의 소년 시절을 "암울하고 스산했던"(13) 시절이라고 진단하지 않을 수 없었던 것은 이와 무관하지 않다.

『고기잡이는 갈대를 꺾지 않는다』를 반성장소설로서의 성장소설로 보는 경우, 우리가 한 가지 더 짚고 넘어가야 할 부분은 옥화에 관한 이야기일 것이다. 이 소설의 주인공이 자신의 어린 시절을 회상하는 자리에서, "그들 모두는 어느 날 내게 이별을 고한 뒤 두번 다시 모습을 나타내지 않았었다. 그 중에서도 아우와 나를 가장 슬프게 만들었던 것은 옥화와의 이별이었다"(293)라고 말하고 있다. 주인공은 "5학년이 되었던 해의 초겨울"(294)에 옥화의 죽음을 맞이하게 된다. 무슨 이유로 "배냇병신이었던 옥화"(187)의 죽음이 소년에게 그렇게 슬픔을 느끼도록 만든 것일까? 어떤 의미에서 보면, 소년과 그의 아우는 불구인 옥화에게서 성장을 멈춘 결핍된 자신들의 모습을 감지했는지도 모르며, "온 삭신이 뒤틀리는 옥죄임"(295)으로 인해 옥화가 겪었던 고통에서 자신들의 고통을 발견했는지도 모른다. 이제 옥화의 죽음과 함께 성장을 멈추고 지냈던 그들은 고통스러운 '반성장의 시절'도 슬픈 마음으로 떨쳐버리지 않을 수 없게 된 것이다. "옥화의 죽음을 기점으로 해서" "아우의 변화"(297)가 일어났다는 것도 이와 무관하지 않을 것이다. 그 아픔을 느끼는 소년에게서 우리는 서서히 성장을 시작하는, 그리하여 어른이 되어가는 소년의 모습을 예감할 수 있다. 비록 장석도라는 신화적 세계는 눈앞에서 사라져버렸지만, 그 세계가 포용하는 가치와 이상은 소년의 마음속에 남아서 그의 성장을 재촉하게 될는지도 모른다. 이처럼 김형석이라는 소년의 경우, 성장은 이 소설의 이야기가 끝남과 함께 시작되는 것인지도 모른다.

Ⅲ

　김주영의 『고기잡이는 갈대를 꺾지 않는다』를 '반성장소설로서의 성장소설'로 보고자 할 때 우리가 짚고 넘어가지 않을 수 없는 점은 이 '반성장소설로서의 성장소설'이 지니는 궁극적 함의나 존재 이유는 무엇인가일 것이다. 무엇보다도 이 작품은 한국 사회를 지탱해왔던 초역사적이며 신화적 정신의 상실이 구체적으로 우리에게 어떠한 의미를 지니는 것일까라는 문제 제기와 관련된 하나의 탐구로 보아도 좋을 듯하다. 또는 단순히 세계를 밝혀왔던 빛이란 무엇이었던가를 확인하고, 우리는 이제 그 빛을 상실하였다는 사실을 전하는 단순한 메시지로서 이 작품을 읽을 수도 있다. 아주 좁게는, 상실된 그 무엇—예를 들면, '부성(父性)'—의 찾기가 한 어린 소년의 성장 과정에 어떠한 영향을 미칠 수 있겠는가라는 물음에 대한 해답찾기로도 읽을 수 있을 것이다. 그러나 우리는 무엇보다도 이 작품에서 숨어버린, 그리고 모습을 드러냈다가 다시 떠나버린 '신(神)'과 '혼돈'의 '현실 세계' 사이에 희망 없이 던져져 있는 한 소년의 모습을 확인할 수 있다는 데 유의해야 할 것이다. 그 틈바구니에 서 있는 어린 소년에게 주어진 선택은 다름아닌 '성장의 정지'인 것이다.

그러나 이 작품과 관련하여 한 가지 지적할 점이 있다면, 이상과 같은 의미 부여의 가능성에도 불구하고, 이 작품 속의 긴장과 갈등은 개인사적 체험의 한계를 뛰어넘는 보편적 의미로 승화되고 있지 못한 듯한 느낌을 준다는 것이다. 그 이유는 무엇일까? 역시 '성장의 정지'라는 문제를 다룬 소설 작품으로 꼽힐 수 있는 귄터 그라스 Günter Grass의 『양철북 *Die Blechtrommel*』과 대비시키는 경우, 『고기잡이는 갈대를 꺾지 않는다』가 개인사적 체험의 세계에 머물고 있다는 점은 쉽게 확인될 수 있다. 『양철북』에 대한 한스-페터 브로데 Hans-Peter Brode의 지적처럼 이 작품의 이면에는 '나치와의 대결'이라는 긴장이 존재한다. 그러나 그 긴장은 단순히 구체적 악의 세계에 대한 것일 뿐만 아니라 상징적 악의 세계에 대한 것이기도 하다. 오스카 Oscar라는 소년의 육체적 성장의 정지가 소설 전체에 대한 상징적 의미를 지탱하는 구심점이 되고 있다는 점에 주목하기 바란다. 요컨대, 개인의 이야기를 넘어서서 시대에 대한 고발인 동시에 인간성 자체에 대한 상징적이고 보편적 의미의 탐구를 가능케 하는 것이 『양철북』의 세계이다. 만일 『고기잡이는 갈대를 꺾지 않는다』가 그러한 긴장된 상징을 유지하고 있지 못한 이유가 '나치'와 같은 상징적 악의 세계가 우리에게 존재하지 않기 때문이라면, 그보다 더 다행한 일이 어디 있으랴! 그러나 과연 그럴까?

「성장소설의 문화적 의미」에서 김병익이 지적하고 있듯이 "작가가 스스럼없이" "자기의 적나라한 실체를 드러내놓고 장식과 위선을 팽

개친, 자기의 잘못된 모습을 공개"한다는 것은 "인간적 약점에 구애되지 않는 작가 자신의 자부심, 그것을 가능케 하는 문화적 용량의 크기를 말해"주는 것일 수 있다. 『고기잡이는 갈대를 꺾지 않는다』의 작가가 『아들의 겨울』(전예원, 1985)을 내면서 "전라의 몸뚱이가 햇볕 속에 드러나는 듯한 수치와 겸연쩍음을 이겨낼 만한 배포"를 얻게 되었다고 말하고 있을 때, 우리는 그의 말을 바로 그와 같은 긍정적 시각에서 이해할 수도 있다. 그러나 어차피 문학적 형상화란 허구를 전제로 하는 것이며, 그 허구의 세계 속에 자신의 "수치와 겸연쩍음"을 "스스럼없이" 드러내겠다는 발언 자체가 또 하나의 허구적 몸짓일 수도 있다. 그 허구일 수 있음을 허구가 아닌 것처럼 말하는 자체가 어떤 의미에서 보면 고도의 '자기 숨김'과 다름없다. 그와 같은 '자기 숨김' 조차 "스스럼없이" 드러낼 때 김주영의 소설 세계는 아마도 개인사적 체험의 세계를 벗어나 보편적 의미의 세계에 이를 수 있을 것이다. 〔『미로에서 길찾기』, 1997〕

시간적 거리와 계급적 단층에 대한 도전
──김주영의 『화척』에 대하여

황 광 수

> 장상(將相)이라고 따로 씨가 있는 것이 아니다.
> 〔……〕 노비 문서를 불살라 이 땅의 천민을 모두
> 없애면 우리 모두가 장상이 될 수 있다.
>
> ──만적(萬積)

I

김주영은 다섯 권으로 완간된 장편역사소설 『화척』에서 우리의 상식을 뛰어넘는 두 가지 모험을 감행하고 있다. 하나는 800년이라는 장구한 시간상의 거리를 뛰어넘어 당대의 역사적 사실을 우리에게 의미 있는 역사상으로 제시하려는 것이고, 다른 하나는 당시 사회의 최상층부에서 전개된 권력 투쟁과 최하층에 속하는 노비들의 신분 해방 투쟁이라는 상반된 소재 사이의 단층을 하나의 의미론적 구도 속에서 포착하려는 것이다. 그러므로 우리의 관심은 먼저 이 두 가지 모험의 성공에 대한 기대와 함께 그것이 지닌 역사소설론적 의미와 한계를 짚어보는 쪽으로 쏠리게 된다.

역사소설의 일차적 특성은 과거의 사실을 소재로 삼는다는 것이다. 얼마나 먼 과거를 다루느냐 하는 데에 어떤 원칙이나 규정이 있는 것은 아니지만, 사회성과 문학성을 갖춘 본격적인 역사소설의 창시자로 알려진 월터 스콧은 대략 두 세대 전의 역사를 소재로 삼는 것이 좋다는 견해를 피력했고, 독일의 소설가 폰타네는 이러한 견해를 그대로 받아들여 자신의 창작에 적용하기도 했다. 이러한 견해가 제시될 수 있었던 근거는 두 세대, 즉 대략 60년 정도 앞선 과거는 작가 자신의 시야에서 완전히 벗어날 만큼 먼 것이 아니어서 조사와 취재를 통해 그것을 재구성하는 데 그다지 큰 어려움을 주지 않는다는 것과 동시대의 독자들에게 자기 시대와의 직접적인 연관 속에서 역사적 흥미를 자아내는 데 알맞은 시간적 거리가 된다는 판단에서 비롯된 것이다. 이러한 견해는 물론 내적 필연성을 지닌 이론이나 원리라기보다는 창작상의 실제적 편의에 기반한 것이어서 보편적 타당성을 갖기는 어려울 것이다. 그러나 이러한 견해는 『화척』에서처럼 두 세대의 열 배도 더 되는 시간적 상거(相距)를 극복하는 일이 작가에게 큰 부담을 안겨주는 일종의 모험이 될 수도 있으리라는 우려를 낳게 한다. 게다가 김주영은 분단 상황으로 인해 이 소설의 중심 무대가 되고 있는 북한 지역을 답사하지 못함으로써 그 자신이 '절필 선언'의 주인공이 될 수밖에 없었을 만큼 큰 고통을 겪었다는 사실을 실토하고 있기도 하다.

이 소설의 시대 배경은 고려 의종 24년(1169)에 발생한 무신정변(武臣政變)으로부터 신종 원년(1197)에 최충헌의 사노 만적이 일으킨 무장 봉기가 실패로 돌아가기까지 28년 간이다. 이 시간대는 지금으로부터 826년 전에서 798년 전 사이에 놓여 있다. 이 시기는 고려 시대뿐만 아니라 우리나라 역사 전체를 두고 보더라도 대단히 특별한 성격과 의미를 지닐 만하다. 그 이전에도 군사 반란이 전혀 없었던 것은 아니지만, 왕건이 고려를 세운 지 251년이 지난 시점에서 일어난 이 정변은 임금을 갈아치우고 문신과 환관들을 마구잡이로 죽인

후 무신들 자신이 나라의 명운을 좌지우지했을 뿐만 아니라 그 이후 4대에 걸친 최씨 정권까지 합하여 무려 89년 동안이나 무신들이 정권을 농단한 것으로는 역사상 전무후무한 일이었기 때문이다. 이러한 역사적 사실은 우리들이 지난 30년 간 뼈아프게 경험한 군사 정권의 정치적·역사적 성격을 떠올려줌으로써 엄청난 시간적 거리를 뛰어넘어 우리들 자신의 관심 영역으로 들어올 수 있는 특성도 지니고 있다. 그리고 이 시기에 일어난 개경의 공사 노비들의 신분 해방 투쟁 역시 그 계급 해방적 특성으로 인해 최근의 역사에서 우리가 익히 보아온 '노동 해방 투쟁'과 동일한 차원에 놓일 수 있으므로 우리의 관심을 불러일으킬 만한 것이다. 바로 이러한 점이 작가로 하여금 800년 남짓한 시간적 격차를 뛰어넘어보려는 모험을 감행케 했을 것으로 생각된다.

II

이 소설에서 정치사적 주역으로 등장하고 있는 무신들의 계급적 성격에 대해서는 학자들 사이에도 논란이 있지만, 그들은 대체로 귀족의 상층부에는 속하지 않았고, 그들 중에도 양인이나 천민 출신들이 섞여 있었던 것으로 보아 신분 서열상 문신들과 동급에 놓여 있지 않았던 것만은 확실해 보인다. 이들의 반란 동기는 고려 초기에 형성된 문벌 귀족 사회의 모순에서 잉태되었다. 왕권에 맞설 만큼 힘있는 몇몇 문벌들이 지방 관료들의 성장을 제약하는 한편 무반들을 참을 수 없을 만큼 차별했다. 문신들이 무신들에게 주어진 토지까지 빼앗는 일이 드물지 않았고, 병마권까지 장악하여 무신들은 문신들의 호위병 수준으로 전락했다. 특히 군졸들은 귀족 정권 아래서 전쟁뿐만 아니라 각종 권력 투쟁에 동원되었고, 여러 가지 잡일들에 충당되기까지 했으며, 그들의 생활은 지극히 궁핍했다. 이러한 형편에서 무신들과 군졸들의 불만이 결합하여 경인년의 무신정변으로 분출했다. 그러나 무신들이 정권을 잡은 이후 농민과 천민들의 봉기는 전보다

다발적으로 전국 각지에서 끊이지 않고 일어났다. 전보다 가중된 착취 때문에 떠돌이가 된 농민들의 수가 급증하여 여기저기서 무리 도적이 되었기 때문이다. 이들의 반란은 그 규모에서뿐만 아니라 조직에서도 중앙 정권을 위협할 정도가 되었다. 이러한 현상은 일차적으로 경제적 토대의 상실에서 비롯된 것이지만, 신분이 떨어지는 무신들이 정권을 잡게 되자 지배 계급도 자신들과 다를 것이 없는 신분이라는 사회 의식을 갖게 된 데에서 비롯된 것이기도 했다. 게다가 무신들끼리 끝없는 권력 투쟁을 전개함으로써 지배 세력 자체의 힘이 약해진 것도 이들의 봉기를 부추긴 하나의 원인이 되었다. (이 문단의 역사 서술은 『한국 민중사』 1, 풀빛, 1986, pp. 183~95를 중심으로 필자가 재구성한 것임.)

이 소설에서 신분 해방 투쟁의 주역들로 등장하는 노비들은 압록강 하구의 낮은 땅에서 삶을 일구어갔던 '화척(禾尺)' 출신들이다. '무자리'라고도 불리는 화척은 관적에도 오르지 않아 조세나 부역의 의무도 지지 않고 산과 들로 돌아다니며 사냥을 하고 버드나무로 고리를 걸어 파는 것을 업으로 삼았던 무리들로서 왕건이 후백제를 칠 무렵 가장 흥성했었다는 게 국어 사전에 나오는 의미이다. 당대 사회의 최하층민을 두고 '흥성했었다'는 표현을 쓴 것은 어쩐지 그들의 처지에 걸맞지 않아 보이지만, 사전적 의미가 틀린 것이 아니라면 국가의 기강이 무너지고 나라의 살림살이가 극도로 피폐했던 시기에 그 수효가 늘어날 수밖에 없는 신분적 특성을 지녔다는 점에서 그들의 '흥성'은 한 시대의 혼란상을 역설적으로 드러내는 지표가 될 수도 있다. 이 소설의 화척들은 압록강 하구의 낮은 땅에서 움집을 짓고 강가에 통발이나 어살을 놓아 물고기를 잡거나 사냥을 하고 버들고리를 짜서 생계를 꾸려가는 무리들이었다. 권력의 힘이 거의 미치지 않는 곳에 숨어 살다시피 하였던 그들은 그곳을 한번 뜨면 다시는 돌아갈 수 없는 운명에 놓이게 되었다. 외지에 나갔던 사람들은 언제나 재앙을 몰고 왔기에 불문율로써 그들의 귀환이 봉쇄되기도 했지만, 외지에 나가 노비나 기생이 되어 노적이나 기적에 오르게 되면 제도적으로 권력자들의 소유물이 되어 마음대로 돌아다닐 수 있는 자유가 박탈되었기 때문이다.

Ⅲ

이처럼 이 소설의 소재는 등장인물들의 계급상의 극단적 차이로 인해 그 구성이 내용상 병렬적으로 이원화되어 정치사적 범주로 추상화되거나 하층 계급에 속하는 사람들의 숙명론적인 성격의 형상화로 기울어질 수 있는 위험성을 내재하고 있으며, 김주영의 두번째 도전은 이와 같은 주제상의 분화와 이질화의 위험성을 극복하는 일과 맞물리게 된다.

『화척』에서 권력자들의 피비린내나는 권력 투쟁은 무신정변 이후 이의방·정중부 일가, 경대승·이의민·최충헌 일가 등으로 권력이 이동하는 과정에 대한 구체적 묘사를 통해 생생하게 재현되어 있다. 작가의 시선은 이들의 계략과 행위에 근접하여 그들의 심리적 이면까지 세밀하게 추적하고 있다. 이러한 역사적 형상화의 직접성과 풍요성으로 인해 무신들의 끝없는 암투는 신분 해방적 주제를 구체적인 역사적 공간에서 드러내기 위한 배경 이상으로 확대되어 권력 투쟁의 비인간적 성격과 권력자들의 벌거벗은 욕망에 대한 비판적 조명을 또 하나의 주제로 부각시키고 있다. 이처럼 그 나름의 독립적 성격을 강하게 드러내고 있는 지배 계급에 대한 서술은 실제의 역사와 일치하므로 여기에서 그 줄거리를 더듬어보는 것은 불필요한 일이 된다. 그러나 노비들의 경우는 만적과 자운선 정도가 실제로 존재했던 인물들이고, 이 두 사람의 성장 과정과 그들에 버금가는 인물들은 작가의 상상력을 통해 소설적으로 구성된 허구이므로 이들에게 신분 해방에 대한 염원을 품게 하는 동기와 그것이 봉기로 분출되는 과정을 이해하기 위해 그들의 행적을 큰 뼈대만이라도 간략하게 살펴볼 필요가 있다.

거칠은 막내동생이 문반들의 사냥놀이에 몰이꾼으로 나갔다가 화살에 맞아 죽게 되자 수자리 마을을 떠나버린다. 무신들의 칼자가 되어 있던 그는 무신정변 이후 이의방의 노복이 된다. 이의방에게 신임을 얻은 그는 달포 간의 말미를 얻어 수자리 마을에 가 그의 동생 친구인 걸보와 조카인 저놈(뒤에 '만적'으로 이름이 바뀐다)을 데리고 개경으로 돌아온다. 그는 자기 피붙이들의 신분 해방을 위해 윤인첨의 거사에 참여한 것이 탄로되자 걸보와 만적, 그리고 자기를 따랐던 도금 내외를 피신시키고 죽음을 맞이한다. 걸보는 주인의 가산을 책임질 만큼 신임을 얻어 방량되었으나 조위총의 난에 깊이 개입하여 전사한다. 만적은 최충헌의 등에 꽂힌 화살을 뽑아준 것이 계기가 되어 그의 수하에 있다가 권력을 잡은 최충헌의 반인륜적 행위에 실망하여 무신들을 죽이고 자기네 세상을 만들기 위해 대규모의 거사를 진행하다가 발각되어 죽음을 당하고, 거사에 가담했던 노비들 100여 명은 임진강에 던져져 떼죽음을 당한다.

과거의 역사책들에 '만적의 난'으로 기술되었던 이 거사에는 공사 노비 천여 명이 가담했을 만큼 그 규모가 대단히 컸었고, 그 동기 또한 분명했다. "우리가 발기(發起)하여 우리 천예들의 문적(文籍)을 불태우고 지기 펴고 살게 될 일을 꾸미자는 것일세. 경인년 이후로 28년 동안 숱한 무신들이 들고일어나 임금을 두 번이나 갈아치우고 현명하고 덕을 가진 재상들은 죽이거나 귀양 보냈지만, 칼 잘 쓰고 수벽치기를 잘하는 무관이라면 그 본색이 천예라 할지라도 모두 현달하여 나라일을 전단하였네. 그러나 조위총을 비롯하여 망소이 같은 사람들의 난리가 그치지 않은 것은 이 나라가 백성의 나라가 아니라 몇몇 무신들의 나라이기 때문이 아닌가?"(5권, p. 277). 이러한 만적의 말은 지배 계급의 권위를 송두리째 무시하는 것이고, 무신들이 보여준 정권 다툼과는 그 성격이 본질적으로 다르다는 데 그 역사적 의미가 있다. 만적의 죽음으로 이 소설은 끝나지만, 만적이 죽은 지 5년후에 개경의 노비들이 군사 훈련을 하다가 들켜 또다시 50여 명이 강물에 던져지는 일이 발생했다. 이처럼 개경의 노비들의 신분 해방 투쟁은 실패를 거듭한다. 그들이 처한 비인간적 삶의 조건으로 인한 고통과 거기에서 벗어나기 위한 그들의 노력에 치열성이 부족해서가 아니라 주인의 무기를 훔쳐서 주인과 싸울 수밖에 없는 물질적 조건을 극복할 수 없었고, 당시 계급 구성의 중심에 놓여 있었던 양인들과의 계급 연합도 이루어낼 수 없었기 때문이다. 그러나 만적이 죽은 지 3년 후인 신종 3년에 진주에서 일어난 공사 노비의 봉기는 양인들의 봉기와 합세하는 과정을 거쳐 지방 향리의 폭정을 종식시키는 데 성공을 거두기도 했다. 그리고 고려 시대에 일어난 봉기가 대체로 농민에 의한 것이었다는 사실은 당시 사회의 경제 생활이 농업 생산에 기반하고 있었고, 따라서 농업에 종사하는 양인이 당시 인구의 대부분을 차지하고 있었다는 사회적 조건에 근거하고 있다.

귀족·양인(良人)·천민으로 이루어져 있었던 고려 시대의 계급 구성에서『화척』은 양인의 존재를 주변화했다. 이처럼『화척』의 구성에서 양인이 주변적인 위치에 놓여 있다는 사실은 권력의 상층부를 점하고 있던 무리들의 정치적 행위와 비인간적 제도로 인해 당대 사회의 밑바닥에서 가장 큰 고통에 노출되어 있던 노비들의 신분 해방 투쟁을 보여주면서도 역사를 변화시키는 가장 큰 추동력의 형상화를 어렵게 하고 있다. 양인들이 많이 가담하여 상당한 세력을 떨쳤던 조위총의 난이나 망이·망소이와 같은 천민들이 일으킨 난에 대한 묘사나 서술이 없는 것은 아니지만, 앞의 것은 조위총이라는 주도적 인물이 지배 계급에 속한 사람이었고, 뒤의 것은 난의 주체 세력에 초점이 맞추어져 있지 않고 토벌의 대상으로만 언급되고 있다. 말하자면 이러한 난들은 무인이나 노비들과의 관련 속에서만 단편적으로 그려지고 있어서 작가의 시각은 그들의 활동 영역의 밖에 존재하고 있는 것이다. 그러므로 이 소설의 주제는 최상층의 권력 집단과 최하층의 노비 집단으로 분화되어 하나의 힘으로 응축될 수 있는 가능성이 위축되었다. 이들의 관계의 공통성은 명령자와 수행자의 공간적 근접성에 의존하고 있다. 내면적으로 보면 이들은 불구대천의 원수 관계를 맺고 있지만, 이것도 노비들의 관점에서만 그럴 뿐 주인의 입장에서 보면 노비들은 단순한 소유물일 뿐이다. 그러므로 관계 해체의 필요성은 노비들에게만 주어져 있으며, 이들은 꾸벅꾸벅 종노릇만 할 것인가 아니면 죽음을 무릅쓰고 항거할 것인가 하는 양자택일의 딜레마에 놓여 있다.

작가가 소재 자체에 내재해 있는 구조적 취약성을 몰랐을 리 없으니, 그는 분명히 구계급 사이의 극단적 대비를 통해 천민들의 처지와 해방 의지를 극적으로 드러내려는 의도를 품었을 것이다. 이런 점에서 보면, 우리나라 역사에서 '중세'로 지칭되는 고려 시대 역사에서 중세적 낭만성이나 목가적 풍경 대신 우리의 통념을 뛰어넘을 만큼 첨예하고 치열한 계급 투쟁을 그려냈다는 것은 작가 김주영이 우리 시대의 독자들에게 크나큰 역사적 선물을 안겨준 것으로 평가되어도 좋을 것이다. 그러나 중간 계급의 주변화는 역사소설 구성상의 원칙으로 거의 중론화되어 있는 '중간 계급적 인물이 주인공이 되어야 한다'는 규정성과 관련하여 『화척』이 거둘 수도 있었을 더욱 큰 성과를 무산시켰다는 아쉬움을 떨쳐버리지 못하게 한다. 이러한 문제는 앞에서 보았듯이 개경의 공사 노비들의 신분 해방 투쟁만으로는 역사의 발전적 변화를 포착하기 어렵다는 전망 부재의 현상으로 귀결된다.

IV

앞에서 보았듯이 두 계급에 대한 서술의 양적인 배분이나 묘사의 집중성으로 볼 때 그 어느 쪽에도 무게중심이 쏠려 있지 않다. 말하자면 작가는 비교적 엄정하게 객관성을 유지하고 있는 셈이다. 이러한 객관적 시각은 역사적 사건들의 시간적 추이에 따른 배열이나 거칠, 결보, 만적으로 이어지는 천민들의 행적에 대한 서술에서도 균형 있게 유지되고 있다. 그러나 역사는 단순히 권력자들에 대한 정치사적 기록이 아니라 그 시대를 살아가는 대다수 민중의 삶과 의지로써 추동되는 인간의 역사이므로, 이 소설에서도 권력 투쟁을 일삼는 지배 계급의 행위는 다소 비판적으로 그려져 있고, 천민들의 투쟁은 그 정당성을 부각시키는 쪽으로 기울어져 있다는 것은 어쩌면 당연한 귀결이다.

김주영의 균형 감각이 때로는 원근법적 확대나 축소를 통한 주제의 부각이나 극적 효과를 드러내는 데 부정적으로 기능하기도 하지만, 일단 선택된 대상의 형상화만큼은 생동감과 실감을 자아내고 있다. 이러한 실감은 무엇보다 작가의 뛰어난 언어 활용 능력에서 비롯되고 있다. 김주영의 다른 소설들에서도 익히 보아왔듯이 『화척』에서도 당시의 제도·문물·풍속 등에 관련된 옛말들이 풍요롭게 구사되고 있어서 각권의 말미에 '낱말풀이'를 따로 마련해두고 있다. 문장은 매끄럽고 명쾌하며 비유와 해학도 적절히 구사되고 있다. 기방의 풍속이나 내시를 생산해내는 과정 등에 대한 묘사는 치밀하며, 당대 사회의 특징적 단면을 날카롭게 드러낸다. 그의 미문은 자연 묘사에서 독특한 생기와 빛을 발산한다. 예컨대 이 소설 첫머리의 자연 묘사는 원초적 생명감을 매개로 하여 800년 전으로의 시간적 역행과 고려 건국으로부터 251년 후로의 시간적 순행을 순식간에 이루어내면서 최초의 사건이 일어나기 직전의 팽팽한 긴장감을 응축시키고 있다. 이러한 장면 속으로 대여섯 마리의 사슴떼가 뛰어들고, 뒤이어 나타난 봉두난발의 몰이꾼 하나가 귀족 사냥꾼의 화살에 맞아 쓰러진다. 이 피살자가 누구인지는 1권 뒷부분에서 자연스럽게 드러난다. 한 인간의 소리없는 죽음의 충격은 독자들의 가슴에 오래 남아 있다가 천민들의 원한과 자연스럽게 겹쳐진다. 피살자의 등에 꽂혔던 화살은 간직하기 쉬울 만큼의 길이로 부러져 천민들의 손에서 손으로 전해지며 천민 계급의 원한의 징표가 된다.

해학과 풍자가 어우러진 문체는 공통의 역사적 경험을 지닌 인간의 정신과 감정, 그리고 그것에 대한 작가 자신의 표현 욕구가 하나로 결합된 언어적 실체로서 당시의 역사적 성격을 자연스럽게 독자들의 마음에 옮겨놓는다. 의종이 내시들을 거느리고 자신의 말년을 술과 잡희로 탕진한 것을 묘사한 장면도 그러한 예의 하나이다. "악공(樂工)들의 입은 부르트고 폐희(嬖姬)와 시기들도 색에 지쳐서 일어설라치면 엉덩방아를 찧을 지경으로 사추리가 결딴이 나버렸고, 수라간의 어주물(御廚物)도 바닥이 나버렸다. 왕이 아끼고 다독거리기에 인색하지 않은 폐신과 환관들 역시 입을 열면 하품밖에는 나올 것이 없었다"(1권, p. 25). 이처럼 한두 문장만으로도 의종 말년의 타락상은 여지없이 폭로된다. 이와 함께 "고자가 계집 다루듯 이렇게 꾸물대고 있으니"(1권, p. 41)나 "솜씨가 서투른 석공이 눈 껌쩍이는 법부터 배운다"(2권, p. 59)와 같은 비유의 풍부함이나 "쉿, 그런 말은 염라국 가서나 발설하게"(5권, p. 290)와 같은 입심 좋은 대화들도 우리 조상들의 말투를 실감나게 전해준다. 그러나 이러한 말투는 때때로 계급적 차별성을 별로 못 느끼게 할 만큼 평균화되는 경향을 드러내기도 한다. 그리고 시대 배경이 되고 있는 28년의 시간 중 뒤쪽 절반이 5권에 집중됨으로써 서술의 밀도에 불균형을 초래하고 있는 점은 문학적 형상회의 부정적 측면으로 지적될 수밖에 없을 것이다.

김주영은 「작가의 말」에서 피력하고 있듯이 주어진 역사적 자료들을 충실히 활용했다. 그는 또 갈 수 있는 곳은 모두 다녀왔으며, 당시 개경의 지도까지 손수 그려놓고 이 소설을 썼다. 그래서 무신들의 표면적 활동은 물론 살인자의 심리적 공포까지 세밀하게 묘사해 보여주고 있다. 그러나 노비 계급에 대한 묘사에서는 역사적 자료가 오히려 작가의 상상력을 제약하는 경우도 더러 눈에 띈다. 거칠·걸보·궁복과 같은 허구적 인물들은 생생한 개성을 지닌 인물로 실감 있게 그려진 반면, 역사에 실재했던 만적의 경우는 주어진 자료에 따라 인물을 형상화함으로써 허구적으로 구성되었을 성장기를 제외하면 지도자적 성격은 두드러지게 그려지고 인격의 입체성은 상대적으로 소략하게 다루어졌다는 느낌을 준다. 이러한 사실은 역사에 실재했던 위대한 인물은 역사소설에서는 주변적 인물로 다루는 것이 역사의 총체성을 드러내는 데 도움이 된다는 루카치의 말과 함께 앞에서 언급한 중도적 인물의 효용성을 돌이켜보게 한다. 만적의 지도자적 성격에 대한 강조는 천민 계급의 신분 해방 투쟁에 정당성을 보장해주는 데에는 도움이 되지만, 그것의 역사적 의미와 한계에 대한 비판적 검토에는 지장을 초래할 수도 있다. 그리고 이 소설의 대단원에서 자운선의 시각에 의한 만적의 죽음에 대한 묘사는 그러한 주제의 의미까지 심리적 차원으로 굴절시키는 기미를 드러낸다. 1백여 명의 노비들이 강물에 던져진 사건이 일어난 후 자운선은 강가로 나가, 만적을 그리워하며 이렇게 생각한다. "그의 영혼은 이제 그 한 마리의 보라매가 되어 벌써 압록강의 수자리 마을에 닿아 있을 것이다"(5권, p. 319). 보라매의 상징성으로 마무리되는 이 장면은 그 비장한 아름다움으로 하여 독자들의 마음에 깊은 인상을 남겨주기에 손색이 없고, 보라매의 고향 마을로의 회귀는 자운선과 만적의 어린 시절과 두 사람 사이의 애절한 그리움을 환기시켜주기에 부족함이 없지만, 그 이후에도 맥맥히 이어진 천민들의 신분 해방 투쟁에 대한 상징성으로는 다소 미약하다는 느낌을 떨쳐버릴 수 없게 한다. 그리고 이의민의 아들 이지영에게 강간당한 후 보여주는 자운선의 인격적 성장은 너무 급속하고 완벽하여 현실성을 의심케 한다.

V

　역사소설은 우리 소설 문학의 큰 줄기를 이루고 있다. 그것은 우리 민족이 처해 있는 현실이 역사적 탐색을 요구하는 민족적·사회적 문제를 안고 있기 때문이다. 그러나 우리 사회에도 거대 담론의 시대는 지나갔다든가 역사소설은 그 장르적 정체성을 확보하기도 전에 소멸해가고 있다는 등의 서구적 견해들이 유행처럼 흘러들고 있다. 이러한 주장들은 물론 그 진원지의 사회문화적 조건으로 볼 때 일면적 타당성을 지니고 있다. 그러나 우리의 역사적 현실에서 그러한 사상의 무비판적 수용은 득보다는 실을 많이 초래할 것이지만, 그렇다고 해서 우리 사회에 대한 영향성까지 무시할 수는 없다. 이 같은 상황에서 우리는 역사소설의 당위적 필요성만을 고집할 수는 없으며, 우리 시대의 현재적 요구에 대한 더욱 진지한 반성적 성찰의 태도를 가다듬어야 할 것으로 생각된다.

이 글은 800년이라는 시간적 거리에도 불구하고 소재 자체가 지니고 있는 '역사성'으로 하여 『화척』의 시대 배경은 우리 시대에도 여전히 의미 있는 것이 될 수 있다는 지적에서 시작했다. 그러나 소재의 역사적 성격은 작가의 주관적 관심에 의해 재창조의 과정을 거침으로써 역사소설 자체의 의미로 새롭게 구성되어야 한다. 과거 사실의 단순한 재현이 아니라 우리 시대의 역사적 질문에 대한 답변이 될 때 역사소설은 그 존재 이유를 확보할 수 있기 때문이다. 『화척』이 담고 있는 시간대는 우리 시대와 직접 연결되어 있지 않으므로, 우리의 질문은 일차적으로 과거와 현재의 두 시간대가 지닌 유사성이나 시대를 뛰어넘는 인간의 보편적 본성에 기초하여 거기에 내포된 의미가 무엇인지를 물어보는 것이다. 이러한 질문에 대한 답은 과거에 비추어 현재를 돌이켜보는 방식, 즉 비유적 구도 속에서 이루어질 수밖에 없으며, 그렇게 하여 드러날 수 있는 내용은 주로 지배—피지배 관계의 비인간적 속성을 구체적인 역사적 조건 속에서 적나라하게 파헤치는 쪽으로 집중될 가능성이 많다. 김주영은 그 특유의 고전적 문체를 가지고 먼 과거를 우리 앞에 끌어다놓았고, 선택된 소재 자체의 속성을 드러내는 데에도 성공하였다. 그러나 소재적 특성에 집착한 나머지 전후 시대 사이의 유기적 맥락이나 역사의 총체성을 드러내는 데에는 얼마간의 한계를 드러냈다.

자료에 대한 충실성과 객관적 타당성에 대한 가치 부여도 작가의 상상력을 제약하여 주제의 분산과 개인의 심리적 차원으로의 굴절이나 인물의 입체적 형상화를 어렵게 하는 부정적 결과를 낳기도 했다. 이러한 사실은 역사의 진실을 확보하고도 시대적 요구를 벗어날 수도 있다는 점을 떠올려준다. 이러한 가능성은 소설 자체에는 직접 나타나 있지 않은 작가 자신의 취향과도 내밀하게 연결되어 있는 듯하다. 김주영은 이전에 쓴 다른 소설들에서도 직접 생산에 종사하는 대다수의 민중들보다는 떠돌아다니는 사람들에게 더 깊은 관심을 기울이는 경향을 보여주었다. 떠돌아다니는 사람들 주변에는 극적인 사건들과 풍부한 이야깃거리가 있다. 그러나 그들에게는 계급적 성격으로 인해 역사의 왜곡을 근원적으로 바로잡을 수 있는 큰 힘이 결핍되어 있다. 농민들이 대략 200년마다 하나의 왕조를 전복시킨 중국의 역사에서 전형적으로 드러나듯이 농민 계급 또는 민중 속에는 무궁한 힘이 내재해 있다. 김주영이 탁월한 역사소설가적 능력을 지니고서도 이 부분에 대한 진지한 탐색을 보여주지 못한 것은 그 자신의 취향을 과감히 떨쳐버릴 수 없었던 데에서 비롯되었을 것이다. 역사의 핵심으로 파고드는 집중성의 부족은 바로 여기에서 잉태되고 있다. 그래서 전국토에서 광범하게 일어났던 농민 반란은『화척』의 전경으로 진입하지 못하게 되어 당시의 역사는 그 발전적 추동력의 핵심을 상실한 채 피비린내나는 사건들의 연쇄 속에서 도덕적 생명감이 결핍된 박탈의 공간이 될 수밖에 없었다.

　김주영에게 가장 필요한 것은 역사적 사실들에 대한 관심보다는 역사의 해석에 대한 관심일 것으로 생각된다.

〔『동서문학』, 1995년 겨울〕

이방인의 현실주의
——김주영의 소설

양 진 오

I. 유년의 성장, 성장하는 유년

　김주영은 '문학사적' 존재이다. 그의 이름으로 남겨진 여러 권의 소설선, 그리고 장편들이 보여주는 방대한 스케일, 각 소설들에 내재되어 있는 작가 인식의 성실성과 소설 세계의 진정성, 그리고 타의 추종을 허락하지 않는 문체의 무궁무진한 변주를 종합적으로 검토해 볼 때, 김주영은 분명 문학사적인 존재에 해당한다.

　문학사적 존재에 해당하는 김주영은 늦깎이 작가이다. 서른을 세 해나 넘기고서야 그는 작가의 길로 입문하게 되는데, 그 이전에는 '방종과 방황으로 일관'하며 하루하루를 탕진하는 '모주가'에 불과했다. 그러다가 1970년 「여름 사냥」이 『월간문학』에 가작으로 뽑히고 1971년 10월에 「휴면기」가 『월간문학』 신인상을 받게 되면서 김주영은 '모주가'에서 작가로 변신한다.

　『월간문학』에서 신인상을 수상한 「휴면기」는 미성년 소년의 입사 식담이다. 1인칭 화자로 등장하는 소년이 소의 밀도살 현장을 목격한다거나 '괴뢰군'들과 우연히 조우한다거나 순결의 상징인 노루를 보호하려던 '뚝이'의 죽음을 목격한다거나 하는 등의 사건들을 체험하게 된다. 이러한 체험의 중첩은 소년의 의식을 절멸시키는 고통을 수반하는데, 이를 통해 소년은 세계가 풀어내기 어려운 수수께끼와 같다는 것을 터득한다. 자아 성장기의 여러 형태의 사건을 고통스럽게 경험하는 입사 모티프는 이후, 그의 여러 소설들을 통해 계속 변주된다. 「익는 산머루」가 그것의 단편적 표현이라면 『고기잡이는 갈대를 꺾지 않는다』는 그것의 장편적 표현이라고 할 수 있을 것이다.

「익는 산머루」는 6·25라는 지각 변동의 와중에서 한 소년의 변화하는 심상에 주목한 작품이다. 6·25 와중이라 해서 긴박한 전쟁 상황이 이 소설의 분위기 형성에 결정적으로 관여하는 것은 아니다. 왜냐하면 소년의 가족은 전쟁을 피해 '읍내의 집'과 '30리 떨어진' 산자락에 은거해 살기 때문에 전쟁은 단지 '포성'과 같은 소리 이미지로 환기될 따름이다. 그러므로 소년의 심상은 전쟁이라는 악마적 환경에 직접적으로 결부되어 변화되는 것은 아니다. 소년의 심상은 '순덕이'라는 한 연상의 이성과 긴밀하게 연관되어 변화하고 있다. 순덕은 "피난이 시작되기 1년 전 겨울, 눈이 지독히도 내리던 어느 날 새벽에" "우리들의 부엌 아궁이에서 발견"된다. 순덕은 고아인데, 소년의 집에 의탁하게 된다. 순덕은 '식모살이'를 살게 되고 그녀가 행하게 되는 주요한 일은 소년의 읍내 집에 가서 필요한 세간을 가져오는 것이다. 순덕은 소년과 늘 동행하면서 소년을 업어주거나 산머루를 따먹인다. 순덕은 소년을 먹이고 업는 보호자 혹은 대리모의 역할을 떠맡고 있는 것이다. 마침 소년 아버지의 생일상 준비로 읍내 집에 닭을 가지러 가는 길에 그들은 불의의 사건을 당하게 되는데, 그것은 순덕이가 닭을 대가로 강간당하는 것이다. 그런데 주목해야 할 것은 이에 대한 소년의 의식이다.

사내가 뜰을 건너 골목 밖으로 사라진 얼마 후에도 그녀는 좀처럼 툇마루로 나오지 않았다. 나는 언뜻 그녀가 울고 있는지도 모른다고

생각했다. 몹시 그녀의 용태가 궁금했지만 나는 방안으로 들어가볼 용
기가 나지 않았다. 무언가 이상한 저항이 그녀로부터 느껴지기 시작했
다. [……] 그러나 오늘 총을 멘 그 낯모를 사내와 그녀는 최초로 내가
보지 않는 자리에서 저희들끼리 무언가 수작을 꾸미고 있었다는 것이
나를 몹시도 흔들어놓았다. 그것은 그녀가 내게 최초로 던져준 배반이
었다. (「익는 산머루」에서)

　　소년은 순덕이의 강간당함을 "내게 최초로 던져준 배반"으로 이해
한다. 소년은 상황 맥락과 결부하여 그 사건의 불행스런 의미를 진단
하는 이해 수준을 보여주지 못하고 있다. 상당히 제한적인 이해 수준
이다. 그는 사건의 피상적인 면을 그것도 아주 주관적인 감정으로 이
해한다. 그렇다면 왜 소년은 그 사건을 배반으로 이해하게 되었을까.
소년은 순덕이와 읍내 집을 오갈 때 늘 동행하게 되면서 그녀로부터
"아버지는 요령부득의 남자이며 어머니는 이 세상에 살고 있는, 여자
중에서 가장 악독한 여자라는 걸 배웠"고 "어머니가 모르고 있는 그
녀의 심중에 숨어 있는 모든 비밀과 지식과 세상을 바라보는 안목 따
위를 안"게 된다. 즉 소년은 그녀로부터 삶을 배워나간다. 비록 배움
의 내용이 결정적인 성장의 계기를 지니고 있지 못한 까닭에 그것이
소년을 교양화시키는 존재 전환의 근거가 되지는 않지만 그것은 소
년에게 있어 반드시 지켜야 하는 비밀처럼 소중한 의미를 지닌다. 그
러한 까닭에 그녀가 소년의 시선이 미치지 않는 방에서 다른 남자와
지낸다는 것은 배반으로 보이게 되는 것이다. 그 배반의 감정은 엄마
가 나말고 다른 아이와 논다는 경쟁 심리와 등가의 것이다. 나와 둘
이서만이라는 행복한 이자적 관계를 늘 소망하는 소년은 다른 남자
를 곱게 볼 이유가 없다. 그래서 소년은 어머니에게 "웬 남자하고 자
니깐 그 남자가 닭을 갖다 주대"라고 일러바친다. 소년의 일러바침은
배반자에 대한 응징적 수단이다. 너와 나는 비밀 공유자인데, 이제
너는 다른 자와 비밀을 공유했으므로 나는 너를 응징하겠다는 심리

가 소년으로 하여금 위의 일러바침을 가능하게 하고 있다. 하여 순덕은 소년의 곁을 떠나게 되고 소년은 뒤늦게 후회하게 되지만 이미 사태는 수습될 수 없는 파국적 결말로 치닫는다. 그래서 나는 "그녀가 골목길을 저만치 벗어나서 새벽의 미명 속으로 희끄무레하게 멀어져가는 모습을 보자기를 안은 채" 바라볼 뿐이다. 이렇듯 「익는 산머루」는 성(性)과 관련된 삶의 굴곡, 혹은 성을 둘러싼 사건의 실상을 객관적인 입장에서 해석해내지 못하는 한 소년의 마음의 상태, 즉 심상의 문제를 형상화한다.

유년 세대들의 자아 성장에 대한 작가의 관심은 『고기잡이는 갈대를 꺾지 않는다』를 통해 더욱 구체적으로 기획된다. 김주영은 1987년에 발표한 「거울 위의 여행」과 1988년 『세계의 문학』 봄호에서 가을호까지 연재한 「땟국」 「괘종시계」 「고기잡이는 갈대를 꺾지 않는다」 등을 한데 묶어 『고기잡이는 갈대를 꺾지 않는다』를 출간하게 된다. 이 소설은 성인이 된 화자가 그에게 부쳐진 편지와 동봉된 고향 사진을 매개로 해서 고향에서의 유년 체험을 회고하게 되는 서술 양상을 취한다.

나는 그곳에서 유년 시절과 50년대에 이르는 그 암울하고 스산했던 소년 시절 모두를 보냈다. 물론 유아기 때는 그것을 깨닫지 못한 터였지만, 뒤를 가릴 줄 알게 되고 말문이 트이기 시작하게 되면서 나는 매우 혹독한 굶주림에 시달렸다. (『고기잡이는 갈대를 꺾지 않는다』에서)

'굶주림'은 고향에 대한 원초적 인상이다. 이 인상은 영원히 되풀이될, 지워지지 않을 인상이다. 적어도 화자에게 있어서 고향은 혹독한 굶주림의 진원지이다. 풍요로운 고향이 아니라 늘 주린 배를 안고 견디어야 하는 고향이다. 화자와 화자의 동생은 늘 굶주린 아동들이다. (그런 까닭에 이 소설을 먹거리를 둘러싸고 행해지는 갈등의 변형이라고 풀이해도 좋을 것이다. 먹을 것이 없어 숯찌끼로 아침 끼니를 때운다든지, 다락에 숨겨둔 쌀자루를 발견하고 어머니를 오해한다든지, 마을에 진주한 미군들로부터 얻은 초콜릿을 두고 동생과 다툰다든지, 늘 한 손에 가래떡을 쥔 옥희를 꼬드겨 떡을 가로챈 동생과 다시 그 떡을 나누어 먹는다든지 등등은 다 같이 먹거리를 두고 행해진 사건들의 변형이다.) 그래서 그들의 소망은 하루라도 포식해보는 것으로 집약된다. 굶주림이 만성화된 당대에 있어 포식은 억제할 수 없는 욕망이라고 하겠다. 그런데 이들의 굶주림은 굶주림 자체로서보다는 아버지 부재의 문제와 관련하여 생각해볼 때, 절실한 의미를 획득하게 된다.

화자의 가족은 어머니와 화자 그 자신, 동생 등으로 단출하게 구성되어 있다. 있어야 할 아버지는 종적이 묘연하다. 이러한 아버지의 부재 현상은 김주영 문학의 전반을 관통하는 특징적 현상 중의 하나인데, 이 소설에서는 그 현상이 더욱 부각되고 있다. 즉 이 소설에서는 아버지의 존재가 철저하게 지워져 있다. 대신에 동리 안팎의 잡다한 일상의 영역으로 화자의 관심이 확산된다. 화자는 일상 사건들의 관찰자가 되기도 하고 그 사건과 연루되어 모종의 행동을 감행하는 사건 개입지기 되기도 하는데, 그것들은 다 같이 세계 및 사회 그리고 그것에 속한 인간들의 삶을 제대로 이해한 상태에서 표출되는 것은 아니다. 왜냐하면 화자에게 있어 세계는 한마디로 말해 "어둠이 깔려 있는 마루 밑의 미로" 같은 것이기 때문이다. 화자는 담임교사의 청으로 교실 마루 밑으로 기어들어가 "한 계집아이"가 떨어뜨린 돈을 주워다 주게 되는데, 마루 밑으로의 잠행에서 화자는 "어쩌면 저 햇살이 스며드는 곳으로 영원히 되돌아갈 수 없게 될지도" 모른다는 "오싹한 두려움"을 느낀다.

그런데 두렵다는 심리적 공포는 단지 마루 밑으로 잠행할 때만 얻게 되는 감정이 아니라 삶에 대한 화자의 감정적 반응이기도 하다. 삶은 어둠이 깔린 마루 밑의 미로인데, 어쩌면 그러한 삶에서 자기는 거세되어버릴지도 모른다는 불안감에 화자는 전전긍긍하는 것이다.

그래서 화자는 근력이 좋은 한 성인 남자를 애착한다. 그는 삼손이다. 삼손의 원래 이름은 장석도인데, "우람한 허위대와 불거지는 팔뚝의 살피듬은 흡사 구약 「사사기」에 나오는 이스라엘의 장사인 삼손을 방불케" 한다고 해서 삼손으로 애칭되는 인물이다. 삼손에 대한 화자의 관심은 삼손이 그 누구보다 강렬한 완력의 소유자라는 것에서 그 기원을 얻는다. 나에게는 없는 엄청난 남성적 에너지를 삼손은 지니고 있다는 것이 관심의 기본 내용이다. 삼손이 일자무식으로 남들에게 놀림감이 된다지만 화자는 삼손을 신뢰한다. 그런데 삼손에 대한 화자의 신뢰는 없는 아버지에 대한 그리움의 변형이다. 아버지를 향한 그리움은 변형되어 삼손에게 투사되고 있다. 우리집에 삼손과 같은 힘 잘 쓰는 어른이 있었으면 하는 화자의 심층 심리가 삼손을 향하여 투사되는 것이다. 그래서 화자의 굶주림은 밥을 제대로 먹지 못하는 데서 오는 굶주림이기도 하지만 아버지가 없다는 데서 오는 심리적 공복이기도 하다. 심리적 공복에 먼저 지쳐버린 사람은 화자의 동생이다.

우리집에서의 유일한 금기는 아버지에 관한 이야기였으니 아버지에 대한 지식은 형님이나 저나 전무의 상태이지요. 아버지는 어머니를 버린 것이 아니라 어떤 피치 못할 일로 집을 떠나지 않으면 안 되었는지도 모르는지요. 그러나 그 모든 것은 짐작일 뿐, 확실한 것은 아무것도 없습니다. 모든 것은 껍데기입니다. (『고기잡이는 갈대를 꺾지 않는다』에서)

화자의 동생이 군입대 후 화자에게 보낸 편지의 내용이다. 이 편지를 보내고 얼마 안 되어 화자의 동생은 익사 사고로 목숨을 잃는다. 동생은 근무 지역에서 훤히 내다보이는 바다 건너 해주나 장산곶을 언제부터인가 적진이 아니라 "어떤 피치 못할 일로 집을" 떠난 아버지의 거주지로 짐작하게 된 것이다. 짐작은 확신을 낳고 확신은 행동

을 낳으며 행동은 죽음을 낳게 된 것이다. 그런데 이 문제에서 화자
는 회피하려고 한다. 동생의 문제적인 발화나 죽음의 의미를 천착하
려 하지 않고 그것을 교묘히 회피한다. 이런 의미에서 이 소설의 후
속편은 가능하다. 거기에서 작가는 아버지 부재의 의미를 더욱 절실
하게 서술할 수 있을 것이다.

『고기잡이는 갈대를 꺾지 않는다』는 50대 한국인의 자기 초상이다.
그들은 혹독한 굶주림에 시달리거나 홀로 세상에 방기되어버린 것
같은 고달픔 혹은 두려움에 괴로워하며 유년을 보내왔다. 그들의 사
회 성원들에 의해 합의된 사회 · 문화적 교양 가치를 추구하는, 즉 안
정화된 사회의 기존 맥락에 편입되는 서구의 유년들과는 그 존재 양
상을 달리한다. 추구할 가치보다는 생존적인 생활의 문제, 즉 밥의
문제가 더 시급했던 까닭에 그들은 교양적인 가치보다는 먹거리를
찾아 동분서주한 것이다. 그렇지만 오히려 그렇기 때문에 우리는 우
리 선배들의 진솔한, 너무나 가식 없는 유년 초상의 원판을 접하는
행운을 얻게 되었는지도 모른다.

Ⅱ. 악동과 도시 빈민의 생태

김주영은 유년의 성장에 대한 문학적인 관심과 더불어 도시 생태
에 대한 관심을 개진한다. 「휴면기」 이후 김주영은 1973년 『신동아』
10월호에 「마군 우화」를 발표하게 되는데, 이 소설은 '말더듬이 바로
잡기'와 '사팔뜨기 바로잡기'라는 두 가지 형태의 이야기로 분편화
된다. 말더듬이와 사팔뜨기는 신체 왜곡의 형태들이다. 신체 왜곡은
통념에 비추어볼 때, 열등한 가치에 연관되어서 마군과 같은 이들에
게는 경멸의 대상이 된다. 마군은 말더듬이 오과장과 사팔뜨기 큰형
을 경멸하는데, 이는 기존 권위에 대한 비판적인 도전이라기보다는
출세를 위하여 상대를 전략적으로 비하하는 심리적 감정 상태이다.
그렇게 타자들을 경멸하는 마군의 심리는 세속적 허세 혹은 세속적
가치 추구와 전적으로 관련되는 것이다. '미성물산'에 입사한 마군은

238

출세에 강박되어버린 비즈니스맨이다. 미성물산은 적자 생존이 강요되는 도시 생태의 알레고리적 공간이다. 미성물산은 엄혹한 자본주의적 생존 경쟁의 법칙이 살벌하게 관철되는 생태 공간이다. 이러한 생태 공간에서 마군은 살아야 한다는 것, 그리고 살긴 살되 그냥 사는 것이 아니라 신분 상승을 보증받고 재화를 부풀리며 살아야 한다는 자기 나름의 인생 전략에 경도되어 있다. 그래서 마군은 자기의 인생 전략을 관철시키기 위한 희생양을 물색한다. 말더듬이 오과장이 마군의 희생양으로 선택된다. 마군은 재고품을 빼돌리는 오과장의 비행(非行) 현장을 드디어 잡아내고 쾌재를 부르지만 오과장의 행동은 철저하게 사장의 지시에 의해서 이루어지는 관행이었다. 마군은 사장에게 오과장의 비행을 일러바치지만 그에게 되돌아온 몫은 승진이 아니라 해고 통지이다. 그리고 그렇게 경멸해 마지않던 말더듬이 오과장이 사실 말더듬이가 아니라는 것을 알게 된 마군은 "깊은 모멸감"에 침통해한다. 오과장뿐만 아니라 마군의 큰형 또한 "눈동자가 양미간에 똑바로 박혀 들어가는" 정상 상태를 보여준다. 그렇다면 말더듬이와 사팔뜨기는 오과장과 형이 아니라 바로 마군 자신일 수 있다. 마군은 우리나라가 산업화의 문턱에 본격적으로 들어선 1970년대 초입에 세속적인 가치와 신분적인 상승을 위해 암중모색하는 혈기방자한 청년의 징표이기도 하고, 그렇지만 오히려 그 자신이 성공을 추구하는 것이 아니라 실패로 귀착되어버리는 불운한 청년의 징표이기도 하다. 「마군 우화」에서 마군과 같은 인물형은 촌놈의 서울 입성을 기본 주제로 채택하는 우리 소설에서 널리 인유되어왔다. 그러므로 이 소설은 김주영의 개성적인 문학적 자질을 보여주기보다는 촌놈의 서울 입성이라는 기본 주제에 성공적으로 합류한다는 의의를 지니는 것으로 평가된다.

그런데 김주영의 작가적인 자질이 결코 만만하지 않다는 증거가 되는 것은 「모범 사육」과 「도둑 견습」에서 확인된다. 이 두 소설은 김주영 문학에서 악동소설로 호칭될 수 있는 한 계보를 형성한다. 악동소설은 결손 가정에서 함부로 방치된 야생 상태의 악동들이 반항적인 행동과 언사를 통해 기존 권위를 전복시키고 자기 존재를 부정적으로 극대화하려는 것을 주제화한다는 면에서 순결과 순진의 이미지가 체현된 아동이 등장하여 세계의 의미를 탐색하는 아동소설과는 그 성격을 달리한다. 「모범 사육」과 「도둑 견습」 등에 나오는 악동들은 어쩌면 「마군 우화」의 마군보다 도시적 삶의 생리나 그것의 생태적 국면을 더 훤하게 꿰뚫는 안목을 지닌 것으로 판단된다. 그들은 도시 빈민들의 2세들로 부박한 서울의 삶에 어떻든지간에 편입되려는 자세를 보여준다. 그 자세는 공격적인 반항이나 교양 없는 언사를 통해 극단적으로 제시된다. 그래서 「모범 사육」의 '나'는 고아원을 방문한 중년 여인에게 "야, 쌤통이다. 안 먹어 씨팔"이라고 주저없이 욕을 지껄이고 「도둑 견습」의 '나'는 그의 의붓아버지에게 "이 새캬, 기분 좋다고 칵 뱉아뿌러, 내 모가지 작살내고 말텨?"라고 폭언을 퍼붓는다. 그리고 그들은 말뿐만 아니라 행동에 있어서도 주위 인물들에게 순응적이지 않다. 그만큼 이 두 소설에서 보이는 악동들의 이미지는 공격적이다.

그런데 이 소설들의 장점은 공격적인 이미지가 체현된 악동들의 그로테스크한 기행과 그들의 비속적인 언행을 통해 일상 세계의 세속적인 국면들이 여지없이 폭로된다는 데에 있다. 「모범 사육」의 경우 고아 '나'는 상류층 집안으로 입양되는데, '나'가 입양되는 진짜 이유는 중년 여인만 알 뿐 그 누구도 모른다. 즉 진짜 이유는 독자들에게까지 은폐되고 있는 것이다. 그러다가 나중에 가서야 '나'는 '나'를 입양한 중년 여인의 의도를 간파하게 되는데, 그것은 중년 여인의 숫기 없는 두 아들들에게 '나'와 같은 야성을 길러주기 위해서, 즉 아들들에게 거세된 남성성을 심어주기 위해서 '나'를 입양한 것이다. 그러므로 엄밀히 말해 '나'는 입양된 것이 아니라 임시로 빌려진 것이다. '나'는 '나'의 남성성을 그들에게 다 전수하고 이제는 '나' 자신이 거세된 남성, 유약한 남성이 되었을 때 다시 고아원으로 되돌려진다. 고아원으로 '나'가 되돌려질 때 중년 여인의 본심은 명백해진다. '나'를 양육하기 위한 입양이 아니었다는 것, '나'는 중년 여인의 도구에 불과했다는 것, 그리고 인간은 그 자체가 목적이 아니라 얼마든지 도구화될 수 있는 수단물이라는 것이 중년 여인의 본심이다. 이러한 본심은 자기 가족을 위해서라면 타자들은 도구로 쓰여도 괜찮다는 가족 이기주의의 전형적인 사고에서 우러나오는 것이다. 이것, 이 문제가 바로「모범 사육」이 노리는 핵심 주제이다.「모범 사육」의 의미론은 단순히 악동의 삶 그 자체에만 관련되는 것이 아니라 그가 관계하는 주위 환경들과의 맥락과 연결되어 생각될 때 더 날카롭게 밝혀지는 것이다.

「도둑 견습」은 제목 그대로 도둑질을 행하는, 그리고 도둑질을 배우는 이야기를 주제로 한다. '나'는 의붓아버지로부터 도둑질을 견습받게 되는데 이 정도에 이른다면 우리는 그들을 상식적인 차원에서 얘기하는 부자 관계로 이해해서는 안 된다. 그들은 혈연 관계가 아니라 결탁 관계인 것이다. '나'는 의붓아버지가 도둑질중 구타당하여 자리에 누운 후 의붓아버지보다 더 도둑질에 열의를 보인다. 그러나 경찰에 쫓기는 몸이 되어 도망다니게 되는데, 결국 '나'는 언젠가는 체포될 수밖에 없는 범법자로 전락하게 된 것이다. 그런데 독자나 평자에 따라서는 이 소설을 악동의 활약에 주목하거나 '나'의 파격적인 언어 구사가 불러일으키는 묘미로 해서 흥미 위주로 읽어 나갈 가능성도 있겠지만, 만약 정말 그렇게 독서하게 된다면 이 소설에 저장된 심각한 도시 생태의 문제를 그대로 간과하게 된다.「도둑 견습」은 한 악동을 매개로 해서 도시 빈민들의 빈곤의 계승과 범죄에의 연루를 밀도 높게 묘사하고 있다는 것을 망각해서는 안 될 것이다. 그런데 이런 문제를 보다 잘 이해하기 위해서는 악동을 굳이 주동 인물화하는 작가의 의도를 우리는 잘 헤아릴 필요가 있다. 작가가「모범 사육」과「도둑 견습」, 그리고「악령」등의 소설에서 함부로 쏘다니고 함부로 말 내뱉는 악동을 주동 인물로 취한 데는 나름의 이유가 있을 것으로 판단되기 때문이다.

　삶에 대한 의욕은 누구보다 강렬하지만 왜 이렇게도 지지리도 못살아지는 걸까 하는 하소연을 하루에도 몇 번씩 토해내고 싶은 그런 사람들의 이야기를 구태여 골라 쓴 것이 아닌데도 써놓고 보면 그런 사람들의 이야기가 되어 있었다. 그런 것은 내 자신이 살아온 체질이나 인간의 문제에 접근하려는 작가적 방식 때문이 아니었나 싶다. 또한 그러한 사람들의 말과 행동에서 품어나오는 진솔한 인생의 문제를 쉽게 간과해버릴 수도 없었다. (『어린 날의 초상』 연보에서)

　작가는 '진솔한 인생의 문제'를 포착하기 위해 '그런 사람들,' 즉 사회의 음지에 삶의 기반을 둔 빈민들의 존재를 소홀히 다룰 수 없다는 견해를 내보이고 있다. 그러므로 우리는 작가의 이러한 견해가 이 두 소설에 반영된다는 것을 유념해야 하는 것이다. 즉 악동들에게서 풍기는 기행적인 현상에만 집착할 것이 아니라 그것이 '진솔한 인생의 문제'를 외현화하기 위한 작가의 방책이라는 것을 잘 알아야 하는 것이다.
　그런데 악동들의 표상에는 아버지 부재의 문학이라는 김주영 문학의 또 다른 특징이 첨가되어 있다. 악동들은 하나같이 홀로 존재하는 고아들이다. 「모범 사육」의 '나'는 고아원 출신인 까닭에 문자 그대로의 의미로 진짜 고아이고, 「도둑 견습」의 '나'는 어머니와 의붓아버지와 가족 관계를 이룬다는 면에서 고아라고 딱히 말할 수는 없을 것 같지만 그 가족은 우리가 연상하는 가족 내적인 권위와 질서, 교양 등이 갖추어진 가족이 아니며, 의붓아버지가 도둑질중 폭행당하고 자리에 눕게 되자 본의 아니게 가장의 역할까지 떠맡게 되는 등, '나'는 상징적 의미에서의 고아일 뿐만 아니라 가장의 역할까지도 겹으로 맡고 있다.
　그런데 문자 그대로의 의미로 고아이건 상징적 의미로 고아이건 그들의 존재적 특징은 가족 제도로부터 소외된 불운한 입상들이라는 공통적 특질을 공유하고 있다. 그들은 아버지 없는 고아이거나 혹은 대리적 아버지의 기능까지를 완수해야 하는 고아이다. 홀로 존재하는 고아들의 성격은 야성적이다. 훈육되지 않은 야성이 그대로 노출되고 있다. 그들은 기성 세대의 권위나 사회적 질서와 법, 도덕적인 계율을 인정하지 않는다. 그들은 말 그대로 방임된 유년들이다. 혈연적인 친족성이나 인륜적인 예의를 무시하려고 드는 것이다. 작가는 권위나 도덕에 순응하는 아동의 순탄한 자아 성장보다는 그것을 극단적으로 배척하는 아동의 자아 일탈에 주목한다. 그러면서 작가는 그들의 역행적인 자아 일탈을 통해 도시 빈민의 생태와 그들의 황폐한 삶을 독자들에게 역설적으로 환기시키고 있다.

Ⅲ. 과부들의 끈질긴 생명력

「마군 우화」「모범 사육」「도둑 견습」 등이 내용의 편차에도 불구하고 도시 생태의 여건을 기본적으로 그려내는 소설적 관심을 보여준다면 「칼과 뿌리」와 「겨울새」 등은 고향이나 촌의 삶의 여건과 그것의 세태적 변화를 그려내는 소설적 관심을 보여준다. 소설적 관심이 다시 「휴면기」로 복귀한 듯한 인상을 주기에 충분한 변화의 조짐이다. 그렇지만 이는 엄밀히 말해 소설적 관심의 복고적 복귀이지는 않다. 소설적 관심의 확대 재생산이라고 해야 옳을 것이다. 그러면 그것의 구체적인 양상을 간단히 살피도록 하겠다.

이들 소설들 중에서 「칼과 뿌리」는 가장 주목할 만하다. 「칼과 뿌리」는 작가가 엽연초 생산 공장에서 근무할 무렵의 체험에 바탕을 둔 소설로 판단되는데, 먹고 먹히는 부패의 순환 구조가 자연주의적 묘사로 형상화된 수작이다. 소설의 공간적 배경이 되는 추현마을은 "떡개구리 한 마리 마음놓고 뛸 처지가 못 되는 이 좁디좁은 동네가, 잎담배 수납기가 닥쳐오면 화냥년 속치맛자락처럼 바빠"지는 동네이다. 왜 그리 바빠지는가. 그 까닭은 단순하다. 돈이 생기기 때문이다.

그래서 추현마을 사람들은 그 누구도 예외 없이 돈을 좇아 혈안이 된 금전주의자로 변질되어버린다. 그런데 잎담배 수납 과정에는 소위 '떡값'으로 불리는 뇌물이 매개된 먹이사슬의 메커니즘이 작동한다. 그것을 간단히 보면, 이 소설의 주인물인 윤식은 총대직인 조필기에게 '떡값' 팔만 원을 먹이고 조필기는 윤식 들에게서 거둔 돈에서 일정액을 자기 몫으로 빼돌리고 주재지도사 김영태에게 나머지 액을 가져다 바치면 김영태는 다시 이를 다른 유지들과 나누어 먹어치운다. 그야말로 먹고 먹히는 먹이사슬 메커니즘의 치열한 작동이라고 할 수 있을 것이다. 추현마을을 관통하는 먹이사슬 메커니즘에서 그 누구도 예외적으로 자유로울 수 없고 그 누구도 그에 대해서 비판적일 수 없다. 그것은 순응해야 할 운명의 몫과 같은 것이다. 소설을 이끌어나가는 작가의 태도 또한 중립적이다. 소설 내로의 개입을 자제한다.

그런데 작가는 아무리 삶이 먹이사슬과 부패 구조에 형편없이 파탄난다고 해도 낙관적인 삶의 전망을 포기할 수 없다는 논리를 이 소설을 통해 창출한다. 그 희망의 논리는 윤식의 처를 중개자로 하여 표명된다. 그녀는 소설 전개 과정에서 영향저인 인물로 등장하지 않고 가려져 있다가 완전히 거덜난 윤식이를 향하여 범상하지만 분명히 그 안에 삶을 갱신하는 희망의 메시지를 전한다. 그녀의 말만 요약해보면, "당신이야 워딜 가던 내가 못 찾을 성싶소." "그라문 이 못난 여편네 버리고 대수도 버리고 오입이라도 갈랑가요?" "거지라도 좋고 문뎅이라도 좋소. 당신 아니면 또 누가 내년 농사짓겠소? 짓다 보면 빚 갚을 날있겠지." "그럼 내가 당신한테 사기치겠소, 어서 가서 옷 갈아입고, 동태 한 마리 샀응께 국이나 끓여서 우리 세 식구 몸이나 풉시다. 내년 농사할 준비나 또 뼈 부서지게 할려면 겨울 동안 몸이나 풀어야 할 것 아녀" 등과 같은데, 이는 윤식에게 위로와 희망의 메시지가 되기에 충분하다. 그래서 윤식은 "대답하지 않고, 아내의 성긴 손을 잡았다. 눈밭에 내린 햇볕이 찢어질 듯하다. 눈 쌓인 개

천을 건너자면 여편네를 꼭 잡아야 한다"라는 동행에의 결심을 다지
게 된다. 이와 같이 「칼과 뿌리」는 아무리 파탄나버린 삶이지만 그래
도 새로운 삶의 가능성은 가능하다는 희망을 끝끝내 포기하지 않는
미덕을 지니고 있다. 그대로 공멸해버리는 비관적 삶이 아니라 그래
도 끝까지 동행하려는 공존의 희망을 이 소설은 보여준다.

  비관적인 삶에서 희망을 모색하는 작가의 건강한 생활관은 「겨울
새」에서도 확인된다. 「겨울새」는 한 박복한 과부의 체념과 운명이 교
직되는 이야기이다. 과부의 인생담은 김주영 소설 테마 중의 하나인
데, 그것은 그 자신이 과부의 아들이었다는 개인적 체험과 밀접한 관
련을 이루는 것으로 판단된다. 남편의 활약상보다는 남편없는 과부
의 신산스런 삶의 체험이 그에게는 더 친숙한 테마가 되고 있다. 이
러한 테마의 소설적 변형은 『천둥 소리』나 『고기잡이는 갈대를 꺾지
않는다』 등이다. 그런데 그녀들은 신산스런 삶 속에서도 삶을 전적으
로 비관이나 체념적 운명으로만 몰아붙이지 않는다. 그녀들에게 현
실은 능동적으로 구성되는 것이 아니라 운명적으로 주어진 것이라
하더라도 그 주어진 현실 내에서 그녀들은 그야말로 끈질긴 생명력
을 추구한다.

  「겨울새」에서 '화냥년'으로 불리는 '그 여편네'는 무당의 딸로 스
물일곱에 소몰이꾼에게 시집을 갔고 늘 남편으로부터 구타당했으며
결국 남편의 무자비한 구타를 견디지 못해 '보따리를' 싸고 친정으로
돌아왔으나 친정어머니는 영영 저세상으로 하직해버리게 된다. 남편
과 어머니와 헤어진 그녀는 '박돌석'과 '최주사' 등의 남자들과 교류
하게 되는데, 알고 보니 그들은 다 같이 사기꾼들이다. 그들은 그녀
를 등쳐먹으려는 교활한 속셈을 감춘 채 그녀에게 접근한다. 특히 최
주사로 불리는 최석두의 사기 행각은 가관이다. 최석두 본인과 그의
가족들은 합세하여 그녀의 재산을 교묘히 탈취해간다. 가련한 과부
는 최석두에게 더할 나위 없는 손쉬운 사냥감이 된다. 사기였다는 것
을 뒤늦게서야 깨달은 그녀는 그녀가 버린 아들한테로 돌아가게 된

다. 이렇게 보면 「겨울새」에 나오는 남자들은 구타자들이거나 사기꾼들이고, 여자는 그러한 남자들의 희생양에 불과한 가련한 존재이다. 아들마저 그녀를 박대하다가 그녀로부터 돈을 취하고 집을 나가버린다. 그때 며느리에게 던지는 그녀의 말은 의미심장하다. "야야, 기다리자. 지놈이 워딜 가겠냐? 이 세상 끝이 바로 집구석이라는 걸 진들 알게 될 날이 오지 않겠냐?"라는 그녀의 말은 「칼과 뿌리」에서 윤식이의 처가 보여준 희망을 보듬는 자세와 똑같다.

파탄 속에서도 희망을 보듬는 그녀들의 입상은 고난 속에서도 삶을 악착같이 꾸려나가는 한국의 전통적 여인상을 연상시킨다. 그렇다. 김주영이 입상화하는 과부나 마누라들은 불운에 순응하는 인물형이 아니라 불운 속에서도 삶을 포기하지 않으려는 처절한 생명력을 지켜나가는 인물형이다. 그래서 때리고 구타하고 사기치고 강탈하는 남자보다 매 맞고 사기당하고 강탈당하는 그녀들은 결국 더 커 보이고 더 장대해 보인다.

IV. 유랑과 여행의 소설

김주영의 유랑 기질은 본능직이다. 그는 책상물림으로 끈기 있게 한 자리를 틀고 앉아 사념에 몰두하는 작가가 아니다. 그는 부지런히 집과 지방을 부지런히 왕래하면서 소설 재료들을 성실하게 채집한다. 그는 서재에 자리를 틀고 침묵하는 사유인이 아니라 소설 재료의 채집을 위해 항상 외방을 향한 열정에 노출된 외향인이다. 유년 시절부터 그는 습관적으로 이별을 예감해왔고 성인된 후에도 습관적으로 여행을 감행한다. 그는 결코 어느 한 장소에 편안하게 안주하지 않는다. 몸과 마음은 언제나 늘 바깥 세계에 온전하게 노출되어버린 어쩔 수 없는 유랑인이다. 외방을 향하여 난 길을 꾸준히 걸으며 그는 산하에 떠도는 익명의 존재들의 삶의 내력에 귀기울인다.

내 기대 앞에는 항상 철저한 배반이 두 손을 크게 벌리고 서 있었다. 이 여행을 시작한 지 꼬박 2년 동안을 나는 그 배반과의 해후를 위해 집을 나서곤 한 셈이었다. 그러나 언젠가는 그 완벽하리만큼 냉정한 배반과의 해후가 마무리될 때가 오리라고 확신하고 있었다. (「달맞이꽃」에서)

그러나 그 산골에는 여인숙이라곤 딱 두 집밖에 없었는데, 먼저 찾아갔던 집에서는 숙박객으로 만원을 이룬 빈방이 없었다. 해가 진 뒤라면 그나마 방을 구하기가 어렵다고 그 깡마른 여자가 말했었다. (「외촌장 기행」에서)

작가의 본능적인 유랑 기질이 소설로 승화된 예가 「달맞이꽃」과 「외촌장 기행」이다. 작가는 집 바깥의 세상살이에 대한 호기심을 표출하고 있는데, 「달맞이꽃」에서와 같이 의도적으로 도부꾼을 찾아나섰다가 이제는 한 아이의 엄마가 된 고향의 이성 친구를 만나기도 하고, 「외촌장 기행」에서와 같이 발길 닿는 대로 가게 되는, 그러면서 기대하지 않은 여러 유형의 사람을 만나기도 한다. 의도된 여행이든 그렇지 않은 여행이든 작가의 여행은 소설 창작의 방법론이라는 중요한 의미를 띠고 있다. 즉 여행의 여정이 소설의 서사를 이룬다. 이런 의미에서 「달맞이꽃」이나 「외촌장 기행」 등을 우리는 여정소설이라고 명명해도 좋을 것이다. 여정의 소설화를 이 두 소설은 추구하고 있는 것이다. 그런데 작가의 여정은 한가한 유람이 아니다. 그의 여정에는 떠돌이 기질이 육화된 보부상의 영혼이 동행한다. 그는 이리저리 떠돌며 슬픈 사연의 소유자와 운명적으로 만나거나 생리적으로 떠돌아다니는 외촌장 약장수들과 만난다.

「달맞이꽃」의 화자는 도부꾼을 찾아나선 여행길에서 고향에서 그와 교분을 나눈 한 여성과 조우하게 된다. 결국 조우한 인물은 도부꾼이 아니라 그와 교분을 나눈 한 여성이다. 그런데 그 여성과의 조우를 통해 화자는 "이제 이 지겹고 긴 여행을 마무리지을 때가 왔다는 것"을 깨닫게 한다. 화자는 그녀를 통해 도부꾼은 남이 아니라 바로 자기 아버지의 업이었다는 것을, 그리고 그 자신은 도부꾼의 자식이었다는 것을 다시 깨닫게 된다. 이른바 자기 정체성에 대한 재증명이 이루어지는 순간이다. 이렇듯 본의 아니게 여행은 자기 정체성에 대한 확인 작업의 의미를 지니기도 한다. 자기의 원래 자리를 되돌아보려는 욕망이 여행을 통해 현실화되는 것이다. 이렇듯 도부꾼을 만나보겠다는 여행은 화자가 자기 정체성을 확인하려는 목적을 띤다.

여행이 자기 정체성의 여로적 탐문이 된다는 의미에서 「천궁의 칼」은 주목할 만하다. 「천궁의 칼」은 백정의 칼을 말한다. '나'는 백정의 아들인데, 그 신분을 철저히 숨기는 의도적인 가계 망각자이다. '나'는 묘희와 동행하여 고향에 계신 홀어머니를 방문한다. 결혼 허락을 받아내기 위해서이다. 그런데 홀어머니는 '나'에게 더 이상 기억하기도 싫은 가계의 근본을 환기시킨다. 가계를 망각하려는 아들과 망각하지 않으려는 어머니 사이에 긴장 관계가 형성된다. 어머니는 아들을 설득하려 하고 아들은 어머니를 경원한다. 두 사람의 긴장 관계는 제삼의 인물 묘희의 파격적인 행위로 새로운 국면으로 접어든다. 고향을 빠져나오던 중 도살장을 경유하게 된 그녀는 '나'에게 도살장 내에서 정사를 제의한다. 상당한 의도가 전제된 제의이다. 그 의도는 무엇일까. 그것은 현재의 자기 위상과 과거의 자기 위상 사이를 오가며 분열하는 '나'의 고뇌에 동참하려는 의도이고 망각되어야 할 장소, 천궁에서 육체적인 교섭을 행함으로써 '나'의 존재적 불안감을 상쇄하려는 의도이다. 그리고 그것은 결국 가계의 근본을 수락하려는 의도로까지 확대된다. 이렇게 본다면, 그들의 정사는 정욕의 문제가 아니라 자기 정체성을 시인하는 육체적 모색이다. 정사 후에 묘희는 그녀의 증조할아버지는 사실 당상관이 아니라 유기장이었다는 가계의 비밀을 고백한다. 그녀의 증조할아버지가 당상관이 아니라 유기장이었다는 사실은 주위 사람들에게 자랑스럽게 내세울 만한 조상의 전력이 아니지만 그렇다고 숨겨야 할 만큼 부끄러운 업보도 아니

라는 것이 묘희의 생각이다. 그렇지만 화자는 가계 근본에 대한 전적
인 시인을 심리적으로 허락하지 않고 있다. 그래서 "나는 어머니의
싸늘하게 식은 시신 위로 20년 전에 돌아가신 아버지의 망령이, 돌확
에 떠오르는 6월의 구름처럼 떠오르는 것을 보았다. 그 망령이 묘희
를 이끌고 밖으로 나가고 있는 걸" "등뒤로 느끼고 있었다." 이 진술
을 통해 화자는 아버지의 전력을 '망령'으로 파악한다는 것을 알 수
있다. 그만큼 화자와 아버지의 관계는 단절적이다. 마찬가지로 어머
니와의 관계, 더 나아가 묘희와의 관계 또한 더 이상의 생산적인 대
화가 불가능한 상호 단절적인 관계로 비화될 수 있다는 것이 화자의
생각이다. 아버지의 망령이 어머니를 주검으로 몰았고 묘희마저 주
검으로 내몰 수 있다는 불안감에 화자는 포박되어 있는 것이다. 이런
의미에서 「천궁의 칼」의 화자는 가계의 근본과 관련된 자기 정체성에
대한 괴로운 질문과 성찰을 통해 심리적 불안감을 상쇄해야 하는 자
기 과제에 직면하게 된다. 그러나 「천궁의 칼」은 불안감 상쇄의 문제
로 나아가기보다는 그 불안감을 극대화하는 방향에서 정지하고 있
다. 가계의 운명적인 몰락과 혈연적인 숙명성을 자기의 문제로 치환
하여 이해하는 성숙한 남성상을 작가는 제시해주지 못하고 있는 것
이다.
　「외촌장 기행」은 떠돌이 장꾼들에 대한 기록지(記錄誌)이다. 기록
의 관찰자는 작가로 짐작되는 화자인데, 화자는 현대판 보부상에 해
당하는 그들과 모종의 사건에 연루된다. 사건은 "아양 떠는 혀짧은
소리"를 내는 여자에 의해 촉발된다. 그녀는 화자에게 동행을 제의하
고 스스럼없이 화자와 육체적인 교섭 관계를 맺는다. 그녀에게서 성
(性)은 정절의 개념이 아니라 필요에 따라 즐길 수 있는 여가와 같은
것이다. 그런데 여기서 주의해볼 대목은 그녀의 동행이 어떤 계기로
발생하는가의 문제이다. 그녀는 "우리 어디 협호라도 하나 얻어. 협
호가 안 되면 사글셋방이라도 얻지 응?"이라는 말로써 그녀의 동업
자이며 기둥서방을 꼬드긴다. 이 말을 액면 그대로 믿는다면, 그녀의

소망은 방으로 집약된다. 더 이상 떠돌지 않고 정착하고 싶다는 그녀의 소망이 '사글셋방'으로 집약되는 것이다. 그러나 그녀의 말을 전적으로 신뢰할 수 없다. 즉 '사글셋방'에 대한 그녀의 소망을 신뢰할수 없는 것이다. 그 이유는 간단하다. 그녀의 본성은 방의 정착 원리보다는 길의 유랑 원리에 가깝기 때문이다. 그녀는 가족이나 가정 혹은 정형화된 문화적 형태에 순치될 만한 본성을 애초부터 지니지 않고 있다. 그녀는 유목민마냥 정착지에 머무르지 않고 늘 분주하게 옮겨다니는 이동 기질이 체질화된 여성 유랑인이다. 그녀와 동행하는화자는 그녀와 그녀의 기둥서방의 독특한 삶의 방식을 관찰하게 된다. 그들은 야바위꾼이고 만병통치약을 파는 장터 약장수들이다. 장터를 이동하면서 그들은 남들을 속이고 약을 판다. 그렇다고 해서 그들에게 악인적인 이미지가 구축되어 있는 것은 아니다. 그들은 타인을 등쳐먹는 사기꾼들이지 타인을 억압하는 악인들은 아니다. 그러한 그들이 보여주는 삶의 방식은 자본주의 제도 내로 편입되지 않은수공업적인 경제 행위에 기반을 둔다. 즉 그들의 삶의 방식은 사회의비공식 부문에서 통용되고 있는 것이다. 이러한 삶의 방식은 보부상이나 방물장수들이 그 원형을 보여준다. 경제 제도가 관례화되기 이전에 그들은 경제 행위의 중요 인물로 소홀치 않은 역할을 담당하였다(이에 대한 소설적 고증이 『객주』임은 너무나 유명한 것이기에 이 자리에서 거론하기가 새삼스러울 정도이다). 그러나 그들의 전자본주의적인 행위는 능동적인 활동성은 사회의 신속한 변화로 축소될 수밖에 없었고 그들의 후예들은 더더욱 위축된 모습으로 하루살이의 생존에 골몰하게 되었다. 후예들의 현재적 잔영이 그녀와 그녀의 기둥서방이다. 그런데 그들이 구현하는 삶에 대한 화자의 관심이 그녀 일방에게 머물고 있어서 유랑인의 특성이 개괄적으로 파악되지는 않는다. 그럼에도 불구하고 이 소설은 독자로 하여금 사회의 음역(陰域)에 포진해 있는 유랑인의 실체에 더 많은 관심을 갖게 하는 효과를지닌다. 그 효과는 그들의 생태에 대한 관찰을 통해 인간 이해의 심원성에 도달로 나타나는 것이 아니라 인간의 하부적인 생활 방식에 대한 이해의 다양성으로 나타난다.

김주영은 이렇듯 여행이나 유랑을 소설의 생소재로 적극적으로 취해나간다. 그 자신 스스로도 억제할 수 없는 유랑 기질에 의탁하여 소설을 '기록' 해나간다. 그의 여행지(旅行誌)는 미지의 것을 탐색하려는 의지와 자기 정체성의 회복, 풍물과 풍속, 기묘한 인물형에 대한 관찰이 수록되어 있다. 그리고 그것들은 좀더 심화되어 『객주』『활빈도』『화척』 등의 역사 장편소설로 꾸며지게 된다. 이렇게 보면 그의 여행은 피곤이 누적되는 노동이 될 터이지만 작품 생산의 동력이 된다는 의미에서 상당히 긍정적으로 평가될 만한다.

V. 이방인의 현실주의

다시 한번 강조하는 바이지만 김주영은 분명 문학사의 맥락에 편입되는 방식으로 현존하는 작가이다. 한 세기 가까운 현대 문학의 역사에서 그 이름을 일일이 거론하기가 어려울 만큼 수많은 문인들이 명멸했지만 문학사라는 불멸의 구도 내로 포섭되는 작가는 그리 많지가 않다. 문학사에 포섭된다는 것은 적어도 그 문인이 생에 대한 진지한 성찰을 통해 자기의 소설 세계를 창조할 수 있을 때, 그리고 그 진술의 방식이 문체의 탁월한 운용에 힘입을 때 가능하다. 이에 비추어볼 때, 김주영의 문학은 문학사에 편입할 수 있는 조건을 충분히 갖추고 있다. 김주영의 소설은 성장의 세계, 악동의 세계, 과부의 세계, 유랑인의 세계를 구조적으로 형상화하는 데 있어 그 누구보다 유감없는 장기를 발휘한다. 즉 작가는 사회의 중심부에서 소외된 이방인들의 배고픈 유년, 도시 빈민 악동, 과부, 유랑인을 묘사하는 데 있어 남다른 진전을 보여주는 것이다. 그는 그러한 이방인들의 묘사를 통해 다시금 '진솔한 인생' 의 문제에 몰두한다. 진정 이방인들에 대한 작가의 관심은 호사가의 취미로 촉발되는 것이 아니라 '진솔한 인생' 의 문제에 대한 몰두에서 촉발된다. 그래서 그의 관심은 밥 없

고 아버지 없는 유년의 가난한 생존으로 회상되기도 하고 도시의 각
박한 생활 현장에서 내쫓기는 악동들로 쏠리기도 하고 과부들의 강
력한 생명력, 유랑인들의 끊임없는 이동으로 확산되기도 한다. 그런
데 그는 그러한 이방인들을 민중주의로 미화하지도 않고 엘리트주의
로 폄하하지도 않는다. 그는 이방인들의 생존 양상, 이방인들의 삶의
여건을 중립적인 상태에서 서술하는데, 오히려 이 점이 작품의 신빙
성을 더욱 보증해주는 요소가 된다. 이런 맥락에서 김주영의 소설을
두고 이방인의 현실주의라고 그 전반적인 성격을 통칭할 수 있을 것
이다. 그런데 왜 그는 이방인들의 소설 형상화에 남다른 열의와 관심
을 보여주고 있을까? 이유는 명확하다. 그 자신이 이방인이기 때문이
다. '내 아버지'가 '도부꾼'이었기 때문이다.

〔『한국 소설의 논리』, 1998〕

증발의 현상학, 회귀의 의미론
──김주영의 『야정』

정 과 리

I

상식적인 분류를 따르자면 『야정(野丁)』(문학과지성사, 1996)은 대하역사소설의 하나이다. 『토지』『객주』『장길산』『태백산맥』『불의 제전』 등등 70년대말부터 90년대 초엽까지 유행한, 아니 오늘까지도 유행하고 있는 '대하역사소설'을 민중의 수난으로부터 자각과 극복에 이르기까지의 집단적 여정을 그린 소설이라고 간단히 정의할 수 있다

I. 1. 물론 이 정의가 뜻있게 말해주는 것은 하나도 없다. 몇 개의 설명이 덧붙을 필요가 있다. 아주 고전적인 원칙에 따라 기본적인 세 가지 사항을 살펴보기로 하자. 인물(성격), 시간(플롯), 장소(배경)가 그것이다. 우선 인물. 대하역사소설의 주체는 민중인데, 이 민중의 함의는 생각보다 까다롭다. 80년대의 열쇠 단어였던 이 민중은 도대체 무엇인가? 민중의 외연은 아주 넓다. 가령, 80년대의 민중문학론자에게 '민중'은 노동자와 동의어였다. 반면, 같은 시대에 유행한 대하역사소설에서의 민중은 토호들의 가렴주구에 시달리는 농민으로부

터 외세 침탈에 곤경을 치른 한민족 자체에까지 이른다. 때문에 우리
는 민중의 외연에서 민중의 뜻을 찾아내기가 어렵다. 반면 민중의 내
포는 비교적 하나로 모인다. 민중은 우선 집단이고, 그 다음 자각된
대중이다. 피지배자, 수탈당하는 사람, 힘없는 자들이 자신의 사람됨
을 자각하고 함께 분연히 떨쳐일어나 주체성을 회복하고 현실을 깨
치려 한다. 거기에 민중의 집단성이 힘을 보태고, 민중의 자각이 시
간을 가능케 한다. 대하역사소설에서의 민중은 피압박 농민, 혹은 수
난에 처한 민족이 자신의 권리와 삶의 뜻을 깨닫고 그것의 획득을 위
하여 장구한 투쟁의 역사를 이루어나감으로써 존재한다. 따라서 민
중은 근대성과 불가분리의 관계에 놓인다. 주체성의 이룸, 그것이 근
대의 의미이기 때문이다. 마지막으로, 공간. 이 민중은 어디에 있는
가. 공간의 외연도 다종다양하다. 노동 현장 · 벌교 · 첩첩산중 · 북간
도 등등 사방에 민중의 공간이 있다. 이 공간의 내포는 그러나 하나
이다. 역사 파열의 자리, 정체된 삶이 문득 구멍을 찾아내고 봇물처
럼 터져 미래로 나가는 자리는 모두 민중의 공간이다. 사람들이 가령
"역사의 '한복판'을 꿰뚫고 나간 민중들의 생존의 드라마" 운운하며
ㄱ 공간을 세계의 중심에 놓곤 히는 것은 역사 파열의 자리가 곧 격
동하는 역사의 샘, 새 역사의 핵심이 되었기 때문이다. 여기에 와서,
민중의 드라마는 곧 역사 그 자체가 된다. 민중은 역사 속이나 역사
밑바닥에 있지 않다. 그것이 곧바로 역사이다. 그러니, 김윤식 · 정호
웅이 대하역사소설의 내적 형식을 '길'이라고 파악한 것도 일리가 없
지 않다(『한국 소설사』, 예하, 1993, p. 458). 길은 대하역사소설과 견
주어 유개념이지 종개념이 아니다. 생각건대 길의 형식이 아닌 소설
이 어디 있겠는가? 전체성이 사라진 세상에서 전체성을 찾으려는 마
성의 편력이 소설이라는 통념을 받아들인다면 말이다. 되짚어가는
길(회상)이든, 되돌아오는 길(귀향)이든, 아니면 앞으로만 질주하는
길(모험)이든. 소설은 두루 길이다("길이 시작되자 여행은 끝났다"라
고 하지 않는가?). 그런데도 『한국 소설사』의 저자들이 굳이 길에 강

조점을 찍었던 것은 대하역사소설에서의 민중의 드라마는 역사 그 자체가 된다는 것을 직감하고 있었기 때문일 것이다.

I. 2. 그러나, 이러한 삶이 가능한가? 삶이 그대로 역사와 일치하는 것, 역사의 시종을 완전히 주파하는 곳, 이렇게 완전한 하나의 사이클을 이루는 실존이 있는가? 결국 이것은 일종의 가상 현실의 모험에 불과한 것이 아닐까? 김병익은 그것을 누구보다 날카롭게 간파했었다. 모두가 '민중'을 실체 개념으로 받아들이고 있던 80년대에 그는 민중이 "농촌과 도시, 농민과 기업인, 사용자와 근로자, 가진 자와 못 가진 자, 다스리는 자와 다스림 받는 자" 등등 사회의 양극화라는 "현실의 문제 의식을 역사적 사실성에 의탁한 표현이기도 하며 혹은 역사적 개념에 현실에 대한 정열로 생기를 불어넣은 것"(『들린 시대의 문학』, 문학과지성사, 1985, p. 202)임을 지적하였다. 달리 말해, 민중은 상상태이지, 현실태가 아니다(80년대에 국한하여 엄격하게 말하자면 상징태이다. 왜냐하면 그것이 초자아의 지위를 차지했기 때문이다. 이에 대해서는 졸고, 「민중문학론의 인식 구조」, 『스밈과 짜임』, 문학과지성사, 1988을 참조 바란다). "도덕적 이상주의의 정열"(『숨은 진실과 문학』, 문학과지성사, 1994, p. 88)이 현실의 문제를 뚫고 나가기 위해 고안된 구성적 개념, 김주연의 표현을 빌리자면, "방법 정신"인 것이다. 그런데, 이 민중의 상상 모험이 오늘날에도 여전히 위력을 발휘하고 있는 것은 무엇 때문인가? 민중이라는 어사는 문학과 사회과학에서는 자취를 거의 감춘 반면에 문화 일반에서 개화기나 서민들의 삶을 다룰 때에 습관적으로, 다시 말해 무반성적으로 애용하는 상투적인 용어가 되었다. 민중의 고난과 투쟁이 아주 오랜 옛날 일처럼 느껴지는 오늘, 여전히 민중의 수난사를 그리고 있는 작품들이 쏟아져나오고 있다면 그것은 왜인가? 아마도 누가 왜 이것을 지었느냐고 묻기보다는 누가 왜 이것을 원했느냐라고 물을 필요가 있다. 국민 소득 1만 달러를 돌파하여 선진국의 대열에 진입했다는 소리가 무성한 지금, 실속이야 어쨌든 형식적인 민주화가 이루어지고 정부 주도하

에 날마다 개혁이 진행되고 있다고 주장되는 지금, 소비가 미덕이 되어 문화 산업이 문화의 더듬이를 현실에 대한 반성적 성찰로부터 욕망의 탐닉으로 전회시켜버린 지금, 다시 말해 민중 개념의 문제틀이 숨어버린 지금, 여전히 사람들이 민족·민중의 수난사를 다룬 대하소설들을 즐기고 「서편제」에 대한 한국인들의 집단적인 열광처럼 여전히 (원)한에 침닉하고, 이산 가족 찾기의 아류형들이 아침 TV를 장악하고 있는 것은 무엇 때문인가?

I. 3. 아직도 근대의 과제가 미완되었기 때문이라고 말할 수도 있을 것이다. 그러나, 이 옛 심성의 끈질긴 존속은 그것의 새로운 변이형들과 더불어 검토되어야 할 것이다. 90년대 이후 창궐하기 시작한, 『무궁화꽃이 피었습니다』나 『남벌』『북벌』류의 의사 역사 문화물들이 바로 그것들이다. 그것들은 한민족을 더 이상 수난자로 묘사하지 않는다. 거기에서의 한국은 돌연 강대국으로 변신하여, 저 '나빠유' 제국들(최인훈의 아나그람을, 그의 원래의 의도와 무관하게 슬쩍 빌리자면)을 따끔히 혼내주고 세계 정의를 실현하는 위대한 나라이다. 그것들은 「인디펜던스 데이」나 「브이」와 동렬에 속하는 작품들이다. 김윤식의 성찰은 바로 이 점에서 주목할 가치가 있다. 그는 민중에 관한 김병익의 해석을 그대로 수용하면서 그것에 기대어 대하역사소설의 역사철학적 의미를 "현재성이 빠져 있는 것"(김윤식, 「황홀경의 사상」, 『김윤식 선집』 5, 솔, 1996, p. 437)이라고 규정한다. 그리고 현재성이 부재한 그 자리에 "황홀경에의 망상"을 집어넣는다. 과거로부터 미래로 훌쩍 건너뛰게 하는 매개물, 그것이 황홀경에의 망상인 것이다. 다시 말해, 근대는 미완된 것이 아니다. 근대는 넘쳐나서 무언가로 변신하였다. 무엇으로? 서양의 역사가 그대로 밟았던 것처럼, 제국주의로. 그렇다. 대하역사소설은 근대성에 상응할 뿐만 아니라, 근대의 과잉이다. 이 과잉의 함정에 빠지지 않으려면 김윤식이 강조했던 것처럼 "사회과학의 조명"(p. 453)이 긴요하다. 다시 말해, 사실성과의 싸움이 불가피하다.

Ⅰ. 3. 1. 『먼동』은 역사의 숨가쁜 전환 속에 파묻히고 버림받은 평민들의 역사를 발굴하여 상부 역사와 하부 역사를 대결시킴으로써, 『불의 제전』『불의 얼굴』은 디테일의 철저성에 내기를 겲으로써 그 싸움을 유지해나갔다. 그러나, 몇몇 작가의 싸움만으로 대하역사소설의 오늘의 현상학적 의미가 반전되는 것은 아니다. 대하역사소설은 수단으로부터 태어났으나, 오늘, 신화의 가계에 입적한다.

Ⅱ

그런데, 『야정』은 대하역사소설인가? 양반의 횡포와 수탈에 못 이겨 만주 땅으로 이주한 한말 유맹들의 질긴 삶의 내력이 물론 그려져 있다. 『야정』은 또한 일반적인 대하역사소설이 보여주는 전체성의 사이클을 그대로 그린다. 강계로부터 압록강을 건너 이호산, 양차향, 환희령을 거쳐 청하에 이르고, 다시 청하에서 등을 돌려 청구자촌을 거치고 십사도구, 탑전을 지나 다시 강계로 돌아오는 것이다. 그러나, 나는 주저한다. 내가 주저하는 까닭은 두 가지이다. 우선, 대하소설이 갖추고 있다고 이야기되는 요건들을, 더 나아가 소설이 갖추고 있다고 생각되는 요건들을 갖고 있지 않기 때문이다. 앞의 문제에 연속해서 나올 두번째 까닭은 종래의 한국 대하역사소설들과 비교해 『야정』은 다른 점을 많이 가지고 있다는 점이다.

Ⅱ. 1. 거칠게 말하자면, 『야정』에는 역사와 인물이 없다. 좀더 정확하게 말해 소설적 의미에서의 역사와 인물이 없다. 굳이 역사와 인물을 따지는 까닭은 대하역사소설의 기본 요소가 그것이기 때문이다. 물론 대하역사소설의 인물은 집단(민중)이지 개인이 아니다. 그러나, 그 집단은 통합적 단위일 뿐 실체적 단위가 아니다. 대하소설의 집단은 살아 있는 개인들의 다양하고 이질적인 삶이 한데 모여 이루어놓은 무엇일 뿐이다. 아니 그렇게 전제되고 있는 무엇이다. 그 점에서 대하소설은 소설 일반에서 벗어나지 않는다. 소설은 무엇보다도 개인의 이야기이다. 다시 말해 종교나 설화가 아니다. 그것이 개인의

이야기라는 것은 소설이 한편으로는 근대의 탄생과 짝을 이루고 있다는 것을 뜻하며, 다른 한편으로는 '규범으로부터의 자유로움'을 형식적 특징으로 갖는다는 것을 뜻한다. 오늘의 반소설, 누보 로망의 탈소설적 특징은 개인성, 개인 이데올로기에 대한 해체 혹은 전복으로부터 시작되는 것이지 공동체의 해체 혹은 전복으로부터 시작되지 않는다. 대하역사소설은 소설의 개인주의 이데올로기의 극점에 있다. 대하소설의 대부분이 한 주인공을 영웅화하고야마는 곡절은 거기에 있다. 따라서 대하역사소설에서도 개인으로서의 인물을 먼저 묻지 않을 수 없다. 그런데『야정』에서 그 인물들은 전통적인 소설관이 요구하는 뚜렷한 성격을 갖지 않는다. 첫 권부터 독자를 당황케 하는 것은 인물들의 종잡을 수 없는 태도 혹은 행동이다. 가령, 가장 비중 높은 인물인 최성률을 보자. 주인인 홍전백에게 겁탈당한 아내가 해산을 할 때 성률은 지극히 평범한 사람으로 묘사된다. 그는 홍전백에게 분노할 뿐만 아니라 아내마저도 원망해, "계집의 귀쌈을 눈물이 쑥 빠지게 갈겨주고 싶"(1: 13)기도 하고, "패대기치듯 방에다 뉜"(1: 14)다. 더욱이 그는 그를 감싸준 원택의 죽음을 초래하고야 마는 사건, 즉 주인집 몸채 대청에 단검을 꽂아놓는 사난을 벌이기도 했다. 보통 사람이라면 당연히 취할 수 있는 심사며 행동이다. 그러던 성률이 압록강을 건넜을 때는 만사를 예측하고 이웃의 마음씨를 헤아리는 현자가 되어 무리를 이끄는 행수의 지위에 오른다. 그러나, 그러면서도 성률은 다시 아랫사람을 죽음에 이르게 하는 어처구니없는 실수를 저지른다. 소혜와 채연을 불러들이려는 한창만의 사주로 인해 홍전백 일가가 비적에게 몰살당했다는 이야기를 들었을 때 성률은 창만과의 의절을 미리 작정하는 한편, 맹보의 만류에도 불구하고 어두운 밤길을 떠났다가 구평을 승냥이들의 먹이가 되게끔 하고 말았던 것이다(2: 326~38). 그리곤 다시 성률은 무리로부터 일탈해 소혜를 만나 십사도구의 행수가 되는바, 어느새 성률은 뛰어난 지도자로 복귀하는 것이다. 물론 성률의 그러한 실수가 소혜에 대한 사랑이 일으킨 격정 때문이었다고 해석할 수 있으나 그 이전까지 작가는 성률의 소혜에 대한 사랑을 귀띔한 적이 없다. 성률만이 모순투성이인 것은 아니다. 본래 다혈질의 성격이라고는 하나, 그 성질만큼 성률에 대한 의리가 각별했던 창만이 쌍표 휘하로 들어간 이후 성률에게 불손하게 대거리하고, 그래서 성률과 의절하게 된 발단을 제공하는 것도 이해할 수 없는 일이다. 또한, 난데없이 성률을 사랑하는 태이도, 애초에 "아둔한 계집"(1: 7)으로 묘사되었는데 아편 중독에 빠진 상태에서 갑작스레 도가의 행주가 되어 관가툰을 일으켜세우는 금이도 두루 종잡을 수 없다.

Ⅱ. 1. 1. 소설 속의 전형은 뚜렷한 성격을 가리키는 게 아니라 모순이 복합된 성격을 가리킨다고 사람들은 말한다. 그러나, 전형의 모순은 지양과 통합을 위한 모순이며, 그 지양을 향하는 목적론 때문에 모순된 측면들 사이엔 은밀한 공모가 준비되어 "행동을 통해"(루카치) 지양된다. 고집 센 루카치는 그 실제는 밝혀내지 못한 채, 전형의 원칙을 끝없이 되풀이하는 것으로 일관하였는데(『발자크와 프랑스 리얼리즘』), 그것은 그가 행동에 의한 지양만 찾았을 뿐 사전 공모에 대해서는 외면했기 때문이다. 아무튼 그런 모순의 복합체의 한 예로, 『적과 흑』의 쥘리엥 소렐을 들 수 있을 것이다. 그는 이기적이면서 동시에 개혁적이고, 열정적이면서도 소심하기 짝이 없으며, 사회적 야심으로 들끓는 가운데에서도 순수한 내면에의 칩거를 그리워하는 인물이다. 이 성격의 모순들은 그러나 찬찬히 살펴보면 모순된 것이 아니다. 낮은 신분의 쥘리엥은 그가 이기적인 만큼 더욱 신분의 장벽에 비판적일 수밖에 없으며, 당연히 나폴레옹을 꿈꾸지 않을 수 없다. 또한 그가 열정적인 만큼, 그 열정을 가로막는 유형 무형의, 안팎의 금제에 민감할 수밖에 없으며, 그러니 그가 소심하지 않을 수가 없는 것이다. 그의 열정과 야심은 그의 이기주의와 연결되어 숙명적인 내면 환상의 차원에 붙박이게 되는바, 사회적 야심이 레날 부인의 편지 한 통으로 일거에 좌절되고 말았을 때, 다시 말해 그 내면 환상

의 외형적 변주가 한 순간에 무너졌을 때 그는 그 순간 내면 환상의 참모습에 직면하지 않을 수가 없는 것이며, 그 낭만적 허위로부터 "소설적 진실"(지라르)로 되돌아가는 것이다.

II. 2. 『야정』의 인물들의 성격적 모순에는 이런 공모와 지양이 보이지 않는다. 고전적 원칙에 의하면 성격적 모순은 행동을 통하여 지양된다. 그러나 『야정』의 인물들에게서는, 그들의 행동 자체가 모순 투성이이다. 그 대표적인 예가 성률과 소혜의 사랑이다. 처음에 독자는 성률과 소혜가 사랑하는 사이라는 것을 전혀 알 수가 없다. 그런데 어느새 소혜와 성률은 이미 점지되어 있던 짝으로 바뀌고, 그것이 작품을 추동하는 기본 동력의 하나로 작용한다. 그 과정을 차례로 살펴보자.

1) 나이는 성률보다 네 살 손아래로 스물둘이었지만 지체는 하늘과 땅 사이였다. 장성하면서부터 내당의 소혜와 행랑에서만 기거했던 성률 사이에 상종이 잦았던 것도 아니었다. 고개를 떨어뜨리고 앉았으려니 이상한 살냄새가 코끝에 와 배었다. (1: 39)

2) 그러나 두 사람이 소꿉 시절부터 익히 상종해왔을지언정, 상전의 소생인 소혜의 지체는 구름과 같이 높았고 성률은 고추박이 비천한 노복이었던 것이다. (1: 41)

3) 소년 시절, 상전과 종놈의 지체를 서로 분별할 수 없었을 때, 사람들이 보이지 않는 호젓한 축담 아래에서 너나들이하면서 자주 소꿉을 놀았던 시절이 있었다. 그 당시는 젊었던 침모나 물아범이 네 살 차이밖에 안 되는 성률과 소혜의 소꿉놀음을 거들기조차 하였다. 두 아이는 서로 죽이 맞아 성가시게 하지 않고 잘 놀아주었기 때문이었다. 신분을 넘어서는 그들의 정리는 오래도록 가슴에 남아 지워지지 않았다. (2: 24)

4) "행수야말로 도끼로 제 발등 찍고 싶은 심정이 아니겠나. 정인이
던 소혜 아씨하며 혈육인 채연이마저 처참을 당해 시신조차 거두지 못
했으니……" (2: 338)

5) "내겐 소혜 아씨가 있네. 비록 만나본 지는 오래되었지만 내 심
지 깊은 데서 소혜 아씨가 나를 떠난 적은 없었지." (3: 28)

6) "갈고리 같은 손이 섬섬옥수로 돌아앉기를 바란 적은 없었으나
채연 아비 만나지 못할까봐 가슴 죄었던 적은 많았다오."/"나 또한 다
름아니었소."/"우리가 서로 혼인하자고 손가락 걸었던 철부지 적 일이
생각납니까?"/"철부지 적이었다 하나 잊을 턱이 없지요." (3: 122)

1)과 2)에서 소혜와 성률은 엄연한 반상의 차이 때문에 도저히 인
연을 맺을 사이가 아니었던 것으로 진술된다. 기껏 둘 사이의 관계
란, 소꿉 시절에 군것질에 입맛을 들인 주인집 딸을 위해 참새를 잡
으러 다니는 하인들이 손이 작은 어린애 성률을 들깨워 끌고 나가곤
하였을(1: 40~41) 뿐이다. 성률이 맡은 "이상한 살냄새"는 둘 사이
의 근본적인 어긋남을 상징화한다. 그러나 3)에 와서, 소꿉 시절이
슬쩍 소꿉놀음으로 바뀌면서 둘 사이가 아주 각별한 사이였던 것으
로 뒤바뀐다. 그러나 이때만 해도 독자는 어린 시절에 항용 있을 수
있는 소꿉장난 따위가 훗날의 비련의 사랑으로 이어질 줄은 미처 짐
작 못 한다. 하지만, 4)에 오면 둘 사이가 단지 어린 시절의 장난도
둘만의 마음만의 사랑도 아니라 아주 오래되어 다른 사람들도 모두
알고 있었던 공개된 사랑이 된다. 그리고 드디어 태이가 성률에게 연
정을 표했을 때 성률은 소혜만이 마음의 정인이라 하며 태이를 물리
치고(5), 소혜를 만나서는 그들의 사랑이 결코 떼어놓을 수 없는 운
명적 사랑임을 확인한다(6). (성률과 소혜의 사랑이 이토록 절실했던

것이라면, 성률이 실제의 아내 '금이'를 그토록 찾으려 했던 것은 또 웬
일인가?)

Ⅱ. 3. 이 태도의 급격한 변전과 더불어 전통적 소설관과 어울리지
않는 점을 더 찾을 수 있다. 서술의 과속과 대화의 과잉이 그것이다.
『야정』의 서술은 아주 박진한 묘사로 이루어져 있다. 특히, 그의 능
숙한 고어 구사 능력과 풍부한 어휘력은 서술을 자상하고 풍요롭게
하는 데 크게 기여한다. 비적들의 직함이나 중국식 먹거리에 대한 그
의 박학은 사실성의 효과를 자아내는 데 썩 잘 쓰인다. 그런데 이상
하게도 서술들은 꼬리가 없다. 다시 말해 자세하게 묘사되던 하나의
장면이 돌연한 사건의 변화와 더불어 갑자기 잠적해버린다. 가령, 금
이가 해산한 아이에 대한 성률의 행동이 그렇다. 그는 금이가 해산할
때 분노로 몸을 떨었다. 그런데도 그는 아이를 버리고 오라는 집사의
명령을 받고서 조금은 엉뚱하게도 그 아이를 옛 동료의 집에 숨겨놓
는다. 외로운 늑대처럼 분노하던 성률은 문득 사라지고 남의 새끼를
보살피는 개개비 성률이 나타난 것이다. 사람들간의 친원의 변화도
지나치게 빠르다. 가령, 성률과 창만의 관계라거나 갑두의 빈번히 되
풀이되는 표변이 그렇다. 채연이 옥칭기에게 첫눈에 반한 것은 그렇
다 치고(첫눈에 반한다는 것에는 일체의 시간 개념이 개입될 수 없다),
옥창기가 종구를 의식하고 있었음에도 채연과 잠자리에 드는 속도는
지족선사의 욕정에 버금간다. 또한, 갑산댁에게 채연이 꾸지람을 당
하자, 곧바로 그날 밤 채연은 "청구자촌 둔처에서 자취를 감춰버린"
(3: 282)다. 산지사방이 비적과 승냥이와 중국인들투성이인 타인의
땅에서 『야정』의 인물들은 어찌 이렇게 대담할 수 있는가? 한편, 대
화는 아주 빠른 속도로 넘쳐흐른다. 가령, 중화인 방주의 몸종이 된
조선 여인네를 그녀의 몸값을 갚아주고 본남편에게 되찾아주려고 녹
장으로 찾아갔던 김치근에게 당사자인 여인네가 돌아가지 않겠다는
의사를 표시하며 그 이유를 대는데, 그 언변이 청산유수로 막힘이 없
어 거의 2쪽 분량의 장광설을 펼친다(5: 185~87). 혹은 이런 대화를

보라.

　　"이런 미련한 꼬락서니하구선. 치마폭 밑에서 조섭하지 않고 하릴없이 치깐 뒤에는 왜 나왔나?"/"시렁 가래에 삼끈을 걸고 목을 매겠다고 하냥다짐을 두며 성화를 먹이는데 난들 용뺄 재간이 있어야지요"/종구는 열쩍게 웃었으나, 김치근은 한쪽밖에 남아 있지 않은 손으로 삿대질을 하면서,/"이 사람이 회두의 분부라면 호랑이 어금니처럼 무서워하면서 난 업수이 여겨 층하를 두나?"/"성화를 먹이는 어머니가 측은해서 참고 있었소. 어머니께 딴 꿍심이 있었던 것도 아니고 설령 나보고 죽으라고 보채신들 내가 어쩌겠소. 알고 보면 그 또한 알량하나마 효도가 아니겠소."/"조잘거리기는 아침 까치로다. 임자 어머니께 비상 없었던 게 다행이군그랴. 하긴 그려. 임자에겐 삼끈으로 목이라도 매겠다는 부모가 있다는 게 다행 아닌가"/"빈정거리지 말고 당장 발행합시다." (3: 266)

　　어머니가 붙잡는 바람에 사흘이나 길을 지체한 종구와 그 때문에 밸이 뒤틀린 김치근이 나누는 대화다. 정황으로 봐서는 충분히 이해할 수 있는 대목이다. 그러나 이 대화의 빠른 오고 감은 주목할 만하다. 혹자에 따라서는 한국적 해학의 펼침이라고 볼 수도 있는 이 걸쭉한 입담의 공방은 이야기의 맥락(그게 있긴 하다면)과 무관하게 따로 논다. 독자는 이 짧지 않은 입담들이 그 다음의 이야기와 어떻게 연결되는지, 혹은 김치근의 빈정거림이 김치근의 일반적 행동 양태와 어떻게 상응하는지 잘 이해할 수가 없다. 많은 대화들이 이와 같다. 동시에, 따로 노는 한편, 그 대화들은 아주 급한 주고받기로 이루어져 있다. 『야정』의 대화는 대꾸고 탁구다. 다시 말해, 인물들의 대화 사이에 생각이 끼여들 틈이 없다. 성찰을 차단하는 말들, 끈 없는 서 말 구슬, 그것들은 텍스트의 맥락을, 즉 역사를 이루지 못한다.

Ⅱ. 3. 1. 태도의 혼란, 서술의 단절, 대화의 과잉은 『야정』의 주체

가 개인도 집단도 아니며, 심지어 행동도 아니라는 것을 가리킨다.
야정의 주체는 차라리 우연적 사건들이다. 그 사건들의 우연성이 태
도를 표변케 하며, 서술을 중단시키고 사건 그 자체에 대한 말의 탐
닉(대화의 과잉)을 촉발한다. 그러나, 나는 지금『야정』을 부정적으로
평가하는 것은 아니다. 오히려 그 반대다. 샤리아르 왕과 동류이신
독자들이여, 그 까닭을 들으려면 다음 장에서 아침 까치를 맞으시라.

Ⅲ

『야정』의 형태학은 맥락의 중단, 그것의 소실이다. 이것은『야정』
의 주제학과 엄밀하게 상응한다. 번식 불능. 그것이『야정』의 주제학
이다. 보라, 성률은 자식들과 헤어지며, 창만과 쥔쥔, 우덕과 안골댁
은 생산을 못 하며, 태수의 아이는 일찍 죽고, 김치근은 총각이며, 종
구는 버림받는다. 집단의 성원들은 물론 추가된다. 그러나 인물들의
추가는 수평적이다. 대물림은 이루어지지 않는다. 1권에 나왔던 인물
들이 마지막 권에도 여전히 중심 인물이 되는 것은 그들의 후대가 부
재하기 때문이다. 열네 해(1872~1885)에 걸친 고단한 뿌리내림의 사
업은 연속성을 갖지 못함으로써 똑같은 형태로 영원히 되풀이되고야
마는 반복 강박이 된다. 그런데 그것이 사실 아닌가? 조선인이 언제
간도에 만주국을 세운 적이 있었던가?

Ⅲ. 1. 나는 앞에서 전체성이 가능하려면 사전 모의가 있어야 한다
고 말했다. 그러니까, 끝을 만드는 것은 기원이다. 전체성은 계산된
드라마다.『야정』은 바로 이 계산된 드라마를 부정한다. 그것은 역사
를 만들지 않는다. 그것은 스칼렛류의 인물을 만들지 않는다.『야정』
은 대하역사소설이 아니다. 그것은 대하역사소설의 장르를 취하면서
그것에 못 미친다. 못 미친 덕분에 그것은 황홀경에의 망상을 부정한
다. 그 망상의 7, 80년대적 얼굴은 "작가의 목적 의식이 객관 현실의
규정성을 압도할 때 생겨나는 윤리적 이분법의 인식틀, 한 사회를 그
역동적·총체적 변화의 차원에서 바라보고 파악하지 못하는 논리적

분석력과 종합력의 부족"(김윤식·정호웅, 앞의 책, p. 477)으로 인한 "리얼리즘 미달 상태"이다. 사실성과의 싸움 앞에서 자복하고 만 것이다. 그 점에서 『토지』 후반부가 보여준 관념의 파탄은 뒤잇는 작가들의 귀감이 될 것이다. 고전 소설의 구조로 근대의 풍경 속으로 진입하였을 때 작품은 문득 관념과 현실의 비각에 직면할 수밖에 없었던 것이다. 그 관념을 현실로 가장하지 않으려 할 때 도저한 관념의 방황이 전개되지 않을 수 없다. 황홀경에의 망상은 그것으로 그치지 않는다. 그것의 90년대적 얼굴은, 앞에서 말했듯, 근대성의 제국주의적 전회이다. 분명히 말하지만 7, 80년대의 대하역사소설과 90년대의 가상 역사 문화물 사이에는 사회심리학적 연속성이 있다. 그 연속성 속에서 수태된 망상의 희극에 빠지지 않으려면 그 흐름을 되돌려세울 필요가 있다. 『비명을 찾아서』를 왜 뛰어난 작품이라 하는가? 되돌아가기의 미덕을, 근원으로부터 다시 생각하는 미덕을 보여주었기 때문이다. 『야정』은 대하역사소설에 못 미침으로써, 영원히 그것 직전에 머무름으로써 망상의 함정에 빠지지 않았고, 동시에 그것의 문제를 성찰케 할 빈자리를 마련한다. 역설적이게도, 그렇다. 서술의 가속화, 대화의 과잉이 정지와 여백을 가능케 했으니 말이다. 성찰의 차단이 성찰의 자리를 열었으니 말이다. 또한 거꾸로, 못 미치는 게 나아가는 것이다. 한 발자국만 더 나아가면, 그래서 미치면, 영원한 미달 상태에서 허우적거리게 된다. 못 미칠 때만 늪을 에둘러 다른 길로 나아갈 수 있다.

Ⅲ. 1. 1. 작가가 『야정』의 반역사소설적 특성을 의식했는지는 분명치 않다. 그러나, 그것은 그리 중요하지 않다. 엄밀한 의미에서 작품의 생산자는 작가가 아니다. 작품의 생산자는 어떤 관계이다. 그 관계가 단순히 작가와 독자 사이의 관계라고 말할 수는 없다. 관계는 관계들이다. 그것에는 작가의 소설에 대한 의식과 그 소설에 대한 자의식 사이의 관계가 개입된다. 또한 오늘의 대하역사소설이 암암리에 이용하고 있는 작가와 독자 사이의 공모와 그 공모에 대한 작가의

자의식 사이의 관계도 있다. 바로 여기에서 우리는 글쓰기의 정직성을 말할 수가 있다. 작가가 무엇을 생각했느냐는 문제항은 작가가 무엇을 썼느냐는 문제틀의 아주 작은 원소에 불과하다. 정직성은 작가가 작품을 다 장악할 수 없다는 사실로부터 온다. 작가의 의식이 어떻든 작가의 글쓰기가 그 사실을 겸허히 수락할 때 비로소 사물들과의 대화가 시작된다. 텍스트와 정황과 의식의 허심탄회한 교환.

Ⅲ. 2. 그러나 글쓰기는 정직성이 아니다. 문학은 무엇보다도 허구이다. 정직성과 허위의 싸움은 생활의 차원에서 벌어지지만(날마다 일간 신문의 첫머리를 장식하는 부정 비리 폭로 기사들!), 글쓰기에서 정직성은 허구와 함께 놀아난다. 『야정』도 망상에 빠지지 않기 위해 그저 사실의 직접성에 머무른 것이 아니다. 뭔가 다른 길이 열려 있다.

Ⅲ. 2. 1. 생각해보면, 대단원은 지금까지의 논의를 한몫에 부인한다. 태이는 성률의 아이를 낳고, 채연은 종구와 재회한다. 그리고 보니까, 이미 번식에 성공한 인물이 있다. 맹보는 아이를 낳았던 것이다. 이 말미의 대역전은 무엇인가? 그것은 대하역사소설의 일반적 귀결을 따른다. 그냥 따르는 정도가 아니라 완벽한 상투형이다. 작가는 서둘러 대하역사소설의 요건을 보충한 것인가?

Ⅲ. 3. 앞에서 성률과 소혜의 관계를 예로 들어 태도의 혼란을 지적했었다. 그런데, 다시 생각해보자. 정말 이 혼란은 모순일 뿐인가? 만일 그게 아니라 미리 말하지 않았을 뿐이라고 한다면 어쩔 것인가? 가령 앞의 인용문 1)은 성률과 소혜의 관계가 소원할 수밖에 없었던 사정을 말하고 있다. 그런데, 작가는 그 관계의 소원함은 "장성하면서부터"라는 것을 슬그머니 끼워넣는다. 어린 시절에 대해서는 함구를 하는 것이다. 이 때문에 2)에서 "소꿉 시절부터 익히 상종해왔을지언정"이라는 말을 무조건 한 입 두 말이라고 책할 수가 없다. 그리고 작가는 어린 시절을 왜 "소꿉 시절"이라고 표현했을까? 2)에서는 어린 시절에 자주 상종할 수 있었다는 것만이 말해졌다. 그러나 3)에 와서 보면 그 시절에 둘이 단순히 만나기만 한 것이 아니다. 둘은 "소

꿉놀음," 즉 조숙한 짝짓기 흉내를 내고 있었던 것이다. 2)의 '소꿉
시질'은 3)에 대한 암시가 아닐까? 그렇다. 이 혼란들, 표변들에는
잘못되었다고 말할 수 없게 만드는 교묘한 트릭이 있다. 속임수와 암
시가 개입해 있는 것이다. 1)에서 "이상한 살냄새"는 2)를 짐작 못 하
게 한다. 그러나, 1)의 "장성하면서부터"는 2)를 부인 못 하게 한다.
1)에서 5)에 이르는 과정은, 그러니까, 이중적이다. 그것은 표변이며
동시에 숨은 진행이다.

Ⅲ. 4. 이 숨은 진행이 작품 전체의 흐름을 암시하지는 않을까? 다
시 말해, 대단원은 조급한 보충이 아니라 오히려 은근히 진행된 어떤
숨은 내력의 결과가 아닐까?『야정』의 길은 표면적으로 전체성의 사
이클을 가진다. 그것은 강계에서 강계로 되돌아간다. 그러나 실제적
으로 그 길은 계속 단절되는 길이다. 그것을 앞에서 말했다. 이 표면
구조와 심층 구조의 모순은, 한데, 그냥 어긋나 있지만은 않다. 강계
에서 강계로 돌아가는 길은 같은 길을 되짚어가지 않는다. 압록강을
건너 청하까지 난 길은 이호산 · 양차향 · 환희령을 거치는 길이지만,
청하로부터 돌아오는 길은 청구자촌 · 십사도구 · 탑전을 거친다. 장
소가 다른 것이다. 이 장소의 차이는 단순히 그것으로 끝나지 않는
다. 그 사이에 독자들이 주의하지 못한 채로 괄목할 만한 변화가 진
행되어 있다. 그 변화를 이렇게 요약할 수 있다.

정치: 신분의 변화: 성률/소혜로부터 성률―소혜로: 주인/하인으로
부터 짝으로.

경제: 산업의 변화: 수렵, 채취에서 개간농(쌀농사)으로: 자연 경제
에서 개발 경제로.

사회: 사회틀의 변화: 생존의 문제로부터 생활의 문제로: 살아남기
위해서는 이기적이 되어야 하는가(갑두), 강한 자에게 소속되어야 하
는가(창만), 희생해야 하는가(성률)라는 생존의 물음으로부터 제대로
살기 위해서는 귀화해야 하는가(옥창기: 사회주의), 조선인으로 여전

히 남아야 하는가(맹보: 뿌리에 대한 책임: 민족주의)라는 생활에 대
한 물음으로.
　의식: 운명적인 격정으로부터 이성적인 이해로: 첫눈에 반했던 옥
창기에게 환멸을 맛보고 종구에게로 되돌아가는 채연의 변화는 가장
상징적이다.
　인물들: 성률·갑두·창만으로부터 태이·채연·맹보로.

　놀라운 변화가 일어난 것이다. 이 변화를 독자가 알아차리지 못했
다면, 그것은 독자가 드라마에만 관심이 있었기 때문이다. 다시 말
해, 영웅적 주인공들의 변전에만 눈독을 들이고 있었기 때문이다. 변
화는 영웅적 주인공으로부터 오지 않는다. 이 변화의 국면들은 아주
이질적인 색깔을 가지고 있다. 신분의 변화는 성률과 소혜의 신비화
된 사랑에 뒷받침되어 있다. 반면, 경제의 변화는 하부 인물인 을술
의 노력 덕택에 이루어졌다. 사회의 변화는 존재의 분화를 수반한다.
즉, 삶 덩어리 그 자체(성률·창만·갑두)인 것으로부터 의식(옥창기)
과 몸(맹보)의 나뉨으로 나아간다. 의식의 변화는 맹보의 경우처럼
전혀 눈에 띄지 않을 정도로 느린 실행적 변화와 채연의 급격한 사건
적 변화라는 양갈래로 찢겨져 진행된다.
　그러니, 독자가 이 변화를 알아차릴 재간이 있는가? 그는 드라마를
좇으면서, 뭔가 찜찜한 기미만을 느꼈을 뿐이다. 그러나, 모든 깨달
음은 작은 기미로부터 오는 것이다. 책장을 덮으면서 그 찜찜한 기미
를 못 떨쳐 다시 첫 권을 드는 독자는 작은 기미에 의미를 부여하기
시작한다. 그 의미 부여가 숨은 역사를 캐내고 새로운 드라마를 엮는
다. 그렇다. 문학은 언제나 되풀이해 읽는 것이다. 한번 읽고 버리는
것은 문학이 아니다. 문학은 언제나 그 자신에게로 회귀한다.

IV

　『야정』은 파열적 텍스트다. 표면 구조, 심층 구조, 잠재 구조(방금

보았던 숨은 변화의 진행을 그렇게 부르자)로 갈라져 있다는 점에서도 그러하고, 잠재 구조의 변화가 저마다 색깔이 다른 이질적인 국면들을 통해 이루어지기 때문에도 그러하다. 그 이질성은 텍스트를 찢겨진 상태로 놓는다. 심층 구조의 단절성이 여전히 작동하고 있다. 텍스트는 봉합되지 않는다. 그러나 찢겨진 그대로 있지도 않는다. 잠재 구조의 변화는 변화(이음)에 대한 의지를 부추긴다. 그 부추김에 호응할 사람들은 바로 독자들이다.

Ⅳ. 1. 궁극적으로, 이 파열은 대단원의 파열로 이어진다. 앞에서 『야정』의 길이 강계에서 강계로 회귀하는 길이라고 하였다. 그러나, 엄격하게 보면, 이 말은 잘못된 말이다. 강계로 돌아가는 것은 홍주뿐이다. 다른 사람들은 탑전 둔처로 모인다. 그러니까, 귀환하면서 남는다. 강계는 강계로 돌아가고 만주의 삶은 그대로 남는다. 남은 자들은 만주에서의 삶을 처음부터 다시 시작할 것이다. 그렇다면 어느 것이 회귀인가? 줄거리상으로 보자면 회귀하고 남는다. 구조상으로 보자면, 회귀하는 자는 종결을 만나고 남는 자는 처음으로 되돌아간다. 강계에서 강계로 이어진 봉합선은 동시에 단절을 지시하며, 강계와 탑전 사이에 터진 틈새는 동시에 원환을 그린다(만주에서의 삶의 처음으로 되돌아가기 때문이다). 파열의 원환, 나는 이것을 도형학적으로 제시할 어떤 띠를 찾지 못한 게 안타깝다.

Ⅳ. 2. 그러니, 『야정』은 대하역사소설에 못 미치기만 한 게 아니다. 그것은 동시에 다른 역사를 만들어낸다. 그것에 비추어 『야정』은 역시 대하역사소설이라고 불러야 할까? 그것은 대하역사소설의 정의에 대한 근본적인 수정을 전제로 할 때만 가능하다. 『야정』은 대하역사소설을 부정하는 대하소설이다. 아니 그것을 수정케 하는 그것이다. 근대와 제국주의 사이로 난 그 길에 돌더미를 쌓아 막고 돌이 캐내진 장소에서 전혀 새로운 길의 입구를 여는 것이다. 그 길을 더욱 열어보일 사람들이 독자라는 것은 이미 말한 바와 같다.

Ⅳ. 3. 마지막으로 한마디 덧붙이기로 한다. 널리 알려진 대로 김주

영은 우리말의 고어를 가장 능숙하게 다룰 줄 아는 작가 중의 한 사람이다. 『야정』에서도 그의 솜씨는 유감없이 발휘되고 있다. 그런데, 문맥으로 보아 사전의 뜻과 다른 어휘들이 꽤 있다. 첫 권에서 몇 개의 예만 들어보자. 첫머리에 빈번히 쓰인 '고추박이'는 문맥으로 보아 대갓집에 꼼짝없이 매인 하인이란 뜻으로 보인다. 그러나 한글학회가 지은 『우리말 큰 사전』(어문각, 1991)에는 "낮고 천한 계집의 남편을 이르는 말"이라고 풀이되어 있다. '옹구바지'도 사전에는 "한복을 입을 때, 바지통이 옹구의 불처럼 축 처지게 입은 모양"이라고 풀이되어 있는데, 작품의 문맥으로 보아서는 차라리 하인들의 바지를 그대로 일컫는 것으로 보아야 한다. 사전의 뜻이 '그런 모양을 한 바지'까지 포함한다 하더라도, 그것은 옷을 입고 있을 때나 쓸 수 있는 말이다. 그런데 작품 속에서의 옹구바지는 벽에 걸려 있다. 또한 '색책(塞責)'을 『우리말 큰 사전』은 "겉으로만 탈없이 꾸며감"이라는 뜻이라 하고, 『동아 새 국어 사전』(동아출판사, 1990)은 "맡은 바 책임을 다함"이라 하여, 아주 다른 풀이를 내놓고 있다. 『야정』의 문맥에 근거하자면, 『우리말 큰 사전』의 풀이가 올바른 것 같으나, '색(塞)'의 뜻이 "이루어 채움, 다함"이라는 것(『漢韓大辭典』, 민중서림, 1986)에 미루어보면 『동아 새 국어 사전』의 뜻풀이가 옳아 보인다. 사전이 옳은지, 작가가 바로 쓴 것인지 나는 알 수가 없다. 그것을 제대로 알려면, 어원과 말뜻의 변화 그리고 그에 따른 용례들이 설명되어 있는 국어 사전이 있어야 하지만, 우리나라에는 그렇게 제대로 된 사전을 찾을 수 없다. 맞춤법 개정을 거듭하느라고 지쳤는지 아니면 한글 전용 논쟁에 휘말려서 경황이 없었는지 모르지만, 다른 나라에서는 1세기도 더 전에 이루어놓은 것을 여직 미루고 있는 우리의 국어학자들이 그저 야속할 따름이다(한글이 상용글로 자리잡은 지 겨우 100년이 되고 있다는 점을 감안하면 내 투정은 너무 철 이른 것일까?).

〔『문학과사회』, 1996년 겨울〕

감성의 세계로의 귀환
──『홍어』의 서술 양식의 의미

권 오 룡

I

김주영의『홍어』는 회상소설이다. 회상의 내용이 자전적인 것인가 아닌가는 그리 중요한 사항이 아니다. 자전적인 것이라 하더라도 작가는 서술 형식을 통해 그것을 그리 두드러지게 부각시키고 있지는 않다. 어린 주인공을 화자로 내세워 이 주인공을 통해 관찰하고, 느끼고, 생각하고, 이야기하고 있는 것이다. 회상소설이라고 할 때『홍어』에 있어 현재와 회상되고 있는 시점 사이의 세월의 터울이 어느만큼인가는 분명하지 않다. 다만 이제 성인이 되어 옛날을 추억하는 화자는 삶의 의미에 대한 꽤 심오한 통찰의 안목까지도 지니고 있는 것으로 보인다. 그래서 화자의 어린 시절, 즉 회상의 대상이 되고 있는 시점에서 있었던 일들의 의미가 어른이 된 화자의 해석을 통해 부여된다. 가령 이런 구절을 보자

연을 만들고 있을 동안 어머니의 표정은 너무나 진지해서 완전히 몰입되어 있는 것처럼 보였다. 그것이 떠돌이 생활을 하고 있는 아버지

에게 던지는 어머니 나름대로의 화두(話頭)였다는 것은 훨씬 뒷날에
서야 깨달았다. 아버지는 어머니를 잊은 지 오래였겠지만, 어머니가
두고 있는 미련은 끈질긴 것이었다. 그래서 날아가버린 연은 오히려
아버지와의 오랜 단절에 대한 두려움과 공허함을 희석시키고, 피를 졸
여가는 기다림의 세월에 조난의 땟국이 진하게 묻어날수록 희미해지
는 아버지에 대한 미련의 끄나풀과 연결되는 것이었다. (22: 이하 괄
호 안의 숫자는 면수를 가리킴)

　사물은 사물 자체로 드러날 때 가장 순수하면서도 팽팽한 의미적
긴장을 지닌다. 사물과 의미는 결코 자동적으로, 자연 상태의 질서처
럼 결합되어 있는 것이 아니다. 기호로서의 사물이 끊임없이 의미를
찾고, 찾은 의미를 버리고는 또 새로운 의미를 찾고…… 하는 연속적
인 과정을 통해 사물은 그때그때마다의 불안정하고도 잠정적인 의미
를 창출해낸다. 어머니의 연 만드는 행위, 그것은 하나의 사물로 응
고된 행위이다. 연 만드는 행위 자체, 오직 그것만이 있었을 따름이
다. 연 만드는 행위에 몰입되어 있는 어머니의 표정의 단단함은 그
행위의 사물성을 확언히 드러내준다. 그러나 이 사물은 순수하지 않
다. 그것에 이내 깨달음의 의미가 붙고, 미련·두려움·공허감 등의
관념적 의미가 들러붙고 있다. 사물로서의 행위에 의미의 땟국이 덕
지덕지 묻고 있는 것이다.
　그러므로 이 어린 주인공도 순수하지 않다. 열세 살의 나이를 먹은
이 어린 주인공에게는 실제로는 성년이 된 그의 모습이 어른어른 겹
쳐 있기 때문이다. 그러니 자연히 서술 또한 순수한 것이 되지 못한
다. 『홍어』에서 서술은 서술되는 대상의 사물로서의, 행위로서의 차
원만을 포착하는 것으로 그치지 못하고 있다. 그것은 대상의 감각적
차원을 지나 자꾸만 의미의 차원으로, 관념의 차원으로 넘쳐나려 한
다. 『홍어』의 앞부분에서 몇 가지 예를 들어보자.

가난했으므로 겸손과 오만이 함께 가득했던 우리집은 항상 고요가
가라앉아 있었다. (9)

그렇게 많은 눈이 쌓였는데도 오히려 가슴속은 텅 빈 것 같은 공허
감 때문에…… (12)

이상하게도 눈은 발작하거나 포효하고 싶은 아이들의 운명이나 시
련을 떠올리게 만들었다. (12)

위의 예문에서 볼 때 '가난'은 '겸손'과 '오만'이 결부됨으로써 일
반적인 가난과는 구별되는 다른 어떤 것이 되어 있고, '눈' 또한 '공
허감,' 혹은 '아이들의 운명이나 시련' 등의 의미와 연결되어 있음으
로 해서 사물로서의 눈의 상태에서 벗어나 있다. 아마도 이런 묘사의
예를 다 들자면 『홍어』의 상당 부분을 그대로 베껴놓아야 할 것이다.
이렇게 『홍어』에 있어 대부분의 경우 사물이나 사실은 의미와 결부되
어 있기 때문에 『홍어』에 대한 읽기는 자칫 의미 자체에 대한 탐색이
아니라 의미 작용의 필연성에 대한 확인의 작업으로 변질될 가능성
마저 있는 것이 사실이다. 그러나 어쨌든 이렇게 사물에 대한 묘사와
사실에 대한 서술에 의미의 그림자가 어른거리는 것은 회상의 모티
프에 기대 있는 서술 방식으로서는 불가피한 것이 아닐 수 없을 것이
다. 과거의 대상들은 의미적 퍼스펙티브를 통해서만 회상 작용에 포
착된다. 혹은, 회상을 통해 현재에 되살려지는 과거의 사실들은 필경
의미의 분무(噴霧)에 휩싸여지게 되는 것이라고 말할 수도 있을 것이
다.

그러므로 그 사실과 사물들은 선명하거나 뚜렷하지 않다. 다시 말
해 『홍어』에 있어 사물과 사실들은 그 의미적 탄력성을 제약당하고
있는 것이다. 왜냐하면 의미란 시간의 흐름을 거슬러 올라가는 회상
의 역진성(逆進性)에 입각하여 만들어지는 것이 아니기 때문이다. 의

미란 시간의 역진성에 의해 대상에 확고부동하게 부여되는 것이 아니라 시간의 전진성의 축 위에서 끊임없이 이루어지는 생성과 파괴의 동시적 연쇄를 그 생성의 기반으로 삼는다. 이 끊임없는 이어짐 속에서 의미란 고정되는 것이 아니라 지연되는 것일 따름이다. 그러므로 이 지연이 잠정적으로 정지된 상태에서의 의미란 것도 일시적이고 불안정한 것일 수밖에 없지만, 이렇게 일시적이고 불안정한 의미가 일상적인 차원에서는 자연스럽고도 확고부동한 의미로 사람들 사이에 서로 교환되고 소비되는 것이라는 사실은 부인할 수 없다. 그러나 그 결과는? 아마도 그 결과는 꿈의 상실, 희망의 포기 같은 것이리라. 물리적 현실의 고정은 상징 체계의 고정으로까지 연결될 때 더욱 완고한 것이 된다. 보다 나은 다른 세상에 대한 꿈, 우리의 삶 자체와 사회를 보다 살 만한 것으로 가꾸어나가고자 하는 희망과 의지의 포기! 의미의 끊임없는 창조의 노력을 포기할 때, 그리하여 상징 세계에 대한 변혁의 시도가 포기될 때 우리에게 돌아오는 결과는 바로 이런 것일 터이다. 의미의 창조란 의미화의 구조를 창조해낸다는 것이며, 그 구조란 바로 우리의 삶의 세계의 구조에 다름아닌 것이기 때문이다.

그렇다면 『홍어』에 있어 회상에 입각한 서술 방식은 잘못 선택된 것이 아닌가? 회상하고 있는 현재의 시점에서, 어차피 그것 또한 잠정적인 것일 수밖에 없는 어떤 의미를 과거의 사실에 고정된 것처럼 유착시킴으로써 『홍어』의 서술 방식은 의미의 창조적 지평으로의 나아감이라는 요구를 근본적으로 저버리고 있는 것이 아닌가? 어떤 점에서는 아마 그렇다고 말할 수 있을 것이다. 이야기만을 좇아 읽을 때 『홍어』가 지극히 좁고 사적인 추억담 정도에 지나지 않는 것처럼 보이는 것은 이 때문일 것이다. 『홍어』에는 다만 개인과 가족의 이야기만 있을 뿐 그 흔한 사회나 역사가 거기에는 없다. 어린 주인공과 어머니, 단 두 사람뿐인 단출한 가족을 자꾸만 바깥 세계로부터 떼어 놓는 '눈'의 이미지는 『홍어』의 이야기 구조의 협착성을 여실히 확인

시켜준다. 그리하여 회고되는 사실들은 화자가 부여하는 의미와의
연관성을 의미화의 구조로 지닐 뿐, 그 밖의 어떤 것도 이 구조에 참
여하고 있지 못하다. 이렇게 볼 때 객관적으로 제시된 사실이나 행위
가 독자의 해석 작용과 만남으로써 비로소 만들어나가게 되는 의미
의 무한한 자유로움을 제한하고 있다는 점에서『홍어』의 서술이 입각
해 있는 시간의 전개축은 잘못 설정된 것이라고 말할 수 있을지도 모
른다. 회상의 시간축을 통로로 삼아 이루어지는 관념적 의미의 개입
과 간섭으로 인해 무엇보다도 구체성과 즉물성이 크게 손상받고 있
는 것이다.
　그러나『홍어』는 좀더 깊이 읽혀져야 한다. 위에서 언급한 바의 내
용들이 타당성을 지니는 것은 사실이지만, 그러나 그 타당성이란 피
상적인 것에 지나지 않는다. 그것은 그저『홍어』라는 소설을 문학 텍
스트로 읽는 차원에서 제기될 수 있는 문제이고, 그 수준에서의 타당
성일 뿐이다. 그러나『홍어』는 깊이 읽히기를 요구하는 소설이다. 그
것은 회상하는 행위와 회상되는 사실이 각기 다르게 지니는 시간의
전개축이 이루는 충돌과 엇갈림의 구조를 통해 뜻밖에도 꽤나 융숭
한 형이상학의 수준으로 그 의미를 상승시켜간다. 그것은 주인공의
어린 시절에 있었던 구체적 사실들을 바탕으로 하여 곧바로 관념적
의미의 세계로 비약해버리고 있는 것이다. 앞서 말한 것처럼『홍어』
에 역사와 사회가 담겨져 있지 않은 것은『홍어』의 의미 구조가 이들
의 매개를 필요로 하지 않고 구체에서 관념으로, 사실에서 의미로 바
로 건너뛰어 연결되는 형국으로 이루어져 있기 때문일 것이다. 그러
므로『홍어』를 읽는다는 것은 이러한 구조 속에서 가다듬어지는 의미
의 세계를 그려보는 작업으로서의 의미와 직결된다.
　거듭하거니와『홍어』는 회상소설이다. 그래서『홍어』의 의미 구조
를 이루는 기본적 시간축은 역진(逆進)의 시간이라고 말할 수 있다.
그러나 이렇게 회상의 모티프에 기초하고 있기는 하지만 또한『홍어』
는 회상을 통해 재생되는 과거의 한 시기를 시간의 흐름에 충실하게

재현해놓은 소설이기도 하다. 즉 전진의 시간이 역진의 시간 속에 감싸여져 있으면서 서로 충돌하고 있는 것이다. 그렇다면 과연 이 각각의 시간축 위에서 만들어지는 의미들은 어떤 것이며, 또 이 의미들의 충돌이 궁극적으로 만들어내는 의미는 어떤 것인가?

Ⅱ

『홍어』에서 전진의 시간을 지탱하고 있는 일차적 이야기는 기다림의 이야기이다. 어린 주인공과 어머니는 주인공이 열 살 되던 해부터 집을 나가 떠돌이 생활을 하는 아버지를 기다린다. 그러나 아버지로 하여금 집을 떠나지 않을 수 없도록 만든 이유의 파렴치함 때문에 아버지는 쉽사리 돌아올 수 없는 처지이고, 따라서 아버지의 부재가 만들어놓은 공허감이라는 것도 좀처럼 채워지기 어려운 그런 성격의 것이다.

현실로 이루기 어려운 소망이나 바람을 대신할 수 있는 방법은 무엇이 있을까? 아마 상징에 호소하는 방법도 그 가운데 하나일 것이다. 도대체 『홍어』에서 '홍어'는 무엇인가? 바로 아버지의 상징이 아닌가. 아버지의 별명이 바로 홍어였던 것이다.

"너네 아버지 별명이 홍어지?"
"나는 그런 거 모른다."
"그럴 테지. 너네 아버지 별명이 왜 홍언지 알아? 홍어는 한 몸에 자지가 두 개 달렸거든. 그래서 바람둥이였던 거구." (102)

이렇게 그 운명적 성격에서부터 홍어는 아버지였던 것이다. 그래서 어머니는 집을 떠난 아버지를 대신하여 '아버지로 상징될 만한 건어물'인 홍어를 문설주에 걸어놓는 것으로 기다림의 의미를 이미지화한다.

그렇다면 기다림이란 무엇인가? 집을 떠난 아버지가 돌아오기를

기다린다는 것, 과연 그것은 어머니의 지킴의 자세로서의 의미로만
한정되는 것인가? 과연 그것은 운동성, 혹은 능동성을 몽땅 상대에게
내준 상태에서의 완전한 정지라는 수동성으로만 이루어지는 것인가?
일반적인 의미에서의 기다림이란 이런 것일 수 있을 터이다. 그러나
『홍어』에서의 어머니의 기다림은 이와는 조금 다르다. 그 기다림은
아버지의 돌아옴이 아주 불가능한 것은 아니라 하더라도 좀처럼 이
루어지기 어려운 일이리라는 것을 알고 있는 상태에서, 오히려 이렇
기 때문에 한층 더 도도하게 이어지는 기다림이다. 이런 의미에서 어
머니의 기다림은 기다림의 일반적인 의미의 틀을 벗어나 적극적이고
능동적인 행위로서의 의미를 지니는 것이라고 말할 수 있다. 그러므
로 이런 형태의 기다림은 추구의 다른 모습인 것이다. 추구에 의하여
시간은 전진성을 지니게 된다. 다시 말해 전진의 시간은 추구에 의해
지속되는 것이다. 그리하여 시간이 빠르게 흐를 때 기다림의 완성의
시간도 앞당겨지게 될 것이다.

　『홍어』에서 이와 같은 기다림의 성격의 변질은 이미지의 변화로까
지 이어진다. 홍어는 무엇인가? 그것은 또한 가오리연이기도 하다.
"방안 시렁 위에 걸어둔 가오리연과 부엌 문설주에 걸린 홍어와는 그
모양새가 너무나 비슷"한 것이다. 그런데 이 가오리연이란 어머니가
"잠시 바느질감을 밀쳐두고" 항상 만들어내는 물건이다. 어머니의 기
다림이 수동적인 행위가 아니라는 것은 이로써 입증된다. 어머니에
게 있어 기다림은 마치 가오리연처럼 만들어내는 것, 즉 제작의 대상
이었던 것이다.

　그 제작의 수단은 두말할 나위도 없이 바느질이다. 어머니의 바느
질에 대해 화자는 "한땀 한땀 촘촘하게 기워나가는 그 반추의 바느질
은, 시간과의 약속을 다툴 수 없는 지루하고 고독한 작업이었다"고
회상하면서 또한 이것이 "아버지에 대한 그리움이 가슴속으로 더욱
파고들어 곪아가고 있다는 징후이기도 하였다"는 사실까지를 덧붙여
설명하고 있다. 이렇듯 남편이 저지른 잘못에 대한 벌처럼 주어진 기

다림이라는 인고의 시간을 고문하는 공허감을 '한땀 한땀 촘촘하게'
이어지는 바느질로 메워나가는 어머니의 모습에 굳이 저 페넬로페의
모습을 빗대어놓을 필요가 있을까?

  비유적으로 『홍어』는 화자의 어머니의 이러한 바느질에 의해 짜여
져나가는 소설이라고 말할 수 있다. 공허함을 덮기 위한 조각보 짜
기, 바로 이것이 어머니의 기다림이라는 행위의 구체적 내용이다. 그
행위의 의미는 화자의 글쓰기라는 행위의 의미와도 맞먹는 것이다.
그러나 공허함이 실체가 아닐진대 아무리 한땀 한땀 꼼꼼하게 꿰어
맞춘 조각보라 한들 어찌 그것을 덮을 수 있을 것인가. 좀처럼 돌아
올 수 없는 기다림의 대상이기에 그 기다림이 필경 처음에는 상징으
로, 그 다음에는 이러저러한 인물들로 분산되어 이어질 수밖에 없었
던 것처럼 어머니의 바느질도 자투리 천들을 이리저리 붙이고 덧대
어 만드는 조각보 만들기로 이어져나갈 수밖에 없었지만, 정작 그 기
다림이 끝나자 훌쩍 집을 떠남으로써 어머니는 그 기다림이 단순한
기다림이 아니라 기다림의 만들기였다는 것, 구체적 대상에 대한 기
다림이 아니라 공허함을 만드는 행위 자체였다는 것을 냉정하게 확
인시키면서 새로운 공허함의 지평을 『홍어』의 결말처럼 펼쳐놓는다.
이로써 기다림이라는 추구의 행위에 의해 진행되었던 시간의 흐름의
끝에서 우리는 오히려 처음보다 더 막막한 공허함과 대면하게 된다.
공허함, 바로 이것이 어머니의 기다림으로 형상화되어 있는 추구의
결과적 의미이고, 전진의 시간의 의미적 귀결인 것일 터이다.

Ⅲ

  전진의 시간의 또 하나의 의미는 발견의 시간으로서의 의미이다.
혹은 성장의 시간이라고 말할 수도 있을 것이다. 어린 화자의 나이
열셋에서 열여섯이나 일곱에 이르기까지에 해당하는 이야기의 시간
은 아버지가 집을 떠난 이후 세상으로부터 단절되어 깊은 고요 속에
가라앉아 있었던 주인공이 삼례라는 여인의 흡인력, "온 삭신이 옥죄

어드는 듯한 섬뜩한 흡인력"(53)에 이끌려 세상에 나와 거기서 자신과 세계를 발견하게 되는 시간과 일치한다. "삼례에 대한 추억은 어딘가 인생의 깊이를 넓혀주는 것처럼 생각되어 그녀에 대한 추억을 정색하고 되돌아보게"(109) 만드는 것이다. 그러나 삼례에 이끌려 이루어지는 이러한 발견의 의미는 삶과 세계만을 대상으로 하는 것에 그치지 않는다. 어린 주인공이 세계 속에서 자신을 발견하는 이런 장면을 보자.

　　나는 서쪽 하늘을 온전하게 덮고 있는 풍만한 노을을 온몸으로 마주 받으며, 음습하고 침침한 껍질에서 금방 벗어난 매미의 애벌레처럼 투명한 살갗으로 변신한 나를 바라보곤 하였다. 나는, 내 가슴속으로 스며들어 내 뼈대와 살점을 싸잡아 용해시킬 수 있을 만큼 충만했던 해거름녘의 고요와 황홀한 노을 속으로 해면처럼 투명한 몸이 되어 빨려들곤 하였다. 그렇지만 마을의 어느 누구도 발가벗은 채로 노출된 나를 알아차리진 못했다. 나는 혼자만이 갖는 전율적인 발성의 욕구를 이빨로 사리물고 삼키며 은밀하게 그것들을 사랑하기 시작했다. 실제로는 존재하면서도 존재하지 않는 것같이 누구도 흉내내거나 범접할 수 없는 무한한 가능성이 거기엔 있었다. (127)

자아와 세상에 대한 감각적 눈뜸의 장면에 대한 이 묘사는 또한 짙은 성적 암시로 충만해 있기도 하다. 그도 그럴 것이 삼례라는 인물의 출현과 더불어 어린 주인공이 가장 먼저 발견했던 것은 바로 자신의 '남자의 징표'가 아니었던가.

　　나 혼자만의 그 공간은, 열세 살이라는 미흡한 성장도에도 불구하고 남자라는 징표를 얻어냈다는 우쭐한 기분이 들게 만들었다. (52)

이 같은 성장의 확인이 곧바로 대상에 대한 성적 욕구로 치달아가

게 된다는 것은 무척 자연스럽다. 그러나 자연스럽다 하더라도 그것
은 어쩔 수 없이 은밀한 것이 아닐 수 없는데, 이 은밀한 욕망은 "너
내 꺼 딱 한 번만 봤으면 좋겠지? 그치?"라는 삼례의 다그침에 의해
여지없이 폭로된다. 이러한 느닷없는 폭로는 느닷없다는 느낌만큼이
나 충격적인 것이기도 한데, 이러한 충격 효과는 그것이 어린 주인공
의 죄의식을 자극하여 이를 실제 있는 것으로 만들어놓는다는 사실
에서 오는 것일 터이다.

그러나 이 죄의식의 정체는 무엇인가? 과연 그것은 어린 주인공이
삼례라는 인물을 대상으로 삼아 은밀하게 품었던 사랑의 욕망에서
비롯되는 것인가? 도대체 삼례는 누구인가? 기껏해야 눈을 피해 집
에 숨어들었다가 같이 살게 된 뜨내기에 지나지 않는 인물이다. 이런
인물에 대해 품는 사랑의 감정이 어째서 몰래 키울 수밖에 없는 죄의
식을 동반하게 되는 것인가? 그것은 그 사랑이, 어린 주인공을 세상
에 대한 성적 향수로 내몬 삼례에 대한 사랑이, 금지된 사랑이기 때
문이다. 근본 없이 떠돌다 화자의 집에 들어와 마치 일가 친척인 것
처럼 행세하게 된 사연이야 어찌 된 것이었든 삼례는 누나고 어린 주
인공은 동생인 것이다. "남매끼리 하고 싶어지면 벌받는"(158) 것이
기 때문이다. 이처럼 화자가 품는 사랑의 은밀한 성격을 밝혀주고 그
리하여 이 금지된 사랑의 대상의 전이(轉移)를 가능하게 해주는 인물
들 사이의 얽힘의 양상은 가히 절묘하다. 그것이 이렇게 근친상간적
욕망에서 비롯되는 금지된 사랑이라는 점에서 주인공이 삼례에 대하
여 품는 욕망의 사랑은 기실 어머니에 대한 사랑의 욕망과 동격의 것
이다. 삼례는 어린 화자가 어머니에 대해 품는 은밀한 사랑의 대리
충족의 대상에 지나지 않는다. 어린 주인공이 "난생 처음 갖게 된 어
머니에 대한 반감의 싹"(131)은 어머니의 사랑의 대상에 대한 어린
주인공의 의구심에서 비롯되지 않았던가.

이렇듯 불가능한 것이기에 대상을 달리하여 전이되는 사랑의 욕망
은 이보다 훨씬 더 불온한 배반을 예비하고 있는 것이기까지 하다.

어린 주인공이 어머니에 대해 갖게 된 '반감의 싹'으로부터 발단된 그 은밀한 배반의 음모는 급기야 어머니에 대한 불순하기 그지없는 상상으로 폭발해버리고 만다.

어머니는 지금, 방금 목간을 하고 외출한 옆집 남자와 밀회를 즐기고 있을 게 틀림없었다. 나는 두 눈을 부릅뜨고 바람에 떠밀리듯 구름 아래로 흘러가는 하계(下界)의 짙푸른 들녘을 내려다보았다. 두 사람은 어디에 숨어 있을까. 아마도 하늘에선 가려서 보이지 않는 큰 느티나무 아래나, 눈으로 덮인 움집이거나, 가파른 길 아래의 눈 속일 수도 있었다. (248)

어머니의 부정에 대한 이러한 상상은 서술에 있어서는 그것이 실제인지 상상인지를 언뜻 구분할 수 없도록 혼란스럽게 이루어져 있는데, 이러한 서술의 혼란은 화자가 상상하는 현실의 혼란스러움을 서술의 차원에만 국한하지 않고, 아마도 독자들까지도 도덕적·심리적 혼란으로 이끌어들이기 위한 의도에서 고안된 것일 터이다. 아무튼 이처럼 고약하고 망측하기 짝이 없는 상상, 거짓 이야기 꾸며대기가 이루어질 수 없는 사랑, 금지된 사랑의 그 원통함과 치유하기 힘든 좌절감에 대한 앙갚음이라는 것은 그리 긴 설명을 필요로 하지 않는다. 또는 이것말고도 어머니에게 있어 그 "물리적인 금어치 이상의 무엇"(235)의 의미와 가치를 갖는 수탉을 물어 죽인 옆집 개에 대해 느끼는 "깊은 동료애와 쾌감"(255)이라는 것도 그것이 이룰 수 없는 사랑의 좌절에 대한 보복으로서의 의미를 지니는 것이라는 사실은 어렵지 않게 이해될 수 있다. 그러므로 조그마한 '반감의 싹'으로부터 발단되어 "증오심"(221)과 "어머니의 실패"(234)——이 실패는 도덕적 실패를 뜻한다——에 대한 은밀한 기대로까지 발전하는 이러한 배반의 음모는 실제 그것의 정체가 다름아닌 어머니에 대한 사랑이기에 이를 가로막는 일체의 것에 대한 "적개심과 미움"(255)으로까지

이어지고, 급기야 그것은 이 소설 전체의 이야기를 지탱하고 있는 모티프인 기다림의 대상인 아버지에 대한 환멸, 문자 그대로의 환상의 소멸에 대한 고백으로까지 치달아가게 된다.

아버지를 몹시 그리워했었기 때문에 어머니를 증오할 수 있는 배반의 증거를 찾아 헤매었고 아버지의 환영을 좇아 방천둑 위를 배회하기도 했었지만, 실상 아버지가 집으로 돌아오면 언제 어디서 무엇을 어떻게 하겠다는 화사한 꿈이 나에겐 없었다. (269)

이러한 고백의 의미는 중의적(重義的)이다. 우선 이것은, 『홍어』라는 작품에 직접 등장해 있지는 않지만 이 소설을 쓰고 있는 장성한 화자의 글쓰기 행위의 심리적 근원을 가리켜 보여준다. 그 시초에 있어 이 화자의 글쓰기, 아니 이야기 지어내기는 사랑의 좌절과, 그리고 자신의 사랑의 실현을 가로막는 세상에 대한 환멸의 상처를 스스로 치유하기 위한 방편이었던 것이다. 그러나 이에 앞서 이러한 고백은 무엇보다도 성장한 관점에서만 비로소 가능한 것인, 성적 향수의 가능성에 입각한 세상에의 최초의 눈뜸이 결국 좌절이고 환멸이고 상처일 수밖에 없었다는 깨달음을 뼈저리게 증언한다. 어린 주인공 앞에 놓여져 있었던 발견의 대상으로서의 세상은 무엇보다 먼저 성적 표상의 세계였던 것이지만, 이것의 발견은 좌절과 환멸이라는 아물지 않는 상처를 어린 주인공의 깊숙한 내면에 남겨놓았던 것이다. 좌절과 환멸, 이것이 또한 전진의 시간이 경과한 결말의 지점에서 우리가 맞닥뜨리게 되는 또 하나의 의미이다.

IV

전진의 시간과 역진의 시간이 엇갈려 충돌하는 양상으로 구조를 이루고 있는 『홍어』에서 전진의 시간축 위에서 만들어지고 있는 의미는 결국 공허와 무위, 좌절과 환멸의 의미로 귀결되고 있다. 즉 과거에서 현재를 거쳐 미래로 이어지는 선적인 지속으로서의 시간의 흐름은 성장과 추구와 발견으로서의 의미를 표방하면서 동시에 무위와 좌절과 환멸로서의 의미를 아울러 내포하는 것이다. 『홍어』가 어린 주인공의 몇 년 동안의 기간에 걸친 이야기를 통해 만들어내고 있는 의미는 이러한 것이다. 그러나 시간의 이러한 양가적 의미의 확인이 어찌 개인의 인생론적 범위 내에서의 작업에 그치는 것일 수 있겠는가. 그 의미의 장을 한껏 확대시킬 때 이것은 선적인 지속으로서의 시간을 역사라는 이름으로 포괄하며, 그것의 선조성(線條性)에 대한 편집증적 집착을 발전과 진보와 합리라는 미명으로 호도해왔던 근대라는 역사적 단위 전체에 대한 중대한 문제 제기로서의 의미에까지가 닿는 것이기도 하다. 앞서 밝힌 바와 같이 전진의 시간은 의미의 세계로의 지향성을 내포하는 것이다. 그러나 의미의 세계란 필경 새로운 의미로 발돋움하려는 것과 만들어진 의미의 상태로 고정되려는 것 사이의 충돌을 야기한다. 의미의 세계란 필연적으로 의미와 무의미의 이분법적 구분과 대립에 입각한 억압과 분열의 세계일 수밖에 없다. 『홍어』에서 공허감과 좌절과 환멸의 의미로 표상되어 있는 것의 정체는 바로 이와 같은 해소할 수 없는 모순과 이중성에 대한 인식이라고 말할 수 있다.

이렇게 볼 때 『홍어』가 실제 인물로 등장하지 않는 장성한 화자를 작중화자의 이면에 잠복시킨 상태로 설정하여 구성해내는 역진의 시간, 즉 회상은 전진의 시간이 갖는 이 모든 모순적이고 부정적인 의미에 대한 역전의 시도라는 점에서 그 중요한 의미를 획득한다. 그리하여 이렇게 전진의 시간과 역진의 시간의 충돌에 의해 『홍어』를 지탱하는 시간의 구조는 직선적인 것에서 나선적인 것으로 변형된다.

어머니와 나에게 봄은, 그처럼 졸음과 기다림의 정한을 품고 있는 나선형의 시간과 함께 다가왔다. 관성으로만 연장되고 있던 일직선의 기다림에서 벗어나 있는 어머니와 나를 발견한 것이었다. (108)

산비탈을 타고 다닥다닥 올려붙은 다락논을 연상하게 만드는 그 조
각보들은, 아버지를 향해 달려가고 있는 어머니의 직선적인 시간들을
나선형의 시간들로 구부려주고 있었다. (134)

나선형의 시간이란 어떤 시간인가? 필경 그것은 전진의 시간과 역
진의 시간이 충돌하여 만들어내는, 대립과 모순의 종합으로서의 시
간을 일컬음일 것이다. 앞으로 나아가면서 계속 제자리로 역류되는
시간, 이것이 나선형의 시간의 문자 그대로의 의미일 것이다. 과연
『홍어』에서 시간의 진행은 거듭거듭 내려 쌓이는 눈의 이미지로 반복
되고 있지 않은가. 『홍어』의 세계를 시종일관 덮고 있는 눈의 이미지
는 "차가움과 따뜻함이, 공허함과 팽만함이, 그리고 소멸과 풍요함이
부담없이 서로 오묘하게 어우러져" 이룬 "조화의 절정"(154)을 표상
한다. 그 이미지는 그것이 진행과 반복의 의미를 동시에 아우르는 것
인 것과 마찬가지로 대립·모순·상극 등 의미의 세계가 필연적으로
만들어내게 되는 이분법이 극복된 세계의 표상이다. 혹은, 이것이 지
나친 단정이라면, 직어도 그리힌 세계로의 지향의 표지이다.
　그러고 보면 화자와 그 어머니에게 있어서의 기다림이라는 것도
애당초 직선적인 추구의 의미로만 한정되는 것은 아니었던 것이다.
설령 그 기다림이 추구였다 하더라도 그것은 모순의 극복을 통해 이
루어지는 다른 세계에 대한 소망의 형태였던 것이다. 어머니의 기다
림의 의미에 대한 화자의 해석을 보라.

　그래서 어머니의 오랜 기다림은 슬퍼서 아름다운 것이었고, 좌절과
희생, 권태와 기대, 그리고 때로는 설레는 희열과 어둡고 답답한 환멸
과 울적함까지도 모두 버리지 않고 껴안은 섬뜩한 애정이었다. 어쩌면
나보다 더 애타게 눈 내리기를 기다리고 있는 것도 어머니가 가진 그
환멸과 모순 덩어리의 사랑을 속속들이 표백당하는 단련을 통해 어디

엔가 도달하고 싶은 소망 때문인지도 몰랐다. (154)

이렇듯 어머니의 기다림과 사랑과 소망은 모든 대립을 포괄하면서
도 그것의 의미를 무화시킨 곳에서 단련을 통해 투명하게 응고되는
결정체이다.

그렇다면 이러한 모순과 대립을 있는 그대로 끌어안은 채로 어머
니가 도달하고자 소망하는 세계는 어떤 세계일까? 분명히 말할 수 있
는 것은 그것이 의미의 세계는 아니라는 것이다. 이런 의미에서 『홍
어』는 어떤 의미를 전달하고자 하는 소설이 아니라고 말할 수도 있
다. 그러나 『홍어』가 의미를 부정하는 것은 아니지만 그렇다고 해서
의미에만 집착하는 것은 더더욱 아니다. 『홍어』가 전진의 시간을 내
포하면서도 그것을 회상이라는 역진의 시간 속에 용해시킨 것은 필
시 이런 사정을 반영하는 것일 터이다. 회상의 모티프에 입각함으로
써, 혹은 역진의 시간이라는 방향성에 입각함으로써 『홍어』는 의미의
세계가 아닌 감성(感性)의 세계로의 귀환을 주장하고 실천해낸다. 이
감성의 세계란 의미의 세계가 내포하는 분열을 체험하기 이전의 세
계일 수도 있고, 혹은 의미의 세계가 필연적으로 끌어들이는 모순과
대립을 종합한 세계일 수도 있다. 그러므로 그것은 귀환의 표지 속에
초월을 함축하는 것이거나 그 역일 수도 있다. 달리 말하면 그것은
근원으로의 돌아감에 대한 초대 속에 미래의 실천을 향한 선동을 같
이 예비해놓고 있는 것이다. 『홍어』가 회상의 모티프라고 하는 서술
방식상의 특징을 통해 구현해내고 있는 의미는 대략 이런 것이다. 그
것은 근대라는 시대 단위의 진행에 의해 강제로 설정된 이분법적 구
조의 한계와 테두리를 넘어 근원적인 조화의 세계로의 초월과 도약
을 새롭게 준비하고자 하는 시도의 문학적 표현 형태로서의 의미와
중요성을 갖는다. 감성의 세계로의 귀환이라는 것! 『홍어』가 합리성
의 한계를 극복할 수 있는 실천적 방안으로 제시하고 있는 프로그램
의 구체적 내용은 이러한 명제로 집약된다. 천년 단위의 시대의 마감

을 눈앞에 두고 있는 오늘의 시점에서 『홍어』가 단순한 자전소설 아
닌 회상소설로서의 양식적 특징을 통해 독자들에게 던지는 화두 또
한 바로 이 귀환에의 초대로 집약될 수 있는 것일 터이다.

〔『문학과사회』, 1998년 여름〕

김주영의 이모저모

너털웃음에 가려진 설움
─ 김주영의 뒤편 보기

김 병 익

김주영은 바둑을 안 두고 나는 술을 못 마시기 때문에 그와 내가 다소곳이 마주앉는 일은, 그처럼 자주 보고 어울리면서도, 의외로 드물다. 그를 보는 것은 친구나 그 당자의 시상식 또는 술이 넘쳐나는 그 뒤풀이이거나 한 이런저런 모임 때가 대부분이어서인데, 그런 자리보다 더 잦은 것은 의외로 그와 함께하는 여행이다. 몇 차례 가본 속초의 낙산사며 그가 일하고 있는 우경재단의 행사가 벌어지는 제주도도 그와 가기도 했지만, 그의 고향땅 부근인 주왕산이며 강원도 오지인 정선 같은 곳은 그와 처음 가본 곳들이다. 국내 여행보다는 외국을 함께 간 일이 더 많아, 두 차례 갔던 독일과 남미, 그리고 아프리카의 케냐 등은 그의 주선으로 여행할 수 있었던 나라였다. 그 모든 여행들이 역시 여럿이서들 어울려 간 것이었고 국내는 그저 여행이지만 외국은 거의 모두가 한국 문학 발표와 관련된 것에 관광을 곁들인 것이었다.

그러니까 여럿이서 모인 자리에서만 거의 만나게 되는 김주영은 같은 남자인 내가 보아도 호방한, 남자다운 남자였다. 그는 미남인데다 키도 6척을 넘는데, 그 체구가 할리우드의 액션 스타처럼 늘씬해서, 시원하지 못한 생김새에 키도 작고 배가 불뚝 튀어나온 내가 가히 콤플렉스를 갖지 않으면 안 될, 훤훤장부이다. 나만 그렇게 생각하는 것이 아니라는 것은, 그를 본 일본의 한 여류 작가가 한국 작가들이 잘생기고 '오도코(男子)'답다며 부러워하면서 일본 작가들의 쩨쩨한 모습과 행동거지에 불평을 늘어놓는 말을 들은 적이 있었던 것으로 보아 분명한 것이다. 그가 특히 훤칠한 호남이어서 텔레비전의 사이다 광고에도 나왔고 양복 회사가 CF에 탐내더라는 이야기를 했더니 족히 그럴 만하다고 그에 대한 찬사를 표하는데, 나도 으쓱해지는 다른 한편으로 같은 남자로서 그에게 시샘이 솟는 것도 어쩔 수 없는 일이었다.

그런데 그의 호연한 남자다움은 외양만이 아니라 술자리에서 더욱 당당하게 드러난다. 거침없는 말씨며 가림 없는 몸짓을 시원하게 보여주는 그의 이런 자리에서의 장기는 노래와 외담(猥談)이다. 자리가 얼큰해져서 이제 제법 판이 익었다 하면 그는 먼저 불쑥 일어나 이런 자리에 어찌 노래가 없을 수 있을쏘냐고, 한 곡조 뽑아야 할 이유를 선언하고 "바닷가 모래밭에……"의 그의 애창곡 「당신의 마음」을 부른다. 그 목소리는 크지만 솜씨는 세련되었고 음정을 섬세히 밟으면서도 성조에 힘과 기(氣)가 실려 있다. 그와 자리를 같이하는 문우들 거의가 노래라면, 하고 나시며 그들다운 음새으로 한 가락 부르지만 그 중 내가 듣기 좋아하는 것이 그의 노래이다. 그의 노래를 듣고 있노라면 그가 노래를 통해 전달하려는 이미지나 장면이 내 눈앞에 떠오르고 그 서정적인 풍경이 김주영의 내면 어느 가닥을 보여주면서 내가 갖지 못한 또 다른 세상을 느끼곤 한다.

그는 노래부를 계제가 아니면 근래 들은 외담을 큰 목소리로 외우곤 한다. 나도 그런 외담을 열심히 듣고 스포츠 신문에서 읽곤 하지만 곧 잊어버리는데, 그는 한마디도 빠뜨리지 않고 순서도 제대로 익혀(이런 외담은 그 차근차근한 순서와 탈락이 없어야 하는 법인데) 열심히 외설스런 이야기를 펼치는 것이다. "거 보래이. 내가 말이라, 아무개한테 들었는데……" 하며 경상도 토박이말로 서두를 떼면 으레 이젠 와이담이구나 하고 지레짐작하게 되는데, 그렇게 시작한 그의 외설담은 내가 이미 들었던 것도 있지만 그게 중요한 것이 아니라 그 이야기가 끝나갈 즈음, 그러나 마지막 말이 미처 떨어지기 전에, 그 스스로가 다른 누구보다 먼저 컬컬컬 하며 홍소에서 자지러지는 긴 웃음을 터뜨리며 그렇게 웃노라 한참을 보내는 것이어서, 그 모습 자체가 우스워 나도 기어이, 그만 함께 웃음을 터뜨리게 되는 것이다.

이렇게, 김주영은 일행들을 몰아가면서 좌중을 즐겁게 웃기고 유쾌하게 놀도록 하며 사심 없이 어울리게 만든다. 사실 그의 행동은 그의 작품처럼 선이 굵고 남성적이며, 그의 말투도 그의 문장처럼 투박한 듯하면서도 시원스럽고, 그의 외양은 그의 풍부한 어휘들처럼 토속적이면서도 잘생긴 한국인다워서 유머러스하다. 실제로 그는 무슨 말을 하든 어떤 짓을 하든 주저하거나 따지거나 하지 않고 거침없고 분명하다. 이런 일이 있었다: 케냐의 사파리를 갔을 때 그곳 기념품 가게에서 아프리카 토인상을 조각한 작은 민속품이 그들의 한스런 삶을 보여주는 듯 아프게 다가와서 나는 그걸 탐내다가 예상보다 값이 비싸 만지작거리기만 하다 포기한 적이 있는데, 잠시 후 김주영이 종이에 싼 것을 내게 주며 가지라고 해서 펴보니 바로 그 민속 조각품이었다. 어리둥절해하는 나에게 그는, 이걸 가지고 싶어했다며, 라는 한마디만으로 내게 선물한 것이다. 뒤에 들으니, 그가 한눈에 그걸 잡고 흥정도 없이(거기서는 모든 걸 흥정해서 값을 깎아야 했다) 사는 걸 보고 오생근이 내가 사려다 말았던 것이라고 하자 그는 아무 말 없이 그걸 주머니에 넣었다가 선선히 내게 기념품이라고 준 것이었다. 때아닌 귀한 선물을 받아 고마움을 느낀 것도 물론이지만, 내가 더욱 감동한 것은 내가 도저히 흉내낼 수 없는 그의 그런 서슴없음이었다. 그는 그런 사나이였다.

그러나 내가 지금 말하고 싶은 것은 그의 그런 사내다운 시원한 풍모이며 서슴없는 말투나 호방한 짓거리에 대한 나의 부러움이 아니라, 그런 외양과 행동으로 김주영을 속단하여 그를 잘못보고 달리 판단하여 속아넘어가는 일이 없도록 조심해야 한다는 것이다. 물론 그는 내가 거칠게 그린 것처럼 동선이 크고 어투는 투박한 만큼 작가다운 주저도 없고 선비답지 않게 낙천적이며 속없이 호탕하고 눈치없이 행동적인 인물로 보이지만, 그래서 그런 사람들이 흔히 갖기 쉬운, 허하고 무책임하며 신중 없이 무절제하며 체면 없는 사람으로 그를 치부했다간 크게 코를 다친다. 그의 서슴없음과 호방스러움 뒤에는 섬세한 사유와 치밀한 예상, 엄격한 책임감이 도사리고 있어, 겉보기와 전혀 다른 김주영이 존재하는 것이다. 가령, 그가 오늘은 술을 안 마시겠다 하면, 아무리 진한 술좌석에서도 술잔을 결코 입술에 대지조차 않는 것을 나는 여러 번 보았다. 외국에 가서 한국 문학을 소개하는 행사를 가질 때 그는 허풍하게 그 준비물을 귓결로 듣고 스치는 것 같은데, 나의 미심스러워함을 깨는 정도가 아니라 그걸 전복시키기에 충분하도록, 이미 완벽한 준비를 해두고 있는 것을 늘 경험한다. 한일 문학 세미나로 일본에 갔을 때 우리끼리 식당을 찾는데 내가 먼저 길모퉁이에 서서 젊은 작가들이 따라오기를 기다리는 것을 보고는 일행이 식당에 모이자 그는 후배 작가를 지명하며 먼저 나서야 할 젊은이들이 꾸물거리며 처져 선배가 길 안내까지 해주어야 하느냐며 혼꾸녕을 네는데, 그 엄숙한 표정에 야단 맞는 후배는 물론 나까지 민망스러울 정도였다. 그러니까 그는 할 일 다 하고, 차릴 것 이미 차려놓고, 꾸릴 것 모두 채비해놓고 그리고서는 허허거리며 기분좋게 웃고 홍소를 터뜨리며 우리를 유쾌하게 어울리도록 만드는 것이다.

그런 외양 속에 가려진 그의 엄격함을 짐작하면서도 정말 그의 그런 진짜 모습에 속절없이 내가 당한 적이 있었다. 1996년 가을이었다. 그와 나는 한독 문학 교류 행사 때문에 제주도에 갔다가, 잇달아 열리는 한일 문학 세미나 때문에 행사가 열리는 전날, 함께 비행기로 제주도에서 부산을 거쳐 버스와 택시로 경주에 도착했었다. 호텔에 들자마자, 우리는 행사장인 힐튼 호텔의 준비 상황을 점검해야 했다. 대외적인 책임자인 나는 경험 많은 호텔이 으레 알아서 마련해주려니 해서 대충 훑어보고 체크하면서 필요한 주문만 하는 정도였다. 그러나 김주영은 이 행사를 지원하는 재단의 책임자이긴 했지만 나는 비켜나라는 듯 담당 직원을 앞세워 세심하게 점검하고 두 차례 이상 현장을 체크하기 시작했다. 식사 메뉴와 식탁, 회의장과 의자 테이블 배치, 호텔 정문에 붙이는 플래카드, 일행이 들 방, 이동 차량 등 모든 것을 하나하나 따지며 상의하고 지시하며 요구하고 시정했다. 짐작은 했다 하더라도 이처럼 그가 치밀하고 진지하리라고는 미처 예상하지 못했던 나는 혀를 내두르면서 그의 또 다른 엄숙한 모습을 훔쳐보고 있었다. 그럴 때의 그는 마음씨 좋은 시골 형 같은 모습이 아니라 모든 일에 정확하고 엄격하며 하나하나가 전부 마음에 차야 안심하는 사무장 같은 태도였다.

그의 다른 모습에 압도되던 그날 저녁, 나는 아마도 처음으로 단둘이 마주앉게 된 그로부터 그의 어린 시절 이야기를 들을 수 있었다. 그의 아름다운 성장소설 「아들의 겨울」과 『고기잡이는 갈대를 꺾지 않는다』에서 그의 유·소년기의 가정과 그가 자라난 환경을 어렴풋이 짐작할 수 있었지만, 이번의 그의 이야기는 소설 속에 들어 있는 것이 아니라 바로 자기 자신의 것이었다. 그는 자신의 어긋난 부모와 양부 관계, 나서서 말 한마디 제대로 못한 심한 내향성, 그것을 이겨내기 위한 결단, 자신을 발견해주고 사위로 삼은 한문 서당 선생과의 이야기 등, 이제껏 아무에게도 말해주지 않았던 자신의 이력을 소상하게 이야기해주었다. 아니, 정말 짐작도 못 했던 일이네요, 하며 안타까워하기도 하고 탄복하기도 하며 재우쳐 묻기도 하여, 그가 그때껏 감추어온 자신의 속말을 그렇게 들을 수 있었던 것은 그를 알고 이해하고 싶어하던 내가 그와 술잔을 마주한 행운 덕분이었을 것이다. 어떻든 나는 또 하나의 다른 김주영, 술좌석에서 전혀 내색하지 않던 그의 진정한 생애와 속내를 훔쳐볼 수 있었다. 그것은 유아기의 불행감과 소년기의 고독감을, 이제는 비록 이겨냈다 싶으면서도 그 속깊은 안에는 여전히 그의 본연의 심지로 남아 있는 또 다른, 아니

본래의 김주영스러움이었다. 그러니까 그는 본래의 김주영스러움을 숨기고 술자리에서 보는 그의 또 다른 모습으로 위장한 것이 아니라, 어린 날의 슬픔과 외로움으로부터 자신의 새로운 품성을 만들어왔던 것이고 그것이 그의 오늘의 풍모를 이루고 있지만 그럼에도 근원적인 그의 서러움은 결코 지워질 수 있었던 것은 아니었다.

나는 이후 김주영을 볼 때마다 그가 벗어나려고, 지우려고 애써온 그의 본래의 모습을 떠올리곤 한다. 그가 저렇게 혼쾌하게 웃고 허튼 소리들로 주변을 웃기며 큰 제스처로 주위를 활기차게 만들고 시원스레 일들을 처리해나가지만, 저 안은 여전히 아프고 괴롭고 외로움이 잠겨 있어 겉으로 웃고 속으로 눈물을 흘리고 있겠다 싶은, 내밀한 공감의 회로를 되살려내는 것이다. 그래서, 누구도, 더구나 인간의 운명에 아파하되 선의로 웃음을 웃는 사람일수록, 겉장만 훑고는 속도 다 알아버렸다는 경솔을 범하지 말 것을, 특히 김주영에 대해서는 그의 속살을 깊이 들여다보아야 그의 내면과 거기서 솟구쳐나오는 그의 문학 작품을 제대로 이해할 수 있을 것임을, 나는 간곡한 마음으로 전하고 싶다. 그가 큰 웃음 속에 가리고 있는 내면의 상처와 아픔을 따뜻하게 아껴줄 수 있을 때에야 그의 너털웃음에 따라 우리가 함께 웃을 자격이 있다는 것을 나는 이 기회에 분명히 밝히고 싶은 것이다.

소설 김주영

이 문 구

　본 것이 있는 사람은 사람을 함부로 보지 않으니, 자기에 미루어 남을 아는 이가 남에 비추어 자기를 아는 까닭이요, 여기저기서 찾는 사람이 여기저기서 일을 이루는 사람이라면, 하는 일이 많은 사람이 할 일도 많은 사람을 뜻하니, 이는 그 본보기가 여기 있기에 이야기의 시작이요 끝이 된다.

　이상은 누가 무엇을 두고 했던 말인가. 내가 지금 김주영을 들어 하는 말이다.

　하늘과 땅 사이에 바람과 달이 가장 맑되, 사람의 마음의 신묘함도 그와 다르지 않다고 옛 선비(朴彭年)는 일렀다.

　매양 겪음이 많은 사람이라면 시방도 그 말이 아마 옛말로만 들리지는 않을 줄 안다.

　대개 사람의 속처럼 복잡한 것도 없다는 남들의 결론이 진작부터 있어 나도 그에 따르던 바이지만, 그것이 아무리 긴 역사를 지닌 결론이라 해도 덮어놓고 누구에게나 있는 그대로 다 쓸 수가 없음을 생각이 있는 사람이면 스스로가 알겠기 때문이다.

　김주영씨를 내보낸 이는 그의 스승인 김선생(金東里)과 그의 사모님인 손선생(孫素熙)이었다.

　그 무렵 선생 내외분은 그를 모르고 사는 나더러 "보면 꼭 부처 같은 사람"이라고 귀띔해주었다.

　그러나 말이 나고 얼마 안 되어 나 있는 곳에 들른 그를 보니 다만 듣던 바와 전혀 다른 물건 하나가 몸 두는 순서를 몰라 그러고 있을 뿐이었다. 나는 웃었다. 우선 쓰고 남게 큰 뻗장다리 키며, 문인들과의 인사마다 하고 남도록 구부리던 허리가 운동장이 아니고는 아무 짝에도 쓸모 없겠고, 주머니에 든 것 없는 허름한 주제꼴에 생전 손 한번 안 간 묵은 밭 얼굴이, 어디를 가도 꿔준 것조차 못 받게 물렁해 뵈는 촌것이었다. 그때는 그가 하도 점잖게 나오기에 나도 짐짓 점잖게 대했지만, 그뒤에 치러보니 역시 할 수 없는 사람이 그때 그 사람이었다.

그는 이름을 이룬 지금도 십 년 전의 그 무명 시대에 견줘 나아진 것이 없다. 원고료 하나로 살아온 자기 처자들도 이루 헤아릴 수 없을 만큼의 숱한 작품을 내고, 시방 이 글을 쓰고 있는 후배조차 얼핏 주워섬기지 못할 만치 거듭 출판이 되었지만, 그는 여전히 이름이 이름나지 않아 서럽던 시절에서 무엇 하나 달라진 것이 없다.

저 못산다고 제 세상처럼 거드럭거리며 사는 것들을 노래 삼아 헐뜯은 적이 없고, 이제 한숨 돌렸다고 저만 못한 것들을 웃느라고 업신여긴 적도 없다. 키 크다고 난쟁이 흠한 적 없고, 대하소설 썼다고 잡문쟁이를 손가락질해본 적도 없으니, 있어도 없는 것 같고 없어도 있는 것 같던 그 무던한 처신은, 신문에「목마 위의 여자」를 쓰고 영화 광고로 '흑마 같은 사내' 소리를 들을 때에도, 그것을 괘념하고 있다가 부지불식간에라도 문득 보여주던 것 하나가 없었다.

이것이 곧 비록 복은 더디 와도 재앙이 저절로 물러갈(福難未至 禍自遠矣) 사람이 된 그의 근본이다.

십 년을 한결같이 서로 속을 트고 지내온 터이지만, 그의 됨됨이를 두고 허물 삼아 평론하던 이를 나는 아직 보지 못하였다. 그것은 그가 남의 됨됨이를 놓고 허물하던 것을 여태껏 보지 못한 것과도 같다.

그는 기골이 장대하나 무슨 딱한 꼴을 보면 금방 소녀 같은 마음이 되어 안타까이 여기고, 앞장서서 가로막고 덤비지는 않되 추악한 꼴을 보면 자기가 먼저 부끄러움을 느꼈으며 비록 은밀한 계획이 있어

도 남을 위해서는 사양하기를 마지않았고, 설사 막대한 재물이 좌우
되는 경우에도 반드시 옳고 그름을 가려 경우 있는 자세를 흩트리지
않았다.

그렇듯 그의 사단(四端)의 규모는 언제나 분명함을 지켰으니, 하물
며 어느 보통내기가 무슨 용기를 부려 대강의 어림만으로 그를 허물
할 수 있었겠는가.

나는 그럼에도 불구하고 그를 한번 나무란 적이 있다. 그가 어느
여성 잡지에 「우산 속의 세 여자」라는 소설을 두 명의 다른 작가와
더불어 번갈아가며 쓰고 있을 때였다.

옛 글에 용기만 있고 예의를 모르면 도둑이라 일렀기로, 나는 내
나름의 예의로써 여러 날을 두고 벼른 끝에 말했다.

"김선생, 중공이나 이북 같으면 집체 문학(集體文學)이라고 해서 되
려 높이 평가한다지만, 지금이 어느 땐데 릴레이 소설입니까?"

나는 소설 속의 세 여자를 세 사람의 필자가 윤간하는 이야기냐고
막말을 하려다 말았다.

그는 그것이 글이 아니며, 마지못해 하게 된 장난이라는 투로 해명
을 했으면 하는 눈치였다. 나는 그의 본심을 알면서도 그럴 기회를
주지 않았다. 글씨로 장난을 할 나이는 이미 지나갔다는 것이 내 소
견이었다. 군대라면 계급만한 절대가 없고, 시골 두메에 나이만한 상
대가 없고, 문단에서는 작품만한 결과가 없다 한다면, 이제부터야말
로 나이를 아껴야 할 때라는 것이 내가 곁들인 예의였다. 그는 잠깐
웃었다. 그것이 상대방을 생각한 그다운 대답이었다.

그는 항상 대체(大體)를 놓지 않는 사람이었다. 허위대나 덩치와
관계없이 선병질적이고 지엽적인 번거로움의 감전식(感電式) 생략
은, 십여 년이나 만년필을 베개 삼아온 사람답지 않게 대범하고 활달
하여 구차스런 가면적 반응을 찾아볼 수가 없었다. 된 사람과 되다
만 사람의 거리는, 그토록 지리상(地理上)의 수천 리보다도 멀고 먼
것이었다.

나는 글을 읽어 생계하던 사람보다 글을 지어 생계해온 사람이 세상에 더 많다고는 장담할 수 없지만, 그 지은 글로 하여 저마다의 이름을 달리 불리도록 하던 것은, 그 동안의 세월만큼 익히 듣고 보아온 터이다.

세상에는 여러 사람이 모르도록 묻힌 것을 쉬운 글로 밝혀내고, 마침내 널리 일깨움으로써 이름을 이룬 이가 있는 반면, 남은 다 저만 못한 줄 알고 어쭙잖게 허위 진술을 일삼다가 그 남들의 용서가 없어 이름을 잃은 이도 있었다. 같은 말을 해도 제멋에 겨워 못 알아들을 소리만 하고 이름이 생긴 이가 있는가 하면, 외국 사람의 것을 제 것처럼 행세하되 그 재주로 이름이 난 이도 있었다. 한때는 문학으로서의 소설이 아니라 영화의 원작으로 쓴 소설로 하여 이름이 팔리는 이가 있더니, 같은 소리의 글을 용도에 따라 앞뒤만 바꾸는 버릇으로 이름을 버리던 이도 나오고, 근래에는 권력의 지시에 따라서 지은 글로 권력의 심부름에 충실하여 이름을 만든 이도 있었다.

"말은 마음의 소리요 글씨는 마음의 그림이니, 마음의 소리와 마음의 그림이 어울려 모양(글)을 이루면 군자와 소인이 그에게 분명해진다"고 옛사람(楊雄)이 해둔 말이 있다. 글은 곧 진실의 기록이라는 뜻이라고 주석이 되어 있기에 나도 그 말을 믿는다. "그전 사람들은 심정(心情)을 쓰기 위해 글을 지었으나, 지금 사람들은 글을 쓰기 위해 심정을 작용(作用)시킨다"고 말한 옛사람(劉勰)도 있었다. 마음과 다른 문장을 꾸미기 위해 감정을 조작한다는 뜻이라 하여 이 말도 나는 믿는다.

대저 1천 4~5백 년 전의 중국 사람 입에서 나온 말이 오늘도 우리 주변의 현실을 증언하고 있음은 어찌 된 노릇인가.

문장에도 가식이 필요하다는 것은 누구나 다 아는 일이다. 옛 글에도 호피(虎皮)에 무늬가 없으면 그 가죽은 개나 양의 것과 다르지 않다고 일렀다. 그러나 그것은 어떤 사람처럼 독서층의 저변 확대라는 허울을 쓰고, 아직 문학을 알기 이전에 머무른 미성년자들의 퇴폐에 맞추어 건성으로 꾸민 글을 부질없이 늘어놓고 언필칭 "도시적 감수성의 부각" 운운하며 흰목 제끼는 것과는 근본이 다른 것이다.

김주영씨는 문장의 전통을 알고 쓰는 사람이다. 그의 글은 잘지 않으나 구름에 목매달 듯 희떱지 않고, 안반 치는 소리모양 질기고 무디나 밖을 내다보게 답답하지 않고, 한배에 쌍둥이가 더러 나와도 씨다른 자식들처럼 부산하지가 않다. 다시 간추려 말하면, 그의 서술은 번거롭지만 구태여 깎아낼 데가 없고, 사물의 표현은 간결하지만 개칠하여 보탤 것이 없었다.

이것이 독자로 하여금 70년대 작가니 80년대 작가니 하는 '연대성 작가(年代性 作家)'에 그를 섞어 제쳐놓지 않게 했던 담보물이요, 그 자신도 비닐하우스 속성 재배식의 상업주의적 근대화 작가로 벋나가, 계통 출하와 경매 입찰투의 드러난 경로를 스스로 외면할 수 있게 한 밑천이었다. 그러고 보니 그가 얻은 이름의 출처도 어느덧 절반은 밝혀진 셈이 되었다. 한군데에서 함께 자라는 풀에도 구수한 냉이와 쓴 씀바귀가 있는 이치를 어찌 야생(野生)의 경우로만 보고 말 것인가.

나는 다시 무슨 계제가 있더라도 그의 문학에 관해서는 이제 아무 말도 못 하게 될 것을 안다.

나는 그가 하는 일에 한두 번 놀란 것이 아니었지만, 그래도 이번처럼 크게 놀란 적이 전에는 결코 없었다.

한 편의 작품을 쓰기 위하여, 아니 문학의 승패를 지레 가늠해보기 위하여, 처자까지 뒷전에 두고 남의 집 식구 보듯 해가며, 작품의 현장(무대)을 따라 사월은 충청도 오월은 경상도로, 여름엔 전라도 가을엔 강원도로, 거추장스러운 이동 서재(移動書齋)를 끌고 옮겨다니면서 한 고비의 인생을 한 작품의 연료로 소모한 작가가, 고금동서에 김주영말고 또 한 사람이 있었다는 말을, 나는 이날이때껏 듣지도 보지도 못했던 것이다.

그는 작가 생활 십여 년을 두고 벼른 끝에 오늘도 팔자에 없는 시골의 어느 여관방에서, 자신의 모든 것을 투자하여 몸소 뇌수술을 하고 있다. 대하소설 『객주』와 마주앉아 너 아니면 나 아니라고 건곤일척의 혈투를 벌이고 있는 것이다.

지난날 몇몇 문우들과 한 무리가 되어 대구시 한구석에 있던 그의 '객줏집'(『객주』 집필실)으로 몰려갔을 때였다. 그의 책상 위에 있는 대학 노트를 무심히 펼쳐보던 나는 소스라치게 놀라며 진저리를 치지 않을 수 없었다. 그 노트는 분명 『객주』의 원고였으나 몇 해 전까지만 해도

"나는요, 작품을 어렵게 쓰는 사람이 부럽습디다. 나는 너무 쉽게 써져서 걱정이라요. 좌우단간에 한번 시작했다 하면 앉은자리에서 일사천리로 끝장을 봐버려야 직성이 풀리니까네…… 그런데요, 그렇게 쓰다가도 이렇게 써서 되는강 싶어 고민이라예."

하며 속필(速筆)을 걱정하던 그의 원고 같지가 않았다. 어쩌면 원고가 아니었는지도 몰랐다. 노트를 뒤덮고 있던 것은 신경 세포 같은 철필에 의해 점철된 흑색 잉크 자국이 아니었다. 그것은 어떤 잔해였다. 피가 마르다 못해 타버린 실핏줄의 잔해였다.

"니는 직책상 국내의 모든 일간지를 매일같이 다 봅니다. 그것도 화장실에서만 봅니다. 화장실에는 전화통이 없어서 조용하니까요. 그런데 화장실에서는 절대로, 안 읽는 난이 꼭 하나 있습니다. 바로 김주영 선생의 『객주』 연재란입니다. 그런 역작을 어떻게 변소에서 읽어치웁니까? 우선 작품에 대한 예의가 아니지요. 이렇게 초면에 면찬해서 안됐습니다만, 김선생, 좋은 작품 써주셔서 정말 고맙습니다."

대구에 갔다가 영남대 교수들이 회식하는 자리에 그와 내가 동석했을 때 이수인(李壽仁) 교수가 그에게 술을 권하며 격려하던 말이었다. 이튿날 포항에 가니 바른말 잘하는 것이 재산의 절반인 손춘익(孫春翼)씨도, 앉은자리에서 같은 말을 일고여덟 번씩 되풀이해가면서 면찬을 하고 있었다.

수준 높은 독자는 작가보다 더 정직한 법이다. 그의 핏줄이 타는

고생도 머지않아 보람으로 바뀌리란 것을 나는 의심할 수가 없었다.

전한(前漢) 시대의 문인 사마상여(司馬相如)는 붓을 물고 착상(着想)하는 동안에 붓끝이 썩어버렸다지만, 그도 『객주』를 착상하던 몇 해 동안은, 녹음기와 사진기를 갖춘 취재 가방을 메고, 한 달 육장장이 서는 곳마다, 일육장 이칠장 삼팔장까지 사구장 오십장까지, 두루 발길이 미치지 않은 곳이 없었다. 신고하지 않을 수 없는 수상한 행장으로, 동작진 말죽거리 과천을 거쳐 안성 유기장에 이르렀던 그는, 그로부터 평창 피물장·홍천·목기장 충주 과물장을 둘러, 한산 모시장·무주 장수 지물장을 더듬고 아래로 내려가, 담양 죽물장·영광 굴비장·강진 도기장을 훑어 물 건너 완도 해의장에서 잠깐 쉰 뒤, 통영 입자장·대구 약령장·동래 울산에 담바구장, 자갈치 건너 야바위장까지 샅샅이 짯짯이 찬찬히 돌아보며, 목포 역전 짱뚱이탕으로 아침 먹고, 삼천포 부두 아구탕으로 점심 먹고, 군산 째보 선창 주꾸미탕으로 저녁 먹고, 천안역 북새판 홍익회 국수로 밤참 먹고, 이튿날 새벽 인천 앞바다 영종도 새우젓장에서 탁배기로 해장할 적에, 그는 현장 답사 자료 수집에 어언간 오 년이나 가외로 늙은 자신을 발견하고 들었던 잔 놓았다 도로 들고 혼자 웃었던 것이다.

나는 여러 해 전에도 그의 그 어지간한 끈기에 크게 놀란 적이 있었다. 지리산 등반을 함께하게 된 때였다.

그는 전날부터 대전으로 출장중이었지만, 당일 아침 남원 광한루 앞에서 일행과 합류한다는 것까지는 미리 이야기가 되어 있었다. 하지만 하루 전에 내려와 남원 여관에 들어 쉬고 있던 다른 세 사람의 일행은 김주영씨의 동참을 전혀 기대하는 기색이 아니었다. 대전에서 볼일 볼 것 다 보고 막차로 내려와 새벽에 도착한다는 것도 미덥지가 않았지만, 설령 새벽에 온다 해도, 서릿발이 가시지 않은 계절에 완행 열차에서 떨어 밤을 새운 몸일 테니, 장차 누구 속을 썩여줄지 몰라서도 미리 포기하리라는 것이었다.

이튿날. 그는 일행의 예상을 어겼다. 광주의 송교수보다도 한 발

앞서 일행과 만난 그는, 복장부터가 등산에는 대책이 없는 행색이었지만, 이박 삼일의 일정을 마친 뒤에도 죽겠다는 말 한마디 입 밖에 내지 않던 이는 그와 송교수뿐이었다.

그는 무딘 편이 아닌데도 책상만 떠나면 구경할 만한 재주가 없었다. 오락이 됨직한 것은 숫제 비각으로 치며 살았고, 유흥 잡기와도 아예 척지고 사는 거조였다. 그러므로 여가 선용이라는 것도 들어앉아 책권이나 들여다보기 전에는, 장사되기 다 틀린 막술집이나 드나드는 것이 고작이었다.

술. 징글징글하게도 마셔댔던 그 술.

하루는 어느 출판사의 잡문 부탁이 있어 주문대로 술 이야기를 끄적이려고 일기책을 뒤적거리던 나는, 문득 자신도 모르게 하늘을 우러르며 자못 장탄식을 거두지 못한 적이 있었다.

십 년 내리 어느 하루도 술을 안 마셨다고 적은 날이 없어서가 아니었다. 함께 마신 사람의 이름을 일일이 적어둔 결과 연인원이 수천 명에 이르러 있어서도 아니었다. 내가 장탄식을 한 것은 모시는 선배나 가까운 친구의 부인들로부터 나도 모르는 사이에 적잖이 원망을 들었겠나는 짐작 때문이었다. 만약 내 일기책에 단골로 드나든 사람들이 취중에 귀가할 때마다 술핑계로 내 이름을 들먹였다고 하면, 나는 남의 살림을 축내고 남의 가장을 버려놓은 장본인 외에 아무것도 아니었다. 그 명예롭지 못한 혐의를 벗을 길이 없어 넋 놓고 앉아 있던 나는, 그러고 한참이 지난 뒤에야 겨우 정신을 차렸다. 내 경우에 미루어보니, 더러 술이 지나쳐 우스운 꼴을 보였다 해도, 아내는 으레 나의 무모함과 무리한 폭음을 걱정하며 주착이 모자람을 탓했지, 함께 마신 술친구를 원망한 적은 한번도 없었음이 증명된 까닭이었다. 이윽고 다시 따져보니 나와 함께 술을 전문으로 해온 사람들은 갸륵하게도 못사는 사람이 없었다. 술로 손재를 한 사람도 없고 건강이 축난 사람도 없었다. 그렇다면 그 십 년 동안 나와 나의 술친구들은 감기 몸살로 몸져누워본 일도 없었더란 말인가. 그렇다. 건강을 위해서 마시고 잘살아보자고 마신 것은 아니지만, 술이 저와의 돈독한 친분을 특별히 생각해주었음인지 크게 해코지한 적이 없었다.

그 일기책에 기록된 사람들은, 그 중에서 십분의 일만 골라 모아도 주객열전(酒客列傳)을 두어 권은 쓰고도 남을 만한 인물들이었는데, 그 엄선된 인물 가운데에서도 아예 호적을 옮겨놓고 이틀이 멀다면서 등장하여 무턱대고 주야장천 그 노릇을 한 사람은 김주영 · 조태일 · 박태순씨였다.

그러고 보니 김주영씨에게도 술집에서만은 번번이 누구도 따르지 못하게 하던 한 가지 재능이 있음을 비로소 알겠다. 그것은 술판 도중에 화장실을 다녀오면서 앞으로 마실 것까지 미리 어림하여 아무도 모르게 술값을 치르던 일이었다.

그는 돈을 쓸 줄 아는 문인이었다. 술값 이야기를 꺼낸 김에 하느라고 해서 하는 소리가 아니라, 어려운 일에 망설이지 않던 그의 성품을 빗대어 하는 말이다.

그는 옥고를 치르던 문인을 돕는 일이라면 아직 옆으로 비더서서 본 적이 없었다. 나만 해도 문인이 문인된 양심과 양심의 실천 과정에서 당하는 고난 앞에, 함께 역사의 호흡을 할 만한 아무 미련도 없이, 한갓 가녀린 연대 의식 하나만 가지고 갑도 아니고 을도 아닌 처신을 해온 터이다.

김주영씨는 달랐다. 그는 늘 어지럽고 시끄러운 속에서도 불철주야 글을 썼고, 그 글의 원고료가 고난받는 문인의 뒷바라지에 보탬이 되도록 하는 데에 항상 솔선하여 관심을 보였다. 그것이 쉬운 일인가. 누가 강요를 해도 어려운 일을 그는 누구보다도 먼저 앞장을 서 왔다. 그것이 그의 진실이었다.

뒷날, 그의 후손들이 그의 이름을 알게 되면, 그들은 그 이름이 열 가지의 진실 중에서 한 가지의 진실을 밝히다가 남은 유물이 아니라, 열 가지의 거짓 중에서 한 가지의 진실을 가려내기 위해 불태웠던, 뜨거운 작가혼의 대명사였음을 아울러 깨달을 것이 분명하다.

　창작 노동에 휴식을 모르는 그를 위하여, 옛사람(李白)이 쉬면서
했다는 말을 이에 한마디 곁들여둔다.

　대체로 하늘과 땅은 만물의 여인숙인데 흐르는 세월은 영원한 나
그네라. 덧없는 삶은 꿈과 같으니 즐거움을 누린들 얼마 동안이랴(夫
天地者 萬物之逆旅 光陰者百代之過客 而浮生若夢 爲歡幾何).

〔『제3세대 한국 문학: 김주영편』, 1983〕

유목민 체질의 질박한 막사발

김　원　일

I

　짧으면 육칠십이요, 길어야 팔구십. 인간이 지상에서 살아 숨쉬는
기간이 고작 그 정도이다. 기억 못 할 유아기와 잠자는 시간, 늙어 지
매라도 걸리거나 자리보전하여 투병하는 시간을 뺀다면 이 지상에서
인간이 활동하는 세월은 생애의 절반으로 줄어든다. 혼자서 보내는
많은 시간까지 덜어내면 거기에서 또 절반 이상의 세월이 날아간다.
사회란 조직 안에서 공동체 생활을 하며 살다 보니 인간은 그 틈새
시간에 가족은 물론 타인과 관계를 맺는다. 접견이란 이름에 걸맞게
해를 넘겨 어쩌다 문득 만나 악수 나누며 근간이나 묻고 헤어지는 타
인에서부터, 자주 만나 허물 터놓고 사귀는 사람에 이르기까지, 우리
는 생애 동안 쪼개어진 한정된 시간 속에서 바쁘게 뭇사람을 만나고,
이 지상을 떠남으로써 그나마 관계는 끝난다. 어떻게 만났다 헤어지

304

든 이 세상을 살 동안 그 만남을 운명적 필연이라 여겨, 불교에서는 이름하여 전생의 인연이라 한다.

한시적으로 이 땅에 살며 별처럼 많은 사람 중에 주영 형님을 만나게 되기는 전생의 인연 중에 특별한 인연이 아닐 수 없다. 형님의 이름자를 알기가 까까머리 시절 열다섯 살 고등학교 일학년 적이고, 만나뵙기는 대학 이학년 열아홉 살이니, 햇수로 이미 사십 년을 헤아린다. 그 동안 형님과 나는 멀리서, 가까이에서 자주 만났고 만날 적마다 우리는 대체로 술을 마셨다. 그 사이 세월은 쏜살같이 흘러 나도 이미 늙은이 대열로 들어섰지만 형님이 벌써 회년을 맞았다니, 그 청소한 시절이 어제 같고, 예 놀던 옛 동산에 오늘 올라 아직도 청청한 소나무를 본다는 가곡의 한 소절이 불현듯 절로 입에 읊어진다.

내 일찍이 저 경상도 땅 시골 장터거리 저잣바닥에서 결손 가정의 장남으로 성장했고, 대구로 나와 농림학교를 졸업했으나 농사꾼이 되기에는 싹수가 터 문학으로나 입신해보겠다고 상경하여 서라벌예술대학이란 미아리에 있던 초급대학을 졸업, 어영부영 서울에 주저앉게 되기까지가 청소년기의 대충 이력이다. 그런데 그 성장 과정의 면면이 내가 알고 있는 형님의 청소년기와 한 떡판에서 찍어낸 듯 일치하니 인연치고는 남다른 인연이 아닐 수 없다.

내가 형님의 이름자를 처음 대하기는 일차 시험에 낙방하여 학비가 저렴하다는 이유로 시험 없이 줄 서서 입학하는 대구농림고등학교에 들어가서이다. 전통 깊은 이 학교가 일제 때는 명문이었던 모양인데, 농림학교에 걸맞지 않게 해마다 교지가 발간되고 있었다. 형님의 문학적 재능을 일찍 발견했고, 나 역시 사랑을 받았던 국어 교사 김필헌 선생의 힘으로 발간되던 『샘물』이란 잡지에 학생 소설이 실렸는데, 제목하여 「훈이」란 단편이었고, 쓴 이의 이름은 ‘축산과 3학년 김주영’이었다. 훈이란 소년이 시골 장터에서 돌아오는 아버지를 길마중 나가 기다리는 내용이었다. 갈가마귀 우짖는 동구 밖 저물녘 들길에 서서, 두루마깃자락 날리며 자반 한 손 짚끈에 묶어 들고 탁배

기에 취한 허영걸음으로 돌아올 아버지를 기다리는 소년을 배경으로
한 막막하고 쓸쓸한 가을걷이 끝난 농촌 정경이 지금도 새롭게 떠오
른다. 형님이 청송군 진보면 진보장터 저자에서 찢어지게 가난한 소
년기를 보냈기에 그런 내용을 자연스럽게 읽게 되었겠지만, 나 역시
김해군 진영읍 진영장터 저자에서 국밥집 불목하니로 소년기를 보냈
기에, 그 소설에 묘사되었던 시골 장터 풍물이 잊고 싶은, 그러나 잊
을 수 없는 회한의 세계로 다가올 수밖에 없었다. 그 소설을 쓴 이가
같은 과 2년 선배였지만, 소심하고 내성적인 나로서는 감히 형님을
찾아뵙고 인사드릴 용기가 나지 않았고, 그즈음 특별 활동반이 미술
반이라 그림 그리기에 매달려 형님이 소속되었을 법한 문예반을 기
웃거릴 보짱 또한 없었다. 내가 2학년에 진학하여 비로소 문학에 어
섯 눈떴을 때, 형님은 문학을 전공으로 가르치는 서울 무슨 대학에
입학했다는 소식만 풍문으로 들었다. 당시로서는 문예창작과란 묘한
이름의 전공 과목은커녕 서라벌예술대학이란 이름의 학교가 서울 어
드메쯤 있다는 사실조차 몰랐다.
　형님을 다시 뵙기는 나 역시 소설을 써보겠다고 상경하여 김동리
선생님이 가르치시던 그 초급대학에 진학, 술과 담배 맛에 푹 젖어
살던 2학년 봄이었다. 점심 시간이었던지 교실에서 급우들이 삼삼오
오 모여 잡담을 하고 있는데, 키가 껑충하고 불한당같이 거칠하게 생
긴 한 사내가 교실로 들어서더니 경상도 억양으로 대뜸, "여기 김원
일이란 학생 있소?" 하고 큰 소리로 물었다. 벌 받으러 나가는 학생
처럼 내가 얼굴을 붉히며 "접니더" 하고 문 앞으로 나서자, 그는 잠
시 나와보라며 나를 교실 밖 복도로 데리고 나갔다. 염려했던 바와
같이 부른 자는 4·19 뒤 대학마다 설치던 왈패가 아니었고, 자기가
바로 대구농림학교 선배 되는 김 아무개라며 소개를 했다. 빵빵 군번
으로 입대하여 제대하고 와서 보니 그렇고 그런 후배가 이 과에 있다
는 말을 듣고 찾았다는 것이다. 형님과 나는 같은 과였으나 학교에서
는 서로 얼굴을 볼 수 없었다. 형님도 그랬겠지만 나 역시 공부는 뒷

전이라 수업에는 늘 빠졌고, 대학 신문을 만드느라 지금의 조선호텔 건너 경향신문사나 명동 술집, 음악 감상실에 붙어 청춘의 열정을 소진하는 데 바빴던 것이다.

이듬해 1962년 2월, 졸업식 날은 을씨년스럽게 늦겨울 비가 추적추적 내렸다. 한반 친구 여럿은 4년제 대학에 편입을 했으나 나는 진로가 막연했던 처지라 졸업식이 시작되기 전 학교 아래 길음시장 술집에 죽치고 앉아 적잖이 술을 퍼마셨다. 시간이 되어 술친구들과 졸업식장에 와보니 식은 벌써 끝났고, 형님이 교정을 돌며 나를 찾고 있었다. 형님은 농림학교 선후배의 졸업이란 인연을 남기려 사진사를 부르더니 본관 건물을 배경으로 비를 맞으며 기념 사진 한 장을 찍었다. 지금도 그 사진을 가지고 있지만, 단정한 형님 모습에 비해 나는 사각모를 옆으로 삐뚜름하게 젖혀쓰고 입은 헤벌린 채 가운데 단추는 풀어헤쳐진 모습이다. "나는 당분간 정처가 읎으이께 사진 찾아 대구 내리가모 경북고등학교 앞에 문방구 점방이 있다. 그 문방구 점방이 누님 집인께 거게 사진 맽기놓으모 내한테 전달될 끼다." 형님 말이었다. 서울에 가정교사로 남아 어영부영 시간을 죽이던 나는 그해 여름 대구로 내려가 그 문방구를 찾아 사진을 맡겼다. 그해 형님은 자신의 성장을 눈여겨보며 한학을 가르쳤던 향리 훈장 선생 따님과 결혼한 모양이었고, 이듬해 식솔의 호구를 건사하기 위해 안동에 정착하여 엽연초생산조합 주사로 전매청 공무원이 되었다. 그뒤 몇 년 동안 나 역시 대학 졸업, 군 복무, 상경하여 취직, 결혼 따위로 바쁘게 보냈다. 형님을 다시 만나기는 1971년 형님이 「휴면기」란 소설로 문단에 발을 들여놓은 뒤부터이다. 안동에 근무하다 어쩌다 상경 길이면 나를 불러내었고, 통금 직전까지 술을 마시다 헤어지곤 했다. 1976년에 형님이 지방 근무를 접고 서울로 솔가하자 만남의 횟수가 잦아질 수밖에 없었다. 우리는 문인이 배출되기 힘든 고등학교와 문인을 가장 많이 배출한 대학을 앞뒤로 함께 졸업한 지방 출신 소설가로, 기라성 같은 선배 동료들이 주름잡는 서울 문학판을 장에 팔려나온 촌닭처럼 기웃거리며 껄렁한 세상 잡사를 안주 삼아 술질이나 하는 데 의기 투합했던 것이다.

II

작가는 어떻게 탄생되는가? 물론, 그 작가의 작품 세계를 알려면 그 작가의 성장 배경 중 6세부터 20세까지를 면밀히 관찰해보라고 누군가 한 말에 나 역시 동감한다. 유아기·소년기·청년기 초입에 그가 살았던 땅과 가족 관계와 이웃의 삶과 시대 속에 그 작가의 모든 비밀이 숨어 있기 때문이다. 지금은 교통이 사통팔달이지만 80년대 초반까지만도 대구로 나온 경북 청송군 사람을 두고, '청송 촌놈'이란 별칭이 따라다닐 만큼, 청송은 태백산맥을 낀 경북 내륙 지방 오지였다. 벽지란 경관이 좋게 마련이라 청송군은 주왕산국립공원을 안고 있다. 진보, 또는 진안으로 불리는 면청 소재지는 읍내에서 사십 리 북쪽에 있으며, 내륙 지방치곤 교통의 요충지이다. 서로 팔십 리를 가면 이제 임하댐의 굽이굽이 호수 물길 건너 안동이요, 동으로 팔십 리를 가면 태백산맥에 걸쳐진 횡장재 넘어 갯가 영덕에 닿고, 북으로 오십 리를 가면 고추 농시로 유명한 영양 읍내이다. 진보는 농토가 빈약한 오지의 작은 면 소재지지만 교통의 요새로 물산의 교류가 번다하고 인근 5일장 중에 장꾼이 많이 뀐다. 작가 이문열이 영양군 석보면 출신이지만 석보에서 진보가 이십 리 안쪽이라 그쪽 사람들도 진보장을 보았고, 열이 장형은 주영 형님과 진보중학교 동창이기도 하다. 형님은 면소에서 동동북으로 십리, 영양군과 접경인 외가 땅 월전리에서 태어났으나 어릴 적에 가족과 함께 진보로 나왔다. 아버지는 늘 타관살이를 했고, 어머니가 저잣거리 마을에서 품을 팔아 두 형제를 키웠다. 그때 당시 한국 농촌 사정이 다 그랬듯, 형님은 여염집 품팔이하여 곡식 됫박을 얻어 나르는 어머니 아래서 일제 말기와 해방, 전쟁 사이의 혹독한 궁핍을 어느 소작농 자식보다 더 가혹하게 견디며 성장했다. 형님은 아우와 함께 주린 배를 움켜쥐고 저

잣거리를 싸돌며 허구한 날 장꾼들을 보며 자랐다. 형님의 소설에 나
오는 지명들을 보아도, 월전·남실·목계·지품·영덕·안동·영양
이 다 진보를 싸고 있다. 형님은 저잣거리 주막이나 난전을 기웃거리
며 그 타지를 거쳐온 장꾼들이 흘려놓는 낯선 세계의 신기한 이야기
와, 거나해져 풀어놓는 육자배기 가락과, 사내들의 걸쩍지근한 육담
을 곁귀로 듣고 자랐다. 한편, 가꾸고 키운 잡곡이며 집짐승을 내다
팔 겸 세상 소식 귀동냥 겸해, 이웃 마을로 출가한 딸네 식구든지 근
인척을 만나려 장으로 나온 장꾼들이 난전 술판이나 떡판에 쪼그려
앉아 나누는, 전쟁통에 죽은 자며 궁촌의 가시랭이 같은 삶의 애환을
형님 역시 귀동냥했다. 저잣거리란 또한 만남과 이별의 장소이기에
장판에서 성장한 아이들은 장돌뱅이 사내들의 기구한 역마살, 그 떠
돌아다님의 유랑 근성을 아련한 그리움으로 일찍부터 터득하게 마련
이다. "강바람이 을매나 매섭던지 패랭이는 날리제, 등짐은 어깻죽지
를 둘러빼제, 감발친 끈이 끊기서 짚신은 자꾸 벗기지제, 똥은 매럽
제…… 억새 쓸리는 개활지를 건너는데, 목계장 밤길이 삼십 리 아이
여. 창천에 시옷자로 나르는 기러기떼 울음이 왜 그리 섧고, 읍내에
두고 온 처자며 동기간 생각이 왜 그리 간절턴고." "그 장터에 가모
눈꼬리가 제비 꼬랑지맨쿠로 찢어진 잡살뱅이 파는 계집년이 있어
여. 이기 내보고 아제 코가 좋다나. 눈웃음치며 암탉 걷듯 방뎅이 흔
들고 지 먼첨 물방앗간 둔덕으로 오르잖는가 베. 내 양물이 포목전
포장치듯 불끈 서이 뒤쫓는 걸음새도 어뜩비뜩이라. 푹신한 뽁대기
우에 눕아서 고쟁이를 까내리이까 이년이 을매나 목깐을 안 했는지
폭폭 썩는 새우젓 냄새가 진동을 해여. 허리힘 좋다는 나도 그년 요
분질에 장단 맞춰 죽자살자 떡을 치이 무르팍이 다 까지고 새북닭 우
는 소리가 들리더라. 내 기마이 쓴다고 춤지 몽땅 털어 한 달 벌이를
해웃값으로 찔러줬어여." 장돌뱅이들이 탁배기 한 사발에 눈두덩이
젖어 이런 잡소리라도 풀어낼 때, 그 귀동냥이야말로, 나도 가난의
때를 벗고 세상 천지를 날짐승처럼 저렇게 하염없이 떠돌아다녔으면

하는 바람을 겨드랑이에 날개로 달았을 터이다. 유랑 근성의 떠도는
장돌뱅이 세계를 통해 웅장한 민중사를 탁월하게 재현한『객주』가 그
런 연유로 하여 태어났고, 소년기 진보장터 저잣거리의 체험이 육순
에 이른 아직도 그 시절 술방 툇마루 끝에 놓였던 오줌동이의 버캐처
럼 남아, 지금 낙양의 지가를 올리고 있는 모 일간지 연재물『아라리
난장』또한 강원도와 경상도 지방의 떠돌이 장꾼들 세계의 질펀한 바
닥 이야기이다. 중편「아들의 겨울」『천둥 소리』를 비롯해 형님의 많
은 단편소설까지 장터 또는 저잣거리가 주무대로 제공되는 소이가
헐벗고 자란 소년기에 진보장터 저잣거리를 싸돌며 얻었던 들거리
볼거리에서 연유한다. 이 점은 전쟁 와중에 가족과 헤어져 장터 저잣
거리 술집에서 더부살이하며 보낸 내 소년기와 일치하니, 내 소설 역
시『불의 제전』『바람과 강』을 비롯하여 절반 이상이 그 무대가 장터
에서 시작해 장터에서 끝난다. 같은 대학 후배로 비슷한 성장기를 거
친 송기원의 소설에서도 그런 예를 볼 수 있다. 토마스 만의『부덴부
로크 집안』의 뤼베크, 조이스의『더블린 사람들』의 더블린, 프루스트
가 어린 시절 여행한 콩브레가 무대가 된『잃어버린 시간을 찾아서』
의「스완네 쪽으로」, 포크너는 어린 저부터 죽을 때까지 살았던 미국
남부 미시시피 주 옥스퍼드를 요크나파토퍼란 가공의 무대를 통해
고향 사람과 선조의 개척자적 삶을 그렸고, 카뮈의『이방인』『페스
트』의 무대인 알제리가 모두 그 작가의 소년기 체험 장소이며, 그 무
대가 자신의 문학적 뿌리가 되었다.

III

「외촌장 기행」이란 단편소설은 형님이 1982년『문예중앙』봄호에
발표한 작품이다. 대형 작가의 대형 작품이 아닌, 이 짤막한 단편을
나는 비평가 측면이 아닌 동업 소설가 입장에서 이해에 접근해보려
한다.

이 소설은 5일장이 서는 오지 마을로 공무 출장을 나간 '나(민세

310

철)'가 하룻밤을 유숙하려 여인숙을 찾아들었다가 우연히 방안에서 들려오는 남녀의 대화를 엿듣는다. 작부로 짐작되는 여자가 방을 얻어 살림을 하자고 야바위꾼 사내를 조르고, 시골 장터를 떠도는 야바위꾼은 "나는 한곳에 열흘만 눌러살아도 내장이 뒤집히는 백수건달"이라고 흰소리 친다. 둘은 대낮인데도 한바탕 떡을 치고, 남자가 곯아떨어지자 여자가 방을 나서다 마당에서 서성대는 민세철을 본다. 여자는 술을 마시자고 민세철을 유혹한다. 둘은 대낮에 주막으로 가서 술을 마신다. 인생 밑바닥 생활에서 익힌 야비한 말씨로 치근덕대며 찍자를 붙는 분옥이란 여자는, 여섯 달 전만 해도 자신이 여선생 출신이라고 능청스레 거짓말을 둘러대기도 한다. 분옥은 건전한 생활인인 민세철에게 자기와 함께 이곳을 탈출하자고 추근댄다. 탈출해봐야 십리를 못 가 발병나듯 야바위꾼에게 다시 붙잡힐 줄 뻔히 알면서도 여자는 여기를 떠나 살림을 차리자고 민세철을 계속 조른다. 천박하지만 순진한 데가 있는 여자에게 동정심 반의 묘한 매력을 느낀 민세철은 그녀의 방랑기(바람기)를 돕기로 하고 함께 길을 나선다. 신작로를 따라 삼십 리 좋이 밤길을 걸을 동안 둘은 한데에서 간단한 정사를 치르고, 장터가 있는 삼거리목 주막에 쉴 방을 마련한다. 불을 끄고 나란히 누운 지 한 시간쯤, 바람결에 자동차 멈추는 소리가 들리더니 야바위꾼 일행이 들이닥친다. 야바위꾼은 둘이 누워 있는 방문을 벌컥 연다. 야바위꾼은 "하룻밤 풋사랑인 그 작자와 사글셋방 얻어 살림을 차려보았자 네년은 열흘도 못 박혀 살 거라"며 분옥이를 타박한 뒤 시걸이란 동패 약장수에게 민세철을 내치게 한다. 민세철은 그 방에서 쫓겨나 다른 방에서 잠을 자고 이튿날 장터로 나가보니 약장수패와 함께 분옥이가 노래로 장꾼을 끌어모으고 있다. 분옥은 민세철을 보고, 내가 당신에게 언제 마음 주었냐며 딴전을 피운다. 민세철은 읍내로 갈 버스를 만나면 타기로 하고 신작로를 걷는데 뒤쪽에서 트럭이 온다. 그가 편승을 하러 손을 흔들어 트럭을 세우자 운전사는 곧장 읍내로 가지 않고 중간에서 서너 시간 쉬었다 간다고 말한다. 운전사 옆자리에는 운전사의 허리를 끼고 분옥이 태연하게 앉아 있다. 야바위꾼이 낮잠을 자는 사이 그녀는 십리도 못 가 발병날 탈출을 또 감행하는 참이다. 소설은 여기서 끝난다. 원고지 1백 매 안쪽의 이 소설은 형님의 대하소설들 못지않게 김주영 소설 미학의 여러 특장을 함축하고 있다. 한마디로 가장 김주영다운, 김주영이란 작가만이 쓸 수 있는 김주영 문학의 백미라 일컬을 만하다.

첫째, 분옥이란 여자의 성격 창조이다. 분옥은 '대꾸보꾸' 심한 가파른 인생 역정을 거쳐왔다. 청량리 오팔팔 출신답게 정조 개념이 전무하고, 뱉는 말은 거짓말투성이고, 그 말투는 상스럽고 닳아빠졌다. 그녀는 주인한테 버림받아 떠도는 동네 암캐처럼, 입에 달고 사는 '씨발' 그대로, 아무한테나 아무렇지 않게 가랑이를 벌린다. 딱히 금전적 이익을 목적으로 하지 않는 점에서 나사가 빠진 여자이다. 점잖지 못한 사람 안목으로 보아도 한참 쉬어빠진 말자 인생이다. 그러나 묘하게 읽히는 점은 그 여자가 조금도 밉지 않은 백치미의 천진성을 간직한 사랑스러운 여자라는 데 있다. 그 점은 그녀가 피폐한 삶일지언정 이에 질밍하기나 괴로워히지 않고 매사를 나천적으로 소화해내는 선천적 순량함과, 비록 인생 밑창을 떠돌지만 꿈을 잃지 않고 있기 때문일 것이다. 찢어지게 가난했을망정 순진했던 소녀 시절 그녀의 꿈은 학생들을 가르치는 여학교 선생이었다. 제대로 배우지 못했기에 여학생은 선망의 대상이었고, 그 선망이 여학생을 가르치는 선생으로 비약했던 것이다. 집 떠난 뒤 끊임없이 떠도는 역마살의 팔자지만 그녀에게 또 다른 꿈이 있다면, 가정을 갖고 싶다는 욕망이다. 장터 여인숙으로만 떠돌게 아니라 사글세일망정 방 하나 얻어 살림 차리고, 오랜 세월 얻어만 먹어온 찬밥 신세라 음식 솜씨는 자신 없지만 된장찌개 보글보글 끓여놓고 벽시계 쳐다보며 늦은 밤까지 서방 기다려봤으면 하는 희망이다. 그녀가 당면하고 있는 처지나 품성으로 보아 실현 가능성은 별로 없지만, 그 이룸의 가부를 떠나 꿈을 가꾸는 마음만은 아름답다. 사내가 오입질 일삼고 마누라 패기를 장작 패듯 하든, 일정한 수입 없는 백수건달이든 방 얻어 살림만 차려준다면 원이 없다는 그 소박한 희망이야말로, 따뜻한 가정을 가져본 적 없이 성장한 분옥의 유일한 바람이다. 그런 마음을 가졌기에 분옥은 미워할 수 없는, 사랑스러운 여인이다. 행간 사이 많은 생략의 묘미를 살려 그런 여주인공의 성격을 형상화하기란 동업자 입장에서 주위를 둘러보아도 그 예가 쉽지 않다.

둘째, 내가 주목한 점은 분옥의 기둥서방인, 그 역시 말자 인생으로 시골 장터를 떠도는 야바위꾼의 협협한 성격 창조이다. 민세철이 그의 직업을 꿰뚫어보았듯, "지금이 어떤 시절인데 아직도 그 케케묵은 야바위판을 가지고 섭생을 도모하자는 것일까" 할 정도로 야바위꾼은 머리가 모자라 보이는 딱한 위인(爲人)이다. 그러나 민세철이 짐작했듯 그는 "분명 실성한 녀석이 아니면 바보" 또한 아니다. 야바위꾼 자신도 '촌놈들이 서울 가서 코 떼어올' 정도로 시골 사람들도 이미 야바위의 속임수를 알고 있음을 장본인 역시 간파하고 있다. 그럼에도 그가 그 잣다라운 직업 같잖은 벌이를 놓지 못한 채 시골 장터로 떠도는 이유는, 가정 없이 홀홀 유랑천지하는 인생살이에 자못 달관된 낙천성에 기인한다. 유유상종이란 말대로 그런 점에서 분옥과 사사건건 티격태격하지만 삶을 바라보는 그의 여유로움과 둘의 낙천성이 조화를 이루어, 분옥이가 한사코 탈출을 시도하지만 둘은 젓가락처럼 다시 만나 욕설 섞어 입씨름을 하다 곧 히히덕거리며 떡치기를 한다. 야바위꾼의 낙천성과 협협함은, 이 소설의 클라이맥스라 할 분옥이와 민세철이 삼거리 주막에서 동침을 하다 야바위꾼에게 발각당하는 장면이다. 명색 서방으로 자처하는 자가 불쑥 나타났으니 독자는 누구나, 민세철이 이제 초주검을 당하겠구나 하며 긴장하게 마련이다. 약삭빠른 독자는 민세철이 코피깨나 터지고 북어포가 되도록 얻어맞은 뒤, 남의 아내와 통정을 했으니 쇠고랑을 채우고 임자 엄처에게 사실을 폭로하겠다는 야바위꾼의 엄포에, 적잖은 돈을 화해조로 내놓게 되는 결말쯤을 예상하게 마련이다. 한술 더 떠서, 탈출을 핑계로 민세철을 유혹한 분옥이도 알고 보니 야바위꾼과 미리 짜고 유혹에 나섰으며 그 짓을 벌였다는 소설의 상투적 반전쯤 짐작함이 당연하다. 그러나 야바위꾼은 "야, 이 새캬. 싸게 나가버려, 이럭하고 밤새울껴? 이봐 시걸이, 이 새끼 밖으로 꺼내" 하는 정도로 사태를 아주 우습게 수습하고 만다. 세상 밑창을 핥아온 사기꾼인 야바위꾼으로서 그 관용이 독자에게는 한편 의아스럽기도 하지만, 이는 어디까지나 분옥이가 입에 달고 사는 오늘의 알량한 '지성인'(작가의 의도적인 비꼼을 암시하고 있지만)의 선입관일 뿐, 하층민 세계는 오히려 배운 자의 간교나 배금주의를 초월한 관용의 대범함이 있다는 작의를 읽을 수 있다. 민초의 건강성을 이렇게 절묘한 반전을 통해 그려 독자의 허를 찌르는 소설을 독서가 짧은 나이였지만 일찍이 보지 못했다.

셋째, 분옥이와 야바위꾼의 시시콜콜한 대화를 통해 드러나는 해학성과 유머야말로 그 방면의 재주와 입담이 탁월한 이문구와 쌍벽을 이룰 만하다. "자기, 날 그렇게 쫑코 줘야 돼?" "쫑코 좋아하네. 니 딸지니 내 딸지에 쫑코 주면 뭘 하고 배반한들 상처입고 자시고 할 게 어디 있겠냐? 눈이 맞으면 그게 사랑이고 헤어지면 또한 무상인데." "자기 정말 너무너무 철학적으로 나올래?" "이것아 담배 좀 작작 피워." "자기 철학할 동안 잠깐 한 대 피는 건데 어때." "철학하고 담배하고가 무슨 상관 있다고 철학할 때마다 피워 조지는 게여?" "방도 못 얻어주겠다. 배반도 자기 맘대로 해야겠다. 신물나면 그만두겠다. 그럼 난 뭐야." "넌 언제부터 담배질이었냐?" "배반이란 두 글자 알고부터." "그래, 그 배반 가르쳐준 게 사내임이 분명한데, 또 사내에게 매달려서 이 지랄이지. 모르고 덤벙대면 떡이나 주지." "떡은 내 꺼지 자기 껀가 뭐." 싸가지 없는 두 남녀의 어투와 표정이 눈에 선히 잡히는 장면이다. 그러나 내가 읽을 때는 선남선녀의 그 격의 없는 그 대화가 미소를 머금게 한다. 분옥이 민세철과 이불 속에 함께 있다 야바위꾼에게 들키자 그 기둥서방을 보고 말하는 장면 또한 그렇다. "바람벽에 기대고 천장만 물끄러미 바라보며 사추리를 벌리고 앉았던 그녀가 느닷없이 손뼉을 치면서 말했다. '우리 술 한잔 해.'" 그 살얼음판 딛는 분위기에 그녀의 뜬금 없는 그 말 한마디가 독자의 홍소를 터뜨리게 한다. 마지막 장면의 처리 또한 김주영 특유의 그 능숙한 시침떼기가 가히 한 경지에 이르렀음을 입증한다. 빈 트럭에 분옥을 태우고 가는 운전사가, 가다 서너 시간 쉬어갈 거라고 말하자, 민세철이 확인하듯 묻는다. "서너 시간을 쉬어요?" "예. 서너 시간요." 다음 뒷설명은 작가가 의도적으로 감추었지만, 그 서너 시간이란 민세철이 그렇게 당했듯(?) 둘은 어느 여인숙에서 떡을 칠 게 분명하고, 분옥은 다시 젓가락 만나듯 야바위꾼을 만나 담배질하며 '배반' 하지 않은 서로의 관계를 확인할 것이다.

IV

　작가는 곧 삶의 관찰자이고, 삶의 관찰이란 삶이란 진흙밭에 몸 담그고 사람과 사람 사이에서 부딪치는, 사람의 관찰이다. 앞 단편소설에서 살펴보았듯 형님 소설의 분옥과 야바위꾼은 우리가 일상 이웃으로 만날 수 있는 민초이지만 아무 작가나 끌어들여 형상화하기 힘든 살아 있는 인물이다. 물론 장터 저잣거리에서 성장하며 그곳에 모여드는 뭇 장사꾼을 관찰하며 얻은 소산이겠지만, 나 역시 장터 저잣거리에서 자라며 그런 마음 넉넉한 위인을 숱해 만났건만 내 손에 익어 소설 속에서 태어나지는 못했다. 이는 한 떡판에서 찍어내도 모양은 같을지언정 떡 만드는 솜씨에 따라 맛이 다른 이치와도 같다. 형님은 그 풍골이 북방 민족 전형의 몽골리언 골상이다. 키가 크고 어깨가 넓고 군살이 없으며 허우대가 실팍하다. 말 채찍 휘두르며 거친 사막과 초지를 누비는 유목 민족의 후예답게 형님은 풍골만이 아니라 성격 또한 잘지 않고 호방하며 대범하다. 스스로가 말했듯 "나야말로 길귀신에 씌었다" 했으니, 이도 다 형님 가계의 뿌리가 우리 민족이 남진하여 반도땅에 정착한 뒤 농경 민족으로 순화되기 이전, 유목민에 그 체질이 닿아 있는 순종이기 때문이리라. 말로 치면 종마이고, 이 시대에 종마를 닮은 순수한 혈통을 만나기가 쉽지 않다. 그러나 섬세하지 않은 자가 어찌 소설가가 되리오마는(『홍어』에서 보여주는 깃털 떨어지듯 내리는 눈 오는 정경의 미세한 묘사력을 보라), 형님은 그 섬세함 속에 대륙적 기질대로 주위 사람을 넉넉하게 아우르는 포용력이 있다. 사람됨됨이나 문학 세계가 그릇으로 치면 청자나 백자의 문양 세련된 기교 이전의 질박한 막사발 같다. 막사발이야말로 기층 민중의 대표적인 식기가 아닌가. 배부르고 속 넉넉한 그 막사발만큼 형님 또한 마음 용량이 크다.

내가 어쭙잖은 이 글을 쓰는 어스름녘에도 형님은 부지런함도 천성이라, 사무실에서 나처럼 노트북 펴놓고 시골 '난장' 풍경을 화면에 새겨넣고 있지 않다면, 저 몽고에서 발원하여 내리치는 북풍에도 아랑곳하지 않고 길가방 꾸려 지금쯤 동해안 어판장이나 경북 내륙 고추·마늘장판을 누비며 이 나라 민초들의 애옥살이를 꼼꼼하게 살피고, 그들과 함께 막사발로 권커니작커니 탁주를 마시며 흘러간 유행가 가락이나 세상 이야기를 농익게 나눌 게 틀림없다. 형님은 대인이기에 사람 볼 줄을 알고, 사람 보는 안목이 대인이기에 사람 됨됨이의 그 속내를 깊이 읽어, 남들은 허섭쓰레기로 보아넘길 장터 저잣거리의 분옥과 야바위꾼을 야성적 생명력이 넘치는, 그러면서도 가식 없는 순정적 인물로 의젓하게 격상시켜놓았다. 서로가 시골 저잣거리에서 가난하고 외롭게 자란 장남으로서, 얽히고설킨 전생의 인연 또한 그러하다 보니 형님은 늘 나를 친동기간처럼 자상하게 대한다. 그러다 보니 나는 주영 형님에게만 각별히 '형님'이란 호칭을 쓴다.

자아 붙들기와 자아 떠나기의 세월

정 현 기

Ⅰ. 가을 들판에 핀 코스모스 대궁처럼 키도 눈도 큰 사람, 슬픔이
한 댓 말쯤 가슴속에 있어서 늘 남에겐 착하게 뵈는 사람 이야기

1989년 10월 어느 가을날이었나. 이미 꽤 세월이 간 어느 날 나는
원주에서 학교 퇴근 버스를 타고 노곤한 몸을 등받이에 기댄 채 서울
집으로 오고 있었다. 한 주일 동안 짊어져야 할 몫의 일(?) 반을 내려
놓고 이제 황량한 시멘트 도시이지만 둥우리로 틀어놓고 있는 가정
으로 나는 몸을 부리러 오고 있는 것이다. 이미 저녁 땅거미가 지기
시작하는 시각이어서 마음이 저절로 스산하고 으스스했지 아마? 5시
10분에 원주군 매지리 캠퍼스에서 출발하는 차니까, 일산동 의대를
들러 원주 톨게이트를 지날 때쯤이면 어김없이 땅거미를 만나는 저
녁 시간이 된다. 분명한 늦은 가을이었을 테니까.

조그맣게 틀어놓은 라디오에서 무슨 말들이 흘러나오더니 어쩌다
내 귀를 찌르는 말이 툭 튀어나오고 있어서 나는 비스듬히 등받이에
누였던 몸을 일으켜세우며 옆의 동료 교수에게 물었다.

"저거 무슨 소리죠? 작가 김주영 절필 선언 어쩌구 하는 저 얘기 뭡
니까?"

"글쎄 그게 무슨 소리죠? 작가가 절필한다는 건 글을 안 쓴다는 얘
기 아녜요? 그분이 왜 그런 선언을 했을까요? 선생님은 그분 잘 모르
세요?"

모르다니! 그때쯤 나는 작가 김주영과 인간 김주영을 합해서 그의
껑충한 허우대와 맑고 박(樸)한 성정, 마치 초등학교 5학년짜리 같은

씩씩한 소년티를 늘 옆구리에 달고 다니는 소탈한 태도에 매료되어
마음을 빼앗기고 있던 때였다. 열흘 전쯤 만나 떠들고 노래하며 놀
때에 그런 티라곤 조금도 없던 그가 별안간 절필 어쩌구 하다니! 그
사이 어떤 일이 있었을까? 조바심치며 나는 김주영 형을 생각하고 또
생각하곤 했다. 김주영! 그는 과연 누구였지? 그의 초기 대표작으로
읽었던 「아들의 겨울」 속에서 기억나는 것은 무엇이었더라?

　　내게 어머니란 사람이 존재하고 있다는 사실이 전연 놀라운 사실로
받아들여졌다. 그 놀라움은 다행스럽다는 감정과 은연중 맞잡혀 있었
다.

　　맞다. 그는 자기 존재 실현의 한 행보로 멀리 있는 어머니를 끊임
없이 자기 앞으로 당겨들이는 힘겨루기를 그친 적이 없는 작가다. 투
정부림이며, 심통부림, 엉뚱한 행동으로 어머니 마음을 때려 도전하
는 식의 힘겨루는 작중인물들을 그의 작품들 도처에서 나는 보아왔
고, 그들이란 눈도 크고 허우대도 크며 그 큰 것들에 비례한 만큼의
빈 마음의 동공과 슬픔을 지닌 작가이며 자연인인 김주영의 변형된
모습들이 아니었던가? 그가 글쓰기를 멈추겠노라고? 짓궂은 장난질
이 발동한 것이나 아닐까? 그의 눈웃음은 그 큰 허우대에 설낮게 장
난기로 가득 차기 쉽고 행동 역시 막힘이 없어 마치 장난꾸러기 골목
대장이 마을 아이들을 몰아놓고 날치던 그런 천의무봉한 생짜 사내
로 나는 그를 좋아했드랬는데…… 만나보면 자연히 알게 될 건 알게
될 테지. 그런데 이어진 방송에서는 그를 찾아낼 방도가 없어 종적을
감춘 것으로 설명하고 있었던 것 같다. 설마?
　골목대장이나 도부꾼 행수들이 아무리 심기가 불편해 잠시 짚신
끝을 감추겠다 해도 가까운 끄나풀 몇과는 종적을 이어놓게 마련이
다. 그는 아직도 나의 골목대장이며 말로 글로 도부치는 한 글판의
의연한 행수가 아닌가? 짚이는 바가 있어 다음날 서울에서 그에게 전

화하니 덜커덕 통화가 되어 대뜸 무슨 일이냐고 대들며 물을 수밖에.

"형, 뭔 일이여?"

"그게 무슨 말이여?"

"시침떼는 거여? 절필 선언 어쩌구 한 거 말여?"

"아하 그거, 이히히시시! 신문들 봤구먼?"

"신문들? 신문은 못 보고 라디오 들었지. 그거 쑈요 뭐요?"

"쑈? 그게 아니라 말다. 거기 어디가?"

그는 펄쩍 뛰며 장삿속 쇼가 아니라는 점을 명백히 내게 전달하고 있었다. 그의 속마음에 가득 찬 슬픔 아니 설움이 내 마음으로 전해지면서 그런 시시한 얘기로 우리의 시간을 나는 축내고 싶지 않았다. 우리는 여전히 골목대장들이었고 그래서 마음속의 아픔이나 설움을 눈웃음으로 전달할 수 있었고 술잔 권하기와 농담으로 서로 마음의 옷을 벗기며 낄낄거려 우는 법을 터득한 아이들이었다. 60년대의 저 도도한 작가 김승옥(金承鈺)도 소설다운 소설쓰기로부터 슬쩍 물러나앉았으면서도 쓴다 만다 말 한마디 안 던진 폭이고, 70년대 소설의 영웅 조세희(趙世熙)도 꿀먹은 벙어리처럼 사진 찍으러 다닌다는 소문만 뿌리고 있고, 60년대의 전사 최인훈(崔仁勳) 선생을 봐라. 그들이 어디 글 안 쓴다고 신문 방문에다 고래고래 악쓰거나 숨어 눈물 훔치듯 청승을 떨고 있나?

우리는 즉시 만나 술잔만 넘기며 여전히 푸짐한 육담과 농담으로 글 도부꾼 의리를 확인했고 낄낄거렸으며 노래불렀다. 1991년 2월쯤엔가 『문학정신』에서 마련한 정식 대담 자리에서 우리는 다시 만나 또 그 얘기부터 시작하게 된다. 사석 술자리에서야 골목돌이들끼리 어디 점잖은 사설을 늘어놓을 수 있나? 씩 웃으면 그뿐. 그러나 이렇게 넥타이 매고 무대 위에 서야 하는 자리에서 뭔가 근사한 얘기를 하지 않을 수 없다. 그의 얘기를 요약하면 이렇다.

하나, 한마디로 쇼할 생각은 전혀 없었다. 신문지상에 크게 떠벌려 자기만의 작은 심정이 확대 해석되기를 바란 적도 없고, 둘, 글쓰는

고통만이 특히 엄청나다는 것을 사람들이 알아주기를 바란 적도 없
다.

　결과적으로 그 얘기가 뻥 튀긴 것처럼 되었지만 그 왜 있잖아! 언론
매체의 요란한 소문 바람 말야. 긍정적이든 부정적이든 언론의 속성은
그렇게 떠들썩하게 돼 있지. 신문사 담당자와의 약속 역시 관심 있는
독자들에 대한 심경의 토로일 뿐이라는 단서를 붙여놨지만 소용없는
일이었고, 나로서는 계속해서 글을 쓰는 일에 난감하기 짝이 없는 자
기 암벽에 걸려 있었던 게 사실이었지. 그 속내를 풀어보자면 대체로
다음 세 가지 항목으로 요약할 수 있을 거야.
　첫째, 그때까지의 내 소설을 되돌아볼 때 너무 동어 반복이 심하지
않나 하는 자기 반성적 성찰. 비슷한 주제와 스토리들이 골격이 되어
모양과 빛깔이 다른 옷만 바꿔 입히는 안일한 글쓰기 매너리즘에 빠져
들고 있지 않은가 하는 위기 의식이 커다란 중압감으로 작용하였지.
둘째, 근 10년 간 계속해서 신문 연재소설을 쓰다 보니 나 자신도 모르
는 사이에 상업적 측면에 침식되어가고 있다는 경각심이 아프게 내 의
식을 두드렸고. 신문소설이 요구하는 반문학적 요소들이 작가가 은밀
하게 붙들고 있는 문학의 성채를 집요하게 허물어가고 있다는 인식이
절박했기 때문에 그 방어벽은 무조건 일단 쓰기를 멈추는 것이라고 판
단했던 거야. 셋째, 그 무렵 50대 초반의 정열로 힘들여서 『화척』을 연
재하고 있었는데 일 년 반쯤 써온 시점에서 확인해보니 내가 확보하고
있던 자료에 여러 가지 문제가 있다는 것을 발견했지. 예컨대 개성을
중심으로 한 지도라든지 관련 논문들이 너무 불충분한 논증으로 되어
있어, 소설로 힘주기가 무척 어렵게 되어 있다는 점을 북한 자료 개방
과 더불어 바로 깨닫게 되었어. 난감하더라고. 더 공부하고 보충하는
것은 나중 일이고 무조건 중단하는 결행이 내 작가적 양심에 부합된다
고 판단한 거야.
　이런 몇 가지 일을 통해 궁극적으로 도달한 나 자신에 대한 채점은

나의 작품에는 철학성도 사회성 및 역사성도 함량이 많이 부족하다는 깨우침에 이른 거야.

그가 『천둥 소리』를 집필하면서 그 작품의 배경이 되는 지역을 수십 번 찾아가 나무 한 그루나 집 모양새를 정확하게 그리기 위해 얼마나 철저하게 관찰하였고 작가 노트에 기록 점검하였던가를 잘 알고 있었던 나에게 그의 그런 태도와 말의 속뜻은 절실한 힘으로 전해졌다. 당시 그 대담에서 나는 내 방식으로 그의 소설 세계에 관한 논지를 폄으로써 그를 좀 무안하게 한 것 같지만, 사실 문학에 있어서의 철학성이란 무언가? 그리고 그가 그처럼 자책한 동어 반복성이란 또 작품 활동에 있어서 어떤 현상인가? 문학의 사회성은? 역사성은? 대담 자리에서 오히려 그 자신 자책하고 있는 자세를 반박하면서 그가 하고 있고 해온 것을 옹호하는 발언을 한 것은 그를 내가 쑥스럽게 하기 위해서 그런 것이 아니라 오히려 그가 아이다운 박기(撲氣)를 잃고 많이 교활하고 자기 분식에 넘치는 사람들의 문학적 분위기 조성에 침식되고 있지나 않나 하는 우려 때문에 그랬던 것이다.

그가 그처럼 집요하게 매달렸던 어머니에의 접근 노력과 자아 세우기의 해학적이기까지 한 초기 작품의 표현 방식들이 얼마나 치기만만했으며 그런 치기 어린 자기 찾기 과정을 거쳐 도달한 「불청객」과 『고기잡이는 갈대를 꺾지 않는다』에서 형상화시킨 어머니와 그 어머니가 양보하지 않으려는 삶의 태도는 아주 드높은 경지의 철학적 메시지를 함축하고 있다고 나는 읽었고, 「마군 우화」 계열의 사회 풍자적 소설들에서 보인 사회 구성 원리 검증은 그와 같은 치기 어린 눈, 교활하지 않은 아이의 눈이 아니면 읽기 어려운 세상 보기의 한 힘으로 나는 여태껏 파악하고 있는 형편이다. 그의 소설이 풍기는 매력은 바로 그의 그런 천진스런 어투에 있고, 눈 크고 키 크며 그 용량만큼 설움을 가슴에 품고 있어, 늘 외로운 자기를 가누기 힘들어하며 풀썩 웃고 남을 웃기는 천부적인 질박(質樸)함이 그의 문학적 원형질이라는 나의 느낌을 아직도 나는 지니고 있다.

II. 끊임없이 버리고자 한 자기와 붙잡아 내 것으로 하고자 찾아나선 자아의 경쟁 이야기

사람은 누구나 자기 자신이고 싶어하면서 동시에 자기 자신이 아니기를 꿈꾼다. 과연 어느 쪽이 더 강하게 자아 형성의 축이 되는지, 그걸 정확히 아는 사람은 없다. 그러면서도 우리는 어렴풋이나마 자아 속에 들어 있는, 버리고 싶은 자기가 있음을 느낀다. 그런 증상은 대체로 자기와 가장 가까운 혈족과 그들이 거느린 환경 거부하기부터 시작된다. 자기 기피증, 그 증상의 가장 큰 몫은 자기와 가장 닮은 부모로부터 싹터 있다. 김주영의 경우를 그가 한 이야기로부터 시작해보면 이렇다(이 부분은 『문학정신』, 1991년 2월호, pp. 14~32에서 다시 확인하며 옮긴다).

우리 어머니는 어릴 때 곱게 자라 두 번의 결혼을 하지 않으면 안 되었던 험한 세월을 겪었습니다. 지역적으로 보수성이 강했던 팔자를 고친다는 일이 은연중에 죄익시되는 풍토기 남아 있었습니다.
젊었을 때의 나는 그러한 어머니를 창피스럽게 생각하기를 넘어 저주하기까지 했습니다. 한 집안의 맏이로서 서로 성이 다른 형제와 함께 살아야 한다는 사실이 견딜 수 없었습니다. 그러자니 어머니가 끌어안고 있는 고뇌와 갈등에 대해서는 생각이 미치지 못하고 주위에 비치는 나의 모습이 어떠할까에만 신경이 곤두서 있었지요.

나이 오십 고개를 넘겨 자기가 누구인지 또 나와 남이 어떻게 다른 건지를 어렴풋이 분별하게 되어 자신을 역으로 비추어보는 눈도 생기게 된 다음 그처럼 벗어나고 싶었던 자기 조건이 지녔던 운명적이며 단 하나이고 그처럼 벗어날 수 없는 존재의 덫이 바로 자기 삶임을 깨닫게 된다. 철들 무렵인 것이다. 작가 김주영이 이제 그런 자기

이야기를 할 수 있었던 것은 그가 이제 철이 들었고 세상 물정에 눈이 떠졌으며 무엇보다도 존재의 자기 깊이를 측량하는 도량을 키웠기에 가능한 자기 고백이다. 그가 그런 도량으로 써낸 『고기잡이는 갈대를 꺾지 않는다』를 놓고 천재성 운운한 것은 그의 그런 세상 재는 눈과 그것을 세필 솜씨로 치밀하게 아니 치열하게 그려낸 솜씨를 보고 나서였다. 김승옥의 소설론의 핵심을 이루는 이른바 '사소함의 사소하지 않음'이라는 현실을 보는 수사적 눈뜸이 이 작품에 와서 비로소 철저하게 드러났다고 나는 파악했다. 예컨대 홀어머니 밑에서 배고픔을 견디며 긴긴 하루해를 넘기며 시간을 먹는 두 형제의 심정 묘사라든지, 그들 배곯이 아이들과 공생 관계를 이루면서 술밥을 지키는 술도갓집 일꾼이며 삼손이라는 별명으로 불리는 장사 장석도가 벌이는 생명놀이 규칙 묘사는 그야말로 절묘한 경지에 이르렀다고 나는 보았다.

뿐만이 아니다. 이 작품으로써 그가 성취한 내용은 비록 무식하고 가난하며 지지리도 복 없이 태어난 어머니라는 한 여인이 그런 자기 운명을 갈고 닦으면서 성취해보인 존재 값의 높이와 품격을 밝혀 찾아내어, 그녀의 인생에 임하는 자세가 경건한 자아 완성에 이르렀음을 입증해놓고 있다는 점이다. 그 여인의 눈 속에 비친 이 험악한 세계에 대한 자각은 철부지 어린 자식의 눈엔 결코 띄지 않은 어떤 것이었던 셈이다. 「불청객」의 주인공 여관집 노파는 이미 이 세상의 심상찮은 약육강식 논리를 꿰뚫어보고 있었고, 그런 양육강식의 밀림 속에서 육식 동물이 못 되고 채식으로 연명할 수밖에 없는 존재의 몸 낮추는 지혜를 알고 있었던 것이다. 그런 인물을 창조해낼 수 있었던 것은 바로 자연인 김주영이 벗어던지고 싶었던 자기 몫의, 또한 자기와의 끊임없는 힘겨루기 체험에서 얻어낸 작가 김주영으로서의 결과였던 것이다.

그는 그런 자기 껍데기를 벗기 위해 끊임없이 자기를 단련시켜왔던 것으로 보이는데, 그가 그런 자기 껍데기 벗기기라는 단련의 형식

으로 키운 것의 첫째는 자신 속에 들어 있는 벗어던지고 싶은 자아의
닮은꼴 사람들과 그들이 안고 사는 존재의 바닥을 열심히 작품으로
그려내는 일이었다. 「익는 산머루」 속에서 같은 여성이면서도 피붙이
의 보호와 사랑권에서 벗어나 여성에게 학대받고 천시되는 순덕이라
는 여인이라든지, 평생을 어떤 이유에선지도 모르게 남자 뒷바라지
나 하며 그들의 노리개이며 먹이로서 희생당하고 버림받는 「겨울새」
의 난옥이라는 여인, 그리고 「외촌장 기행」 속의 떠돌이 여인 분옥이
같은 여인은 작가 김주영이 자기 허물 벗기의 쓰라린 자기 요소를 확
인하려는 무의식적인 발현의 결과이고, 역으로 그가 내세워 주장하
고자 하는 "사람 사는 존재 값에 관한 문학적 사명의 실천"으로서의
한 틀이기도 한 것이다. 그는 수시로 말하곤 한다.
　"겉보기로 떠들썩하게 인생을 산 사람들만 삶을 산 것이고 그런 떠
들썩 인생꾼들 뒷전에서 숨죽이며 산 사람들의 삶은 삶이 아니고 이
른바 거창한 이름으로 들먹이곤 하는 역사와 무관한 그런 무가치한
존재들이란 말이냐? 웃기는 일 아니가? 실록에 오르고, 떠들썩하게
한바탕 소문날 일들 치르고 산 것들도 기실 별게 아닌 뻔한 인생들인
것으로 내겐 보이는데!"
　그의 소탈한 웃음 속에는 늘 저 잘났다고 나대는 사람들에 대한 눈
길 맑은 송곳이 있다고 나는 생각한다. 그는 천성적으로 남을 비웃거
나 멸시하는 말투를 쓰지 않는 사람으로 나는 보고 있다. 목청을 크
게 내어 웃는 헛바람 같은 그의 웃음 속에 그러고 싶은 묵직한 철퇴
가 있음을 내 안목으로 감식하고 있을 뿐, 그가 남을 비웃거나 멸시
하는 말투를 내뱉는 걸 나는 본 적이 없다. 그의 면전에서 행여 그런
꼴사나운 사람이 있을 경우 그는 상을 뒤집어엎거나 벌떡 일어나 옷
소매를 걷어붙이는 식으로 싸움을 걸면 걸었지 좀스럽게 뒷전에서
비웃거나 멸시하는 말투로 입을 비죽대지는 않는다. 그게 그의 통이
고 그릇이며 골목대장이며 글패의 한 행수다운 매력이다.

『객주』를 쓸 때에는 역사의 지평선에 떠올라 있는 인물, 왕조실록에 등장하는 인물을 통해 서사 구조를 풀어나가는 일을 과감하게 버렸습니다.

역사의 행간에서 이름없이 산 인물, 역사가 그 공식 기록에서 배제한 인물들을 통해 당대의 민중, 즉 보편적인 백성들의 삶에 응결되어 있는 시대사의 엑기스를 추출하려고 한 것입니다.

『장길산』이나 『토지』가 나오기 전에는 거의 없던 관점이지요. 그들이 얼핏 억압과 피해 속에 잠겨 역사의 전개 과정에서 소정의 역할을 수행한 것이 없어 보일지 모르지만, 그들이야말로 실상은 역사의 전면에서 누구보다도 치열하게 살아간 사람들입니다. 그러한 관점이 성립되고 소설로 구체화될 때 비로소 역사가 '미래를 비추는 과거의 거울'이 될 수 있다는 생각이었고, 그 생각은 지금도 변함이 없습니다.

어린 시절 저잣거리에서 자란 나의 체험이나 방황 및 여행, 그리고 떠돌이 소설들의 뒤끝에 『객주』가 놓여진다고 하면 이른바 '작가란 전적으로 자기 얘기를 쓰게 마련'이라는 평범한 문학적 진실의 맥락에서 자연스런 결과일 것 같군요. 그것이 직접적인 방식으로 말해지느냐 아니면 이른바 소설적 기교를 어떻게 부리느냐는 차이가 있을 뿐이겠지만 말입니다.

'자기 체험 얘기하기'라는 소설 수사론 기본 공식이 앞에서 얘기한 자기 속의 자기 벗어내기와 자기 확인이라는 두 축의 하나로서 자연스럽게 이루어진 것이다.

그런데 사람이 자기가 진짜 자기 아니라는 걸 증명하기 위해 그처럼 끊임없이 자기와 닮은꼴 사람을 찾아 그려내고 형상화한 것을 보고 누가 과연 그가 그 아니라고 할 것인가? 놀랍게도 우리는 그가 그처럼 벗어던지고자 애써 찾아 그려낸 그 그림에서 어렴풋이, 아니 오히려 선명하게 그를 만나게 되고 그의 진정한 초상을 보게 되지 않던가?

또 하나 진정한 자아를 찾아 확인하려는 형식으로 김주영이 한 행적 가운데 크게 눈에 띄는 부분은 떠돌이 행보식 여행이다. 고향이라고 하는 자아의 오랏줄에 묶인 삶이 견디기 힘겨운 짐이었을 때 자기 사는 곳 아닌 곳으로의 눈돌림은 거의 필연적(?)인 결과이기 쉽다. 그의 『고기잡이는 갈대를 꺾지 않는다』의 한 장인 「거울 위의 여행」의 소년 주인공은 이런 아이이다.

나는 정거장을 좋아했다. 하루에 한두 번씩 우리 고장을 지나가는 완행버스를 구경하려고 게딱지만한 매표소가 있는 정거장으로 뛰어가곤 하였다. 그때가 겨울철인 경우, 성애가 하얗게 낀 차창 안에는 다른 고장으로 가는 여행객들이 빼곡하니 들어앉아 있었다. 여행객들이 들어찬 버스의 승강구가 열리고 닫힐 때마다 퀴퀴한 승객들의 몸냄새가 더운 공기에 실려 밖으로 풍겨나왔다. 그들을 구경하려고 차창 아래로 가까이 다가서면, 자리에 앉아 있던 여행객은 눈자위를 삼엄하게 치켜뜨고 먼 곳을 가리키며 냉큼 물러나라는 시늉을 해보였다. 여름이면 연변의 짙푸른 백양나무 그늘이 드리워지기도 하는 저 버스의 창가 자리에 턱을 쳐들고 오만하게 버티고 앉아서 타관으로 떠날 수 있는 날은 언제쯤일까. 접근조차 손쉽지 않은 버스를 쳐다보면서 아우와 나는 버스가 떠날 때까지 정류소를 떠나지 않았다.

자아를 찾기 위해 자아와 가까운 것으로부터 벗어나기가 지금 자기 있는 곳으로부터 떠나는 것으로 될 때 그것은 자연스럽게 여행이 되고 떠돌이 행보가 된다. 작가 김주영 하면 으레 허름한 차림의 여행복을 입고 날아다니는 풀벌레나 새처럼 떠날 채비가 항상 준비된 상태로 찍은 사진들이 떠오르고, 그와 사귄 골목대장들쳐놓고 그와 여행 한번 같이 안 해본 사람도 드물다. 그의 그런 떠돌이 행적은 타관에서 만나는 사람들을 관찰하고 그들의 사는 낌새를 들여다보며 뭔가 자기와 닮은 것이나 혹은 특별나게 다른 것이나 없는가를 확인하는, 끊임없이 이루어지는 본능적인 자기 탐색과 무관하지 않음을 나는 안다. 그는 여럿이 모여 사진 찍고 어쩌고 하는 상식적인 여행객들과는 다른 떠돌이패의 한 사람임을 나는 믿는다. 그가 사진 찍는 기술도 상당한 경지에 있음을 나는 알고 있고 그가 찍은 사진들 내용도 오직 그만이 찾는 어떤 것에 초점이 맞추어져 있음을 나는 안다. 어느 해 고찰의 돌로 된 뜰에 박혀 있는 굵은 쇠고리를 열심히 사진 찍던 그의 얼굴에서 나는 옛날 어린 시절에 훔쳐보았던 소 백정의 표정 하나하나에 어린 진지한 삶의 값을 확인하려는 처절한 노력을 보았고 진한 외로움을 보았으며 "사나 자슥이 좀 큼직한 걸 두고 실랑이를 해봐야제. 이박우책이 뭐냐. 이박우책이" 하시던 그의 어머니 핀잔에 어깃장처럼 바로 그런 탐색으로서 큼직한 어떤 실랑이를 벌이고 있다는 느낌을 받았다. 사나이처놓고 해볼 만한 큼직한 게 과연 뭐였겠는가? 어머니, 그것도 자기 존재에서 가장 떼어내고 싶었던 어머니 눈 크기로 본 그따위 큰 일이 김주영에겐 부담이면서 동시에 해볼 만한 어떤 것이었을 것이고, 그것이 곧 자아의 실체를 찾는 일이며 삶의 본질을 꿰뚫어 남에게 알려주는 일이 아니었겠는가? 그는 지금도 열심히 무얼 찾아 틈만 나면 길을 떠나는 떠돌이이고 진실에 이르는 길을 사고 파는 도부꾼의 행수이며 자기 고향을 구심점으로 하면서 끊임없이 자기를 맴도는 존재의 맴돌이꾼이라고 나는 믿는다. 지난날(1991년 7월 3일) 나의 어머니가 돌아가셨을 때 나는 이 골목대장 김주영 형이 중국에 가 있을 것 같은 생각에 허전한 마음을 금할 수 없었다. 글꾼 골목대장들 가운데 김윤식 교수·김화영·김주연·김원일 이런 패거리들이 모두 프랑스인지 독일인지에 가 있고, 또 김주영을 필두로 하는 패거리들은 중국에 가 있었던 게 아닌가! 내 어머니 관은 그럼 누가 지켜주나? 떠돌이 형을 믿고 좋아했다가 빈 마음으로 스스로를 다잡고 있던 순간 어디서 큰 소리로 떠드는 소리가 나지 않던가? 그 눈 크고 키 큰, 슬픔을 댓 말쯤 가슴에 담고 있어, 늘 외로워 보이는 김주영 행수가 대장들을 거느리고 나타났다.

형식적 인사가 끝나자, 나는 물었다.

"중국에 안 갔었어?"

"거긴 왜 가나? 다른 애들 그거 헛거라! 내처럼 거기 첩이라도 있다
믄 모릴까, 그것들 가봐야 말짱 헛거라! 이히히시시!"

많은 문인 골목대장들이 없어 허전했지만 우선 이 큰 행수 하나만
이라도 남아 내 집이 떠나가라고 큰 웃음 소리로 내 슬픔을 달래주었
기에 나는 퍽 힘을 얻었다. 그는 분명히 내 어머니 돌아가신 자리에
서 말했다.

"내 어머니가 돌아가시면 크게 잔치를 벌이리라."

나는 그의 그런 말이 품고 있는 슬픔의 뜻을 안다. 그는 결국 자기
존재의 근원인 어머니와 다른 사람일 수 없는 존재이며 어머니의 사
는 신산함이 자기 존재에 값을 쳐준 큰 은혜였음을 알았던 것이다.
그 생애 처음으로 한길문학여행 길에 김주영의 어머니는 맑은 술을
담고 돼지를 잡아 글 골목쟁이들을 흔쾌히 대접했었다. 나도 동행했
다. 그때 비로소 김주영은 어머니를 찾았고 자아를 찾았으며 자기 값
을 적절하게 매기게 되었다. 나는 그걸 눈으로 지켜보았다. 이제 그
는 또다시 부지런히 길을 떠날 것이고 또 서울 동네에 와서는 골목쟁
이들을 모아 낄낄대며 노래부를 것이며, 무엇보다도 그는 이제부터
안정된 자기를 묵직한 추에 올려놓고 달아보는 작품을 써낼 것이다.
그게 나의 그에 대한 판단이고 느낌이며 믿음이다. 아니 기도라고 해
둬도 좋다. 그에게 있어 이제 절필 선언 같은 건 없을 것이다.

〔『작가세계』, 1991년 겨울〕

주영 형님과의 추억

이 동 순

벌써 이십여 년 전의 일로 기억된다. 1970년대 후반, 바람도 드센 겨울 안동의 하숙방에서 나는 등을 새우처럼 꼬부리고 지내던 우울한 하숙생이었다. 그해에 나는 도립 간호대학에 초임 교수로 가서 교양국어를 가르치고 있었다. 워낙 영세한 지방 공립 전문대학이어서 국어 과목 이외에도 교양국사, 교양한문, 국민윤리, 심지어는 잠시 강사가 출산 때문에 자리를 비운 가정학 보강까지도 도맡아 하는 어설픈 해결사 노릇을 하고 있을 때였다. 하루하루가 힘겨웠지만 미혼의 젊은 총각 교수가 한창 피어오르는 말 같은 처녀들이 득시글거리는 간호대학 강의를 맡은 것만도 황감스러워 공연히 배고픈 콧노래를 흥얼거리고 있던 무렵이었다. 어쩌다 들르는 도립병원장이 학장을 겸하고 있을 뿐, 나를 제외한 전체의 교수와 재학생이 모두 여성이었으므로 나는 당연히 그 학교의 남성용 소변기를 거의 혼자 독점하다시피 사용하고 있었던 것이다. 비록 하루하루를 청춘의 혈기로 우쭐거리고는 있었지만, 유신 독재 정권 말기의 가슴 답답함과 허탈감이 일상을 짓누르고 있어서 시를 쓰는 일이 말할 수 없이 고통스럽게 느껴졌다. 역사와 현실은 도대체 내가 살아가는 일과 서로 어떤 관계를 갖고 있는가? 나는 내 삶을 어떻게 주체적으로 이끌고 갈 수 있는가? 내가 문학을 통해서 역사와 현실에 과연 어떻게 참여하고 발언할 수 있다는 말인가? 대충 이런 유의 고민들이 가슴속 깊이 들끓으며 심한 무력감, 또는 자책감이 늘곧 언저리를 아프게 만들었고, 독한 소주라도 몇 잔씩 부어야만 다소간 진정되는 느낌이 들곤 했다.

이 무렵 나는 내 답답한 속을 문학적으로 한풀이할 수 있는 하나의
가상적 인물을 만드는 계획을 갖고 있었다. 그가 바로 내 첫 시집 『개
밥풀』의 후반부에 실린 장시 「검정버선」의 주인공 '길소개(吉小介)'
라는 인물이다. 나는 당시 백정이라는 신분의 존재성에 대하여 깊이
몰입해 있었다. 사학자 김대환 교수의 여러 논문들, 특히 백정들의
민권 운동이었던 조선 형평사(朝鮮衡平社)에 관한 기록을 구해 읽으
면서 유익한 관련 자료를 얻었다. 독재 시대를 살아가는 모든 민중들
이 봉건 시대 말기 백정들의 고단했던 처지와 과연 무엇이 다를 것인
가를 골똘히 생각하고 있었다. 그리하여 나는 나의 어린 시절 고향
마을 주막거리에서 보았던 백정 삼술(三述) 노인의 모습을 떠올렸고,
그에게 먼저 인사를 했다는 이유로 자기 조부에게 대꼬바리로 흠씬
두들겨맞은 조카 상은의 추억을 떠올렸다. 조카는 그때 서울 가서 중
학을 다니다가 방학이 되어서 귀향하던 길이었다. 나는 말하자면 삼
술 노인의 일대기를 장시로 써보려는 구상을 했던 것이다. 길소개라
는 가상적인 인물은 이렇게 해서 설정되었고, 그의 입을 빌려서 장시
「검정버선」의 아니리조가 서서히 전개될 수 있었다. 길소개라는 인물
은 말 그대로 '길 속에'서 비천한 땅벌레처럼 박대받으며 살아온, 그
러나 모진 생명력이 결코 끊어지지 않는 한 인간 존재의 함축적 표상
이었다. 이 작품이 계간지에 발표되고 물과 사나흘 성도 시났을까?
어느 날, 나는 학교의 연구실에서 한 통의 전화를 받았다. 경상도 억
양을 그대로 쓰는 목소리의 주인공은 특유의 남저음으로 느릿느릿
나에게 이렇게 말했다.
　"이번에 발표된 장시 「검정버선」을 잘 읽었습니다. 그런데 작중화자
인 길소개 노인을 좀 소개받을 수 있을까요?"
　나는 당장 난감한 심정이 되었다. 길소개 노인은 순전히 가상적 인
물이었고, 실제 모델인 내 고향 주막거리의 삼술 노인은 이미 세상을
떠나버렸으니, 자, 이를 대체 어쩐단 말인가? 나는 사실을 있는 그대
로 말했다. 목소리의 주인공은 다소 실망한 듯한 목소리가 되었지만

곧 안동을 한번 내려가겠다고 말했다. 그렇게 해서 우리는 그로부터 다시 한 주일 뒤 안동의 어느 작은 다방에서 처음으로 상면하였다. 그분이 바로 소설가 김주영 형님이셨다.

당시 주영 형님은 장편대하소설 『객주(客主)』를 구상중이었는데, 그 중심 인물의 하나로 백정 출신의 실증적 인물을 떠올렸고, 그 살아 있는 표본을 만나려고 애를 쓰는 듯하였다. 주영 형님과 나는 대뜸 안동시청 부근의, 꽁치를 구워서 왕소금과 함께 안주로 내어놓는 술집으로 가서 대낮부터 거나하게 막걸리를 마셨다. 성격은 참으로 소탈하고 꾸밈이 없는 분이었고, 우선 육척 장신의 잘생긴 이목구비가 퍽 인상적이었다. 한국 문학사에서 시인 임화(林和)도 인물이 워낙 잘생겨서 '조선의 발렌티노'라 불렸고 『상록수』의 작가 심훈(沈薰)도 인물로 둘째가라면 서러움을 느꼈을 테지만, 주영 형님의 마스크도 그들에 못지않는 보통 이상의 미남이었다. 임화·심훈이 미남인 덕에 영화 쪽에서의 활동이 있었다지만 주영 형님도 그 후 세월이 흐르면서 티브이의 각종 다큐멘터리 프로나 광고 방송에 출연하는 모습을 보면서, 사람은 역시 잘생기고 볼 것이라는 생각을 나는 하였다. 술집에서 형님과 대화를 나누면서 이것저것 형님에 대한 새로운 사실들을 많이 알게 되었다. 그 중에서 무엇보다도 내 가슴을 설레게 하고 자랑스럽게 했던 것은 형님이 나와 같은 대구농림학교 동문이라는 사실이었다. 물론 형님은 나보다 십 년 이상 연배의 차이가 나는 대선배이지만, 그 사실을 알고 난 뒤 웬일인지 주영 형님의 존재가 더욱 따뜻하게 친근감이 느껴졌고, 마치 다정한 집안 형님을 대하는 듯이 형님의 넓은 가슴에 와락 안기고 싶은 심정이었다. 비록 형님과 자주 상면할 기회가 많지는 않아도 문단에 고등학교 직계 선배이신 주영 형님이 계신다는 생각만으로도 마음이 든든했다. 형님은 또한 소설가로 출세하기 전 안동전매서에서 상당 기간 잎담배를 수납하는 공무원 노릇을 하신 적이 있는데, 당시의 경험들이 형님의 여러 소설들에 광범하게 반영되어 있는 것을 흥미롭게 읽었다. 그날 나는 주영 형님으로부터 형님의 문학에 관한 여러 가지 이야기도 많이 들었다. 형님을 만난 이튿날, 나는 형님을 따라서 경북 청송의 진보라는 곳에 있는 형님의 생가를 방문하였다. 당시 의성에서 활동하고 있던 젊은 작가 김호운(金浩運) 형이 함께 동행했던 것 같다. 장터거리에 초라하게 지어진 보잘것없는 그 집에서는 형님의 노모와 아우가 반색을 하며 뛰어나왔다. 아우님도 형님 못지않게 키가 겨릅대처럼 우뚝하였다. 형님은 고향집에 들어서자 곧 예전에 주무시던 그 작고 낯익은 흙방에서 길다란 신장을 대각선으로 눕히고 코를 드르렁 드르렁 골며 낮잠을 주무셨다. 형님이 주무시는 동안 나는 김호운 형과 진보 장터의 이곳저곳을 기웃거리고 어슬렁거리며 형님의 고달팠던 소년 시절을 떠올렸고, 또 성장기의 여러 다채로웠을 체험들을 형님의 문학과 관련지어서 이런저런 상상을 해볼 수 있었다. 「달맞이꽃」『천둥 소리』『홍어』 등등 김주영 소설의 저층을 이루고 있는 그 특유의 서민성, 일상적인 민중 언어에 대한 남다른 애착, 질박한 토양의 체취가 물씬 나는 입심 등등 이루 헤아릴 수 없이 많은 여러 장점들이 모두 경북 북부 지역의 토질 속에서 형성된 결실이 아닐까 한다.

그때 형님은 안동을 다녀가시고 얼마 지나지 않아서 이런 전화를 걸어주셨다.

"내 소설『객주』와 또 어느 단편소설 한 편의 중심 인물로 길소개(吉小介)란 이름을 좀 모셔다 쓸까 하는데 양해하시게."

나는 그때 제 작품의 주인공이 형님 소설에 들어가는 것은 영광이라는 뜻의 상투적인 대답을 했던 것 같다. 그런데 그로부터 이십여 년의 세월이 지난 후인 지난 가을 형님은 뜻밖의 반가운 전화를 주셨고, 이번에는 나의 작품 중에 안동 북문시장 장꾼들의 광경을 노래한 시 「장날」과 강원도 정선 아우라지 뱃사공의 집에서 하룻밤을 자면서 쓴 「아우라지 술집」을 신문에 연재중이신 소설 『아라리 난장』의 한 대목으로 쓰고자 하니 양해해달라는 뜻의 말씀을 하셨다. 나는 여전히 이십여 년 전 형님의 첫 전화를 받았을 때와 꼭 같은 대답을 하였다. 늘 미남 청년으로서의 이미지를 갖고 계신 형님이 어느 틈에 이순(耳順)의 문턱에 다다르셨는가? 더 연로해지시기 전에 주영 형님을 찾아뵙고 내 시의 인물과 작품을 빌려드린 턱으로 술 한잔 사달라고 졸라야겠다. 그리고 형님께서 앞으로도 계속 내 작품을 즐겨 인용하실 수 있도록 형님 마음에 드는 좋은 작품을 더욱 힘차게 써나가야겠다.

내가 아는 소설가, 김주영

김 정 환

I

　얼굴이 하나 있다. 아주 잘생긴, 탤런트 노주현 형용이지만, 시청률 전략상 미남 위주로 남자 탤런트를 뽑았던 그런 시절 미남 탤런트의 대표격이었던 그 노주현보다 훨씬 샤프하게 생긴 얼굴. 그 얼굴에 웃음이 번지기 시작한다. 처음에는 느리게, 그러다가 웃음이 제 자신을 참지 못하고 일순 웃음의 근육과 웃음의 눈 가장자리 주름과 콧날과 그 옆의 움푹 파인 부분과 실룩이는 입술, 그 모든 것을 웃음의 덩어리로 반죽하면서 아주 동그란, 평면도 입체도 아닌 웃음 자체의 순정한 동그라미를 그리고 사라지는, 그런 얼굴. 그리고 그 사실이 매우 흡족한 듯 키키킥, 그러다가 허어, 허어, 허어…… 박자가 일정하게 그리고 호탕하게 유지되면서 댓바람에 먼 길을 내달려온 풍모를 펼치는, 그런 얼굴. 그때 그는 물론 주석(酒席)의 여타 좌중도 어김없이, 그리고 남김없이 흔쾌하다. 그와 함께 술자리에 있는 것이 흔쾌하고 그 술자리가 시간 밖으로 이어질 것 같아 흔쾌하다. 그것을 확인한 그의 얼굴이 이번에는 매우 편안한 함박웃음을 머금는다.

젊었을 때는 그냥 그런가 보다 했었다. 그런데 나이들수록 김주영, 그를 자주 보거나 드문드문 마주치거나 상관없이 그 웃음이 매우 편재적(遍在的)이라는 데 나는 놀라고 그것이 그의 소설 문학을, 소위 대하역사소설조차 20세기 현대 문학이 달한 어떤 경지와 일맥 상통케 한다는 것을 다시 놀라움으로 깨닫곤 하는 것이다.

절묘한 육담(肉談) 뒤에 터지는, 모든 것을 포괄하고 긍정하는 위대한 웃음. 그의 소설 문학은 바로 그것을, '대하소설'이라는 형식적 규정을 넘어 미학적 본질로 갖고 있다. 그렇게 보면 평론가와 친한 편이고 '잘 나가는 작가'인 그도 문학적 평가 면에서는 오해로 인한 외로움의 덫을 빠져나오지 못했다는 뜻인가. '대하소설'로 상을 받으면서 '좋은 단편을 기대한다'는 '심사평'을 듣고 그가 기분이 몹시 상했을 거라는 생각을 한 적이 있다. 물론 그가 그런 내색을 한 적은 없지만.

나는 그의 문학을 '훌륭한' 단편 문학과 '읽을 만한' 대하소설류로 2분(二分)하는 기존의 평단 풍토가 너무 게으른 것 같아 화가 났던 것이다. 어쨌거나, 환갑 기념 글 모음집이라…… 출판사 청탁대로 '내가 아는 김주영'이라는 제목을 턱하니 붙여놓자마자 그의 얼굴, 얼굴의 착한 웃음, 착한 웃음의 모찌떡 같은 동그라미가 공(空)의 위력을 풍기며, 없는 그가 벌써 내 곁을 내 주변을 매우 일상적인 풍경으로, 푸근함으로, 늘 그랬다는 듯이 감싸안기 시작한다.

II

니, 그러다 망할래?…… 그와 안면을 트고 어느 정도 막말을 해도 괜찮겠다 싶었을 때(물론 내가 아니라 그가. 그분은 나보다 15살 위다.

334

존칭을 사용하는 경우치고 내용이 변변한 글을 별로 보지 못했다는 것이 내가 이 글에서 존칭을 생략하는 유일한 이유다) 그가 내게 처음 한 말은 그렇게 다짜고짜 단도직입적이었다.

86년, 아니 7년인가? 서울 도심에서 데모가 매일 도처에서, 요즘으로 치면 백화점 세일 때만큼이나 북적거리던 때였다. 나는 데모 대열에 변변히 끼지도 못하고 그냥 '자실'(자유실천문인협의회) 재정간사 일을 맡으면서 회비나 열심히 걷는 일로 운동권 의무를 때우던 그런 시절이었다. 그는 일정 회비보다 더 주겠다고 고집부리고 나는 회비 정도만 달라고 고집부리고, 당시 운동권 수금쟁이로서는 정말 믿지 못할 일이 벌어지던 와중이었다. 니 그러다 망할래?……

그런데, 그러나, 물론, 돈 얘기가 아니다. 글쟁이놈이 어영부영 단체일 하는 걸로 자족하고 글 한 줄 안 쓰고 청춘 시절 다 보내면 니 허망해서 어쩔래…… 그런 요지였다. 아니, 나는 더 뼈아프게 그 말을 들었다. 그렇게 망한 다음 하릴없이, 운동 때문에 그랬다고, 운동 탓이나 할래?…… 그의 말이 지레 그렇게 들렸던 것이다. 세월이 그런 걸 어쩌라구요, 그러다 말겠지요…… 충격도 수습할 겸, 나는 그렇게 데면데면 얼버무리려 했을 게다. 그러나 그는 수습할 시간을 주지 않았다. 다음 말은 더 놀라웠던 것. 잔소리하지 말고, 내 사무실 넓은데, 방 하나 줄 테니까 틈날 때 챙겨서 글 쓰고 공부나 해…… 그는 그렇게, 다 결정난 정도가 아니라 아예 명령조로 말했다. 그리고 의문 부호도 느낌 부호도 없이, 아주 편안하게, 덧붙였다. 니 그러다 망할래…… 그와 본격적으로 만난 것은 그렇게 순전 그의 배려 때문이었다. 그때 나는 그의 대표작 『객주』를 출판기념회 때 어영부영 참석했다가 술 한번 된통 얻어먹은 빚을 갚는 심정으로 대충대충 건너뛰며 읽고, 그 대신 대기업 사보(시인 이시영이 근무하던 쌍룡 사본가, 아니면 시인 황명걸이 근무하던 LG 사본가? 확실치 않다)에서 우연히 읽은 그의 '길'에 대한 짤막한 산문을 걸작시 한 편 만난 것보다 더 큰 충격과 감동으로 읽은 경험을 언젠가는 꼭 얘기해주리라 마음먹고 있던, 고작 그 정도밖에 그를 모르던 상태였다.

III

　아무리 생각해보아도 확실히, 나는 그의 기대에 걸맞는 문학인으로 성장하지는 못했다. 그러나 그와의 만남을 통해 내가 얻은 것은, 이를테면 모든 것을 운동 탓으로 돌리는 '울혈의 우매'에 대한 깨달음보다 더 근본적인 것이다. 이를테면 이런 일이 있었다. 그의 사무실, 그 안의 내 사무실(이라기에는 쑥스럽지만, 그 정도로 독립을 보장받았다는 뜻이다)은 정동 MBC 맞은편 옛 서울고교 자리 옆에 있었다. 건물이 번듯했고, 사무실은 더 번듯했다. 재벌 현대그룹 소유라 했다. 어느 날 내게 전화가 온다. 후배였다. 안부를 물으니까 8·15 해방 기념 대회를 구서울고 교정 자리에서 개최하려고 준비중이란다. 어, 그거 내 사무실 바로 옆이네? 그래, 시작 전에 들러라. 내, 밥 사줄게…… 나는 별생각 없이 그렇게 말했다. 그럴 때였다. 데모를 준비하는 사람과 사전에 점심 한 끼 같이했기로 별문제가 생길 것이 없는, 그럴 때. 나는 전화 건 사실조차 반쯤 까먹고 하던 일을 계속했을 것이다.

　그런데 난리가 난다. 후배 '들'이 떼로 몰려든 것까지는 좋았다. 그런데 이 '자'들이 이미 저질러놓은 짓이 정말 가관이다. 시뻘건 페인트며 스프레이 따위로 건물 외벽은 물론이고 복도와 계단에까지 피칠로 도배를 해대며 올라왔던 것. '물러나라' 투의 순한(?) 구호는 없었다. 벌써부터 어림 반푼어치도 없다는 듯이 모두 '○○○ 타도하자' '○○○ 자폭하라' 등 살벌하기 짝이 없는 구호와 '재벌 해체' '민중 해방' 등 전망에 관한 구호가 어지럽게 뒤섞여 있었다.

　아니, 이 사람들이, 아니, 이 사람들이…… 수위 아저씨는 얼굴이 사색으로 질린 채 그렇게 단말마의 신음 소리 비슷한 시늉만 하다가, 아차, 머쓱해진 후배들이 기세를 한걸음 뒤물리고서야 비로소 정확하게 나를 향해, 길길이 뛰기 시작했다. 당신, 당신 말야, 정말 이러

336

면 말야…… 그 말말고는 내 귀에 아무 말도 들어오지 않았다.

낭패감을 느낄 마음의 여유가 내겐 없었다. 모종의 운명에 대한 느낌 같은 것이 왔다. 벌판에서 가두(街頭)에서 아무렇지도 않게 외쳐지던 그 구호가 사무실 안으로 내화(內化)되었을 때, '죽이자'의 살기와 '민중 해방'의 전망이 한꺼번에 뒤엉키며 피칠갑의 난무(亂舞) 형용을 그려냈을 때, 80년대 운동은 실패하리라는 예감이 둔중하게 나의 머리를 쳤던 것이다.

나는 민주화 운동이든 민중 운동이든 노동자 운동이든 문구가 살벌해서는 안 된다거나 가두와 사무실에서의 쓰임새를 고려해서 '문체'를 선택해야 한다는 얘기를 하고자 하는 것이 아니다. 그 벽에 씌어진 가두의 내화 꼴을 보았을 때 어떤 진보의, 천박의 운명을 벌써 느끼게 되었다는 뜻이다.

IV

아픔을 통해, 심지어 증오를 통해서라도 전망은 넓어지고 더 과학적이면서 더 포괄적으로 발전해야 한다. 그런데, 그 거꾸로의 운명, 즉 아픔과 증오가 전망을 집어삼켜버리리라는 것을 나는 속수무책의 심정으로 예감했다. 자신이 무슨 말을 하고 있는지도 모르고 오로지 자기 목소리에 취해, 취함이 취함을 부르고 그렇게 집단이 질(質)의 차원에서 양(量)의 차원으로 '개떼가 되어 물려가는'(이 구호는 그 후 실제로 등장했다) 운명과 그것이 당연한 현실적 패배에 직면했을 때 그 취한 소리가 재빨리, 누구보다 먼저 맨정신을 차리고 운동 일체를 '취한 소리'로 몰아세우게 되는 변절의 미래가 나는 그때 매우 구체적으로 보였다. 그때의 내 심정에 사소한 낭패감 따위야 정말 가당찮은 것이었을 터.

어쨌거나 입에 거품을 문 수위 아저씨의 푸념은 계속되어 바야흐로 개새끼, 소새끼까지 치달을 태세였고 그런 난감한 상태에서 나를 구해준 것은 물론 김주영 그였다. 그만 하시오, 알았으니까…… 수위는 한풀 꺾이는 듯했고 그렇게 나는 황망중에도 한숨 돌리는가 보다 했다. 그런데 웬걸, 수위 아저씨가 오히려 한숨 돌리더니 아예 끝장을 보잔다. 아니, 선생님. 선생님이 속고 계신 겁니다. 이자는 빨갱이라니깐요. 선생님이 순진해서 속고 계신 거라구요…… '빨갱이'란 말은 사회주의자란 말과 다르다. 세상이 지금보다 훨씬 더 사상적으로 자유로워져도 '빨갱이'라는 말에는 그 단어가 도저히 객관적으로, 사회과학적으로 통용될 수 없게 하는, 이번에는 우익 쪽의 비이성적인 증오와 그로 인한 자체 살벌화 과정의, 아니 왜곡된 분단의, 증오의 정치 감정사(感情史) 그 자체가 담겨 있는 것이다. 그렇게 수위 아저씨는 비로소 피칠갑의 내 후배들과 대등한 차원에 섰고 나는 비로소 정신과 낭패감을 되찾았다. 후배들은 말 그대로 열혈(熱血). '빨갱이'라는 소리에 그들도 얼마든지 지금의 1보 후퇴를 2보 전진의 기회로 삼을 판이었다. 나는 이중으로 어쩔 줄 모르고 그, 김주영의 얼굴을 쳐다보았다.

V

그가, 그도 낭패한 표정을 굳히며, 말했다. 글쎄, 알았어 알았다니까…… 그때의 뭐랄까, '괴로운' 표정은 지금도 내 기억의 가슴속에 깊이 박혀 있다. 왜 그럴까? 나를 곤경에서 구해준 고마움, 그 에피소드만으로는 지금도 뚜렷이 생각나는 그 표정이, 표정의 항구성이 설명되지 않는다. 더 중요한 것은, '알았어, 알았다니까'의 그 각각을 끊어치지만 단락단락은 느리게 쌓아가는 어투. 그것은 위기를 모면하려는, 혹은 모면해주려는 부정=긍정 혹은 얼버무림의 어투가 아니고, 자기가 알고 있다는 사실을 자신에게 계속 다그치며 자기 가슴속에 영영 파묻는, 그런 어투였다.

그렇다. 나는 그때 그의 소설의, 아니 위대한 소설 문학의 미학을 또한 깨달았던 것이다. 그는 나라는 놈을, 고통을 포괄하듯이, 자기가 모르는 세상을 포괄하듯이 포괄하려 노력하는, 자기 자신을 시험

338

대상으로 삼는 문학적 생체 실험의 절정화(絶頂化)를 향해 스스로를 채근하고 있었다. '빨갱이'는 아니었지만 어설픈 사회주의자쯤은 된다고 자부했던 나는 그 일을 계기로 다소 미련한 공부를 시작한다. 나도 나 자신을 시험대로 삼고 싶었던 것. 예술가는 정치적으로 사회주의자일 수도 있고 아닐 수도 있다. 그러나 특히 소설가는 끝내 세상을 향해 자기 자신을 열고, 그때 자기 몸 속으로 들어오는 것들을 자신의 미학적인 개성으로 총체화하지 않으면 안 된다. 어떤 정치적 사회주의가 '소재상의' 좌우 선택을 강요할 때 예술가는 그 사회주의를 부정할 수밖에 없다. 왜냐하면 진정한 소설가 혹은 예술가는 포괄의 미학을 아는 자이며 그럴 때 그는 말의 진정한 의미에서 사회주의자다. 게다가 'must'(~해야 한다)가 없는, 자유한. 진정한 소설가―예술가를(단순한 구호적 옹호자로서가 아니라) 내용적으로 또 미학적으로 포괄하지 못하는 사회주의란 언어도단이다. 현대 문학―예술의 전위의 대부분을 부르주아지의 반동으로 몰아붙인 바로 그때부터 천박한 정치적 사회주의의 몰락은 이미 예감되어 있었다. 우리의 80년대는 그 실패의 역사를 반복―재현하고 있다…… 공부는 그런 방향으로 점차 결론지어졌다. 아니, 그 사건으로 인해 겪은 '충격의 결론'을 보충하기 위해 내가 공부를 했던 것인지도 모른다.

그렇게 하여 나의 사고는 사회주의적으로 더 깊어진 것일까, 아니면 사회주의를 벗어난 것일까? 어쨌거나, 그 후 소비에트 멸망이 왔고 예견된 것과 상관없이 그 멸망은 충격적이었지만, 나는 특히 성경과 마르크스 원전들을 이번에는 문학 작품으로 읽으면서 그 충격을 벗을 수 있었다. 그 후 나는 '좋은 일'(중심의 구축 대신 나는 이런 단어를 쓴다) 찾아주고 격려해주고 직접 할 일도 쩨고 쩼는데 남 잘못하는 거 잘못했다고 습관적으로 씹어대며 오히려 '잘못된 일'의 주가만 올려주는(왜냐하면 '잘못된 일'은 대중성, 혹은 잘 팔리는 데만 관심이 있지 자신의 잘잘못에 애당초 관심이 없는 법이고, 그래서 '잘못된 일'이다), 그리고 급기야 '잘못된 일'의 말석을 차지하고 마는 비평들을

싸잡아 시대착오적인 풍자 정신(김지하의 『오적』은 풍자 정신의 70년
대식 절정이며 완성이다. 그리고 그는 이제 풍자시를 쓰지 않는다)의
'작태'라고 부르는 버릇이 생겼다.

VI

  어쨌거나, 그 후로 그가 나에게 그 사건에 대해 재론한 적은 없다.
단 한 번 내가 지레짐작으로 그 일을 떠올렸던 적은 있다. 옛 서울고
교 동네 시절이 끝나고 그의 사무실이 동서문학사와 합쳐지게 되었
다. 내게 사무실을 내주기에는 다소 불편한 처지에 그는 놓였다. 나
는 그만만 해도 벌써 큰 은혜를 입은 터라 그에게 묻어서 다시 공짜
사무실을 얻을 생각은 꿈도 꾸지 않았다. 이사 며칠 전 그가 나를 모
처럼 자기 사무실로 부른다(사무실은 서로 붙어 있었고 그는 꼬박꼬박
점심때 밥을, 저녁때는 술을 권했지만, 그때말고는 내 '작업'을 방해한
적이 없다. 또한, 그는 글 쓰는 데 있어 샐러리맨처럼 일과 시간을 철저
히 지키는 사람이다). 이거 좀 보라…… 탁자 위에는 이사갈 사무실
배치도가 놓여 있고 그는 이곳저곳을 손으로 짚으며 말했다. 이 방은
너무 좁은데…… 커피 끓이는 방 정도쯤 되는데…… 거긴 출판사니
까 조용해야 하거든…… 그가 다시 모처럼 말을 더듬는다. 친구들이
계속 올 거면 이 방이 문 쪽에 가까우니까, 여길 쓰고…… 전 아무데
나 괜찮아요…… 나는 서둘러 그렇게 말했다. 그도 서둘러 말을 받았
다. 아이, 그게 아니라…… 이 방은 너무 좁은데…… 언제 친구들이
계속 올 것 같으냐? 아니면 여기다 석고보드를 쳐서 좋게 만들고……
첫 질문을 그렇게 어렵사리 한 후 그는 뒷 문장에서 곧장 사람 좋은
표정으로 내달았다. 그게 무슨 얘기냐, 그때 나는 후배들의 방문을
자주 받고 있었다. 민중문화운동협의회를 명망가 대중 단체에서 반
(半)합법, 그러니까 반(半)지하 프로(프롤레타리아가 아니라 프로페셔
널, 그때는 그게 그 얘기였지만. 그런데 낭패군…… 쓸데없이 어려운 얘
기 한다고 쫑코깨나 먹겠다) 조직으로 바꾸는 데 있어 특히 명망가들

을 설득하는 일에 총대를 메라는 요구를 나는 받고 있었다. "어떻겠
나?" 하고 그가 마지막으로 물었을 때 나는 "많이 올 것 같은데요"라
고 대답했다. 그는 그답지 않게 푸우, 한숨을 쉬었다. 할 수 없지……
그러나 그 말의 뜻은 내 생각과 전혀 달랐다. 그래도 손님인데……
문간방을 줄 수야 없지……

VII

그가 준 아담한 방 속에서 나는 정말 평론가 김현 표현대로 '행복
한 글쓰기'의 시절을 보냈다. 장소는 이태원. 그는 소문난 미식가다.
『객주』를 쓰느라 전국을 답사하다가 워낙 술 좋아하는 김에 안주 미
식가가 된 것인지 아니면 미식가라서 전국을 여행하다가 『객주』를 쓰
게 된 것인지 분간이 안 갈 정도다. 거기까지는 나도 익히 알 만큼 옛
서울고 교정 시절에 그에게 술과 밥을 무수히 얻어먹었던 터. 그러
나, 물경 이태원에서조차 어느 골목에 가면 어디에 좋은 한정식집(!)
이 있다는 것을 대번에 지목하는 데야 다시 한번 놀랄밖에 없었다.
그가 등장하면 술자리 좌중은 한꺼번에 안심한다. 우선 술값 걱정이
없어지고(그는 자기가 있을 때 남이, 특히 시인들이 술값을 낼라 치면
도무지 이해할 수 없다는 표정을, 심지어 불쾌하다는 표정까지 짓는 사
람이다. 신발끈이나 매지 않고…… 그렇게 말하는 그의 말투는 정말 퉁
명스럽다), 분위기가 한걸음에 유쾌해지며(그의 육담 혹은 농담은 그
방면에 다소 무딘 여성 문인, 이를테면 시인 최승자로 하여금, 농담 끝난
지 한참 뒤에, 혹은 며칠 뒤에 저 혼자 난데없이 폭소를 터뜨리게 만들
정도다), 그 속에서 그 자신은 물론 다른 어느 누구도 꼬장을 부릴 마
음이 어영부영 없어진다(이 '기록'은 최근, 대산문학상 수상 축하 뒤풀
이 자리에서 시인 박남철에 의해 깨졌지만, 그건 두 사람 다 특수한 경우
다. 부디 어여삐 봐주시기를). 다만 그는, 당연히, 고담준론(高談峻論)
을 싫어한다. 어쩌나 싫어하는지 그가 '이거 뭐야, 고담준론이나 하
고 말야……' 하고 모처럼 자리를 박찰 때면 '고담준론' 발음조차 매

내가 본 김주영 • 341

우 서투르게 일그러지다가 스스로 무언가에 짓밟히고 말 정도인데,
그가 정말 싫어하는 것은 이론이 아니고 상상력의 게으름이다. 그는
그런 식으로 자신이 소설가임을 선언한다. 그런 때 그런 방식으로만.
최고급의 룸살롱부터 모양새가 무척 허름한 선술집까지 그를 따라가
서 술을 얻어마셨던 곳은 정말 무수하고 천차만별이다. 그러나 대부
분의 술집 주인들은 그가 소설가라는 사실 자체를 모른다. 그렇게 보
면 이문구―김원일―현기영 등 우리 소설 문학의 위대한 50대를 구
축하는 작가들이 다 그렇다. 김주영이야 '칠성사이다' 텔레비전 광고
에 나오고부터 그의 (방송인) 신분을 숨길 수 없는 처지로 되었지만,
나는 그런 동화되는 성향이 소설 미학의 한 핵심을 드러낸다고 생각
한다. 보통 사람들 속으로 자연스레 스며들면서 그들의 세계를 흡입
하고 동시에 자신의 미학적 감각으로써 자신의 소설 세계를 구축하
는 것. 그 스며듦과 구축의 변증법을 강화시키는 것이 이 광포한 대
중 문화의 시대에 소설 '예술'을 살리는 가장 강고한 길이라고도 생
각한다. 최일남―이호철―송기숙―서기원 등 위대한 60대를 구축
하는 소설가들에게서도 나는 마찬가지 감정을 느꼈다. 어쨌거나 김
주영을 만난 후부터 나는 특히 소설가로서 지가 무슨 햄릿이라고 세
계의 고민을 모조리 혼자 짊어진 척 별유난을 다 떠는 자, 그렇게 길
가다가 느닷없이 또 시대착오적인 불령선인(不逞鮮人)으로 찍혀 새
파란 전경에게 불심 검문을 자초하는 자의, 범죄적 장래가 암울하지
않기를 바라고 소설적 장래를 미리 암담하게 보는 꽤 못된 버릇이 생
겼다. 아니, 그런 상투적인 얘기를 하자는 게 아니라……

VIII

　여기, 길이 있다. 하나의 길이지만 '하나'란 말이 단일성보다는 통
로성을 의미하는, 그런 하나의 길. 그렇게 여러 길이 그 '하나' 속으
로 겹치는 길. 이를테면 지겨운 가난과 자연의 아름다움이 완벽한 일
치를 이루는 시골길. 소똥 냄새가 정답고 장사치 냄새가 두려운 우시

장(牛市場) 막걸리 골목길. 스스로 물러나면서 발걸음을 받아들이는, 그렇게 먼 길 양편으로 산봉우리가 다시 물러나면서 거대한 대지의 젖가슴으로 솟는, 끝없는 여행길. 불안으로 설레던 상경길. 낯선 도시의 화려한 유혹과 어기찬 굶주림과 문학에의 열망이 동의어로 겹쳐지던 길. 소설의 길은 시간 밖으로 나고, 다시 더 유구한 시간을 파고 어린 날로, 조선 시대, 고려 시대로 이어지고 그가 길을 가는 것인지 길이 그를 가는 것인지 그가 그렇게 파묻혀 스스로 길이 되는 것인지 분간할 필요도 없는, 그런 길. 연초장에 근무하다가 40 나이에 마침내 소설가가 되어 큰 키를 허우청대며 도심의 네온 사인 바닷속과 소읍지 걸쭉한 주모들의 육덕을 꾸부정한 어깨로 짊어지는 그 사내의 길. 길이 된 사내의 길. 그 길 속에서 사내는 결코 한 아이를 잊지 않는다. 내가 남들 하는 거, 어지간한 건 다 한다고 자부하지만 말야…… 맞는 건 이제 못 하겠어…… 어려서 아버지한테 너무 맞았거든…… 그때 길 속에 웬 눈물이 반짝인다. 미안하다…… 그런 용기는 낼 수 없어…… 그때 길 속에 한 아이의 얼굴이 반짝인다. 그리고 다 큰 어른을 위로한다. 괜찮아…… 괜찮아…… 그때 너는 너무 맞았거든…… 그는 고개를 계속 흔들고 나는 그 아이가 여자였으면 정말 좋았겠다는 생각을 한다. 진정 위안이 될 수 있도록. 문학은 폭력을 행사하는 것과도 무관하고 폭력을 자초하는 것과도 무관하다. 폭력의 아픔을 공유하는 문학만이 위대하다. 당신의 문학이야말로 그것을 증거하고 있지 않은가…… 나는 그렇게 얼버무려보지만 서투른 '고담준론' 밖에 되지 못한다. 그때 나는 생각한다. 내가, 나라도 여자였으면 좋겠다…… 너무 오래간만이라고, 모처럼 고급스럽게 예쁜 여자 하나씩 곁에 앉혀놓고 독대 형식으로 시작한 술자리는 그렇게, 나 때문에, 어설프게 끝날밖에 없다.

  좀 있다가, 파라다이스 호텔 쪽으로 옮기면 내 정말 근사한 사무실 내줄게…… 이태원 시절 어느 날 아침 커피를 사주며 그가 말했다. 그래, 워낙 농담을 즐기는 그지만, 그날은 그가 유난히 나를 웃기려고 신경을 썼다. 카페 안에는 한 젊은 감독이 자기 영화를 선전할 겸 영화 제목('어른들은 몰라요')을 새긴 티셔츠를 입고 다소 큰 덩치를 벌뚱대며 왔다갔다하고 있었는데 그가 느닷없이 그 감독을 부르는 거다. 눈치로 보아 평소 안면 정도는 있는 듯했고, 그 감독도 피차 알은체를 하는 것이 당연하다는 듯 만면에 불콰한 웃음을 굳이 지우지 않고 다가왔다. 나도 그렇게 생각했다. 인사를 시켜주려나보다…… 그런데 그가 엉거주춤한 상태에 있는 그 감독에게 냅다 내지른다. 임마, 어른들이 모르긴 뭘 몰라…… 그리고 제목을 '애들도 알 껀 안다'로 고치라 그랬던가 어쨌던가. 하여간 감독은 머쓱해서 물러났고 그는 나를 보고 킥킥댔고 나는 그날 열 일 다 제쳐두고 그 농담을 곱씹으며 즐거웠다.

그날, 그는 우리가 헤어질 때가 되었다는 것을 알고 있었는지 모른다. 나는 예의 그 노동자 문화 운동 단체 대장을 맡아야 하는 처지로 계속 몰렸고 그런 상태에서 사무실을 유지할 수는 없었다. 그게 무슨 비밀 아지트쯤으로 적발되면 그가 정말 큰 낭패를 당할 것 아닌가. 나는 서둘러 사무실을 폐쇄했고 점차 문학인들과의 만남 자체를 끊어갔다. 그리고 그를 다시 만나려면 다른 '자실 쪽' 작가보다 더 오래 걸릴 것 같은, 그런 길로 나는 들어서고 있었다. 나는 그 후 3년 동안 그를 만나지 않았거나, 못했다. 그러나 내 예상은 다시 깨졌다. 나는 그를 '자실 쪽' 작가보다 더 먼저 만나게 된 것이다.

IX

'노동자 문화 운동' 속으로 깊이 빠져들수록 그의 도움이 필요하다…… 어느 날 문득 든 그런 생각은 내게 또 한번 경악을 안겨주었다. 전처럼, 그의 재정적·명망적 후원이 필요했다는 얘기가 아니다. 진정한 소설가의 소설적인 사고 방식이 어설픈 정치 의식보다 더 절실하게 필요한 것이라는 점을 후배들이 직접 부딪쳐 몸으로 깨닫게 해주어야겠다는 절박감이 올 정도로 노동자 문화 운동은 '노동자'에 대해서도 '문화'에 대해서도 '운동'에 대해서도 울혈을 통한 세계관 편협화 현상을 악화시키고 있었다. 물론 그에게 '고담준론'을 부탁했던 것은 아니다. 아니, 내가 내 의도를 조금이라도 내색한다면 일을 그르칠 가능성조차 있었다. 물론 그는 자기식으로 어렴풋이 눈치채겠지만……

그는 오랜만이라며 반가워했고 같이 데려간 후배들을 그냥 술 축내러 온 자들쯤으로 무덤덤하게 두었을 뿐 술자리에서 전과 다른 게 하나도 없었다. 그렇지만, 그날의 효과는 컸다. 몇 마디의, 목청을 깎는 구호들은 사실 절망 의식을 가리기 위해 그토록 협소하게 똘똘 뭉치기만 하는 것이 아닐까 하는 느낌을 후배들은 그의 거침없는 문학 외설적(外說的) 농담을 '당하면서' 어렴풋이 가졌던 것이다.

희망이란 느낌표가 없는, 그냥 끝이 없이 열리는, 다만 치열하고 뿌듯한, 그리고 당연한 일상의 어떤 차원 아닐까, 그런 느낌도. 아니 후배들은 나보다 예술적으로 더 예민했으므로, 다가올 멸망 혹은 패배와, 진정한 예술가야말로 정치적 사회주의가 몰락한 이후 사회주의의 열린 보루라는 점을, 우선은 면돗날로 가슴 베이듯 섬뜩하게 알아챘을지 모른다. 어쨌거나, 열혈로 강팍해졌던 후배들은 진정한 어른과의 만남을 통해 운동 이후의 삶 속으로 연착륙한다. 그와의 만남을 통해 더 많은 운동권 문학 후배들이 다시 문학 속으로 연착륙하기를 바라는 까닭이다.

X

나는 근 10년째 샐렘 담배를 핀다. 양담배를 핀다고 욕깨나 먹었지만 딴에는 재미있기도 했다. 욕하는 사람의 내용을 들어보면 그 사람 성향이 대충 짐작가는 것이다. 그래서 나는 특히 어른들을 만날 때 일부러 양담배, 샐렘 담뱃갑을 불쑥 내 앞에 꺼내놓는 버릇이 있다. 그럴 때, 이를테면 시인 김남주는 기세 좋게 담배 한 개비를 뽑아들고는 말한다. 양담배 조오치. 호지명도 켄트 폈다더라. 전리품이라

이거지…… 반면 소설가 현기영은 서슬이 퍼렇다. 임마, 그래도 담배
는 민족 정신의 상징인데…… 아니, 애국할 거 쎘고 쎘는데 왜 하필
담배에다 목숨을 걸어? 하고, 상당히 뼈아픈 역습을 해도 그는 막무
가내다. 알았어, 임마. 너 잘났어. 누가 서울대 아니랄까봐. 까져갖구
서는. 그래도 담배는 다른 거야…… 경제학자 윤소영은 조심스럽다.
그거 피워도 되는데, 괜히 구설수에 오를까봐…… 소설가 조정래는
되는 대로 격려부터 한다. 와, 너 용감하다. 그거 아무나 못 하는데.
역시 김정환이군. 용감해…… 뭐, 다 옛날얘기다. 이젠 대통령이 나
서서 '국산품 애용'이 철지난 운동임을 선포하고 있는 시대 아닌가.
어쨌거나 나는 양담배 샐렘을 이태원 시절에 김주영에게 직접 권유
받았다. 어느 날 그가 또 모처럼 자기 사무실로 불렀는데, 몇백만 원
을 호가할 그 널찍한 원목 탁자 위에 양담배가 산더미처럼 쌓여 있었
다. 이게 다 웬 거래요?…… 뭐, 그냥, 선전용 아니겠나…… 양담배
수입사들이 연초장 출신의 명망가 김주영에게 경쟁적으로 보내온 것
이었다. 그 산더미를 가리키며 그가 말한다. 내가 이거 한 갑씩 다 피
워보고 니한테 딱 맞는 담배 하나 골라줄 끼다. 니 일하는 꼬라지를
내가 아니까…… 그렇게 그가 고른 것이 샐렘이었다. 그는 일부러 한
보루를 선물했는데, 정말 내 몸과 '작업하는 꼬라지'와 어찌나 정확
하게 맞아떨어졌는지 열 갑을 다 피우고 난 후에 나는 다른 남배를
필 생각이 일체 없어졌을 정도였다. 나는 종종 18시간까지 책상머리
에 앉아 줄담배를 피우며 글이 잘 되든 안 되든 우작스럽게 컴퓨터
자판을 두드리는 버릇이 있는데, 그 시간 동안 줄창 피워대도 머리가
지끈지끈 아프지 않은 것은 샐렘 담배뿐이다. 그러나 물론, 이때, 이
이야기도, 고마움은 좀더 본질적인 것과 연관된다.

결

　고마움을 표하려면 이제 시작도 채 못했는데, 마무리할 때가 되었
다. 니콜라스 슬로님스키라고, 활동 범위가 넓고 다소 엉뚱한 멋도

부렸던 음악가가 있다. 그가 자신이 편찬한 어떤 사전 비슷한 책에서 '회갑 논문집' 항목을 대충 이렇게 정의한 적이 있다. 후배들이 딴 잡지에 보냈다가 거절당한 쓸데없는 논문들을 엮은 책. 더군다나 여자들은 자신의 나이가 밝혀지게 되므로 내는 것을 꺼려한다…… 알렉스 헤일리는 『말콤 엑스 자서전』을 쓰고 나서 이렇게 말했다. 나는 그가 죽었다는 사실이 실감나지 않는다…… 그가, 그의 생애가 너무도 생생한 육감에 달해서 그는 영원히 살아 있다는 뜻이었겠다. 우리나라 사람, 특히 문인에 대해 말하자면, 김수영이 죽은 후 그런 말은 숱하게 쏟아졌다. 그것에 빗대어 나는 선언한다. 김주영만큼 '환갑'이란 말이 어울리지 않는 작가는 아직까지 없었다. 그러나, 그리고, 그러므로 '김주영 환갑 기념 문집'이야말로 동료와 후배들의 문학혼, 그 절정을 담은 책으로 될 것이다. 그로 인하여 한국 소설 문학의 60세는 가장 치열하고 왕성한, 그리고 정교한 나이로 될 것이다…… 그는 그런 사람이다. 소설가 황석영은 이런 농담을 한 적이 있다. 어느 날 웬 여자가 헐레벌떡 자기를 쫓아오더니 ('客'이 아니라) 客지 쓰신 황 ('晳'이 아니라)哲영 선생님이시죠? 그렇게 묻더라고…… 좌중이 와아 웃는다. 울음이 약간 묻어난다. 김주영이 한술 더 뜬다. 어느 날 웬 여자가 한참 동안을 선생님, 선생님 하면서 헐레벌떡 쫓아오더니, 황석영 선생님이시죠? 그러더라고…… 다시 폭소가 터지지만, 평자─독자들이여, 그 웃음을 이젠 그치게 하라. 그 웃음이 스스로 공허를 파다가 거대한 울음으로 돌변하기 전에.

서울살이 지친 궁핍 시대의 촌놈

4년 전 신문로 초입에 있는 경희궁 앞 건물에 사무실을 둔 적이 있었다. 사무실이 있었던 건물의 4층 복도에 나와 서면 세종로 네거리가 저만큼 빤히 내려다보였다. 그곳에 있었던 일 년 반 동안 나는 친구들로부터 출세했다는 농담을 자주 들었었다. 그런 농담을 할 수 있는 사람들은 내 고향이 청송(靑松)이란 곳이고, 그 고장은 경상도의 산골 중에서도 가장 깊은 산골로 정평나 있다는 것을 알고 있는 이들이다. 그런 척박한 곳에서 태어나서 자란 내가 서울의 세종로 네거리가 빤히 내려다보이는 장소에 사무실을 두고 있다는 사실은 충분한 농담거리가 될 만하였다.

경상도였지만 북부 산악 지역이었기 때문에 먹고 입는 것이 그 시절 강원도의 깊은 산골 마을과 조금도 차이가 없었다. 지금도 섭생이라면 차고 더운 것을 가리지 않고 허겁지겁 퍼먹는 편이지만 양식만은 한사코 먹지 않는다. 양식에는 감자와 옥수수 요리가 곁들여지기 때문이다.

음식 허겁지겁 먹는 버릇

어린 시절 자주 먹었던 음식이라면 그 두 가지와 더불어 수제비 이외에 뚜렷하게 떠오르는 것이 없다. 그렇게 자랐던 내가 세종로 네거리가 빤히 내려다보이는 건물에 거침없이 드나들면서 점심때는 육개장이나 갈비탕을 먹게 되었으니 출세했다는 말이 농담이지만 진담으로도 충분하다. 그래서 그런 말을 들을 때마다 짧은 순간이긴 하지만 나는 스스로의 분수에 대한 점검의 시간을 갖기도 하였다.

　그러나 어린 시절에 겪었던 그 가난의 땟국은 아직도 내 몸뚱이에서 지워지지 않고 있다. 예를 들면 손님을 접대해야 할 경우 남게 될 것을 뻔히 알면서도 많은 음식을 주문하는 버릇과 적게 먹는 게 긴 수명을 보장한다는 것을 익히 알면서도 항상 게트림이 나오도록 배불리 먹어야 직성이 풀린다는 사실이다. 그만큼 내가 겪었던 가난과 배고픔은 뼈에 사무쳐 있다.

　그런데 참으로 가늠할 수 없는 것은 사람의 사주인 것 같다. 나는 이미 중학 시절부터 가장 배고픈 직업으로 정평이 난 시인이 되기로 마음을 다잡아먹고 말았다. 어머님이 그런 내 속셈을 눈치챈 것은 뒤늦게인 고교 시절이었다. 당신의 능력으로는 설득이 불가능하다고 생각한 어머님은 근방 고장에서 사리가 분명하고 언변깨나 있다는 어른들을 동원해서 내 고집을 꺾으려 하였다. 그분들이 내게 겨누는 칼은 시인은 늙어 죽을 때까지 가난하지 않고는 버텨내지 못한다는 것이었다. 그분들의 말씀은 평생을 두고 먹고 입는 일에는 걱정이 없는 만석꾼의 집 막내아들쯤 되어야 가질 수 있는 직업이 시인이란 것이었다. 그러나 그분들의 사려 깊은 회유와 어머님의 탄식에도 불구하고 나는 기어이 만석꾼의 막내아들이 되고자 하였다.

떠돌이에 쓸모 없는 인간

　내 자신 그것을 모르고 있지 않았지만 질기디질긴 운명의 끄나풀 같은 것이 몸서리치는 힘으로 나를 잡아끌고 있었기 때문이었다.

　글을 쓰지 않고 있었던 지난 일 년 동안 나는 비교적 많은 여행을 하였다. 아무런 목적 없이 다녀왔던 그 여행지들이 갖는 공통점이 있다면 공교롭게도 외형적으로는 우리들보다 못산다는 나라들이었다. 그리고 이 지구라는 땅 위에는 우리보다 못산다는 나라들이 너무나 많은 것에 놀랐다. 그런데 그들은 그 가난을 어떻게 살고 있을까. 내가 보기엔 자존심과 종교와 자기 탓으로 살고 있었다.

　그 가난한 나라들의 뒷골목에 나는 때때로 처연한 모습으로 서 있었다. 그리고 뒷덜미가 써늘한 허탈과 외로움을 느꼈다. 내 스스로는 이제 가난이란 것과는 영원한 이별을 했다고 생각했었다. 얼마의 빚이 있긴 하지만 귀찮아서 거를지언정 배를 주려가며 끼니 거른 적 없고 입을 것과 피곤한 삭신을 편히 누일 공간이 내게 있기 때문이었다.

그런데 이 가난한 나라들의 길거리에 서서 나는 왜 새삼스레 스스로의 가난을 느끼고 있는 것일까. 그와 함께 나는 별로 쓸모 없는 인간일지도 모른다는 의구심이 외로움으로 써늘한 뒷덜미를 치는 것이었다. 나는 내심 무엇을 찾고 있다고 생각하고 있으면서 실제로는 아무것도 찾지 않고 있는 완벽한 떠돌이요 몽유병 환자였기 때문이었다. 자기 스스로가 아무짝에도 쓸모 없는 인간이라는 것을 깨달았을 때 나는 슬펐다.

1976년 서울로 옮겨와서 나는 변두리 동네 둑 아래에서 살았다. 겨울밤이면 윗목에 떠다 둔 자리끼가 꽁꽁 얼어붙는 방에서 동태가 되어 새우잠을 잤다. 그런 애옥살이를 견뎌내면서도 나는 스스로를 가난하다거나 쓸모 없는 인간으로 생각해본 적은 없었다. 왜냐하면 나는 그때 『객주』라는 소설을 쓰기 위한 자료 수집으로 동분서주하고 있었기 때문이었다. 바꿔 말하면 스스로가 미쳐서 심신을 기꺼이 내던질 수 있는 일이 내 앞에 가로놓여 있던 시절이었다. 남쪽의 땅끝에서 휴전선 턱밑까지 전국을 메주 밟듯 샅샅이 뒤지고 다니면서, 그리고 고갯길과 장터를 누비면서 오직 생각한 것은 내 자신의 존재에 대한 즐거운 확인과 명분이었다.

알고 있는 것보다 모르는 것이 몇백 배나 더 많은 사람, 대화의 자리에 나가면 배운 것이 없어 침묵함으로써 중간이 되고자 하는 사람, 용기가 없어 반드시 술의 힘을 빌려서야 욕이라도 한마디 할 수 있는 처지의 사람이 지니는 보잘것없는 능력으로나마 무엇 한 가지를 이룰 수도 있다는 조그만 희망은 모든 세속적 부끄러움에서 초연할 수 있게 만들고 보람되게 만들었다. 그때는 내가 가난한 사람이 아니라는 것을 내 스스로 증명할 수 있었다. 그러나 지난 일 년 동안 나는 가난했고 까닭 없는 부끄러움으로 일관되었다.

촐싹대지 말라는 가르침

　지난달 중국에 체류하고 있을 때였다. 재미 교포 한 분을 그곳에서 뵈었다. 그는 연길시에 과학기술대학을 설립하고 지금 한창 교사를 짓고 있었다. 공사 현장을 찾아갔던 나는 내심 아연할 수밖에 없었다. 단 한 그루의 나무조차 찾아볼 수 없는 삭막하고 척박한 황무지 위에 그는 대학 건물들을 짓고 있었기 때문이었다. 미국에서 일군 전 재산을 먼지 하나 남기지 않고 깡그리 털어넣은 것은 물론이고 미국에 있는 전 가족들도 연길로 이주할 것이란 말을 예사롭게 하고 있었다. 그분의 모든 계획은 투자라는 의미의 경제 상식으로선 이해될 수 없는 것이었다. 그것은 완전한 제로였다. 그러나 나는 제로를 지닌 처지인 그분의 얼굴에서 가난이나 부끄러움을 발견할 수 없었다. 그 엄청난 바보에게서 읽을 수 있었던 것은 다만 존경심이었다. 자기가 해야 할 일이 무엇인가를 찾아내고 그 일자리에 정확하게 착륙한 사람을 발견했을 때 누구나 느끼는 기쁨과 존경심이었다.

　나이를 먹어가면서 때때로 내 스스로를 다독거려온 것 중의 한 가지는 인간, 그리고 모든 사물을 관찰하고 느끼는 일에 감성적 편견을 갖지 않도록 노력하자는 것이었다. 내 속셈으로는 정확한 분별력을 유지하자는 뜻이었다. 그런데 이상하게도 내 그런 태도가 어느 장소에서든 중립적인 사람으로 취급되고, 그러자니 항상 엉거주춤한 사람이 되고, 엉거주춤하자니 물에 물 탄 사람이 되었고, 급기야는 분별 없는 사람으로 취급되었다.

　그러나 분별력이 모자라는 사람으로 취급되면 용납되는 한 가지 보너스가 있다. 그것은 웃어선 안 될 일에 불쑥 웃음을 터뜨린다 해도 별오해를 받지 않는다는 것이다. 오래 전 일이다. '민중이란 누구인가'라는 심각한 명제를 놓고 밤을 지새며 논란이 거듭되는 자리에서 웃다가 혼찌검이 난 경험이 있었는데, 그래도 그런대로 무난하게 웃으며 견뎌온 것이 사실이다.

그러나 글을 쓰지 않고 있었던 지난 일 년의 상당한 기간 동안 웃었던 기억은 거의 없다. 일생을 투자하고자 했던 일자리를 떠나 있다는 현실 확인이 너무나 섬뜩했기 때문이었다. 연길의 삭막한 불모지에다 대학을 짓고 있는 그분을 만난 이후로 더욱 그랬다. 학교라는 덩치 큰 것에는 절대로 사유 재산을 인정하지 않는 사회주의 나라에 한국어로만 가르칠 대학을 세우기 위해 사유 재산을 몽땅 털어넣은 그분을 발견하는 순간, 고통스러울지라도 스스로 즐겨 선택한 직업이란 것이 수치의 개념으로는 도저히 가늠할 수 없는 기쁨이 있다는 것을 발견하게 되었다.

이 시점에서 다시 한번 어머님을 생각하게 된다. 그분 역시 남들처럼 귀한 딸로 성장하셨지만 출가한 이후부터 팔자가 순탄치 못하여 지금까지 오직 고생과 고통으로만 일관하신 분이다. 그러나 그분의 소생인 내가 50세를 넘긴 오늘날까지 당신께서 겪고 있는 고통과 질곡을 남의 탓으로 돌리는 것을 보지 못했다. 그 질곡을 남의 이름을 들추어 험담하거나 매원하는 일이 없었다. 모든 고통은 당신 스스로 잉태한 것이라 여기시며 처연한 태도로 그것을 감당해오셨다. 옛날부터 그렇게 살아오셨지만 지난 일 년 동안 유독 그런 모습이 돋보이셨다. 내가 어렸을 땐 가난의 고통을 가르치셨고 지금에 이르러선 가슴속의 고통을 묵묵히 삭이는 방법을 가르치신다. 그리고 또한 출싹대지 말라는 것을 말없이 가르쳐주시고 있기도 하다.

［동아일보, 1991. 1. 6］

나의 삶 나의 생각

우물은 내 놀이터

작년 여름, 시골 고향 마을에서 초등학교 졸업생 동창회가 있었다. 운동장에 깔린 황토흙이 유난하게 돋보이던 그 학교의 교정과 이별한 지 무려 40여 년 만이었다. 초로의 늙은이들이 닭개장집에서 그때 우리의 담임선생님이었던 교장선생님을 가운데 모시고 둘러앉았다.

타관 생활에서 익힌 체면이나 체통 따위는 아예 벗어던지고 말아야 하는 그 자리에서 나는, 졸업과 함께 헤어진 후 지금은 진주(晋州)에 살고 있다는 불알친구를 만났다. 그와 나는 초등학교 생활 6년의 전 과정을 한 마을 한 반에서 서로 부대끼고 가난의 시름을 겪으며 같이 보냈다. 그때 그가 들려준 한 토막의 추억담에 나는 충격을 받았다. 당사자라고 할 수 있는 나 자신이 잊고 있었거나 혹은 잘못 기억되고 있었던 진솔한 면목을 그가 일깨워주었기 때문이다. 자전적 성장소설이라 할 수 있는 『고기잡이는 갈대를 꺾지 않는다』에 등장하고 있는 화자인 나는 절대적이었던 선생님의 권위나 위엄 따위는 대수롭지 않게 여길 만큼 매사에 도전적이었고, 공동체 생활의 규범에 얽매여 있기를 반겨하지 않았던 악동으로 그려져 있다. 물론 그때의 나 자신은 장터에서 성장하고 있는 대부분의 아이들이 가지고 있음직한 몇 가지 공통점을 나 역시 갖고 있었다는 데 심정적인 동의를 하고 있었다.

이를테면 장터에서 벌어지고 있는 어른들 세계의 모순이나 부도덕을 여느 또래들보다 한 발 앞서 엿보고 흉내낼 수 있었으므로 터득할 수 있는 냉소적인 시선, 조숙한 말투, 반항적이고 전투적인 행동거지가 그것이다. 그러나 나 자신은 절대적으로 그랬을 것이라고 굳세게 믿고 있었던 지난 어린 시절의 내 진솔한 모습은 적어도 표면적인 것으로는 나 자신의 기억과는 정반대였다. 스스로 경험했고 그 경험들은 한 가지 확신으로 정리되어 추억의 갈피 속에 훼손 없이 보관되어 있었던 것인데, 그가 들려주었던 한마디로 그 확신은 허섭쓰레기가 된 것이었다.

그는 그때 당시 학교의 교정 남쪽 끝과 맞닿아 있던 금융조합 뒤뜰의 폐정(廢井)을 기억하느냐고 물었다. 물론 나는 그 깊은 옛 우물을 기억하고 있었다. 그의 말에 따르면 6학년에서 역으로 환산해서 적어도 3, 4년 동안 그 폐정은 나의 주된 놀이터였다는 것이다. 많은 아이들이 서로 한 동아리가 되어 교정에서 찧고 까불며 어울려 놀 시간의 대부분을 나는 항상 외돌토리로 외진 곳에 있는 그 폐정에다 나뭇잎을 날려서 내려보내던, 그래서 이상하게 음산하던 아이였고, 항상 외돌토리였기에 말붙이기가 께름칙하던 아이였으며, 4학년을 전후한 1, 2년 동안은 말조차 심하게 더듬었다는 얘기였다. 그 폐정을 기억하고 있었지만 그곳이 방과후까지도 나를 잡아놓았던 주된 놀이터였다는 것에 나는 선뜻 동의할 수 없었다. 그것은 낯설었다. 그러나 불행히도 그의 기억에 동의하는 40여 명의 증인들이 그 자리에 있었다.

그것은 하나의 사건이었다. 스스로의 기억으로는 선뜻 용납하기가 힘든 그 폐정놀이를 나는 어째서 3, 4년 동안이나 끈질기게 계속했던 것일까. 일을 저지르고 어머니에게 시름만을 안겨왔던 내 어린 시절의 화려했던 편력은 어디 가고 음산해서 말붙이기조차 께름칙하던 외돌토리였던 모습만 역력하게 나타나다니. 해괴한 일이었지만 40여 명의 검증을 뒤엎을 만한 항변의 자료는 없었다.

구태여 어렵게만 생각할 것 없이 시적 명상이나 소설 쓰는 일이란 삶에 대한 반성문을 쓰는 일에 얼추 값어치할 만한데 도매상 창고의 종이가 동이 날 정도로 속시원한 글짓기도 못 하면서 나 자신을 덧칠하고 변명하고자 하는 언어의 도료(塗料)를 찾는 일에 조급해왔다는 사실을 그는 내게 일깨워준 셈이었다. 나 스스로에게 냉정하지 못했고 준엄하지 못했다는 것이 그의 웃고 놀자는 우스개 한마디에 들통

나고 만 것이었다.

하염없는 산골 생활

지금 이처럼 소설가라는 패호(牌號)를 차고 다니며 문학하는 분들의 체면이나 손상시키고 다니는 주제가 되기 전까지 나 또한 남 못지않은 갈등과 방황을 겪었다.

그런데 남들은 전쟁에 대한 상흔, 그리고 분단 현실에 대한 괴로움과 극복, 정치 현실에 대한 항거와 투쟁으로 벌거벗은 채 불태우며 괴로워했음에 비해, 내가 겪고 있던 방황이나 갈등은 그런 역사적 현실에 제공하는 시대적 아픔과는 상당한 거리를 두고 있었다.

나를 애끓게 만들고 나를 안달하게 만들었던 것은 그들이 바라보면 모멸감을 느낄 정도로 지극히 사소하고 지엽적인 가족의 문제나 개인의 이해와 관계되는 일이었다. 예를 들면, 만나고 싶지 않은 사람과 마주앉아, 속내 같아서는 한 주먹 속시원하게 쥐어박고 싶은 사람과 웃으며 얘기하고 있어야 하는 일 같은 데서, 나는 나 자신의 심각한 타락과 침몰을 느꼈다.

따지고 보면 이렇다 할 희생이랄 것도 없는 터에, 나는 왜 가족들의 일용할 양식을 위해 이런 산골 직장(엽연초생산조합)에서 하염없는 세월을 보내고 있어야 하는 것일까. 그 일탈의 허탈감 혹은 낙오된 자의 슬픔을 얼추 치유해주던 약은 술이었다. 아버지로부터 물려받은 많은 자산 중에 내가 가장 뽐내어 자랑스럽게 생각하고 있는 것은, 한때는 말술을 들이켜도 내 상반신을 꼿꼿하게 지켜주었던 강단 있는 창자였다. 아침에 일어나면 땟국이 묻은 손바닥밖에 보이는 것이 없는 그 산골 직장에서 나는 술 퍼마시기를 멈추지 않았다. 술이 생활이 되고 생활이 술이 되고 술이 술 되고 급기야는 뭐가 뭔지 모르게 되어 밤 깊은 파리의 번화가에서 두 '손구락'을 치켜세우고 잠실 가는 합승 택시를 찾아 숭어뜀을 벌일 정도에 이르렀다. 철판에 버금갈 만큼 튼튼하기를 자랑하던 창자도 시달림을 견디다 못해 결국은 장파열이란 굴욕적인 선고에 이르고 말았다. 그러나 나는 병원 침상으로 달려가 눕지도 않았고, 장파열을 위한 것이라면 단 한 알의 약도 삼키지 않았다. 처절하다는 말에 무리가 없을 정도로 자기 학대에 빠져 있었기 때문이었다.

자학에 빠져들어

어렵사리 글짓기 동네에 발을 들여놓고 평소에 선망의 대상이었던 분들을 가까운 좌석에서 뵙게 되었지만 역시 나는 그 동창생의 지적처럼 구제받을 길 없는 외돌토리라는 것을 깨달아야 했다.

군사 독재 또는 그들이 끼치는 해독(害毒)에 벌거벗은 몸으로 뛰쳐나와 항거하고자 했던 축에도 쉽게 편입될 수 없었고, 그렇다고 시대적 고통과 갈등을 초월한 선험적(先驗的)이거나 고매(高邁)한 문학적 탐구에도 접근하지 못했다. 고뇌라는 말을 빌려쓰기엔 너무나 낯뜨거운 지극히 개인적이고 저급한 문제들을 껴안고 속앓이하며 방황하고 있음이었다. 그 동안에 있었던 육체적 성장, 그리고 방황, 생활 반경의 변화를 겪었으면서도 나는 지난 시절 초등학교 교정 남쪽 끝의 폐정에서 줄곧 벌여왔던 그 나뭇잎 띄워 날리기에서 난 한 발짝의 현실적 발전을 획득한 일이 없다는 비애를 갖고 있다.

그 나뭇잎들은 내 손을 떠나면 언제나 아래로 아래로만 낙하해서 우물 밑바닥에 고여 있는 음산한 수면 위로 떨어졌다. 그것은 오직 낙하할 뿐이었다. 단 한번도 위로 치솟아 나를 놀라게 한 일은 없었다. 그렇기에 정신적인 그릇으로 볼 때 나는 아직 두고 떠난 고향 초등학교의 폐정 주위를 반죽 좋게 맴돌고 있을 뿐이다. 그리고 그 외돌토리 의식은 오랫동안 내 멱살을 뒤틀어잡고 놓아주지 않았는 듯, 어린 시절부터 대학 시절 이후 상당 기간까지 친숙한 사이끼리 어울려 찍은 사진 한 장 찾아볼 수 없다. 그리고 많은 사람이 모여 있는 장소에 나가서 문학 혹은 지고한 삶이 무엇이냐 하는 얘기나 연설 같은 것도 체질적으로 내키지가 않는다.

356

그처럼 지금 내 앞에는 매우 단순한 벽 하나가 가로놓여 있는 셈이다. 이런 폐쇄적 시선으로 세상 읽기란 결코 쉬운 일이 아니고 시대적 아픔에 전투적으로 동참하거나 동의하지 못했던 삶의 깨우침에 대한 문맹성(文盲性)도 내가 안고 있는 뚜렷한 병증(病症)이다. 그러나 나는 이제 이러한 병증들을 사랑한다. 그뿐만 아니라 나는 내가 가지고 있는 모든 것을 사랑한다. 나 스스로를 변명하기 위해 덧칠해버려 함몰되어버렸던 섬뜩하고 음산했던 어린 시절의 기억도, 그리고 지금 내게 있는 모든 것을 나는 사랑한다. 또다시 덧칠하기가 시작된 거짓된 삶을 구출하기 위한 방법으로서의 사랑이다. 문학 혹은 소설짓기란 대체로 비참하다. 전력 투구하는 전업 작가들이 가지는 작업의 성과라 할지라도 그 세속적인 반대 급부는 언제나 정량 미달이다.

그러기에 작가는 항상 뭔가 섭섭하다. 그 섭섭한 것을 일찍이 예견했으면서도 왜 이 길을 택한 것일까. 선택된 삶이어야 했다는 철두철미한 정신적 무장을 해본 적도 없고 앞으로도 그럴 가망은 없음에도 불구하고, 한때는 절필 운운의 해프닝까지 벌이면서 이 갈등을 이겨내려 하는 나 자신을 지금 나는 매우 처연한 시선으로 바라보고 있다.

[경향신문, 1994. 7. 29]

참고 문헌

구모룡,「원초적 인간상의 제시」,『작가세계』, 1991년 겨울.

권오룡,「감성의 세계로의 귀환:『홍어』의 서술 양식의 의미」,『문학과사
　　　회』, 1998년 여름.

김　현,「세계관으로서의 부정적 낭만주의」,『문학사회학』, 민음사,
　　　1983.

김경수,「객주, 갈대 그리고 서간도의 바람」,『작가세계』, 1991년 겨울.

김만수,「'집'과 '여행'의 단편 미학」,『작가세계』, 1991년 겨울.

김병익,「현실과 시니시즘」,『창작과비평』, 1976년 겨울.

──────,「성장소설의 문화적 의미」,『세계의 문학』, 1981년 여름.

김사인,「김주영의 풍자적 단편들」,『겨울새』해설, 민음사, 1983.

김열규,「오기로 살다 간 사람들 이야기:『객주』」,『우리의 전통과 오늘
　　　의 문학』, 문예출판사, 1987.

김영화,「반상 의식의 극복: 분단 상황과 문학」,『시대문학』, 1988.

김용구,「창작 행위의 넓힘과 좁힘」,『세계의 문학』, 1983년 가을.

김윤식,「두 개의 천둥 소리, 마지막 천둥 소리」,『천둥 소리』해설, 민음
　　　사, 1986.

──────,「김주영의『새를 찾아서』」, 동아일보, 1987. 3. 17.

김종철,「역사소설의 재미와 민중 생활의 재현」,『객주』해설, 창작과비
　　　평사, 1984.

김주연,「사회 변동과 풍자: 김주영 소설의 문제 제기」,『문학과지성』,
　　　1974년 가을.

김주연, 「김주영의 『화척』」, 『현대문학』, 1995. 11.

─────, 「떠돌며 사랑하며: 김주영의 소설 문학」, 『코리아나』, 1997년 봄.

김주영, 「나의 작품 나의 얘기: 『객주』」, 동아일보, 1990. 12. 6.

─────, 「자전 에세이: 나의 길」, 동아일보, 1991. 1. 6.

─────, 「나의 삶 나의 생각」, 경향신문, 1994. 7. 29.

─────, 「김주영의 시와 시인 이야기」, 『시와 함께』, 1998년 겨울.

김치수, 「민중적 삶의 구체성: 김주영의 『객주』」, 『예술과비평』, 1984년
　　　여름.

김화영 외, 「죽비 소리: 김주영 장편소설 『홍어』」, 『현대문학』, 1998. 3.

김화영, 「겨울 하늘을 나는 새의 문학: 김주영론」, 『새를 찾아서』 해설,
　　　민음사, 1987.

─────, 「고치를 뚫고 날아오르는 꿈」, 『서평문화』, 1998년 여름.

문홍술, 「야생적 생명 세계를 찾아 방황하는 겨울새의 미학: 김주영 『홍
　　　어』」, 『동서문학』, 1998년 여름.

손경목, 「떠돎의 역사적 의미」, 『작가세계』, 1991년 겨울.

양진오, 「이방인의 현실주의」, 『한국 소설의 논리』, 샘출판사, 1998.

오생근, 「여성의 삶과 민족적 비극의 수용」, 『우리시대 우리작가』 제18
　　　권 해설, 동아출판사, 1987.

이경철, 「한국 문인 절필사」, 『월간중앙』, 1989년 겨울.

이기인, 「서정성과 산문성」, 『세계의 문학』, 1989년 봄.

이동하, 「소설적 승리의 두 가지 모습」, 『세계의 문학』, 1986년 가을.

─────, 「의적의 세계와 리얼리티의 문제: 김주영의 『활빈도』」, 『문예중
　　　앙』, 1987년 겨울.

─────, 「우리 역사소설의 한 극점」, 『동서문학』, 1990. 2.

이문구, 「김주영, 그는 어떤 사람인가: 작품만으로 알 수 없는 그 작가의
　　　여러 가지」, 『한국문학』, 1974. 11.

─────, 「소설 김주영」, 『제3세대 한국 문학: 김주영편』, 삼성출판사,
　　　1983.

이보영,「실향 문학의 양상」,『문학과지성』, 1976년 봄.

―――,「분단의 비극와 구원의 문제」,『문학과사회』, 1989년 봄.

이재선,「병적 징후의 환기력」,『한국 문학의 지평』, 새문사, 1981.

―――,「현대 한국 소설사」, 민음사, 1991.

이태동,「순결과 해학의 이중주」,『한국 현대 소설의 위상』, 문예출판사, 1985.

장경렬,「반성장소설로서의 성장소설」,『미로에서 길찾기』, 문학과지성사, 1997.

장문평,「비극적 인식의 대조적 반영」,『창작과비평』, 1976년 여름.

정과리,「증발의 현상학, 회귀의 의미론: 김주영의『야정』」,『문학과사회』, 1996년 겨울.

―――,「드러남과 감춤의 변증법」,『현대문학』, 1998. 5.

정규웅,「집념과 부지런함의 결정: 김주영」,『문학사상』, 1984. 12.

정현기,「자아 붙들기와 자아 떠나기의 세월」,『작가세계』, 1991년 겨울.

―――,「이야기 '집짓기' 공리로 본 김주영의 장편소설『야정』」,『동서문학』, 1996년 겨울.

성현기·김종회,「가족사의 음영, 떠돌이의 애환, 그리고 민초들의 끈질긴 생명력: 말·삶·글」,『문학정신』, 1991. 2.

진정석,「김주영의『홍어』」,『창작과비평』, 1998년 여름.

진형준,「격랑 속의 체제 내적 인간들」,『또 하나의 세상』, 청하, 1988.

천이두,「사시(斜視)와 정시(正視)」,『한국 소설의 관점』, 문학과지성사, 1980.

황광수,「과거의 재생과 현재적 삶의 완성:『객주』와『타오르는 강』을 중심으로」,『한국 문학의 현단계 2』, 창작과비평사, 1983.

―――,「시간적 거리와 계급적 단층에 대한 도전: 김주영의『화척』에 대하여」,『동서문학』, 1995년 겨울.

황종연,「성장소설의 한 맥락」,『문학과사회』, 1996년 여름.